北理法学

（第八辑）

李寿平　主　编
彭海青　执行主编

世界知识出版社

图书在版编目（CIP）数据

北理法学.第八辑/李寿平，彭海青主编.—北京：世界知识出版社，2020.3
ISBN 978-7-5012-6191-8

Ⅰ.①北… Ⅱ.①李…②彭… Ⅲ.①法学—文集 Ⅳ.①D90-53

中国版本图书馆CIP数据核字（2020）第035268号

书　　名	北理法学.第八辑 Beilifaxue Dibaji
编　　著	李寿平　彭海青
责任编辑	范景峰
责任出版	王勇刚
责任校对	陈可望
出版发行	世界知识出版社
地址邮编	北京市东城区干面胡同51号（100010）
网　　址	www.ishizhi.cn
电　　话	010-65265923（发行）　010-85119023（邮购）
经　　销	新华书店
印　　刷	艺堂印刷（天津）有限公司
开本印张	165mm×240mm　1/16　28¼印张
字　　数	572千字
版次印次	2020年4月第一版　2020年4月第一次印刷
标准书号	ISBN 978-7-5012-6191-8
定　　价	132.00元

版权所有　侵权必究

编委会名单

（以拼音为序）

主　编

李寿平

编　委

郭德忠　韩君玲　李寿平　罗　丽　彭海青　齐延平
曲三强　徐　昕　杨成铭　于兆波　张东江　张艳丽
赵秀梅　曾粤兴

执行主编

彭海青

目 录

特别策划:"一带一路"法治建设

"一带一路"背景下中国与白俄罗斯经贸合作法律风险防范的
新趋向...杨昌宇　3
俄罗斯转型期的司法与法治发展趋势..............................王海军　19
俄罗斯法官职业化建设..於海梅　37

大数据研究

我国大数据法学研究发展的真实面向..............................侯晓焱　57
最高人民法院行政指导性案例2018年度司法应用报告
　　..郭　叶　孙　妹　訾永娟　77
公共视频监控与个人信息安全之冲突与平衡.....................赵琳琳　121

各科专论

保护作品完整权的界限——基于戏仿作品...........孟祥娟　余佩诗　137
职务犯罪监察制度与刑事诉讼程序衔接之法治化审思
　　——以规范法学的分析方法为研究进路.........郭　松　凌寿强　153
认罪认罚从宽中的协商机制研究.........................刘少军　池天成　170

论执行程序中财产控制与分配的顺序 ......熊德中 192

"先刑后民"司法原则的理解与适用 ......李 凯 黎 涛 209

"电子手铐"的实践困境及应对
——以未成年人犯罪适用非羁押性强制措施为视角
......门植渊 王加军 221

地方环境立法后评估调研报告
——检视青海省实施《中华人民共和国环境保护法》办法
......宋青霞 232

2018年刑事诉讼法修改辨析 ......彭海青 任 峰 244

刑事政策视野的选择 ......孙本雄 256

以案说法

合同编代位权的立法理念、司法实践和制度创新 ......曹守晔 289

集资参与人及利害关系人的诉讼地位
——以一起非法集资案为分析样本 ......吴小军 万 兵 320

外法译介

对第一修正案和反恐战争的一些观察
......[美]奥弗·瑞班 著 韩阳 译 335

体育仲裁法庭(CAS)在制定职业足球运动员身份标准中的作用
......[俄]瓦西里耶夫·伊利亚·亚历山德罗维奇 著 周鑫 译 357

法国庭前认罪答辩程序:越来越广泛使用的刑事诉讼程序
......[法]罗多尔夫·胡莱 纪晓姆·瓦尼 著 雷波 译 366

名著读后

革命、法律与社会进步——伯尔曼《法律与革命》读后......王志华　385

《院庆文库》书评

实践出真知
　　——评赵秀梅著《农村集体土地征收和补偿立法实证研究》
　　..王　雷　405

问渠哪得清如许，为有源头活水来
　　——评孟强先生新著《民法疑难问题研究》................张玉东　409

司法改革的镜鉴
　　——评彭海青著《德国司法危机与改革——中德
　　司法改革比较与相互启示》
　　..刘　玫　412

会议综述

阳光下的司法——庭审直播学术研讨会会议综述
　　..徐　昕　苏劲今　417

北理法学纪事（2018.9—2019.7）

....431

Content

Special Planning: Law System Construction along "The Belt and Road"

New Trends of Legal Risk Prevention in Sino-Belarus Trade and Economic Cooperation under the Background of "Belt and Road" Initiative .... Changyu Yang　18

Trends in the development of justice and the rule of law in the Russian transitional period .... Haijun Wang　35

Construction of Judges' Professionalization in Russian .... Haimei Yu　52

Research on Big Data

The Reality of Big Data-based Legal Research in China and Its Future .... Xiaoyan Hou　76

Report on the Application in Judicial Proceedings of Supreme People's Court Administrative Guiding Cases in 2018 .... Ye Guo, Mei Sun, Yongjuan Zi　119

The Conflict and Balance between Public Video Surveillance and Personal Information Security .... Linlin Zhao　133

Monographs on Various Subjects

Limitation of the Right of Integrity—From the Perspective of
Parody ....Xiangjuan Men, Peishi Yu   152

Legal Considerations of The Convergence of Supervisory
Commission and Criminal Procedure Law
—Taking the Snalytical Method of Normative Law as the Research
Approach .... Song Guo, Shouqiang Ling   169

Study on the Bargaining Mechanism in the System of
Leniency Based on Admission of Guilty and Acceptance of
Punishment ....Shaojun Liu, Tiancheng Chi   190

The Order of the Right of Property of Sequestration and
Disposal in the Executive Procedure .... Dezhong Xiong   208

The Understanding and Application of the Judicial Principle of
"Criminal Procedure Prior to the Civil Procedure" .... Kai Li, Tao Li   220

The Practical Dilemma and Response of "Electronic
Handcuffs"——From the Perspective of
Non-custodial Compulsory Measures for
Juvenile Delinquency............................... Zhiyuan Men, Jiajun Wang   231

Field Research on Local Environmental Legislation Post-
Evaluation—Reviewing the Measures for the Implementation of
the People's Republic of China Environmental Protection Law in
Qinghai..Qingxia Song   243

Dialectical Analysis of the Amendment to the Criminal
Procedure Law in 2018............................ Haiqing Peng, Feng Ren   255

The Choice of Criminal Policy Perspective .... Benxiong Sun   284

Cases Expaination

Judicial Practice of Contractual Subrogation's Legislative
 Concept and Institutional Innovation .... Shouye Cao   318
The litigation status of fundraising participants and
 stakeholders—Taking a Case of Illegal Fundraising as An
 Analysis Sample .... Xiaojun Wu, Bing Wan   332

Translation and Introduction of Laws Abroad

Some Observations on the First Amendment and the War on
 Terror .... Author: [U.S.A.] Ofer Raban   Translator: Yang Han   335
The Roles of CAS in Establishing Professional Football Identity Standard
 .... Author: [Russia] Ilia Vasilev Translator: Xin Zhou   357
Plea Procedure before Guilty Pleading in France: More and
 More Widespread Use of Criminal Procedure
 ...... Author: Rodolphe Houllé, Guillaume Vaney   Translator: Bo Lei   366

Reflection of Classics

Revolution, Law and Social Progress—Berman's "Law and
 Revolution" Book Review .... Zhihua Wang   402

Book Review of Anniversary of Law School of BIT

Wisdom from Practice—Review of *Empirical Research of Legislation on Collective Land Expropriation in Rural Areas and Compensation*
.... Xiumei Zhao, Lei Wang 405

Why is the water in the pond so clear? Because there is an inexhaustible source that continues to deliver live water to it.—Review of *The Study of Difficult Problems in Civil Law*
.... Qiang Men, Yudong Zhang 409

Reference for Justice Reform——Review of *Justice Crisis and Reform in Germany—Comparison between China and Germany and Inspiration from Each Other* .... by Haiqing Peng Mei Liu 412

Summary of Conferences

Summary of *Justice in the sunshine—Symposium on Live Broadcasts of Court Trials*..Xin Xu, Jinjin Su 417

Chronicles of Bit Law School

....431

特别策划：

"一带一路"法治建设

Special Planning: Law System Construction along "The Belt and Road"

"一带一路"背景下中国与白俄罗斯经贸合作法律风险防范的新趋向[*]

杨昌宇[**]

【内容摘要】 以往对中国与白俄罗斯经贸合作法律风险防范,更多的是分门别类进行局部化的分析和对策性的建议,随着"一带一路"倡议的深化,两国经贸关系发展进入到国家定位高、合作基础趋牢、法律保障机制逐渐理顺的新阶段,经贸合作由粗放型向精细化转换,由表层局部合作向深入全面合作转换,由传统意义的合作向现代意义的合作转换,法治化的需求不断提升,法律风险呈现出较以往不同的新趋势,法律风险防范面临着迫切的转型升级。面对法律风险防范存在的新趋势,从中国与白俄罗斯两国国内国际综合的双向角度、时代的角度和价值的角度等方面分析中白经贸合作新阶段法律风险防范问题具有更深远的意义。

【关键词】"一带一路" 倡议 中国与白俄罗斯 经贸合作 法律风险防范

2013年,习近平主席在出访中亚和东南亚国家期间,分别提出了建设"新丝绸之路经济带"和"21世纪海上丝绸之路"(简称"一带一路")的倡议构想。这一跨越时空的宏伟构想,从历史深处走来,融通古今、连接中外,顺应和平、发展、合作、共赢的时代潮流,承载着丝绸之路沿线各

---

[*] 本文为"中国—上海合作组织国际司法交流合作培训基地研究"基金项目(18SHJD016)的研究成果之一。

[**] 作者简介:杨昌宇,扬州大学法学院教授、中国法律文化与法治发展研究中心研究人员、博士生导师;南京师范大学中国法治现代化研究院特邀研究人员。

国发展繁荣的梦想,赋予古老丝绸之路以崭新的时代内涵。① 2015年3月28日,国家发展改革委、外交部、商务部联合发布了《推动共建丝绸之路经济带和21世纪海上丝绸之路的愿景与行动》(简称《一带一路愿景与行动》)。目前,已有100余个国家和国际组织同中国签署了共建"一带一路"合作协议,白俄罗斯作为最早支持"一带一路"倡议构想的国家之一,因其具有连接欧亚大陆的区位优势,被视为"一带一路"重要支点国家。自1992年中白两国正式建交以来,经贸合作不断扩展,在政治精英"了解中国,学习中国,接近中国"的发展理念指导下,特别是2013年与中国建立全面战略伙伴关系后,两国之间的高层交往、政治互信、经贸互利到达前所未有的新高度。2015年中国跃居白俄罗斯第三大贸易伙伴国和第二大进口来源国,中国经济发展的高速度和巨大的潜力,深深地吸引着白俄罗斯,白期望与中国在原有贸易的基础之上发展更加多元化的经贸往来。中白两国经贸关系发展已经进入国家定位高、合作基础牢靠、法律保障机制逐渐理顺的新阶段,近年来中国与白俄罗斯经贸合作不断扩大,经贸合作由粗放型向精细化转换,由局部向全面转换,由传统意义的合作向现代意义的合作转换。"一带一路"倡议实施促动中白经贸合作的深化同时也存在法律风险的转型与升级,由此,法律风险防控也呈现出新趋势。

一、"一带一路"倡议由"大写意"到"工笔画":中白经贸合作新阶段

(一)中白经贸合作的阶段性

自中白两国正式建交以来双方经贸合作发展总体顺利,从初创阶段到稳步上升阶段,经历快速发展阶段后进入到当下所处的新阶段。在1992年至2001年间,中白两国经贸关系处于创立阶段,这段时期两国成立了经贸合作委员会,并逐步签订了《中白经济贸易合作协定》(1992)、《中白科学技术合作协定》(1992)、《中白政府关于鼓励和相互保护投资协定》(1993)和《关于对所得和财产避免双重征税问题的协定》(1995)、《中白关于知识产权保护协定》(2001)、《中国人民银行与白俄罗斯国家银行合作

---

① 严存生:《"全球化"时代与"一带一路"的法治建设》,载《上海政法学院学报》(法治论丛)2019年第2期,第3页。

协议》(2001)、《中白司法部合作协议》(2001)等一系列双边文件,为双方顺利开展经贸合作奠定了基本的法律基础。

1994年卢卡申科当选白俄罗斯总统后,根据本国国情逐步推行经济改革。从1996年起,白俄罗斯经济形势开始逐步好转,良好的经济形势带动了对外贸易的不断扩大,中白经贸合作进入稳步上升阶段。2009年初在国际金融危机冲击下,白俄罗斯经济增速渐缓,资金缺乏和产品积压是当时最严重的问题。为摆脱经济困局,白俄罗斯积极寻求贷款和投资,这与中国以贷款换市场的理念不谋而合。中国有基础、有愿望进一步发展对白俄罗斯经贸合作。这期间《中华人民共和国政府和白俄罗斯共和国政府旅游合作协定》(2005)和《双边本币结算协议》(2010)等促动了中白两国经贸合作发展。特别是2010年和2011年,时任中国国家副主席习近平、吴邦国委员长访问白俄罗斯期间,分别宣布向白俄罗斯提供10亿美元优惠买方贷款,掀起双方经贸合作的一个高潮。在帮助白俄罗斯政府度过危机同时,也帮助中国企业更快、更大规模地进入白俄罗斯市场。这个阶段,中白经贸合作展现出互补和互利双赢的特点,已从一般贸易发展到相互投资合作、工程承包和科技研发等多领域、多层次的合作与交流。①

2013年"一带一路"倡议的提出,是中白经贸合作进入新阶段的起点。在此阶段中白共同签署的双边合作文件及共同发表的联合声明为经贸合作提供了基础和保障。这些文件和声明主要包括:《中白全面战略伙伴关系发展规划(2014—2018年)》(2014)等双边合作文件;《中华人民共和国和白俄罗斯共和国友好合作条约》(2015)、《中华人民共和国和白俄罗斯共和国关于进一步发展和深化全面战略伙伴关系的联合声明》(2015);2015年还签署了规模为70亿元人民币/16万亿白俄罗斯卢布的双边本币互换协议;2016年9月签署了《中华人民共和国和白俄罗斯共和国关于建立相互信任、合作共赢的全面战略伙伴关系的联合声明》。② 在这一背景下,白俄罗斯工业园是中国在海外建设的工业园区中层次最高、开发面积最大、政策条件最为优越的园区,已经成为"一带一路"建设标志性工程和中白双方互利合作的典范。

---

① 韩璐:《中国与白俄罗斯经贸关系:现状、问题及对策》,载《俄罗斯中亚东欧市场》2013年第6期,第89页。

② 徐绍史:《"一带一路"国外投资指南》,北京:机械工业出版社2016年版,第74页。

（二）中白经贸合作由"大写意"到"工笔画"

从"一带一路"倡议、到中国—上海合作组织框架、再到"一带一路"与"欧亚经济联盟对接，白俄罗斯在其中都处于重要的地位，这也为中白经贸发展注入了新的活力，中白经贸合作逐渐由"大写意"进入到"工笔画"阶段。

2015年7月10日上海合作组织成员国元首理事会会议通过决议，决定批准白俄罗斯共和国成为上海合作组织观察员国。上海合作组织观察员国大多为有意向参与上海合作组织在能源、交通、高科技等领域的合作或是有意向参加上海合作组织的国家。观察员国与上海合作组织之间的观察是双向的，是下一步相互之间发展必经的一个过程。白俄罗斯成为上海合作组织观察员国是白俄罗斯外交史上具有划时代意义的一笔，而上海合作组织吸收白俄罗斯为观察员国也是超出了地域范围，将上海合作组织的触角伸向了更远的地方，扩大了自身的影响力。

欧亚经济联盟成立于2015年，成员国包括俄罗斯、哈萨克斯坦、白俄罗斯、吉尔吉斯斯坦和亚美尼亚，五国均是"一带一路"建设的重要合作伙伴。2014年5月29日，负责俄罗斯、白俄罗斯、哈萨克斯坦三国一体化进程的超国家机构——欧亚经济委员会最高理事会会议在哈萨克斯坦首都阿斯塔纳举行。俄罗斯总统普京、白俄罗斯总统卢卡申科、哈萨克斯坦总统纳扎尔巴耶夫在会上正式签署《欧亚经济联盟条约》，条约从2015年1月1日起生效。联盟建立后将保障商品、服务、资本和劳动力在三国境内自由流通，并推行协调一致的经济政策。

2019年4月第二届"一带一路"国际高峰论坛的召开，中白经贸合作又在原有的基础上开阔了新视野，注入了新动力。2018年8月28日习近平指出，过去几年共建"一带一路"完成了总体布局，绘就了一幅"大写意"，今后要聚焦重点、精雕细琢，共同绘制好精谨细腻的"工笔画"，这进一步为中白经贸合作深化发展的未来朝向奠定了基础。

二、中白经贸合作深化引发法律风险防范的转型升级

随着"一带一路"倡议的推进，中白经贸合作进入新阶段，中白两国在"一带一路"领域将继续加强合作，双边贸易和投资将继续快速增长，

中白合作领域将不断扩展和深化,加强信息技术等高科技领域的合作,提升银行和证券等金融方面合作的水平,加强旅游业的交流与合作,加强交通等基础设施建设的合作,拓宽能源合作领域、提升合作水平等将成为重要的发展朝向,这将使法律风险防范也变得更为复杂。以往对中白经贸合作法律风险防范建立在基础性的层面上,包括对白俄罗斯历史文化与基本国情的掌握、对白俄罗斯宪法框架下的政治体制及其权力之间的博弈问题的关注、掌握一般性法律风险防范指引的基本框架,并主要以经济法领域的关注较多。随着"一带一路"倡议走向深化,中白经贸合作领域的发展及双方所处的国际政治、经济、文化等多重性地位与法律风险防控更加紧密地连在一起,同时也引发法律风险防范的转型升级,并应当成为当前两国重要核心议题。中白经贸合作进入新阶段通过五个转变表现出来,法律风险防范的转型升级也蕴含其中:一是经贸合作由粗放型向精细化转换;二是经贸合作局部向全面转换;三是由传统意义的合作向现代意义的合作转换;四是由双边向国际化发展;五是法治化程度不断提升。

(一)经贸合作由粗放型向精细化转换

在中白经贸合作初期,白俄罗斯官员表示:"除了白俄罗斯拥有优越的地理位置外,吸引中国伙伴来白俄罗斯投资还有两个因素,那就是白俄罗斯局势的稳定及其人才优势。白俄罗斯人的才能、高技能及纪律性在两国未来合作中将起到非常重要的作用。"粗放型的合作很多方面靠的是地理位置、政治环境和劳动力及人才情况,随着中白经贸合作的深入,合作的精细化逐渐体现出来。以中白工业园区建设为例,根据《关于"巨石"中白工业园特殊法律制度的规定》,中白工业园区三级管理架构已经形成,包括三个层次:一是中白政府间协调委员会,是园区最高管理协调机构,作为两国间政府合作委员会,其职责是统筹推进中白工业园事务;二是中白工业园区管委会,作为管理主体,由白俄罗斯中央和明斯克州政府相关部门组建,负责园区的政策制定、企业服务、行政审批等工作;三是中白工业园区开发股份有限公司,作为具体的开发主体,由中白双方股东共同出资组建,负责园区开发与经营、基础设施建设、物业管理、招商引资、咨询服务等。①

(二)经贸合作由局部向全面转换

中白经贸合作经过20多年的发展,已从点到面、由内而外全面展开。中白工业园的发展和建设在一定程度上反映了这个过程。中白工业园被誉为"'一带一路'上的明珠",在中白工业园开工建设之前,中白两国的经贸和投资合作已经呈现出快速上升的态势,但总体上处于局部、零散和低水平的状态。随着一系列关于中白工业园的法律文件及协议的签署,中白工业园开工的法律基础被逐渐夯实,中白经贸合作集群效应和规模效应初步显现。中白工业园开工建设后,这一状态有根本性的改观,经贸和投资合作上升为真正的政府间合作活动。2010年10月,中工国际工程股份有限公司与白俄罗斯经济部签署了《在白俄罗斯共和国境内建立中国—白俄罗斯工业园区的合作协议》;2011年9月,双方又签署了《白俄罗斯共和国政府和中华人民共和国政府关于中白工业园区的协定》,中白工业园被正式纳入两国政府间合作项目。随着2013年7月中国与白俄罗斯全面战略伙伴关系的建立,在2014年初《中白全面战略伙伴关系发展规划》中,中白工业园被列为两国经贸合作的重点项目。2014年9月,由中国商务部和白俄罗斯经济部共同组建的中白工业园协调工作组正式启动中白工业园的建设,2015年5月,习近平主席视察中白工业园期间强调,要将园区项目打造成"丝绸之路经济带上的明珠和双方互利合作的典范"。

(三)由传统意义的合作向现代意义的合作转换

中白经贸合作进入新阶段,在合作领域和范围上已从单纯商品贸易逐步转向经济技术合作、大型合作和高层次合作。传统意义上的经贸合作已经向现代意义的合作转换,中白共同打造的工业园区高科技化程度不断增强。坚持引进高科技行业,推动白俄罗斯实现创新和跨越式发展。在已签署投资协议的几十家企业中,不少企业来自于园区规划引进的生物技术、新材料、大数据存储与处理、科研和试验等高科技行业。园区还通过设立科技孵化中心、设立产业投资基金等方式,推动科技创新。

---

① [俄]《白俄罗斯经济法规选编》,罗利伟编译,北京:社会科学文献出版社2017年版,第326页。《关于"巨石"中白工业园特殊法律制度的规定》第二章对园区管理机构进行了详细规定。

2017年12月22日，白俄罗斯总统亚历山大·卢卡申科签署《关于发展数字经济》法令。该法令的首要目的是创造条件，吸引全世界IT公司到白俄罗斯发展，鼓励它们在白俄罗斯开设代表处和发展中心，并生产所需产品；其次是应用先进的金融工具和技术。事实上，白俄罗斯是世界上第一个开放使用区块链技术的国家，政府希望IT行业成为经济增长的动力之一。中白合作领域不断扩展，由传统的合作向IT行业、信息合作等高科技领域发展。在这方面中国将发挥技术优势。[①]

目前，白俄罗斯与中国互联网零售商阿里巴巴集团已经建立起互利合作关系。在研究者看来，这将是一个双赢的合作。开展这种合作的目的之一是白俄罗斯商品在阿里巴巴集团协助下进入中国互联网平台，扩大在白中贸易中利用电子商务平台的可能性。对中方而言，这也是吸引欧亚经济联盟成员国潜在客户的机遇。[②]

现代意义的合作是人与自然和谐相处的合作，生态化标准是中白经贸合作重要指标。制定严格的生态环保规定，按照总体规划科学布局，打造生态、宜居新城。制定并严格执行园区环保及绿化保护措施制度，要求园区基础设施建设及入园企业建设必须符合总体规划的绿化标准；保留了园区现有居民点和生态保护区，园区内总体绿化率达到50%；聘请环保管理与审核系统公司对园区进行评测和认证，使园区在环境保护上符合欧洲的统一环保标准，获得了欧盟生态管理和审核计划（EMAS）认证。

（四）由双边向国际化发展

我们还要看到，中白两国经济发展水平存在较大差异，白俄罗斯国内市场规模有限，白俄罗斯市场环境有待进一步开放，来自俄罗斯和欧亚经济联盟对白俄罗斯的影响不可忽视。[③]正如白俄罗斯学者所分析的那样，中国对白俄罗斯兴趣提高的原因有很多。除已经确立的两国友好关系和取得收益以外，中国认为白俄罗斯是其在欧洲的重要战略伙伴，因为白俄罗

---

① 每日经济网，http://cn.dailyeconomic.com/2017/12/25/22666.html，登录时间：2019年8月30日。

② [俄]E. A. 谢马科：《中国与白俄罗斯经贸关系的发展》，载《西伯利亚研究》2016年第5期，第20页。

③ 朱红缨，徐波：《"一带一路"背景下的中白经贸合作：现状与展望》，载《浙江树人大学学报》2018年第6期，第37页。

斯位于东欧和西欧交界,是欧亚经济联盟成员国。同样,白俄罗斯也视中国为自己在亚洲的重要战略伙伴,计划通过中国进入东盟国家市场。①

"一带一路"与"欧亚经济联盟对接,将为中白经贸合作提供更广阔的思路,由双边为主向国际化发展。在2019年4月25日举行的第二届"一带一路"国际合作高峰论坛境外经贸合作区分论坛上,商务部副部长钱克明表示,境外经贸合作区作为对外投资合作的创新模式,正日益成为共建"一带一路"的生动实践。经贸合作区不是某国独享的"奶酪",而是各方共享的"蛋糕"。中方倡议,各国根据双边发展需求和战略需要,拓宽合作视野,创新合作方式,深化合作领域,寻求发展利益的最大公约数,使合作区成为构建人类利益共同体和命运共同体的重要实践平台。与会代表达成共识,各国今后可重点在政策对接、规划引导、融资创新、服务便利上加强合作,为境外经贸合作区健康有序发展创造新的更大的空间。②

中白双方致力于将中白工业园打造成国际化的平台,努力提升园区的国际化程度。中白工业园开发公司已赴德国、意大利、俄罗斯等多地进行宣传推广,并在园区接待了瑞士、日本、加拿大、美国等多国企业的考察。截至2019年2月底,共有43家企业入驻园区,协议投资总额达11亿美元,除中国和白俄罗斯企业外,还包括来自5个国家的7家企业入驻园区。同时,德国杜伊斯堡港日前已参股工业园开发公司,通过白方持股人转让获得0.67%的股份。走向国际化的多渠道招商引资,园区发展迈出国际化步伐,更大的活力开始显现出来。

(五)对法治化的需求进一步增强

遵守所在国的法律法规,坚持依法经营,依法防范风险,是推进中白经贸合作前提性保障。这既是国家对走出去企业的基本要求,也是中国企业在付出高昂代价的教训之后,切实维护自身利益,防范法律风险的必由之路。以往,在一些"一带一路"沿线国家,当我们的项目已经落地,我们的人员和设备已经到位,甚至经营活动已经启动的情况下,我们对所在

---

① [俄] E. A. 谢马科:《中国与白俄罗斯经贸关系的发展》,载《西伯利亚研究》2016年第5期,第20页。
② 《境外经贸合作区分论坛达成共识 加强政策对接、规划引导》,中华人民共和国商务部网站,http://www.mofcom.gov.cn/article/ae/ai/201904/20190402857478.shtml,登录时间:2019年8月30日。

国的相关基本法律还知之甚少。中国企业在"一带一路"沿线国家的投资项目往往涉及所在国的基础设施开发、能源和资源开采、园区开发等，这些项目往往规模大、投资大、建设周期长、同当地经济社会的牵涉面广，因此更有必要充分评估项目的法律风险，做到未雨绸缪，防患于未然。①

例如，在中白工业园区发展上，法治化的程度不断提升。白方三次颁布专门法令，为园区建设提供法制保障和政策优惠。为推进园区建设，白俄罗斯先后三次颁布关于园区政策的总统令，优化园区经营管理体制机制、强化优惠政策、简化行政程序。白俄罗斯总统直接任命园区管委会主任，管委会归内阁直接领导，以提高管委会的协调能力和行政管理效率；对入园企业提供极大的税收优惠，自盈利之年度起前10年免征企业所得税，之后至2062年减半，同时免除土地税和房产税；打造"一站式"管理服务体系，要求全部审批在园区内完成，并提供投资洽谈、公司注册、项目准入、土地过户、报建审批、联合验收、进出口审批、优惠政策审批等全过程服务。白俄罗斯共和国经济部近日发布新闻，根据2018年12月22日白俄罗斯共和国第490号"关于海关监管"总统令，中白工业园被批准为白俄罗斯境内首个区域经济特区。

任何项目不论产生的背景如何，只有建立在全面的合法合规基础之上，经过全方位的合法合规审查，才可能有效地规避法律风险，维护自身应有权益，在法律风险上必于不败之地。在法制不够完备的市场，如果投资者能够设计比较完备的交易结构和管理制度，在投资之前，与所在国主管当局就行业准入优惠政策以及人员出入境和居留、聘用外籍员工甚至更为细节的方方面面做出妥当的安排，就可以有效的抵御后续人为的干扰因素，弥补所在国法制不够完备可能造成的不确定性，加强法律风险防范。

以往我们关注中白经贸合作法律风险防范，更多的是分门别类进行局部化的分析和对策性的建议，比如，人们研究在白俄罗斯投资的法律风险与防范，与白俄罗斯进行贸易的法律风险与防范，在白俄罗斯承包工程的法律风险与防范，与白俄罗斯进行劳务合作的法律风险与防范，白俄罗斯财税金融的法律风险与防范等，随着中白经贸合作的深化，法律风险防范面临着迫切的转型升级，在深化和细化分门别类的具体化、局部性的风险

---

① [俄]《白俄罗斯经济法规选编》，罗利伟编译，北京：社会科学文献出版社2017年版，序言。

和对策性建议的同时，更应当从宏观总体和发展趋势上关注法律风险的防范问题。

三、中白经贸合作新阶段法律风险防范的五大趋向

在风险社会中，法律风险既存在内生性风险也存在外生性风险，中白经贸合作中的法律风险包括安全、经济、文化和政治系统等多方面的风险来源，在表现形式上存在不同。中白经贸合作领域与范围的扩展决定了法律风险防范的升级与转型，在坚持对不同领域法律风险进行技术性操作层面的防范外，还应当在整体上，从国内外综合的角度、时代的角度和价值的角度等方面，审视中白经贸合作新阶段法律风险防控的基本趋向。

（一）白俄罗斯经贸合作领域的国内法律制度变化将进一步加剧

中白经贸合作的未来发展受国家发展导向的影响，应当更为充分了解掌握白俄罗斯政治、经济和文化等方面的基本状态与形势。白俄罗斯推行计划主导型经济，最高领导机关和领导人掌管经济事务的决策权，但政府部门执行力相对较弱，工作效率有待提高，一些部门存在官僚主义、相互推诿和办事拖沓等不良现象。在国内法律保障方面，白俄罗斯正处于积极推进市场化改革阶段，大量法律、法规面临重新修订、调整，相关政策也正处于不断探索和修正阶段，包括民法、投资法、企业法、税法等，均处在调整之中，因此法律体系变化比较大，在投资、经贸相关领域的法律及具体法规方面调整的总体趋势是日趋规范化。在整体上把握白俄罗斯的法律框架异常重要，特别是要深入把握经济领域与我们不同的制度与规定，不能想当然地对待经济领域的法律规制问题。比如，白俄罗斯专门有一部《白俄罗斯共和国国家私人合作法》，该法旨在吸引投资发展白俄罗斯共和国经济，确定国家私人合作的法律条件，调整在国家私人合作协议签订，履行和解除过程中形成的社会关系。[①] 因此，在把握白俄罗斯国内法律变动的同时，还要深入研究分析其经贸法律制度体系中与我国不同的地方，

---

① [俄]《白俄罗斯经济法规选编》，罗利伟编译，北京：社会科学文献出版社2017年版，第230页。

在差异中寻求法律风险防范的对策。

从《国家风险分析报告》(2017年版)中的《白俄罗斯经济与商业环境风险分析报告》可以看出,在经济与商业环境两大风险领域仍需重点关注很多问题。在经济领域,宏观经济衰退程度缩小。白俄罗斯由专设机构管理外商投资,注重通过自由经济区等方式降低外商投资者的税收负担。在基础设施方面,虽然现有水平较低,劳动成本相对较低,但外籍劳务入境管理严格且呈现收紧态势。在投资管理方面,设立专门机构负责投资管理,目前白俄罗斯投资行业的法律法规包括白俄罗斯投资法典、白俄罗斯总统令标准法律文件、白俄罗斯民法和其他法律、白俄罗斯参与签署的国际协议和投资协议等。白俄罗斯对外国投资限制较少,根据白俄罗斯投资法,没有总统的特令,不允许外国人投资国防和国家安全领域;禁止外国投资者生产和销售白俄罗斯卫生部清单上所列的麻醉型、剧毒型物质。对外籍劳务入境继续保持严格限制,在外籍劳工数量上有明确限制,而且外籍劳工只能从事与其拥有资质相符的工作。[①] 只有充分了解并预见白俄罗斯经济与商业环境中存在的风险,才能有针对性地强化相关领域法律风险的防范意识。

(二)区域性组织及合作将对白俄罗斯经贸合作的国际法律框架发生作用

中白两国在经贸合作领域逐渐向国际标准和惯例看齐。目前在国际法律规范化方面,中国与白俄罗斯都已加入的主要国际公约国际条约包括:《保护工业产权的巴黎公约》《解决国家和其他国家国民投资争端的国际公约》《承认和执行外国仲裁裁决公约》等。

白俄罗斯作为欧亚经济联盟成员方[②],在关税一体化等联盟条约要求下,将根据加入世界贸易组织的要求及欧亚经济联盟一体化(欧亚经济联

---

① 《白俄罗斯经济与商业环境风险分析报告》,载《国际融资》2018年第7期,第71页。
② 欧亚经济联盟是区域一体化组织中的新成员,2011年建成了关税同盟,2015年形成了一个经济联盟,除了地缘政治目标之外,它以一个具体的长期经济议程作为自己的建设基础。基于这个原因,欧亚经济联盟的创建能够帮助其成员国巩固区域内部的经济纽带,使其国民经济走向现代化,并创造一个有利于提高其全球竞争力的环境。商品、服务、资本和劳动力的单一市场,是欧亚一体化进程的核心。
[俄] E. 维诺库罗夫:《欧亚经济联盟:发展现状与初步成果》,载《俄罗斯研究》2018年第6期,第4页。

盟成员国的俄罗斯和哈萨克斯坦已经是WTO成员国)的要求进行修正,逐步提高贸易和经济自由化的程度,完善本国市场经济运行机制。白俄罗斯的经贸活动受到区域性组织及合作的制约与影响,这些制约与影响主要是来自于俄罗斯和欧亚经济联盟。中国的研究者认为,俄罗斯是白俄罗斯的最大贸易伙伴国和投资国,白俄罗斯的经济高度依赖俄罗斯,在一定程度上会影响中白合作。这一担忧是有根据的,据白俄罗斯总统信息分析中心发布的2014年民调结果显示,54%的白俄罗斯居民认为要改善国内经济社会形势,首先应该选择与俄罗斯加强联盟关系,这一比例高于认为首先扩大与中国经济联系的比例。欧亚经济联盟对白俄罗斯具有很强的吸引力,欧亚经济联盟对于非联盟国家实施统一关税和非关税壁垒,在这个意义上,白俄罗斯是欧亚经济联盟的受益方。此外,白俄罗斯其他邻国和欧洲国家对中白经贸合作也会产生一定影响。因此,除了了解中白双边性的法律规则外,还要及时把握区域性组织对白俄罗斯经贸合作方向的影响,把握白俄罗斯与其他国家经贸合作过程中国际性经贸法律规则的动态。

(三)我国新《外商投资法》将对中白经贸合作发挥导向性影响

在全球面临经济下行压力、单边主义和贸易保护主义挑战背景下,外国投资者对中国改革给予高度重视。2019年3月15日,十三届全国人大二次会议表决通过了《中华人民共和国外商投资法》,自2020年1月1日起施行。我国的新《外商投资法》既是制度创新的结果,更是未来中国开展对外经贸活动的法治保障。《外商投资法》是中国未来高水平开放的需要,随着中国经济的不断发展,一个更开放的中国必将展现在世界面前,同时它也是外商投资领域的一个法律基础,给外商投资吃了一颗"定心丸"。《外商投资法》确立了外商投资法律制度的基本框架,为进一步加强对外商投资促进保护,推进中国打造法治化、国际化、便利化的营商环境打下了基础。《外商投资法》的颁布将有助于中国坚定实行高水平投资自由化便利化,保护外商投资合法权益,营造法治化、国际化、便利化营商环境,以高水平对外开放推动经济高质量发展。这一法律的颁布充分彰显了新时代中国进一步扩大对外开放、促进外商投资的决心。①

我国新《外商投资法》将对中白经贸合作发挥导向性影响，在法律层面上是一种巨大的发展和进步。《外商投资法》的实施将为积极吸引和利用外商投资提供健全的法制保障，也是构建开放型经济新体制的重要内容。《外商投资法》以法的形式着力于投资促进和保护，为外企在华投资兴业创造透明、可预期的营商环境。同时，这也标志着在推动由商品和要素流动型开放向规则等制度型开放转变中，中国迈出关键一步。

（四）中白经贸合作法律风险防范的双向性增强

在"制度型开放"中，规则的流动是双向的，这是高水平开放的必然要求，也是高质量发展的题中之意。现行的一些法律及其制度尚不能满足对接国际经贸新规则要求，世界贸易组织变革及中美贸易摩擦的博弈，要求以高水平开放带动改革全面深化，在继续推动商品和要素流动型开放同时，要更加注重规则等制度型开放。我国对外开放正由器物层面转向规则层面，推动商品和要素流动型开放与规则等制度型开放交织互动。②

白方研究者认为，为发展经贸关系，中白迫切需要解决的问题有很多方面，包括：建立共同的商品和服务标准体系；简化贸易管理程序；互相开放服务市场，包括保障丝绸之路经济带框架内的活动；互相开展电子商务；制定共同的竞争和消费者权利保护标准；建立现代投资保护标准和争端解决机制；保护知识产权并对相关的违法行为进行制裁；协调卫生与动植物检疫的措施和程序；调节地区供应；为本币结算创造有利条件等③。要解决好这些问题，实现双方的法律对接是一个最为重要的前提。

各自对本国相关法律制度的调试，同时也存在法律风险由确定性风险向不确定风险的转换，虽然来自于法律环境的风险在逐渐降低，但调整过程中法律多变会增加投资的难度，法律环境的变化也会给中国—白俄罗斯

---

① 刘英：《从博鳌亚洲论坛看〈外商投资法〉带来哪些红利》，载人民日报海外网，https://baijiahao.baidu.com/s?id=1629515734946082783&wfr=spider&for=pc，登录时间：2019年8月30日。

② 何立胜：《推动全方位对外开放，为什么要强调把握住制度型开放新机遇?》，载人民日报海外网，https://baijiahao.baidu.com/s?id=1631011615506214733&wfr=spider&for=pc，登录时间：2019年8月30日。

③ [俄] E. A. 谢马科：《中国与白俄罗斯经贸关系的发展》，载《西伯利亚研究》2016年第5期，第71页。

投资合作增添新的不确定性风险。①

我国新《外商投资法》的出台,不仅确立了外资准入前国民待遇+负面清单的管理制度,而且明确了加强外商合法权益保护,提高政策透明度和执行一致性,营造内外资企业一视同仁、公平竞争的公正市场环境。确定了凡是对内资企业适用的所有优惠政策,外资企业全部能够享受,外资企业和内资企业具有完全相同的参与标准制定的权利,外资与内资一样公平参与政府采购的竞争等。

(五)在人类命运共同体的高度上应对中白经贸合作中的法律风险

在经贸合作中,"只有义利兼顾才能义利兼得,只有义利平衡才能义利共赢"。《一带一路愿景与行动》强调应当根据"一带一路"的走向,陆上依托国际大通道,共同打造国际经济合作走廊;海上以重点港口为节点,共同建设通畅安全高效的运输大通道;努力加强区域基础设施的完善程度,基本形成安全高效的陆海空通道网络;在合作理念上提出了政策沟通、设施联通、贸易畅通、资金融通、民心相通的"五通"合作愿景。在未来,"一带一路"必将走向规则之治,而这个可能被普遍认可的规则,即"超国家法"必将是在政策沟通、设施联通、贸易畅通、资金融通基础上形成的民心相通的"法",由此才可能获得各主体的自觉遵守。作为"超国家法"的"一带一路"的法,不能着眼于某个国家的私利,而必须着眼于"一带一路"的核心观念:"人类命运共同体"。②

白俄罗斯具有连接欧亚大陆的区位优势,被视为"一带一路"重要支点国家。中白经贸合作中的法律风险防范,必须立基于人类命运共同体的高度才能获得广阔而深刻的认识。人类命运共同体这一全球价值观包含相互依存的国际权力观、共同利益观、可持续发展观和全球治理观,对应对中白经贸合作法律风险具有前瞻性和价值导向性。面向未来的法律风险防范,应当更为充分了解掌握白俄罗斯政治、经济和文化等方面的基本状态与形势,遵循"平等参与""民主协商""互利共赢""公平合理""一体多

---

① 朱红缨,徐波:《"一带一路"背景下的中白经贸合作:现状与展望》,载《浙江树人大学学报》2018年第6期,第18页。

② 严存生:《"全球化"时代与"一带一路"的法治建设》,载《上海政法学院学报》(法治论丛)2019年第2期,第5页。

元"等原则来制定规则，从一个发展和综合的角度来处理国际权力观、共同利益观、可持续发展观和全球治理观的协调问题。

综上所述，随着"一带一路"倡议由"大写意"到"工笔画"阶段的发展，中白经贸合作进入到新阶段，经贸关系发展进入到国家定位高、合作基础趋牢、法律保障机制逐渐理顺的时期，经贸合作由粗放型向精细化转换，由表层局部合作向深入全面合作转换，由传统意义的合作向现代意义的合作转换，法治化的需求不断提升，法律风险呈现出较以往不同的新趋势，法律风险防范面临着迫切的转型升级。由于白俄罗斯依然处于国家转型期，其国内法律制度处于频繁变化期，加之区域性组织及其合作关系将对白俄罗斯经贸合作的国际法律框架发生重要作用等情形的存在，因而在整体上，从中白两国国内国际综合的双向角度、时代的角度和价值的角度等方面分析中白经贸合作新阶段法律风险防范问题具有更深远的意义。

New Trends of Legal Risk Prevention in Sino-Belarus Trade and Economic Cooperation under the Background of "Belt and Road" Initiative

Changyu Yang

Abstract: The focus of previous legal risk prevention in the trade and economic cooperation between China and Belarus was put more on categorized and localized analyses and countermeasure proposals. With the deepening of "Belt and Road" initiative, Sino-Belarus trade and economic relations have stepped into a new stage with a high national positioning, steadying cooperative foundation, and gradually straightened out legal protection mechanism. Now international trade and economic cooperation is shifting from extensive to intensive, from surface and local to in-depth and comprehensive, and from traditional to modern. Hence there is an increasing demand for rule of law. Meanwhile, legal risks arise with new trends different from the past and legal risk prevention is faced with the urgent needs for transformation and updating. Against these new trends, it has a far-reaching significance for us to analyze the issue of legal risk prevention in the new stage of cooperation between China and Belarus from the perspectives of Domestic and International Integration in both countries, the times and value.

Key Words: "Belt and Road" Initiative; China and Belarus; trade and economic cooperation; legal risk prevention

俄罗斯转型期的司法与法治发展趋势

王海军*

【内容摘要】 苏联解体之后,俄罗斯开启了新一轮的社会转型,司法制度作为社会转型期的重要内容也随着政治、经济转型相应发生变革。为保证法院成为行使司法权的唯一机关,检察权与司法权开始在争论和立法确认中分离,并最终以一部宪法修正案宣告结束。基于转型期社会发展对司法实践的诉求,司法权机关体系发生变化,包括恢复调解法官制度,宪法司法系统中的联邦主体宪法(宪章)法院逐渐建立起来,最高法院与最高仲裁法院的司法权最终统一,逐渐完善了司法权机关体系。转型期司法改革取得了诸多成就,司法权独立逐渐实现,并朝着这个方向不断努力,但同时也存在一定的困境,如总统权对司法权的限制、法官独立受到行政干扰,以及司法预算制度实践困境等都限制了司法权独立。在俄罗斯转型期司法发展基础上,推动了俄罗斯法治的发展,并形成了具有本国特色的法治发展路径,其发展趋势也基本形成,包括坚持走俄罗斯独特的法治之路、寻求与西方法治的平衡点,并最终渐进性地实现法治现代化。俄罗斯未来将继续秉承其司法传统,在法治现代化的道路上前行,在国家政治、经济、社会不断发展的基础上追求司法与特色法治的相互契合。

【关键词】 俄罗斯　社会转型　司法权　法治发展　法治现代化

俄罗斯在历史上经历过三次大的转型,每次转型都伴随着司法改革和司法制度的发展。在苏联解体之后,新一轮的转型开始,具体包括:政治转轨,从苏联时期议行合一的苏维埃制度向三权分立宪政制度的转变,这是俄罗斯国家体制最显著的变化;经济转型,由高度中央集权的计划经济向市场经济转变;现代化与全球化,遍及世界的现代化浪潮与全球化进程

---

* 作者简介:王海军,法学博士,华东政法大学法律史研究中心、科学研究院副研究员。

迫使俄罗斯融入世界，这样成为了俄罗斯转型的必要行为；生活方式的转变，这是政治、经济转型的深层体现，而法治也逐渐成为一种生活方式。可以说，这些转变在社会转型过程中都存在俄罗斯司法的作用。

一、检察权与司法权的分离

随着苏联解体和俄罗斯的社会转型，为了保证法院成为行使司法权的唯一机关，检察权与司法权开始分离，其间出现各种争论，以及在法律文件中对此问题予以确认和解释，最后以一部宪法修正案宣告结束，俄罗斯司法权与检察权也最终分离。

（一）初步区分检察权与司法权

在俄罗斯联邦时期，最初一些改革建议提出俄罗斯联邦检察机关应当回归近代俄国司法现代化过程中所形成的、与西欧检察机关相同的模式，并希望在组织上将检察机关纳入行政机关或法院，这些建议在"司法改革构想"中得到了体现，主要导向为取消检察机关的监督职能，将其司法权力限定在刑事诉讼程序中，[①] 希望通过缩小检察院的权力，并取消其"公共监督"的权力来达到强化法院地位的目的，并最终将检察权从司法权范畴中剥离出去。这种建议在当时的政界和法学界，以及检察机关都受到强烈抵制，因此这项改革未能顺利付诸实践。

1992年《俄罗斯联邦检察机关法》颁布，其中废除了检察院对法院及诉讼参与者的监督权，仅保留了检察官对司法审判的一般意义上的监督权，而对于检察机关在国家机关体系中的地位问题并未提及，[②] 但是检察机关依据刑事诉讼法所享有的部分侦查权以及对司法诉讼程序的干预越来越引起了审判机关的不满，检察机关与审判机关之间的矛盾和冲突日益尖锐。

（二）《俄罗斯联邦宪法》下的司法改革

根据1993年《俄罗斯联邦宪法》的安排，有关检察机关的内容规定在

---

① 於海梅：《俄罗斯苏维埃联邦社会主义共和国司法改革构想》（下），载《金陵法律评论》2015年秋季卷，第345—346页。

② ФЕдЕрАльный зАкон от 17.01.1992 N 2202-1 "О прокурАтурЕ Российской ФЕдЕрАции".

了"司法权"一章中，该章对法院行使司法权、法院组织系统和法官独立、法官保障制度，以及检察机关方面做出了原则性规定。在检察机关和权能方面，规定俄罗斯联邦检察机关是统一的、下级检察长服从上级检察长和俄罗斯联邦总检察长的集中体系，对俄罗斯联邦总检察长、联邦各主体的检察长和其他检察长的任命和解除职务进行了规定，但没有对检察权予以明确，而是规定关于检察院的地位和作用的问题由专门的联邦法律界定，"宪法对检察机关的灰色规定在迎合检察机关保留以往权限意愿的同时，也为日后有关检察机关法律地位问题的争议埋下了伏笔。"①

1995年10月18日，《对俄罗斯联邦检察院法的增补和修改法》通过，其中对检察院及其权力地位进一步规定，检察机关开始独立与俄罗斯国家各个行政区划的权力机关，苏联时代的"一般监督权"被弱化，但对宪法和法律执行的监督权、对联邦和联邦主体权力机关及其人员的法律监督权、对侦查活动和刑罚执行、监禁活动的监督权，以及对法院裁判的抗诉权和对部分案件的直接侦查权等得以保留。② 从某种程度上看，检察机关已经演变为一个独立机关，但这存在违宪的嫌疑，因为宪法划分了三个国家权力机关以及相应的三权，而检察机关和检察权并没有在这之外单独规定，依然与司法权的条文部分混合在一起。

由于宪法和检察机关法在对待检察权与司法权关系问题上的不明确，导致了20世纪末俄罗斯联邦检察机关享有的部分侦查权和对司法诉讼程序的干预，这也使得两种权力之间矛盾和冲突逐渐加深。可以说，"检察权在国家体系中的地位模糊不清是俄罗斯检察监督实践中的长期痼疾，这一问题对检察机关和其他国家权力机关的关系、检察活动的组织和内容等都产生了负面影响。"③

（三）《俄罗斯联邦刑事诉讼法》与检察权的明晰

为改变刑事审判中检察权主导、法院司法权弱化的现象，2001年12月5日俄罗斯国家杜马通过了《俄罗斯联邦刑事诉讼法典》，对检察机关的职

---

① 李昕：《俄罗斯民事检察制度研究》，中国检察出版社2012年版，第18页。

② ФЕдЕрАльный зАкон от 17 ноября 1995 г. N 168-ФЗ "О внЕсЕнии измЕнЕний и дополнЕний в ЗАкон Российской ФЕдЕрАции 'О прокурАтурЕ Российской ФЕдЕрАции'".

③ Ломовский В. КАкойвлАсти принАдлЕжит прокурАтурА РосссийскАя юстиция. 2001. № 9.

权进行了重大修改。基于《俄罗斯联邦刑事诉讼法》的规定，检察机关在刑事诉讼中的为开始发生转变，即它开始以"控方参加人"的身份参加诉讼，在弱化其以往在审判程序中"强权"基础上将其纳入与刑事被告人平等诉讼地位。① 对检察权的限制，"不仅仅是为了维护司法公正，更重要的还是为了理顺各权力机关的职权范围，改变以往国家权力过于分散、各部门之间职权重叠与职责不分的现象，使之更有利于加强国家权威。"②

《俄罗斯联邦刑事诉讼法典》的出台，一方面提高了法院的司法独立性，另一方面也明晰了检察权的具体范畴，整体上对于检察权以及俄罗斯整个司法系统的发展具有积极意义。与此同时也要注意到，俄罗斯检察权与司法权关系的规定依然未体现在宪法中，因此严格意义上说，俄罗斯检察权和司法权要彻底分离还需要在宪法层面再往前迈进一步。

（四）修宪与检察权的独立

检察院的宪法法律地位，以及其在国家机关体系中的位置和作用的不足和缺陷催生了通过修改宪法来排除上述不足的必要性。2013年11月22日，《修订俄罗斯联邦宪法中〈俄罗斯联邦最高法院和俄罗斯联邦检察院〉的法律》通过，其中"就考虑到之前很早就表现出的关于修改俄罗斯宪法第7章名称必要性的理论性建议"。③ 基于此，2014年2月5日俄罗斯联邦对宪法进行了修改，在将第7章的名称由"司法权"改为"司法权和检察机关"，并确定了俄罗斯联邦副总检察长的宪法地位。④ 俄罗斯联邦通过修改宪法，从根本法层面确认了检察机关是独立的特殊机关，而非司法权机关，同时也提升了检察机关在整个国家宪法制度中的地位。尽管没有扩大检察权，但对于检察权的顺利、独立行使具有重要意义。

---

① 刘根菊、官欣：《俄罗斯联邦检察权的改革及借鉴》，载《华东政法学院学报》2004年第4期，第85—86页。

② 李雅君主编：《曲折的历程：俄罗斯政治卷》，北京：东方出版社2015年版，第103页。

③ Н.Д.ЭриАшвиль. СудЕбнАя влАсть в российской фЕдЕрАции: тЕндЕнции и пЕрспЕктивы рАзвития. М., 2016. С. 43.

④ См: ЗАкон Российской ФЕдЕрАции о попрАвкЕ к Конституции Российской ФЕдЕрАции от 5 фЕврАля 2014 г. N 2-ФКЗ "О ВЕрховном СудЕ Российской ФЕдЕрАции и прокурАтурЕ Российской ФЕдЕрАции".

二、法院体系的变化

随着转型期俄罗斯社会发展的需求,以及司法实践的诉求,联邦法院体系开始受到关注。基于此,调解法官制度恢复,联邦主体宪法(宪章)法院也逐渐建立起来。此后,最高法院与最高仲裁法院合并,改变了俄罗斯联邦司法权机关的体系。这些都是对转型期俄罗斯司法权运行机制的一种完善和推进。

(一)调解法官制度的恢复

恢复重建调解法官制度是俄罗斯联邦在联邦主体一级进行司法体系改革的一项重大举措。在20世纪90年代中期调解法官制度还没有恢复以前,案件的审判工作由俄罗斯联邦普通法院系统集中承担,当时"区(市)法院负担过重,区(市)法院的法官尽管一个接一个地办案,案件仍然不能及时审理。法官没有时间对手中的案件进行认真思考并做出深思熟虑的判决,也没有时间认真学习法律和研究审判实践。苏联解体后,上述状况并未改变。"①加之转型期法官缺乏,法官独立原则,以及相关的独任审理制和错案追究制的实行,给法院审理案件造成了极大的压力。

重建调解法官制度作为俄罗斯联邦主体司法体系的一部分符合俄罗斯国家的联邦制特征。但是,除了基于联邦制的司法权的总体战略目标之外,在俄罗斯联邦建立调解司法会解决一系列的实际任务,正面地表现在整体上国家所有司法体系功能上。这样,借助增加法官编制作为调解法官减轻了联邦法院负担成为可能;②审理案件的简化使调解法官在规定的法律期限内解决每个俄罗斯联邦居民的日常生活中发生的生活纠纷成为可能。③在这种情况下,改变法官群体的体系,增加法官数量,并简化审判程序以减轻区法院的审案压力,成为了俄罗斯转型期司法改革的一项重要

---

① 刘向文:《俄罗斯联邦司法改革及对我国的启示》,载《宪政与行政法治评论》(第三卷),第357页。

② См: Обзор дЕятЕльности фЕдЕрАльных судов общЕй юрисдикции и мировых судЕй в 2007 годА // РоссийскАя юстиция 2008. № 3.

③ См: МЕстиниковА С.А.ЗАкон о мировых судьях нА прАктикЕ // РоссийскАя юстиция. 2009. № 3.

任务。

在联邦司法体系法的基础上，有关调解法官的专门法律也出台了。1997年10月10日，《俄罗斯联邦调解法官法》（以下简称《调解法官法》）通过，但很快被联邦委员会否决，并提出了一些不同意见。经两院委员会协调后，10月24日再次提交总统。1998年总统也提出不同意见，经过了修改之后最终在1998年12月17日签署，该部法律的生效也标志着调解法官制度的恢复工作有了实质性进展，一些联邦主体也根据这一法律先后设立了调解法官。① 此后，俄罗斯联邦总统于1999年12月签署批准了《俄罗斯联邦主体调解法官总额和司法分区法》，2001年2月，普京签署批准了《俄罗斯联邦主体调解法官总额和司法分区法的修改补充法》，2004年6月和12月，俄罗斯联邦又对上述法律进行了两次修改补充，调整了司法分区调解法官的数量。②

俄罗斯联邦转型期在恢复了调解法官制度后，大大扩充了俄罗斯基层法官的队伍，提高了法院办案的效率，成为俄罗斯联邦转型期司法权运行机制中主体部分，有力推动了司法权的运行。调解法官制度今天对于民众而言已经是非常亲切和通俗的司法方式，这证明了它的需求和社会价值，虽然在组织和这个普通司法权的法院组织体系的基层环节的活动中存在不足。确定调解法官的地位是很重要的问题，因为它的法律地位具有双重性、分散性——这是俄罗斯联邦法院系统组织的联邦制立场的必然结果和固有特征。调解法官的地位具有的特点是既有中央集权，也有司法权的分权的元素的组合和结合。由于调解法官在司法机关中所处的重要地位，俄罗斯国内也有人提出将调解法官的任命权从各联邦主体收归联邦中央，但因为直接涉及中央与联邦主体的关系，这一改革并未实现。

（二）宪法司法系统的完善

俄罗斯联邦宪法法院在转型初期就已经基于以前的基础构建完成，但是联邦主体的宪法（宪章）法院却没有同时实现。随着联邦宪法法院的建

---

① ФЕдЕрАльный зАкон от 17.12.1998 N 188-ФЗ "О мировых судьях в Российской ФЕдЕрАции".

② ФЕдЕрАльный зАкон от 29 дЕкАбря 1999 г. N 218-ФЗ "Об общЕм числЕ мировых судЕй и количЕствЕ судЕбных учАстков в субъЕктАх Российской ФЕдЕрАции" (с измЕнЕниями и дополнЕниями).

立，以及联邦主体对相关职能的要求，它们也逐渐开始建立自己的宪法（宪章）法院，并制定宪法（宪章）法院法，在各自联邦主体内运行宪法司法权，使得整个俄罗斯在宪法司法系统和宪法司法权的运行基础得以完善。同时，联邦和联邦主体宪法司法系统的相互关系层面，二者之间始终没有达成统一。

在联邦国家宪法司法制度，除了履行宪法监督的一般职能之外，还履行一系列专门、特有的、特殊职能，规定了必须解决与违反权限法令和源自区分联邦层面和区域层面进行管理的对象、目标的职权相关的冲突和争论。因为联邦国家机关和俄罗斯联邦主体机关之间的争论和冲突——这些争论多半是宪法法律性的，那么为了解决这类争论就必须不只要具备联邦层面的宪法监督机关，也要在联邦主体中建立宪法监督机关。

可以说，宪法司法体系的完成依赖于地方宪法司法权体系，如果缺少在所有联邦主体中的宪法法院就证明了国家权力结构的建立尚未结束。因此，宪法领域的研究者和国家宪法司法机关反复强调建立联邦主体宪法法院的必要性，重点就是联邦主体建立宪法法院的必要性是形成建立联邦主体中的所有权力机关体系的出发点，以及国家宪法司法整体系统的出发点。

在俄罗斯联邦宪法法院开始工作之后，尤其是《俄罗斯联邦宪法》和新的《俄罗斯联邦宪法法院法》颁布后，各联邦主体纷纷颁布新宪法或修改自己的宪法，规定设立宪法（宪章）法院。最初，在21个联邦主体中的13个先后建立了自己的宪法法院。1996年《司法体系法》颁布后，规定联邦主体宪法法院属于联邦主体的法院系统组成部分，并规定联邦主体宪法（宪章）法院可以由联邦主体创立，审理联邦主体法律，联邦主体国家权力机关和联邦主体地方自治机关颁布的其他规范性法律文件是否符合联邦主体宪法（宪章）案件，以及对联邦主体宪法（宪章）做出解释。[①] 这就为联邦主体宪法司法权的确立指明了方向。此后，又有19个联邦主体先后建立了宪法（宪章）法院，而且在建立了宪法（宪章）法院的联邦主体，都通过了自己的宪法法院法，规定了法院的任务、组织和活动程序，这位联邦主体宪法司法权的运行奠定了基础。

---

① Ст. 27. ФЕдЕрАльный конституционный зАкон "О судЕбной систЕмЕ Российской ФЕдЕрАции" от 31.12.1996 N 1-ФКЗ.

可以说，在俄罗斯联邦转型期，完成与保障法律制度、保护个人权利和自由相关的任务，联邦主体在很多方面需要以法院工作和作用来保障，实现对符合联邦主体宪法、根据面向联邦主体特别对象制定的规范性法律文件的审查，俄罗斯联邦法院组织体系中的宪法规定的法院被号召来保护公民和法人的权利和自由，解决公权力机关之间的争论和纠纷。这样，预先建立可以履行宪法诉讼程序的特殊专门的司法机关，联邦主体宪法（宪章）法院就成为了俄罗斯宪法司法系统中的一个比较新的环节。

（三）最高法院与最高仲裁法院司法权的统一

在俄罗斯转型初期，法院体系中设立了俄罗斯联邦最高仲裁法院作为仲裁法院体系中的最高审判机关。随着近些年司法实务的开展，俄罗斯联邦最高法院和俄罗斯联邦最高仲裁法院在对许多法律的解释中经常存在分歧，这导致了"对相似的案件做出不同的判决，有时对同样的案件会做出不同的判决，结果产生法律的不确定性，使民众感到不公"①，因此普京在《向俄罗斯联邦会议提交的2013年国情咨文》当中建议修改宪法中的这部分内容，合并最高法院和最高仲裁法院，并认为"将两个法院合并能使司法实践进入统一轨道，是保证实施最重要的宪法原则，即法律面前人人平等"。②

2013年11月，《关于俄罗斯联邦最高法院和俄罗斯联邦检察机关的俄罗斯联邦宪法修正案》通过，修正案中取消了俄罗斯联邦最高仲裁法院，将其职能转归最高法院，并在此基础上扩大最高法院的职责，规定补充了最高法院"是国家的最高司法机关，负责民事、经济纠纷，刑事、行政诉讼案件以及其他属于具有一般管辖权审理的案件"的内容。③与此相应，俄罗斯联邦又通过了《关于修改俄罗斯联邦宪法性法律〈俄罗斯联邦司法体系〉的联邦法律》，以保持与现行法院体系的相一致。重组最高法院和最高仲裁法院的主要目的就是确保司法标准一致，普京总统在国家杜马的全权代表加明赫在国家杜马一读审议宪法修正案时向大会解释说，取消最

---

① Владимир Путин. Послание Президента Российской Федерации Федеральному Собранию РФ. Москва, Кремль. 12 декабря 2013 г.

② Владимир Путин. Послание Президента Российской Федерации Федеральному Собранию РФ. Москва, Кремль. 12 декабря 2013 г.

③ См: Проект закона №352924-6 "О поправке к Конституции Российской Федерации о Верховном Суде Российской Федерации и прокуратуре Российской Федерации".

高仲裁法院，将其职能转归最高法院，是为了司法实践的统一性。[①] 这与此前普京2013年6月21日在彼得堡国际经济合作会议的全体成员会议上提出观点的相吻合，即这项改革必须"为了保障解决无论是公民还是组织的参与的纠纷，以及与国家权力机关和地方自治机关的纠纷的统一立场"[②]。

处在转型期的俄罗斯联邦，承载司法权运行的组织机构——法院体系借助原有基础很快地建立了起来，并随着转型的深入和司法的实践诉求而不断完善和发展，逐渐形成了一套较为合理的司法机关体系，成为了司法权运行机制发展的重要表现之一，这对于俄罗斯转型期司法工作具有重要意义。

三、司法权独立及其困境

在俄罗斯联邦转型期，司法权独立成为司法制度的主要原则。根据俄罗斯联邦宪法和相关联邦法律的规定，司法权独立是指在俄罗斯境内司法权只能由法院行使，其他国家机关不得干预法院的活动。法院在审理案件时判定国家机关或者其他机关的活动不符合法律时，可以根据法律做出判决，法官独立并只服从俄罗斯宪法和联邦法律，任何机关和公职人员无权干预法官和陪审员的审判活动，法官也没有向任何人汇报自己审判活动的义务。

（一）司法权独立及其努力

司法权独立是国家法治发展的重要指标，而其中法官独立则是一个重要因素。《俄罗斯联邦宪法》中就规定了法官审理案件只服从宪法和联邦法律，在《俄罗斯联邦司法体系法》中则将这个原则扩展到了法官、陪审员在审理案件时只服从宪法和联邦法律。[③] 在叶利钦时代，当时通过了对法官制度进行改革，如法官遴选、任用程序，保障措施等来实现法官的独立

---

① См: Федеральный конституционный закон от 05.02.2014 N 4-ФКЗ " О внесении изменений в Федеральный конституционный закон О судебной системе Российской Федерации"(05.02.2014 г).

② Юриков А. Улучшит ли общие суды объединение с Арбитражем? // Коммерсантъ. 2013.11.22.

③ См: Федеральный конституционный закон от 31 декабря 1996 г. N 1-ФКЗ "О судебной системе Российской Федерации".

性，其中包括1992年的《法官地位法》，1996年的《关于法官与公职人员额外补助法》，这些联邦法律赋予了法官诸多的宪法权利，并大幅度提高法官薪金待遇，以及各种保障、优惠政策。

在普京的第一个任期时，通过了《俄罗斯联邦法院体系法修正案》，规定取消地方立法机关参与法官任命和晋升的权利，以及地方行政法官对法官任命的否决权，制定了《2002—2006年俄罗斯司法制度发展纲要》，其中大幅增加了对法院的资金投入，规定政府每年向法院体统提供2亿—3亿美元，促进司法独立。

在2001年通过的《俄罗斯联邦刑事诉讼法典》中，对检察机关的职权作出了重大变化：将以前有检察院行使的各种审前程序，如审前监禁，搜查和扣押，以及排除非法获得证据的决定权，转交给了联邦法院，取消了检察机关对法院审判的监督权，这就"去除了检察院对法院办案的潜在影响，法院能够更加独立的审理案件"①。

2001年11月，杜马通过了《俄罗斯联邦法官地位法修正案》，规定严格实行法官试用制度与任免制度，进一步完善对法官各项保障措施，为法官公正地履行司法权创造了良好的条件。2002年，杜马通过了《俄罗斯法官团体法》，为法官团体的设置提供了法律保障。2005年，普京签署法案将法官退休年龄由65岁延长到70岁，②有效地调动了法官的积极性，也有利于法官队伍的稳定。

普京在2006年签署一个总统令，为了向法官们提供物质保障使其独立地执行所有法律，总统做出决定："从2006年7月1日起俄罗斯联邦宪法法院、俄罗斯联邦最高法院和其他联邦法院、俄罗斯联邦最高仲裁法院和其他联邦仲裁法院法官以及俄罗斯联邦各主体民事法官的工资提高0.32倍。"③ 2008年5月20日的《关于建立完善俄罗斯联邦法院体系立法问题的工作小组》的俄罗斯联邦总统令指出，首先要提高司法系统的工作效率，而保障司法独立性的工作被认为是改革的首要任务。④

---

① 李雅君主编：《曲折的历程：俄罗斯政治卷》，北京：东方出版社2015年版，第92页。
② 此前，只有宪法法院的法官退休年龄才为70岁。
③ См: Указ Президента РФ от 01.07.2006. N 795 "Об увеличении должностных окладов судей в Российской Федерации".
④ См: Распоряжение Президента РФ от 20 мая 2008 г. № 279-рп "Об образовании рабочей группы по вопросам совершенствования законодательства Российской Федерации о судебной системе".

（二）司法权独立的纵深发展

梅德韦杰夫在进入政坛之初曾主要负责国家司法领域的改革。2008年，梅德韦杰夫担任俄罗斯总统期间，将司法改革作为其执政的重点。在"梅普结合"时期，总统梅德韦杰夫对政府的主要任务之一就是司法体系的相对独立。梅德韦杰夫一方面下令公开法院的司法判决，将法官的审判置于公众的监督之下，以便公众获得法院判决的相关信息，增强公众对法院的信任度，另一方面进一步进行了如增加了司法预算，提高司法透明度，允许法官终身任职等方面的改革。① 2011年6月14日发布了第140号联邦法律，对《俄罗斯联邦刑事诉讼法典》第30条进行补充，即进行审理具体案件法院的人员组成要考虑在排除对影响司法审查中利害关系人的程序中，包括运用自动化信息系统的法官的负担和法官专业性。上述立法规定的标准和准则有效地适用于在实践中在法官之间分配归入法院的案件，如同俄罗斯联邦宪法所指出的，为了形成独立和公正的法院而提供前提条件。② 可以说，在这个时期俄罗斯的司法独立得到了进一步加强。

在普京再次当选总统之后，依然为推动俄罗斯的司法独立而努力。2013年10月29日，普京签署了一条提高法官工资的总统令，意欲再次提高法官独立履职的工资和物质保障。③ 在《2013—2020年俄罗斯司法系统发展整体纲要》中，指出本纲要的目标之一就是要保障司法权的独立性，并将在2013—2020年逐步投入8.8138亿卢布联邦预算，用以提高司法权威和司法系统的独立性。④ 2016年12月普京再次强调，司法权是独立的权力分支，不能受到总统的支配。⑤

可以说，在近年来俄罗斯政府一直为实现司法独立而努力，并通过一系列措施和计划来推动实践。当然，要达到司法独立是一个长期和持久的

---

① 陆南泉：《俄罗斯国家转型研究》，北京：社会科学文献出版社2013年版，第97页。
② См: Федеральный закон от 14.06.2011 N 140-ФЗ "О внесении изменений в статью 14 Гражданского процессуального кодекса Российской Федерации и статью 30 Уголовно-процессуального кодекса Российской Федерации".
③ См: Указ Президента Российской Федерации от 29 октября 2013 г. N 810 "Об увеличении должностных окладов судей в Российской Федерации".
④ См: Приложение N 9 к федеральной целевой программе "Развитие судебной системы России на 2013 - 2020 годы".
⑤ Путин напомнил о независимости судебной власти. https://pravo.ru/news/view/136823/. 最后访问日期：2017年8月21日。

任务，现阶段的俄罗斯还没有完全实现。

（三）司法权独立存在的问题

不可否认，"俄罗斯在司法独立方面已经取得重大进展，但是如果就此说俄罗斯已经真正地实现了司法独立尚为时过早"①。在这种情况下，司法权独立就出现了一些问题，如总统权的制约、法官独立，以及司法经费等问题。

1. 总统权制约司法权独立

俄罗斯联邦总统的宪法地位是国家元首，其作为国家权力机关的重要组成部分，通过行使元首权以实现其法定职权，但是俄罗斯联邦总统行使的权力并不属于"三权"体系之列，而是超越于"三权"之上，因此其在国家政治生活中居于主导性地位。②司法不能完全独立，实质上很大程度是司法权与总统权之间的关系问题。根据分权原则和法官独立原则，国家总统无权干涉司法机关的活动。③对于司法权而言，具有机构特征的俄罗斯联邦总统的主要职权是通过提名权组建法官团队，④即由总统提名任命最高法院法官，但是在2014年的宪法修正案中被修改掉了，以前最高法院法官的任命经专业评审委员会推荐，现修改为经总统提名由联邦委员会批准。⑤这些表现在增加总统人事权的同时，也无形增加了总统权对整个司法领域和护法领域的影响，司法独立在这种情况下也很难保证。

2. 法官独立的行政干扰

司法权独立最重要的方面那就是法官独立。在俄罗斯联邦宪法和其他法律对法官进行保障的同时，对法官独立地位进行了保障，并给予物质和待遇方面的保障，确实提高了法官履行职能的独立性，但是由于在俄罗斯

---

① 崔皓旭：《俄罗斯司法制度改革评析》，载黄道秀主编：《俄罗斯法研究》（第1辑），北京：中国政法大学出版社2013年版，第254页。

② 刘向文：《俄国政府与政治》，台湾：台湾五南图书出版公司2002年版，第150页。

③ ЕнгибАрян Р.В. КонституционноЕ рАзвитиЕ в соврЕмЕнном мирЕ. ОсновныЕ тЕндЕнции. М., 2007. С. 403.

④ См: Ст. 83. Конституция Российской ФЕдЕрАции. 根据宪法第83条的规定，总统有权向联邦委员会提出任命俄罗斯联邦宪法法院、俄罗斯联邦最高法院、俄罗斯联邦高等仲裁法院法官职务的候选人，以及俄罗斯联邦总检察长候选人，向联邦委员会提出关于解除俄罗斯联邦总检察长职务的建议，任命其他联邦法院法官。

⑤ См: ПроЕкт зАконА №352924-6 "О попрАвкЕ к Конституции Российской ФЕдЕрАции о ВЕрховном СудЕ Российской ФЕдЕрАции и прокурАтурЕ РоссийскойФЕдЕрАции".

转型期的司法改革中,法院院长的问题并没有触及,而事实上这个问题正是阻碍俄罗斯司法权独立的一个最为严重的障碍。

在薪金待遇方面,根据1996年《关于法官和公职人员额外补助法》的规定,法官的薪金被大幅提高,免费旅游、免费交通以及免费医疗等方面的额外优惠待遇也得到了确认,这些对提高法官社会地位,以及履行司法权能具有积极意义。但同时根据俄罗斯司法机关的人事管理制度,法官的补贴和优惠待遇往往是由法院院长、上级法院或者政府官员根据法官的业绩进行分配,旨在通过改善法官经济状况,以确保其公正地履行司法审判职能。"但是,这种做法也可能使法官为了获取更多的薪金而失去了自身的独立性。"[1]

3. 司法预算制度的限制

法院独立需要财政方面的保障,即国家司法预算制度的落实。在转型初期的俄罗斯,由于国家发展的需要,各部门的资金和预算都受到限制,法院的预算资金更是远远低于实际需要,因此谋求预算外财源成为了法院维持"生计"的一种手段。在这种情况下,某些地方法院开始向地方政府伸手要钱,这样作为地方行政权代表的地方政府开始对司法权产生或多或少的不良影响,法院的独立性也就"被迫"打一些折扣。[2]同时,由于俄罗斯经济的衰退,"司法机关长期缺乏财政支持,迫使法院求助于执行机关和私人捐助"[3],加大了司法权的不独立性。

这些问题都导致了法官独立在俄罗斯社会转型初期并不如人意。"在后苏联俄罗斯法院和法官的现实情势十分复杂,法官队伍中普遍存在干部流动性大的问题,仅在1996年初就有18%的职位空缺,成为法官就意味着地位低下,薪金微薄。"[4]可以说,在法官不独立的情况下,司法权独立根本无法实现。

---

[1] 陆南泉等:《俄罗斯国家转型研究》,北京:社会科学文献出版社2013年版,第91页。
[2] 黄永鹏、蔡善强:《扩大法院权限 保障司法独立——略论俄罗斯司法改革实践》,载《当代法学》2002年第4期。
[3] 肖辉忠、燕玉叶:《90年代以来的俄罗斯法制建设》,载《俄罗斯研究》2003年第3期。
[4] 《俄罗斯法官的独立性及法院的权利》,游军编译,载《法律适用》2000年第10期。

四、俄罗斯司法与法治发展的趋势

从俄罗斯转型开始,其国家法治发展与司法改革以及司法制度的发展紧密相关,并在这个过程中推动了俄罗斯法治的发展,同时俄罗斯法治的发展大致趋势也基本形成。

(一)坚持走俄罗斯独特的法治之路

从俄罗斯转型期司法表现来看,司法改革过程中引入了大量的西方元素,并且在具体制度运行中予以实践,这在很大程度上也决定了其法治内容的西方性。从另一方面看,俄罗斯法治在形式上是西方的,但承载其法制体系的根基则是具有本土传统的,因此"俄罗斯法治的目标是受其过去的时代所制约的,必然要打上本民族发展的烙印"[①],而且并不会因移植西方司法元素和法治元素而完成西化的转变,这也就决定了俄罗斯法治的生成有自己的独特之路。

通过对俄罗斯法治发展的审视,可以使我们认识到国家司法传统、法治思维对本民族或国家法治进程的影响,法治建设的成果也在为推动法治现代化的任务继续努力。按照普京的理念,俄罗斯不会照搬西方的政治模式和制度,极力抵制寡头政治和无政府主义,国家权力体系需要稳定和协调,联邦与联邦主体之间的合理分权,各政党积极参加国家政治生活,各社会集团利益和诉求获得满足,并且在这些基础上推动社会的政治民主建设。在这个过程中,俄罗斯在转型期的司法权运行被融入其中,并表现出了具有俄罗斯特色的司法制度。

(二)寻求与西方法治的平衡点

在西方法治话语体系中,俄罗斯的民主法治建设是虚假的,因此西方国家对俄罗斯法治建设以及法治状况始终持消极态度,在不断传播过程中逐渐转化为一种普遍化和自然化的"常识",并作为一种符号,话语体系全面地左右着西方社会中的俄罗斯法治形象。可以说,俄罗斯法治在发展

---

① 杨昌宇:《俄罗斯社会转型与法治之路》,载《俄罗斯东欧中亚研究》2005年第5期,第2页。

过程中与西方法治所产生的落差是文明在法治领域呈现出的冲突,亨廷顿就曾认为,俄罗斯文明与西欧文明几乎没有共同之处,"西方文明八个特征之中的七个——宗教、语言、政教分离、法治、社会多元化、代议制机构、个人主义——几乎完全与俄罗斯的经历无缘"。[①] 以西方民主传统为参考标准,俄罗斯的法治并不纯粹,但俄罗斯经过20余年渐进性的经济变革和法治建设,已经形成了不可逆的发展现状,转型时期的经济关系及经济活动准则已被法律固定下来,并希望用法治建设推动和保障经济改革的进展,这一系列法治化治理机制是符合俄罗斯转型时期的现实需要的。

从俄罗斯法治发展的历史来看,它是在西方法治理念的基础上前行的,虽然经历过苏联时期的中断,但是转型期俄罗斯依然向西方"投怀送抱",始终预期基于东方专制传统与西方法治价值的融合,并且最终实现具有俄罗斯性格,但又不完全违背西方法治价值的法治发展模式。然而基于现阶段俄罗斯法治发展的现状,这种法治模式在内化于俄罗斯民族的东西方文化的矛盾属性在俄罗斯法治发展进程中时常作为独立的导引力量发挥这样或那样的相左作用,[②] 因此在脱离了纯粹的东方专制主义但又无法完全融入西方法治的现状下,在法治层面更好地实现俄罗斯与西方的对接,即在不打破现有体制和特色法治发展路径的基础上渐进推动法治发展就需要寻找一个动态的平衡点,这实质上也是俄罗斯推动今后法治建设的追求和趋势。

(三)渐进实现法治现代化

在俄罗斯法治发展过程中,已经体现出其独特法治之路的选择优势,并且不断朝着法治现代化发展,但是其中存在的问题也阻碍了这个进程,因此只能以一种渐进性的方式实现法治现代化。俄罗斯的法治发展和法治现代化是其作为现代社会发展的一种必然选择,尽管俄罗斯所选择的法治发展模式颇受非议,但俄罗斯的民主化和法治化进程并不会因此而中断,必将在理想和现实之间稳步地推进俄罗斯国家的法治进程。俄罗斯的法治发展有其特殊性,这种模式值得继续关注和考察,在其法治现代化和国家

---

① [美]塞·亨廷顿:《文明的冲突与世界秩序的重建》,周琪等译,北京:新华出版社1998年版,第147页。

② 刘洪岩:《内省与契合:当代俄罗斯法治秩序的变塑》,载《俄罗斯学刊》2011年第3期,第28—29页。

治理现代化过程中,依靠法治传统和法治经验也许可以创造出另外一套法治形态。

结　语

俄罗斯联邦转型期的司法改革已经完成,现在正朝着更加深远的发展而努力,并且在司法领域不断努力,以期望为其法治国家建设提供支持。应该说,俄罗斯自普京第一次担任总统执政以来,到"梅普组合"之后的连续执政至今,俄罗斯各方面的发展都在创造新的历史,也必将对俄罗斯国家的司法权理论与实践产生深远影响,然而如何秉承其司法传统,并在法治现代化的背景之下继续前行,都还需要在国家政治、经济、社会发展各个方面做出努力,最终使其司法与特色法治相互契合。

Trends in the development of justice and the rule of law in the Russian transitional period

Haijun Wang

Abstract: After the disintegration of the Soviet Union, Russia launched a new round of social transformation. As an important indicator of social transition, the judicial system has also undergone changes with political and economic transformation. In order to ensure that the court becomes the sole organ for exercising judicial power, the procuratorial power and the judicial power began to separate in the debate and legislative confirmation, and finally ended with a constitutional amendment. Based on the demand from social development for judicial practice during the transitional period of the social transformation, the judicial authority system has changed, including the restoration of the mediation judge system, the federal constitutional (charter) court in the constitutional judicial system has gradually been established, the judicial powers between the Supreme Court and the Supreme Court of Arbitration are finally unified, and gradually improved the judicial authority system. In the transitional period, judicial reform has achieved many achievements, particularly, the independence of judicial power has gradually been realized, and going more further toward this direction. But, however, there are still some difficulties here, such as the judicial power was restricted by the presidential power and the administrative interference of judges' independence, as well as the judicial budget practice dilemmas and so on, limiting the independence of judicial power. The development of judicial authority in Russia's transition period promoted the development of the rule of law of Russia with its own characteristics. Its development trend has also basically taken shape, including insisting Russia's unique rule of law seeking for a balance with the rule of law in western countries, and ultimately progressively modernize the rule of law. In the future Russia will continue to uphold its judicial tradition, proceeding under the requirements of the modernization of the rule of law, and pursuing the mutual agreement between the judicial and the characteristic rule of law on the basis of the continuous development of the country's politics, economy and society.

Key words: Russia; Social transformation; Jurisdiction ; The modernization of the rule of law

俄罗斯法官职业化建设

於海梅[*]

【内容摘要】 苏联时期法官由选举产生，但专业性不强、待遇不高。苏联末期颁布了《苏联法官地位法》，开始重视法官职业化建设，但当时的状况是法官人员短缺、地位从属、缺少威望，对其保障不力。为了改变这些状况，俄罗斯以《司法改革构想》为标志起点，开始了波澜壮阔的司法改革运动，颁布了《俄联邦法官地位法》《俄联邦法官团体机构法》《俄联邦法官职业道德》等多部与法官职业化建设相关的法律文件，改选举制为终身制，提高法官的职业地位，加强法官的专业性和独立性，提高法官的职业保障，建立健全法官团体机构等。法官是司法改革中起关键作用的因素，俄罗斯主要从法官职业地位的独立性、一致性和终身制，法官职业准入的专业要求、职龄要求和身体要求，法官职业的政党限制、利益限制和荣誉限制，法官职业教育的入职培训和继续教育，法官职业等级的划分和晋升，法官进行司法活动和非司法活动时应遵守的职业道德，法官需要承担的纪律责任，构建并完善法官职业团体机构等八个方面来开展职业化法官队伍的建设。通过多方面的建设，目前在俄罗斯，法官已经成为令人羡慕的职业。

【关键词】 俄罗斯　法官　职业化

2019年4月23日，第十三届全国人大常委会第十次会议表决通过了新修订的《中华人民共和国法官法》，这是我国1995年2月颁布该部法律以来的第三次修订。本次修订对法官的权利、义务、遴选、任免、管理、考核奖励以及职业保障等作了较为全面的修改完善。"修改法官法是适应司法

---

[*] 作者简介：南京师范大学法学院科研机构秘书兼外事秘书，中国法治现代化研究院研究员，法学博士。

审判工作新的发展变化，推进法官正规化、专业化、职业化建设的客观需要。"① 此次修订过程从2017年12月开始，经过两届全国人大常委会、共三次审议后通过。在此期间，国内法学界和实务界高度关注法官职业化建设这一主题，但是从目前资料看，国内至今尚无关注俄罗斯法官职业化建设的专题文章。今年是中俄建交70周年，俄罗斯也刚于2019年3月6日对其《俄联邦法官地位法》进行过最新的修订，交流两国法官职业化建设的情况，对于两国法学界和实务界具有重要意义。

一、苏联法官的地位和状况

勒内·达维德在《当代主要法律体系》中阐述了苏联审判员的特点："其一，他是由选举产生的，其二，他不必是研究法律的。……苏联审判员无须研究过法律：选民的选举自由不应受任何能力、学历或实习期条件的限制。……社会主义法制原则事实上引起了对这种态度的重新考虑。共产党越来越多地只把或者有大学学历、或者具有可以证明其法学家品质的实际经验的候选人推荐给选民。给予审判员的待遇没有使他们的地位高于其他劳动者，人民法院审判员每月收入相当于一个中等技工的工资。"② 从作者的这段阐述中我们可以看到，苏联时期审判员的专业不强、待遇不高。

关于苏联审判员的选举制和独立性，1977年10月7日苏联最高苏维埃通过的《苏维埃社会主义共和国联盟宪法》第152条规定："区（市）人民法院的人民审判员，由区（市）公民按照普遍的、平等的和直接的选举制，并采用无记名投票方式选举产生，每届任期5年。上级法院审判员由同级人民代表苏维埃选举产生，每届任期5年。军事法庭的审判员由苏联最高苏维埃主席团选举产生，每届任期5年。审判员和人民陪审员对选民或选举产生他们的机关负责和报告工作，并可以由选民或选举产生他们的机关依照法律规定的程序予以罢免。"第153条规定："苏联最高法院法官由苏

---

① 周强：《关于〈中华人民共和国法官法（修订草案）〉的说明——2017年12月22日在第十二届全国人民代表大会常务委员会第三十一次会议上》，中国人大网，http://www.npc.gov.cn/npc/xinwen/2019-04/23/content_2086166.htm，登录时间：2019年5月12日。

② [法]勒内·达维德：《当代主要法律体系》，漆竹生译，上海：上海译文出版社1984年版，第234—235页。

联最高苏维埃选举产生。苏联最高法院的组成人员，包括院长1人，副院长若干人、审判员和人民陪审员各若干人。各加盟共和国最高法院院长是苏联最高法院的当然成员。"第155条规定："审判员和人民陪审员独立，只服从法律。"①

1989年8月4日，苏联颁布了《苏联法官地位法》②，这部法律共7章23条，从法官独立性的基本保障、法官的选举、法官的权利和义务、法官会议和职业资格委员会、法官的罢免和纪律责任等方面具体开始苏联法官的职业化建设。这部文件的第8条第1款对法官的专业性有明确要求："年满25周岁具有高等法学教育背景且不少于2年法律职业工龄并通过职业资格考试的苏联公民可被选举为人民法官。"第2款规定："具有高等法学教育背景且不少于5年法律职业工龄，其中原则上有不少于2年担任法官的苏联公民可被选举为上级法院法官。"第10条第5款规定："所有法官任期10年。"1989年11月，苏联还颁布了《苏联不尊重法院行为责任法》，着力提高法院和法官的地位③。可见，苏联末期已经开始意识到重视法官职业化建设的重要性，颁布专门法律加强法官的专业性、提高法官的地位等。

1990年6月12日，俄罗斯苏维埃联邦社会主义共和国最高苏维埃通过了《俄罗斯苏维埃联邦社会主义共和国国家主权宣言》，宣布俄联邦拥有"绝对主权"。1991年12月25日，苏联总统戈尔巴乔夫辞职，苏联解体。1992年1月5日，俄罗斯最高苏维埃通过决议，将"俄罗斯苏维埃联邦社会主义共和国"改名为"俄罗斯联邦"，简称"俄罗斯"。1992年10月24日，俄罗斯最高苏维埃通过纲领性文件《俄罗斯苏维埃联邦社会主义共和国司法改革构想》（以下简称《司法改革构想》），以此文件为标志全面开启了当代俄罗斯司法改革的进程。这份文件指出了当时俄罗斯法官的实际地位和状况，"超过4/5的受访法官审判实务的剧烈变化与政治形势和上级法院指示的变化相关。……1980—1989年，在一个任期期间（5年）有近一半的人民法官离职。1989年春天，有20%的俄罗斯法官拒绝连任。1990年有

---

① Конституция (Основной зАкон) СоюзА СовЕтских СоциАлистичЕских РЕспублик (принятА нА внЕочЕрЕдной сЕдьмой сЕссии ВЕрховного СовЕтА СССР дЕвятого созывА 7 октября 1977 г.).

② ЗАкон СССР от 4 АвгустА 1989 г. N 328-1 "О стАтусЕ судЕй в СССР".

③ 参见词条：苏维埃社会主义共和国联盟关于追究不尊重法院行为责任的法律，刘向文译，载许崇德主编：《中华法学大辞典·宪法学卷》，北京：中国检察出版社1995年版，第559页。

11.5%的人民法官和4.7%的上级法官辞职。在法律部门工作变得越来越缺少威望。……苏联1989年8月4日颁布的《苏联法官地位法》至今没能帮助400名俄罗斯苏维埃联邦社会主义共和国法官通过地方人民代表大会购置设备完善的独立套房或住宅。7000名法官需要改善其居住条件。……人员短缺,法官因法律工作负重和贫困而'逃跑',该职业让人瞧不起。……法院和司法人员的从属地位。"① 该文件明确,俄罗斯司法改革的主要方向之一是"完善保障法官独立性以及只服从法律的制度、巩固其终身制原则"。② 可见,在俄罗斯司法改革的大背景下,法官职业化建设迫在眉睫。

二、俄罗斯进行建设的制度表现

早在《司法改革构想》颁布之前,1992年6月26日俄罗斯已经颁布了《俄联邦法官地位法》,这部法律具体规定了当今俄罗斯法官的社会地位,文件由22条和7个附件构成,从颁布至今已经经过了50多次修订③。该法第1条为法官——司法权的体现者,第2条为法官地位的一致性,第3条为对法官的要求,第4条为对法官候选人的要求,第4.1条为对法官候选人的体检,第5条为法官候选人的遴选,第6条为法官任职程序,第6.1条为法院院长和副院长的任职和撤职程序,第6.2条为法院院长和副院长的职权,第7条已删除,第7.1条为法官义务的履行,第8条为法官宣誓,第8.1条为法官的收入、支出,所拥有财产以及财产性债务的信息,法官配偶和未成年子女的收入、支出,所拥有财产和财产性债务的信息,第9条为法官独立性的保障,第10条为禁止妨碍法官活动,第11条为法官的任期,第12条为法官不可撤换,第12.1条为法官的纪律责任,第13条为法官职权

---

① 於海梅:《俄罗斯苏维埃联邦社会主义共和国司法改革构想》(上),公丕祥主编:《金陵法律评论》2015年春季卷,北京:法律出版社2015年版,第346—352页。

② 於海梅:《俄罗斯苏维埃联邦社会主义共和国司法改革构想》(上),公丕祥主编:《金陵法律评论》2015年春季卷,北京:法律出版社2015年版,第343页。

③ 具体修改日期为:14 АпрЕля, 24 дЕкАбря 1993 г., 21 июня 1995 г., 17 июля 1999 г., 20 июня 2000 г., 15 дЕкАбря 2001 г., 22 АвгустА 2004 г., 5 АпрЕля 2005 г., 2 мАртА, 24 июля 2007 г., 25 дЕкАбря 2008 г., 7 мАя, 2, 28 июня, 17 июля, 27 сЕнтября, 9, 28 ноября 2009 г., 29 мАртА, 1 июля, 8, 23, 28, 29 дЕкАбря 2010 г., 21 ноября, 3, 8 дЕкАбря 2011 г., 8 июня, 10 июля, 3, 25 дЕкАбря 2012 г., 4 мАртА, 7 мАя, 2 июля, 25 ноября 2013 г., 12 мАртА, 4 июня, 21 июля, 22 дЕкАбря 2014 г., 6 АпрЕля, 28 ноября, 14, 29 дЕкАбря 2015 г., 3 июля, 19, 28 дЕкАбря 2016 г., 5 дЕкАбря 2017 г., 4 июня, 29 июля, 30 октября, 12 ноября 2018 г., 6 мАртА 2019 г.

的中止和法官的退休，第14条为法官职权的终止，第15条为法官的退休，第16为法官的不可侵犯，第17条已自《法官团体机构法》生效之日起删除，第18条已自《法官团体机构法》生效之日起删除，第19条为法官的物质保障，第19.1条为保障法官居住场所，第20条为法官及其家庭成员的社会保障，第20.1条为法官的继续职业教育，第20.2条为法官的职业资格鉴定，第21条为司法权的象征，第22条为俄联邦劳动法对于法官的效力。附件1为法官候选人的收入、财产和财产性债务信息（已失效），附件2为法官候选人的配偶及其未成年子女的收入、财产和财产性债务信息（已失效），附件3为法官的收入、财产和财产性债务信息（已失效），附件4为法官配偶及其未成年子女的收入、财产和财产性债务信息（已失效），附件5为向全俄媒体提供关于法官收入、支出和所拥有财产信息的程序，附件6为俄联邦宪法法院法官相对于俄联邦宪法法院院长的职务工资和每月奖金的比例，附件7为其他法官相对于俄联邦最高法院院长的职务工资和每月奖金的比例。

1993年12月12日俄罗斯以全民公决形式通过了《俄联邦宪法》，在俄罗斯的国家根本大法中涉及的与法官职业化建设相关的条文有：第119条"年满25岁，具有高等法学教育背景和5年以上法律职业工龄的俄联邦公民，可以担任法官。联邦法律可以对俄联邦法院法官规定补充要求"；第120条第1款"法官独立，只服从俄罗斯联邦宪法和联邦法律"；第121条"1.法官不可被撤职。2.只有依照联邦法律规定的程序，否则法官不得被追究刑事责任"；第128条"1.俄联邦宪法法院、俄联邦最高法院的法官由联邦委员会根据俄联邦总统的提名任命。2.其他联邦法院的法官，由俄联邦总统依照联邦法律规定的程序任命"。可见，《俄联邦宪法》中规定了法官的专业性、独立性、终身制等原则。

1995年4月20日俄罗斯颁布了《国家保护法官、护法机关和监察机关公职人员法》[①]，该法是为了保障因履行职责可能会遭受蓄意侵害的法官、执法机关和监察机关公职人员、某些类别的军职人员以及国家安全机关工作人员的国家保护，以及为了给司法实施、与犯罪和其他违法行为作斗争创造相应的条件，规定了对上述人员及其亲属的生命、健康和财产进行国

---

① N 45-ФЗ "О госудАрствЕнной зАщитЕ судЕй, должностных лиц прАвоохрАнитЕльных и контролирующих оргАнов".

家保护的系列措施。该法共6章23条。第1章为总则，第2章为安全措施，第3章为保障安全的机构、采取安全措施的原因及程序，第4章为社会保护措施，第5章为国家保护措施的经费来源与物质技术保障，第6章为结尾条款。

1996年1月10日俄罗斯颁布了《法官和法院工作人员额外社会保障法》[①]，该法是一部对法官和法院工作人员进行额外社会保障的联邦法律，一共10条和1个附件。第1条目前已失效；第2条是被授予职位等级的法院工作人员可获得额外的补助，标准参照联邦公务员；第3条是已经有权取得按月领取终身赡养费的法官如果继续在工作，每个月给予月赡养费50%的补助，这笔费用可以在该法官退休时结算；第4条是转到其他地方工作的法官，本人及其家庭成员的搬迁费用全额报销；第5条是法官在给其提供住房之前有权获取因租房而产生的相关费用；第6条已被废除；第7条是关于法官工龄计算的；第8条是关于退休被返聘法官收入的；第9条是有疗养权但未去疗养的法官有权获得的补助；第10条是法律的生效条款；附件是各级联邦法官职务工资与俄联邦最高法院院长职务工资额度的百分比对照表。

1996年12月31日俄罗斯颁布《俄联邦司法系统法》[②]，该法共5章38条，其中也有关于法官独立和法官地位基本原则的内容。该法第1章第5条中规定了法官独立，第2章是俄联邦法官地位的基本原则，包括第11条法官、第12条法官地位的一致性、第13条法官任职程序、第14条联邦法院法官的任期、第15条法官的不可撤换性、第16条法官的不可侵犯性。

1998年12月17日俄罗斯颁布了《俄联邦治安法官法》[③]，治安法官是俄联邦司法系统的组成部分，主要负责一些轻微刑事和民事案件的一审。该法一共12条，第1条为俄联邦的治安法官，第2条为治安法官地位的保障，第3条为治安法官的管辖权，第4条为审判所，第5条为对治安法官及其候选人的要求，第6条为治安法官的任命（选举）程序，第7条为治安法官的任期，第8条为治安法官职权的终止、中止以及治安法官一职临时

---

① ФЕдЕрАльный зАкон от 10 янвАря 1996 г. N 6-ФЗ "О дополнитЕльных гАрАнтиях социАльной зАщиты судЕй и рАботников АппАрАтов судов Российской ФЕдЕрАции".

② ФЕдЕрАльный конституционный зАкон от 31 дЕкАбря 1996 г. N 1-ФКЗ "О судЕбной систЕмЕ Российской ФЕдЕрАции".

③ "О мировых судьях в Российской ФЕдЕрАции".

空缺时的替代，第9条为治安法官的行政机构，第10条为治安法官工作的财政和物质技术保障，第11条为治安法官审判庭内的国家权力标志，第12条为结尾条款。

1999年12月29日俄罗斯颁布的《治安法官的总体人数以及俄联邦主体中审判所的数量法》[①]，该法一共2条，第1条具体规定各联邦主体即每个州、共和国、边疆区、联邦直辖市、自治区设立治安法官即审判所的数量，第2条为该法律的生效条款。

2001年5月28日俄罗斯颁布的《俄联邦仲裁法院增加法官和行政人员法》[②]，该法一共3条。第1条：为了给仲裁法院提供必要的条件实施审判，实现公民寻求司法保护的宪法权利：1. 规定2001年仲裁法院法官的人员编制为3158人，其中俄联邦最高仲裁法院法官90人；仲裁法院行政人员4459人；仲裁法院法官助手1000名，其中俄联邦最高仲裁法院法官助手50人。2. 2002年仲裁法院法官编制再增加250人，仲裁法院法官助手增加1000人，其中俄联邦最高仲裁法院法官助手40人。第2条：第1条第2款中规定的增加仲裁法院法官和行政人员编制的经费在2002年的联邦预算中列支。第3条：该法自正式公布之日起生效。

随着法官地位的提高，法官团体机构也得到重视，2002年3月14日俄罗斯颁布了《俄联邦法官团体机构法》。该法一共5章29条，第1章为俄联邦法官团体和法官团体机构，第2章为法官职业鉴定委员会的职权，第3章为法官职业鉴定委员会的程序，第3.1节为考试委员会的职权和举办考试的程序，第4章为法官团体机构的工作保障，第5章为结尾条款。

2012年12月19日第八届全俄法官代表大会通过的新《俄联邦法官道德规范》[③]，这是俄罗斯的第三部《俄联邦法官道德规范》，前两部分别是1993年10月第二届全俄法官代表大会通过的《俄联邦法官道德规范》和2004年12月第六次全俄法官代表大会上通过的《俄联邦法官道德规范》。最新的《俄联邦法官道德规范》共5章24条，第1章为总则；第2章为对

---

① ФЕдЕрАльный зАкон от 29 дЕкАбря 1999 г. N 218-ФЗ "Об общЕм числЕ мировых судЕй и количЕствЕ судЕбных учАстков в субъЕктАх Российской ФЕдЕрАции".

② ФЕдЕрАльный зАкон от 28 мАя 2001 г. N 61-ФЗ "Об увЕличЕнии штАтной числЕнности судЕй и рАботников АппАрАтов АрбитрАжных судов в Российской ФЕдЕрАции".

③ КодЕкс судЕйской этики от 19 дЕкАбря 2012 г. (утв. VIII ВсЕроссийским съЕздом судЕй 19 дЕкАбря 2012 г.).

法官行为的总体要求；第3章为法官职业行为的原则与准则；第4章为非司法活动中法官行为的原则与准则；第5章为结尾条款。

三、俄罗斯推进法官职业化建设的八个方面

法官职业化，即法官以行使国家审判权为专门职业，并具备独特的职业意识、职业技能、职业道德和职业地位。[①] 从上文俄罗斯推进法官职业化建设的制度表现来看，《俄联邦宪法》确定了法官的独立性和专业性的要求，而关于法官职业化建设更为详细的规定则主要是在《俄联邦法官地位法》《俄联邦法官团体机构法》和《俄联邦法官道德规范》等其他法律文件中。这些法律文件反映了俄罗斯主要是从以下八个方面建设职业化法官队伍的：

一法官的职业地位。1.独立性。法官独立，只服从于俄罗斯联邦宪法和法律。处理审判事务时法官无义务向任何人汇报。法官的独立性有如下保障：法律规定进行审判的程序；禁止任何干涉司法的活动；按程序中止和终止法官职权；法官的退休权；法官的不可侵犯性；法官团体机构系统；国家提供与法官崇高地位相应的物质和社会保障。法官及其家庭成员以及他们的财产受国家特殊保护。如果法官提出有关请求，内务机关有义务采取必要措施保障法官及其家庭成员的人身和财产安全。法官有权持有和携带其按《俄联邦武器法》规定程序向内务部申请发放给其使用的公务用枪支。俄联邦最高法院司法管理局及其在俄联邦主体的下设机构采取措施为普通管辖法院、仲裁法院的司法活动创造必要条件并为其提供人事、组织和资源保障。法官无义务对已经审结或正在审理的案件情况给予任何解释以及向任何人提供其信息，诉讼法规定的情况和程序除外。2.一致性。在俄联邦所有法官地位一致。拥有职级并不改变其相对于其他俄联邦法官的地位。退休法官保留法官称号、享有不可侵犯性保障以及法官协会会员资格。法官独立性的保障，包括本法规定的其法律保护、物质和社会保障措施，适用于所有俄联邦法官，俄联邦及俄联邦主体的其他规范性法律文件不可取消和降低该保障。3.终身制。联邦法院的法官任期无限制，法官在任的最高年龄为70岁，相关联邦宪法性法律另有规定的除外。相关俄联邦

[①]《最高人民法院关于加强法官队伍职业化建设的若干意见》第4条。

主体的联邦法律可以规定俄联邦主体宪法（宪章）法院法官的其他最高任职年龄。治安法官初任（初选）任期由相应俄联邦主体法律规定，但不超过5年。治安法官再任（再选）的任期由相应俄联邦主体法律规定，但不少于5年。如果任期内治安法官达到可任职法官的最高年龄，则任命（选举）其担任治安法官至其达到最高任职年龄时止。每位法官均拥有按照本人意愿退休的权利，不取决于其年龄；法官不可被撤换；未经法官本人同意不得调任其他职务或调到其他法院任职，其职权中止或终止的事由和程序由法律规定。

第二，法官的职业准入。《俄联邦法官地位法》规定，符合以下条件的俄联邦公民可以成为法官：（1）受过法学专业高等法学教育或者有法学专业学士学位的法学专业硕士；（2）没有或未曾有过前科或因恢复名誉而被终止的刑事追诉；（3）不具有外国国籍，或者不具有证明拥有外国境内永久居留权的俄罗斯联邦公民公民身份或其他文件；（4）未被法院认定为无行为能力人或限制行为能力人；（5）没有在酒精中毒、吸毒成瘾、药物滥用、慢性和长期精神障碍治疗有关的麻醉品或精神病防治所记录名单内；（6）没有其他妨碍法官行使权力的疾病。在满足以上条件的基础上，不同法院法官的具体任职条件为：（1）年满40岁且从事法律职业工作15年以上的公民可担任俄联邦宪法法院法官；（2）年满35岁且从事法律职业工作10年以上的公民可担任俄联邦最高法院法官；（3）年满30岁且从事法律职业工作7年以上的公民可担任普通管辖二次上诉法院、普通管辖初次上诉法院、二次上诉军事法院、初次上诉军事法院、共和国高等法院，边疆区、州、直辖市、自治州、自治区，军区（舰队）军事法院，联邦地区仲裁法院，初次上诉审仲裁法院，专门仲裁法院法官；（4）年满25岁且从事法律职业工作5年以上的公民可担任俄联邦主体仲裁法院、俄联邦主体宪法（宪章）法院、区法院、卫戍区军事法院法官以及治安法官。法律职业工龄包括：（1）担任要求高等法学教育的俄联邦国家职位、俄联邦主体国家职位、国家机关职位、市政机关职位、以及俄联邦宪法生效前的苏维埃社会主义共和国联盟、苏维埃社会主义共和国联盟加盟共和国、俄罗斯苏维埃社会主义共和国和俄联邦国家机关职位，法律服务机构职位，科研机构职位的工作时间；（2）担任职业教育机构中法律学科教师的工作时间，以及担任律师和公证员的工作时间。法官的身体条件：法官候选人必须事先进行体检，以证明其未患影响担任法官职务的疾病。影响担任法官职务的疾病目录，经联邦卫生行政机构提议，由俄联邦法官委员会决定。未患影响担任法官职务疾病的医学证明文本样式由联邦卫生行政机构决定。法官候选人需要通过法官招录考试委员会的考试，成绩三年有效。通过考试后，将考试成绩证书以及包括收入和财产证明在内的多项材料提交给法官职业资格委员会。法官职业资格委员会要留意审查法官候选人不能是与同一法院院长或副院长存在近亲或姻亲关系、其余能力证书等，并在2个月内做出推荐1人或几人担任法官候选人的决定，如果没有一个人符合条件则要向每位申请人说明原因。法官职业资格委员会将确定的法官候选人名单10日内提交给法院院长，法院院长20日内做出决定是否提名。法官就职需要宣誓。

第三，法官的职业限制。《俄联邦法官地位法》第3条第3款规定，法官不可：（1）担任其他公职、国家机关职务、市政职位、市政机关职务、仲裁员、调解人。（2）加入政党、物质上支持政党、参与政治行动和其他政治活动。（3）公开表达自己对政党和其他社会团体的态度。（4）本人或通过代理人从事经营活动，包括参与任何法律规定组织形式的经济主体的管理。（5）从事除教学、科研和其他创作性活动外的任何其他有偿活动，该活动不应妨碍履行法官职责且不能作为缺席审判的正当理由，除非相关法院院长已经同意（治安法官由相应区法院院长同意，法院院长由相应法院主席团同意，如果没有主席团，则由上级法院主席团同意）。同时，教学、科研和其他创作性活动不能仅由外国、国际组织和外国组织、外国公民和无国籍人提供资金，俄联邦立法、俄联邦签署的国际条约或者俄联邦宪法法院、俄联邦最高法院、俄联邦主体宪法（宪章）法院同相应外国法院、国际组织和外国组织签订对等协议的除外。（5.1）在俄联邦境外的外国银行开立和持有账户（存款）、存放现金和贵重物品，拥有和（或）使用外国金融工具。法官的配偶和未成年子女也无权在俄联邦境外的外国银行开立和持有账户（存款）、存放现金和贵重物品，拥有和（或）使用外国金融工具（该联邦法律中使用的"外国金融工具"一词的定义由2013年5月7日第79号联邦法律规定："禁止某些类型人员在俄联邦境外的外国银行开立和持有账户（存款）、存放现金和贵重物品，拥有和（或）使用外国金融工具。"）。（6）担任自然人或法人的代理人或代表（法定代理人除外）。（7）在法律文件生效前就法院审理对象所涉及的问题公开发表意见。（8）非为履行法官职责使用供公务活动使用的物质技术、财政和信息保障工具。(9) 非为履行法官职责透露或使用联邦法律规定为限制访问的信息或因其履行法官职责而知晓的公务信息。(10) 因履行法官职责从自然人和法人处获得俄联邦立法未规定的报酬（贷款、货币和其他报酬、服务、休闲娱乐费用、交通费用）。法官在礼宾活动、公务出差和其他官方活动中收到的礼物归联邦所有或俄联邦主体所有并由法官根据文件转交给其任职的法院，俄联邦立法另有规定的情况除外。上交了在礼宾活动、公务出差和其他官方活动中收到礼物的法官可以按俄联邦规范性法律文件规定的程序买回这些礼物。(11) 未经相应法官职业资格委员会许可，接受外国、政党、其他社会团体和其他组织颁发荣誉称号和专门称号（科研和体育除外）、奖励和其他奖章。(12) 由自然人和法人负担经费去俄联邦境外公务出差，根据俄联邦立法、俄联邦签署的国际条约或者在对等基础上俄联邦宪法法院、俄联邦最高法院、俄联邦法官委员会、俄联邦主体宪法（宪章）法院同相应的外国法院、国际和外国组织签订协议而公务出差的除外。(13) 成为在俄联邦境内经营的外国非营利性非政府组织及其分支机构的管理机构、监督或督察委员会、其他机构的成员，俄联邦立法、俄联邦签署的国际条约或者俄联邦宪法法院、俄联邦最高法院、俄联邦主体宪法（宪章）法院在对等基础上同相应的外国法院、国际和外国组织签订协议另有规定的除外。(14) 为解决劳动纠纷终止履行职责。

  第四，法官的职业教育。法官作为解决和处理纠纷的特殊职业，是需要经过特定的专业训练才能够从事的。"并非所有法律都写得通俗易懂：同一个规范可以调整各种各样的实际情况，而生活总是比任何法律要复杂。因此，审判员并不总是读了法律，马上就能够适用它。而对此有帮助的是培训审判员，集体讨论问题，总结和推广工作经验，纠正错误。"①《俄联邦法官地位法》第20.1条专门规定了法官的继续教育：1.首次担任法官职位的法官应完成职业进修培训。首次担任法官职位的联邦法院法官应完成高等教育机构和继续职业教育机构组织的职业进修培训，其中包括法院实习形式，同时在此期间保留其每月工资和由相关俄联邦法律和俄联邦其他规范性法律文件规定的其他补贴。法官进行职业进修的程序和期限以及法官免于职业进修的事由由俄联邦最高法院决定。法官职业进修的总期限不

---

① [苏]E. A. 斯莫连采夫：《苏联司法改革的若干问题》，金易译，载《法学译丛》1991年第4期。

能超过6个月。法官职业进修时间，应计算在法官职业工龄内。根据职业进修的成绩，授予首次担任法官职位的联邦法院法官资质等级。2.法官必须提高业务能力。必要时联邦法院法官应到高等职业教育机构和继续职业教育机构，包括以法院实习的形式，提高自己的业务能力，至少每三年一次，此期间保留其每月工资、季度奖金和由相关俄联邦法律和俄联邦其他规范性法律文件规定的其他补贴，法官进行业务能力提高的程序、期限和其他方式由俄联邦最高法院规定。3.治安法官和俄联邦主体宪法（宪章）法院法官进行继续职业教育的程序、期限和方式由俄联邦主体的法律规定。4.由联邦预算经费支付联邦法院法官进行继续职业教育的费用，治安法官和俄联邦主体宪法（宪章）法院法官的继续职业教育费用由相应俄联邦主体预算经费支付。

第五，法官的职业等级。俄罗斯通过法官职业资格鉴定委员会对法官的专业知识水平和在审判时运用知识的能力、审判工作结果、业务和道德素养以及是否符合法官地位法和法官道德规范提出的要求等方面综合评估来确定职级。俄罗斯法官一共有9个职级：俄联邦最高法院院长及其副院长、法官为首席和一级；普通管辖二次上诉法院、普通管辖初次上诉法院、二次上诉军事法院、初次上诉军事法院、共和国高等法院、边疆区、州、直辖市、自治州、自治区法院、军区（舰队）军事法院、联邦大区仲裁法院、初次上诉审仲裁法院、俄联邦主体仲裁法院和知识产权法院院长、副院长和法官为一级到五级；区法院、市法院、跨区和卫戍区军事法院院长、副院长和法官为五级到七级；治安法官为七级到九级。层级之间的晋职时间：七级到九级，二年/级；五级到六级，三年/级；一级到四级，四年/级。首席法官无晋职期限。如果一级、五级和七级是法官所任职位的最高等级，则无晋职期限。授予法官等级应遵守相应法官职位等级授予次序和晋级期限。对于司法事务方面有重要贡献，对司法系统有特别功勋的法官，俄联邦最高法官职业资格鉴定委员会根据俄联邦最高法院院长的提议可以授予其除依据授予次序和晋级期限外的更高等级。具有等级的法官在相应等级晋级期限期满后，须进行资格鉴定。若第一级、第五级或第七级是法官最高任职等级，则该法官每三年须进行一次资格鉴定。首席法官不需要进行资格鉴定。

第六，法官的职业道德。为了保障公平、公正、独立的司法权，除了体制上保障法官独立、不可侵犯、不受干涉、不可撤换、高物质和社会保障的职业地位以外，法官自身的自律即职业道德建设也非常重要。俄罗斯现行的《法官道德规范》规定：法官应当善意行使自己的民事权利和履行民事义务。在民事法律关系中，法官不应利用其职务便利获得个人优先权。在审理案件时，法官应当保持相对于所有诉讼参与人独立和公正的立场。法官履行其职权，应当仅根据案件的事实和法律状况判断，遵从内心的信仰，尊重所有案件参与人的诉讼权利，不受任何外部的影响、压力、威胁以及其他对案件审理过程的直接或间接干扰，不偏袒任何一方，不带任何动机和目的。在履行自己职责客观审理案件时，法官应当避免任何偏袒、偏见或成见，并应尽力消除任何对其公正性的怀疑。法官在履行自己职责时应当遵循平等原则，维持双方当事人平衡，保证任何一方机会均等，体现客观与公正，给予所有诉讼参与人同等关注，不论其性别、种族、民族、语言、出身、财产、职位、居住地、宗教、信仰、所属社会团体以及其他情况。法官应当采取措施保障每个人所拥有的在合理期限内公正审理案件的权利；应当以适当的方式组织开庭，不允许同一时间开庭审理多个案件、不止一次且没有根据地延期审理，包括因其准备不当而推延。法官应当在诉讼过程中保持行为的高度文化性，维持法庭秩序，行为得体，耐心、礼貌地对待诉讼参与人和其他出席法庭的人员。法院院长（副院长）在行使组织领导职权时不可以作为（不作为）的形式限制法官的独立性，无权对法官施加压力以及利用其他具有行政影响力的措施影响法官审判。在媒体报道司法活动时，法官应当谨慎，对于没有作出最终裁决的案件不进行实质性评判。在非司法活动和非职务关系中，法官应当避免所有可能降低司法权威以及对其公平公正性产生怀疑的行为。法官不应为社会组织募集资金，也不得号召组织成员募集资金，如果这种号召可能被鉴定为强迫或本质上是增加募集资金的补充手段，法官也不应利用或者允许别人利用自己的职位权威来达到上述目的。法官不应对国家机关和地方自治机关的工作以及这些机关的领导公开发表意见、议论和评价。法官无权个人或者通过受托人参加经营性活动，包括参加经营性主体的管理，无论该主体在法律上是何种组织形式。法官不应参与政治活动。

第七，法官的纪律责任。俄罗斯法官的纪律责任可分为三种彼此具有密切关系，但在不同责任范畴内又具有原则性区别的类型：行业责任、职务责任和宪法责任①。根据《俄联邦法官地位法》的规定，如违反《俄联邦法官地位法》和《俄联邦法官职业道德规范》的有关条款，致使司法权威受损，对法官声誉造成损害的违纪行为，即在履行公务时或非公务活动中的严重过错作为（不作为），除俄联邦宪法法院法官外，可对违反纪律的法官进行如下纪律处分：批评；警告；提前终止法官职权。当进行纪律处分时，要考虑到违纪行为的性质，其实施行为的情节和后果，过错形式，违纪法官的身份，以及法官的行为（不作为）对公民的权利和自由、组织的合法权利和利益损害程度。当法官违纪行为较轻时，如果法官职业资格鉴定委员会认定有可能以口头批评方式约束法官的作为（不作为），则可以对其以批评方式进行纪律处分。如果法官职业资格鉴定委员会认定不可能以批评形式对法官进行纪律处分或法官之前受过纪律处分，则可以对法官就其违纪行为以警告形式进行纪律处分。在特殊情况下，可因严重的、犯罪的、与法官高级职称不符的且违反《俄联邦法官地位法》的规定和（或）《俄联邦法官道德规范》有关条款的违法行为，如果这种违法行为导致诉讼原则偏差，严重侵犯诉讼参与人权利，表明法官不可能再继续行使自己的职权，以及由生效的上级审法院的司法文件，或者关于申请加快案件审理或关于在合理时间内因违反诉讼权申请赔偿的司法文件规定的违法行为，包括在行使审判权时有违反上述规定的违法行为，则对法官以提前终止职权的形式进行纪律处分。除俄联邦宪法法院法官外，对法官实行纪律处分的决定由法官职业资格鉴定委员会作出，其权限包括在决定时审议有关终止该法官职权的问题，以及可以按照联邦法律规定的程序向法院起诉。对法官职业资格鉴定委员会作出的提前终止法官职权的决定不服，法官可以向俄联邦最高法院纪律委员会申诉。

第八，法官的职业团体。俄罗斯通过《俄联邦法官团体机构法》来保障法官作为一个职业群体的利益和需求。法官团体的基本任务是：促进完善司法系统和诉讼制度；维护法官的权利与合法利益；从组织、人员、资源保障上参与司法活动；树立司法权的权威，保障法官遵循法官道德规范的要求。目前俄罗斯的法官团体机构有：全俄法官代表大会、俄联邦主体法官代表大会、俄联邦法官委员会、俄联邦主体法官委员会、法院法官全

---

① 王海军：《俄罗斯法官纪律责任制度：理论与运行》，载《学术交流》2017年第1期，第100页。

院大会、俄联邦最高法官职业资格鉴定委员会、俄联邦主体法官职业资格鉴定委员会、最高法官招录考试委员会、俄联邦主体法官招录考试委员会。其中，全俄法官代表大会（ВсЕроссийский съЕзд судЕй）是法官团体中的最高机构，有权决定除法官职业资格鉴定委员会和考试委员会有权决定事项外的所有涉及法官团体活动的一切问题，制定法官道德规范和其他调整法官团体活动的文件。

总体说来，俄罗斯主要是通过以上八个方面对法官队伍进行了职业化建设。由于法官享有特殊的物质和社会保障，目前法官已经成为俄罗斯社会中令人尊敬和羡慕的职业，同时也是社会竞争最为激烈的行业之一。当然，俄罗斯的法官队伍也存在问题，如司法腐败问题，列瓦达中心2010年的资料显示，大多数俄罗斯人认为俄罗斯法院（普通管辖法院）严重腐败，51%的受访者确信，这些法院的公职人员"经常"或"相当频繁"地收受贿赂[①]。2018年1月31日发布的2017—2018年世界正义工程法治指数表明，民事司法方面的无腐败指数为0.51，刑事司法方面的无腐败指数为0.46[②]。法院外部的独立性问题，有些专家建议由法官选举本院院长，降低院长对总统的依从[③]；法院内部的独立性问题，法院院长可能产生的影响是显而易见的，如案件分配问题，俄联邦总统公民社会发展与人权委员会《对法官独立性和公开透明实施审判的建议》[④]中提出采用技术手段随机分配案件；提高职业技能问题，因目前只有两所大学（俄罗斯司法学院和俄罗斯国家行政学院），所以有专家建议设立联邦法官培训中心[⑤]，等等。

---

① [苏]苏莱曼诺夫:《俄罗斯的司法改革：历史和理论方面的问题》，韩劲松译，刘向文主编:《转型期国家司法改革热点问题研究》，北京：中国检察出版社2015年版，第304页。

② World Justice Project Rule of Law Indexe 2017-2018, p.125, https://worldjusticeproject.org/，登录时间：2018年2月6日。

③ [苏]苏莱曼诺夫:《俄罗斯的司法改革：历史和理论方面的问题》，韩劲松译，刘向文主编:《转型期国家司法改革热点问题研究》，北京：中国检察出版社2015年版，第303页。

④ （03 АвгустА 2017）.

⑤ https://rg.ru/2018/02/08/eksperty-kudrina-predlozhili-sozdat-federalnyj-centr-podgotovki-sudej.html，登录时间：2018年2月20日。

Construction of Judges' Professionalization in Russian

Haimei Yu

Abstract: In the Soviet Union, judges were elected, but they were not professional and well-paid. At the end of the Soviet Union, the Law on the Status of Judges was promulgated, which began to put importance to the professional construction of judges. However, the reality at that time was that judges were short of personnel, subordinate of their status and lack of prestige, and their protection was weak. In order to change these conditions, Russia started a magnificent judicial reform campaign with the Judicial Reform Concept as the starting point, promulgated the Russian Federal Law on the Status of Judges, the Russian Federal Law on the Organization of Judges, the Russian Federal Law on the Professional Ethics of Judges and other legal documents related to the construction of the professionalization of judges. Russia changed the electoral system to a life-long system, improved the professional status of judges, strengthened the professionalism and independence of judges, improved the professional security of judges, established and improved the organization of judges. Judges play a key role in judicial reform. Russia mainly focuses on the independence, consistency and lifelong system of judges' professional status, professional requirements, age requirements and physical requirements of judges' professional access, restrictions on political parties, interests and honors of judges' profession, induction training and continuing education of judges' vocational education, division and promotion of judges' professional ranks, the professional ethics that should be observed in judicial and non-judicial activities, the disciplinary responsibilities that judges should undertake, the construction and improvement of professional organizations of judges. These are main eight aspects to construct the professional judges in Russia. Through various construction, nowadays in Russia judges have become an enviable profession.

Key words: Russia; judges; professionalization

大数据研究

Research on Big Data

我国大数据法学研究发展的真实面向

侯晓焱[*]

【内容摘要】 公开裁判文书为主体的海量数据，为我国法学实证研究提供了独特资源。自然语言处理技术支持提取法学专业信息作为变量，通过定量分析测量相关性，兼采定性研究方法，验证以往基于理论或局部经验对法学实施状况做出的结论。当前大数据法学研究运用定量分析与定性分析等实证研究方法过程中尚有较大偏差，遗漏重要的观察变量，对数据分析结果解读粗略，研究整体上缺乏理论导向。法学研究人员面向大数据富矿，迫切需要增强定性和定量数据的收集和分析能力，以学科理论为导向开展实证研究设计，强化解释性研究的思维方式，培养数据思维和跨学科思考能力，以此深入挖掘中国社会变迁的内在机制，构建中国自己的法律理想图景。

【关键词】 裁判文书　定量研究　定性研究　理论导向

大数据时代，海量数据时刻在各领域汇集，对传统行业不可避免地产生着影响。以大数据为养料的人工智能（AI）技术和传统产业是没有边界的，正所谓AI赋能百业。[①] 就我国法律行业而言，基于大数据蕴含的多维价值，融合自然语言处理、深度学习等技术，不仅为法官办理案件推送相似案件、预测量刑、提供专家观点和一体化检索智库，而且，还可以提供纠纷在线解决、互联网诉讼处理、智能诉讼服务等功能，推动智慧法院、智慧检务和智慧政府的发展。

在大数据的支持下，法学研究也获得了空前丰富的新资源和崭新的研究途径，跨学科交流活跃，法学研究特别是实证研究展现出生机。法律人

---

[*] 作者简介：北京华宇元典信息服务有限公司业务专家、法学博士。
① 杨晓鸥：《人工智能 大爱（AI）无疆》，云掌财经网，http://tech.123.com.cn/show/2552-10189083.html，登录时间：2018年10月30日。

成长为能够积极回应科技创新和社会变迁的新型人才，有使命推动我国社会科学研究趁势而为，取得跨越性发展。为此，思考和理解大数据背景下的法学研究的新可能、现实困境与突破方向，具有重大现实意义。

一、大数据概念之浅释

大数据时代，数据在各行各业、生活各个领域爆发式增长，传递出大量的信息，不同学科、不同领域根据各自视角去分析这些信息，可以获得各自所需的知识。由此，人们从数据中获得信息，提炼出知识将更加便利。巨大的数据拓展了我们的视野，调动了"知识创新的能力"。[①]

（一）大数据的本质特点

虽然"大数据"一词耳熟能详，但是它的确切含义和价值依然需要厘清。通常认为，大数据具有"大量（Vast），多样性（Variety）和及时性（Velocity）"等特点。对于"大量"，没有统一绝对的标准，在自然科学领域，数据量比较容易达到PB级和EB级，而对于文科研究而言，有几千个上万个数据就可以称为大数据了。以法学研究专题为例，有的研究对象从海量数据库中挖掘涉及的目标数据量并不大。对于大数据的及时性，其价值在于借助不断更新的数据，对研究结论进行持续验证，也有专家认为这一特征"并非所有大数据所必需的特征"。[②] "多样性"或者"多维度"这一特点，应该得到重视，因为多维度的原始数据看上去杂乱无章，但经过"对这些信息的挖掘、加工和整理，就得到了有意义的统计规律"。例如百度根据掌握的食物的做法、吃法、成分、营养价值、价格、问题来源的地域和时间等显性维度，公布出来关于不同地域的人的饮食习惯，以及可能得到的更多有价值的统计结果。[③] 在法学研究中，以刑事案件为例，从罪名、法定情节、审级、审理程序、刑罚内容等多维度进行统计，会分析出各法定情节在实务中的出现频率，以及不同类型的犯罪在上诉率、刑事判罚等方面的规律。社会科学领域的研究者已经认识到，"界定大数据不能简

[①] 周欣平：《大数据与社会科学和人文科学研究》，载《大数据与中国历史研究》2017年6月第1版，第184—185页。

[②] 吴军：《智能时代》，北京：中信出版集团2016年第1版，第64—65页。

[③] 同上。

单以数据规模为准，而要考虑数据管理和分析的复杂程度"，①这种复杂性很大程度上是由于最有价值的数据的多维度带来的，这也给收集、挖掘和使用大数据提出了技术需求。

（二）按照数据表现形式进行的分类

数据是互联网时代信息的存储形式，包括数字、文本、音频、视频等多种形态。与传统方式不同，上述信息一旦以计算机可识别的电子化形式存储，会方便调用。从直观的角度来定义："凡是可以电子化记录的其实都是数据。"②上述各种数据形式，在法律领域都有体现：

在文本数据方面，当前最受瞩目的是全国各级法院公开上网的裁判文书。自2013年发布裁判文书公开上网以来，各地法院的裁判文书上网情况日趋稳定，截至2019年4月18日，上网文书总量已达6500多万份，研究样本量之大也已令人惊叹。③在数字型数据方面，有法律年鉴、司法工作报告等各种途径获得的权威机构发布的数字，特别是国家统计局官网可以查询到全国各省份经济发展指标、人口数、法院案件量等，为全面观察研究对象提供必备支撑。在音视频数据方面，既有国家层面的庭审直播视频，也有办案单位内部的同步录音录像类证据等。④上述各类数据是以数字化方式存储的，这就为计算机识别和提取提供了可能，丰富了法学研究的重要资料。

（三）按照数据结构特点进行的分类

数据还可以分为结构化数据、非结构化数据和半结构化数据。⑤结构化数据主要指表格式文书，表现为二维形式的数据。一般特点是：数据以行为单位，一行数据表示一个实体的信息，每一行数据的属性是相同的；

---

① 孟天广、张小劲："大数据驱动与政府治理能力提升"，载《北京航空航天大学学报》（社会科学版）2018年第1期。

② 王汉生编著：《数据思维：从数据分析到商业价值》，中国人民大学出版社2017年版，第9页。

③ 裁判文书上网的比例各省并不一致。参见马超、于晓红、何海波：《大数据分析：中国司法裁判文书上网公开报告》，载《中国法律评论》2016年第4期，第241页。

④ http://tingshen.court.gov.cn/，中国庭审公开网，登录时间：2019年8月30日。

⑤ 但数据是结构化的还是非结构化的，是一个相对的概念，对于文本数据尤其如此。参见王汉生编著：《数据思维：从数据分析到商业价值》，北京：中国人民大学出版社2017年版，第205页。

非结构化数据,是指询问讯问的同步录音录像、庭审活动的音视频等;介于二者之间的被称为半结构化数据。"半结构化数据是介于严格结构化的数据(如关系数据库中的数据)和完全无结构的数据(如声音、图像文件)之间的数据形式。"① 半结构化数据存在一定的结构,但这些结构并不精确,有时是由于数据结构过于复杂而不能通过传统模式来定义,有时可能根据数据处理需要而对结构做不同的划分,故处于动态变化之中。

就法学研究涉及的大数据而言,三种数据类型都会涉及,更常使用的裁判文书可以被视为半结构化数据,它根据机器学习的需要可以分为"诉讼记录""案件基本情况"和"裁判分析过程"等段落,形成便于语义识别的数据结构,但这种结构也不是一成不变的。

二、大数据下法学研究的新可能

"大数据"成为当下焦点,为多学科的研究提供丰富素材。在法律领域,法学研究方法的主要类型为法教义学研究与实证性法学研究(社会法学研究)之分。② 法教义学通过内部视角,采取尽可能中立与连贯的方式来呈现特定领域中的法律,以便读者了解它实际上是如何被阐释的。③ 社科法学研究关注实证研究方法。"该方法运用社会学和经济学等社会科学的方法研究现实社会中的法律,关注法律与社会的互动关系,特别是揭示法律的实施情况。④ 该方法兼容定性研究方法与定量研究方法,探讨的核心问题是"现实中的法律是什么。"此外,有学者指出法学研究还可以被区分成第三种类型,即理论性研究视角,"它通常不以实体性法律领域的分支作为

---

① 王静、孟小峰:《半结构化数据的模式研究综述》,载《计算机科学》2001年第2期,第6页。
② "所谓教义式",是指这种法律方法往往建立在某种并不明确表露出来的推定基础之上。这种推定认为:法律是一种内在协调一致的——虽然并不必然是一种综合而开放的——规则系统。法律人通过运用某种大体客观的方式,可以从这类抽象规则、概念以及"蕴含"其间的诸多价值中获得具体问题的答案以及针对具体个案的解决方法。[荷]马丁·W. 海塞林克:《新的欧洲法律文化》(增订版),魏磊杰、吴雅婷译,北京:中国法制出版社2018年版,第3页。
③ [荷]扬·斯密茨:《法学的观念与方法》,魏磊杰、吴雅婷译,北京:法律出版社2017年版,第17、23页。
④ 黄辉:《法学实证研究方法及其在中国的运用》,载《法学研究》2013年第6期,第15页。

起点，而是设法获取与各种法律领域相关的洞察"。①

相比于法教义学研究、理论性研究而言，大数据更便于支持法学实证研究。一方面，海量的样本便于观察法律运行状况的宏观态势和整体，另一方面，大数据中包含的小数据也支持传统的个案研究和类案研究，有机会观察问题细节。法律大数据为法学实证研究带来以下新可能：

（一）观察法律实施效果更具便利

美国大法官霍姆斯曾谈到，法律的生命在于经验。我们也可以说，法律的生命在于实施，而不是制定。在裁判文书大规模上网之前，只能在力所能及的一定司法区域内观察法律实施的效果，走访若干地域进行法律效果的调研。样本的数量通常是几百或者上千就属于丰富。当下，以公开上网的裁判文书为主要数据资源的文本数据，兼顾大量的内部司法数据，为观察法律实施状况、评估立法效果、夯实法律制度的现实基础提供了数据富矿，展现了概括抽象的法律条文是如何被解读为"行动中的法律"；有助于多角度获得司法全貌图景，补充或许缺失的立法视角，推动立法做出局部修正。

以刑事诉讼中的非法证据排除问题为例，此类观察样本是稀缺的。2015年，笔者拟研究北京的实施情况，通过裁判文书网查找到提出排除申请的案件30多例，做出排除决定的寥寥无几。②及至2019年，已有成果开始对裁判文书网公开的全国范围内申请非法证据排除的案件进行观察，涉及文书6000多份，仅毒品类犯罪的文书就有1300多份，从不同证据类型、不同地域、不同违法情形等多维视角呈现了排除非法证据的情况。③例如，审查决定以"疲劳审讯"的方式获取被告人供述是否排除时，法律如何适用？有学者会推测这很难量化。近期发表的一篇论文观察了以"疲劳审讯"为由而申请排除的案例达800多件，分类总结出法官的裁判标准有几种：一是评价限制人身自由的时长，通常以讯问时间达到24小时为标准，也有

---

① [荷]扬·斯密茨：《法学的观念与方法》，魏磊杰、吴雅婷译，北京：法律出版社2017年版，第37页。
② 侯晓焱、孙军：《非法证据排除规则实施情况调查》，载《人民检察》2015年第10期，第52—53页。
③ 侯晓焱、王业飞、李品优：《毒品犯罪非法证据排除问题实证研究》，载《法治现代化研究》2019年第1期，第70页。

以12小时或者48小时为标准的情况;二是考察讯问发生的时间点,在普通人用于休息睡眠的时间讯问取得的供述不采信。① 从裁判实践出发,总结法官智慧,赋予了法律条文生命力,为相似情形的处理提供了参考,适当时候更可以提炼成案例指导规则。

(二)提供丰富变量开展定量研究

定量研究在社会科学研究中属于与定性研究并列一种研究方法。它对个体的某些属性进行分析,"总是关心按照一定程序选取的、属于一个特定类型或者种类的、一定数量的个体",测量其某些属性的变化。② 定量研究的价值通常在于验证两个或者多个属性之间的关系。比如,在研究审前羁押决定与哪些因素相关时,可以基于经验或制度规定,选取犯罪嫌疑人的年龄、犯罪地与居住地的远近、此次涉嫌的罪名、是否有前科劣迹等,考察这些变量与做出逮捕决定之间的关系。公开的裁判文书属于半结构化的文本数据,通过构建知识图谱和知识抽取,可以从中获得罪名、年龄、户籍地、犯罪地、犯罪记录、逮捕与否等节点信息,运用SPSS、SAS、STATA等定量分析软件开展相关分析、回归分析等,验证已有假说。

笔者团队开展的非法证据排除专题研究中,用SPSS软件分析6000余份文书,得到案件审理级别与排除比率之间的显著相关性,以及辩护率与排除比率之间的显著相关性,此时,属性之间的相关关系不再出自个人经验或者小范围的调查,而是通过数值得以量化,并将更大范围内的状况呈现出来。这使研究者从感性的经验,开始走向理性的测量。

在对已有经验进行测量和验证方面,大体量数据可以有所作为。例如,证据法教材中,谈到言词证据具有重大的诉讼价值,被告人供述、证人证言和被害人陈述这些言词证据可以成为直接证据,根据其中包含的事实信息可能还原案件主要事实,有时甚至是司法机关了解案件事实、证明案件事实不可或缺的证据形式。特别是犯罪嫌疑人、被告人供述一直被视为"证据之王"。那么,这样的理论认知能否进行操作化的呈现?常说"口供是证据之王",若逆向思维,观察言词证据被质疑、被辩方尝试排除的

---

① 易延友:《疲劳审讯的认定与界定——以817个实务案例为基础的展开》,载《政法论坛》2019年第2期。

② 李连江:《戏说统计——文科生的量化方法》,北京:法大学出版社2017年版,第19、26、32、56、58、67页。

情况，会看到6000多份裁判文书中，质疑口供违法的超过60%。从这样一种简单的描述性定量分析中，也可以看出测量的价值。

（三）为解释相关关系提供了新的可能

大数据的强项是呈现相关关系。例如，通过流感相关的关键词搜索变化与地区用户之间的关系，预测流感流行到了什么地方。① 经济学等领域已经有比较成熟的定量分析方法。例如，企业为员工购买社会保险会不会降低员工辞职率？一项研究中，Probit模型回归结果表明，养老保险、医疗保险、失业保险都能显著降低员工辞职率，且企业为员工提供的保险种类越多，员工辞职的可能性越小。总体而言，相对于没有社会保险的员工，有养老保险的员工辞职率平均要低11.24%，有医疗保险的员工辞职率平均要低14.92%，而有失业保险的员工辞职率平均要低6.88%。②

这样的相关关系对法学研究也有重要价值。例如，人们普遍认为应加大刑事案件中辩护律师的参与度，背后的理念是保障程序公正，也推测会带来罪轻甚至无罪的辩护效果。再如认罪认罚从宽制度的设计理念之一是，认为认罪与案件审理效率之间有相关关系。此外，在研究非法证据排除问题时，容易认为申请非法证据排除案件多的地区是由于地处沿海、经济发达，被告人获得律师帮助的比例比较高。③ 当我们拥有海量判决时，又获得了新的数据维度，一项对2013—2017年6000余起申请非法证据排除案例的调研看，涉及最多的案件是毒品类型犯罪。④ 这就增加了罪名的维度。多种数据维度之间错综交织，可以采用多元回归分析，变量之间的显著相关关系会更信服地得到呈现，有助于进一步揭示出现象背后的真实因果规律。

（四）以创新方式呈现研究发现

如前所述，海量数据中可以提取大量、多维的信息，用语支持数据图

---

① 吴军：《智能时代》，北京：中信出版集团2016年版，第24页。
② 阳义南、连玉君：《社会保险能降低员工辞职率吗？》，载《经济管理》2015年第1期，第177页。
③ 易延友：《非法证据排除规则的中国范式》，载《中国社会科学》2016年第1期，第142页。
④ 侯晓焱、王业飞、李品优：《毒品犯罪非法证据排除问题实证研究》，载《法治现代化研究》2019年第1期。

表可视化来呈现趋势或异常特征，促使我们发现新问题。图表化，有助于让数据背后的含义显现。[①] 可视化（Visualization）是数据描述的图形表示，旨在一目了然地揭示数据中的复杂信息。成功的可视化有助于产生对数据的洞察和新的理解。[②] 它利用计算机图形学和图像处理技术，将数据转换成图形或图像在屏幕上显示出来，涉及计算机图形学、图像处理、计算机视觉以及用户界面，通过表达、建模以及对立体、表面、属性以及动画的显示，对数据加以可视化解释。

研究方法服务于研究目的。可视化的意识和方法不仅适用于商业咨询领域，也可以推广到社会科学研究领域。这种方式已经在统计学、政治学研究领域中运用。例如，在研究美国选区划分这一问题时，美国绝大部分政治官员是由选举产生，选举对政客的影响不言而喻。美国众议院选区划分成为政党用技术操控选举的一种途径。[③] 不同阶段的法律政策下，选区的形状经历着持续不断的千奇百怪的改变。最经典的一个案例是1991年北卡罗来纳州的第12选区，它是沿着一条州际公路形成的长条状，将公路两边的黑人聚居区串联为一个选区。选区最狭窄处仅为将一辆车两侧门都开启而达到的宽度。[④] 它呈现了执政党对选区划分进行的不公正操纵（Gerrymandering）。如果将选区的历次变化加以可视化，就更容易发现多年来选区形状的趋势和背后的奥妙。对于法学研究而言，依托海量数据，也可以引入计算机领域的可视化技术，从图表、图形中发现问题，高效地传递信息，也使得法学研究与生俱来的理性面孔展现出生动有趣的一面。

三、大数据助力法学研究的独特流程

海量数据提供了丰富的信息，同时也提出了如何从中调取所需信息以及如何充分利用其价值的挑战。大数据法学研究的过程也有独特之处，具

[①] [日]齐藤显一、竹内里子：《麦肯锡图表工作法》，金磊译，北京：中国友谊出版公司2018年版，第7页。

[②] Julie Steele & Noah Lliinsky：《数据可视化之美：透过专家的眼光洞察数据》，祝洪凯、李妹芳译，北京：机械工业出版社2011年版，第1页。

[③] 选区划分标准在历史上分为先后几个阶段：议席分配阶段（1962——1981年）、投票稀释阶段（1982—1993年）和非联邦标准评价（1994年至今）。杨悦：《美国众议院选区划分及其政治含义》，载《国际论坛》2012年第4期，第68页。

[④] 杨悦：《美国众议院选区划分及其政治含义》，载《国际论坛》2012年第4期，第68页。

体而言，包括以下步骤：

一是提出研究假设，这一步骤与学科理论互动，既被理论影响，也检验理论的适应性。比如，可以通过研究量刑幅度、非法证据排除、无罪结果等验证辩护律师在刑事诉讼中的重要作用；也可以假设民间借贷的民事纠纷发生情况与索债型非法拘禁的发生有相关性，然后展开研究。相关理论是开展定量分析的预设方向，人们通过大量数据检验相关理论是否依然成立。

二是构建研究框架和数据挖掘的知识图谱，提出数据挖掘的具体节点，这不同于传统研究中构建提纲与细化提纲，还需要将研究问题拆解为文本数据或数字可以支撑的细小粒度。

三是数据提取，此处涉及数字、文字等不同数据类型，也涉及不同数据来源，如中国裁判文书网、国家统计局网等外部数据，以及数据不公开的机构内部数据，根据前述的挖掘图谱进行数据提取。

四是数据清洗，这是立足大数据开展研究的必经之路，因为数据库的来源、结构、类型存在差异，会有错误的、不相关的数据混入，需要通过人工复核后批量剔除。

五是开展数据分析。去除数据噪声后，对真正的数据对象开展观察和研究，既可以描述性分析，也可以借助SPSS、STATA等软件进行回归检验等分析，检验已有结论是否成立，也可能取得新发现。大数据具有海量样本，很可能突破之前基于有限经验产生的认知。"形式主义的计量研究其实多是一种理论先行的'研究'，其实质是一种循环论证的逻辑，其推理其实已经包含在其当作前提的公理体系之中。它说到底不过是一种数据游戏，而且高度意识形态化，与真实世界无关"。[①] 我们提倡从数据本身出发的真正的实证研究，而不是在已有定论的研究框架中填充数据来"装饰"论证过程。

六是得出研究结论并进行解释，回应已有成果展开讨论，提出研究启示。运用数据进行定性、定量分析后，对结果进行阐释、做出结论，是研究中的重要问题。

---

① 黄宗智、高原：《社会科学和法学应该模仿自然科学吗？》，载《开放时代》2015年第2期，第170页。

四、当前法学大数据研究的缺憾与误区

当前，运用大数据特别是裁判文书开展的研究呈风起云涌之势，但还在多个层面存在问题：

一是数据数量和质量层面尚有缺憾。根据2014年1月1日生效实施的《最高人民法院关于人民法院在互联网公布裁判文书的规定》，除四种特殊情形外，生效裁判文书均应在中国裁判文书网公布。2016年7月25日最高人民法院通过了修订后的《最高人民法院关于人民法院在互联网公布裁判文书的规定》，进一步扩大了应当公开的裁判文书范围，进一步明确规范了裁判文书不公开的情形。此次修订，要求"以调解方式结案或者确认人民调解协议效力"的裁判文书原则上不上网公开，但为保护国家利益、社会公共利益、他人合法权益确有必要公开的应当公开；明确要求"离婚诉讼的裁判文书或者涉及未成年子女抚养、监护"的裁判文书不上网公开。①不过，根据有些学者几年前的研究，国内各省裁判文书上网的比例差别较大，上网率最低的未达到20%，距离全样本理想状态还存在着客观距离。②近几年上网文书数量有增多趋势，但仍不能确保要求上网的文书都会上传。同时，文书上网也有滞后性，笔者团队在2018年5月底和2019年分别查询2017年某一罪名涉及的文书，发现二者间数量存在一定差异。

值得注意的是，并不一定每个选题都需要全样本。例如，有学者以"比例原则在民法中的适用"为研究对象，检索了自2010年1月1日到2017年12月31日的民事判决书，这是面向五六百万份裁判文书的检索，查询到包含"比例原则"术语的民事判决书为421份。这就是基本反映司法现实的样本数量了。③有些选题也可以将具有代表性的或者公开率高的省份和地区的裁判文书作为研究对象。正如我国法学实证研究的先行者白建军教授所指出："为什么研究对象及其结论一定要能推论到全国才算是科学

---

① https://www.chinacourt.org/law/detail/2016/08/id/148910.shtml，中国法院网，登录时间：2019年4月30日。

② 马超、于晓红、何海波：《大数据分析：中国司法裁判文书上网公开报告》，载《中国法律评论》2016年第4期，第241页。

③ 李海平：《比例原则在民法适用中的条件和路径——以民事审判实践为中心》，载《法制与社会发展》2018年第5期，第173页。

呢？……这本身就是一种关于学术研究的误解，一种盲目追求宏大叙事而不屑于细微具体研究的浮躁。"① 即便当前机器学习能力骤增，由于数据项存在的格式差异、错漏、混淆等问题，面对海量全样本，机器读取的准确率和覆盖率也是需要谨慎辨别的。当然另一方面，如果研究目标纯粹是比较我国各省份的某类案由数量，进行宏观态势判断，则这种文书上网不齐全的背景下不适宜做出简单结论，需要关注上网文书与实际情况之间的差异比例，以及相关地区的人口数，进行相同计量单位下的评估。

二是法律领域的信息提取技术和机器学习能力有待突破。海量数据的识别和提取向机器学习能力提出了要求。法学研究中提取什么信息？能否顺利实现？这有赖于前述的知识图谱技术的发展水平。"知识图谱是一种知识解析、知识发展进程与知识结构关系的可视化呈现……法律知识图谱是在法律专业领域的数据深耕和挖掘的基础上对法律数据资源进行的知识图谱呈现。以故意杀人罪为例：从罪名的犯罪构成入手，如果按照三阶层犯罪构成体系，可以依次从事实认定、违法性、有责性三个层面进行评价。其中的事实认定需要确定行为人、行为对象等，违法性可能涉及正当防卫等违法阻却事由，有责性可能涉及行为人的年龄或者精神状态。如此形成一个树状图，在数据库里形成一个层级分布的模型。"② 举个例子，研究刑事法律问题时，依托知识图谱技术，对罪名、犯罪主体的年龄、教育程度、职业等、审理程序、犯罪情节等基本都可以提取出来用于分析，发现犯罪宏观规律，观察法律实施效果。③ 不过，机器还不能发展出人类特有的运用法律规则进行逻辑判断的能力，此类数据的提取还需要融合专家经验进行数据标注，探索优化面向自然语言的语义识别方法。

三是研究者的数据分析能力面临挑战。在统计分析能力方面，运用统计知识的操作过程需要合理与科学，正如有学者指出，涉及"变量选取与编码，还有简单的事实描述、双变量分析、统计模型搭建、回归分析、验证稳健性、回归结果解读，以及对经验发现的总结和推论等一系列过

---

① 白建军：《法律实证研究方法》，北京：北京大学出版社2008年7月第1版，第190页。
② 邹邵坤："法律人工智能的真实当下与可能未来"，载《法治现代化研究》2019年第1期，第31页。
③ 笔者团队曾运用二万多份裁判文书，研究了索债型非法拘禁的法律适用状况。参见侯晓焱、马瑜馨、侯丽：《索债型非法拘禁犯罪的大数据研究》，载《中国应用法学》2018年第1期，第101页。

程……当前部分中国法律实证研究作品的统计显得非常随意"。① 在学理阐释能力，有的大数据研究者把实证研究做成了调查报告，停留在简单的归纳分析，未能完成从经验事实的发现跳跃到理论提炼。具体表现为以下三个方面：

（一）重要的观察变量被遗漏

变量在统计分析中有重要价值。拟通过统计分析，观察变量之间的关系，发现规律。例如，我们通过经验认识到的羁押决定与被告人户籍地相关，本地犯罪人更容易取保候审，这就是变量之间的规律。但当前定量研究中对于变量的选取有遗漏之虞。例如，在一篇对于认罪案件的判罚定量研究的论文中，研究刑期时，考察的变量包括了案件审理程序、几种罪名、是否共同犯罪、犯罪记录情况、辩护律师参与情况、案件审理地点等，经过多元回归分析，最终得出若干结论，如：简化审的效率问题没有得到根本上的改进，特别是审理案件的期限并没有缩短，效率的价值没有直接惠及认罪的被告人；认罪的被告人并没有因为简化程序的选择而得到量刑上的优惠。②

笔者有几点不同观点在此商榷，最重要的是该研究的变量选择有重要遗漏：一是案件的审理期限，与是否逮捕有关系，不能简单考虑认罪与否而不研究户籍地等影响到逮捕措施的因素；二是关于量刑具体结果，联系最密切的案件中的犯罪情节，忽略了这一要素而只是考量审理地点、有无律师辩护，则会舍本逐末；即便该研究也考虑了是否共同犯罪这一刑法总则情节，但这远远不够，毕竟全部案件在犯罪数额、暴力犯罪中的伤情级别，法定从减轻，从加重处罚情节等都千差万别。

当然，研究者自己也提出"样本的有限性和变量选择的局限性决定对该原理证明的力度和观察面还需要加强，更具普遍意义的结论还需要更大范围和更深层次的分析"。③ 事实上，即便在法学实证研究盛行多年的美国，其学者也指出本国法律实证研究中的统计问题。比如，凯瑟琳·蔡勒（Kathryn Zeiler）最近撰文认为，美国法律实证研究中统计分析的"硬

---

① 程金华：《迈向科学的法律实证研究》，载《清华法学》2018年第4期，第163页。
② 李本森：《法律中的二八定理——基于被告人认罪案件审理的定量分析》，载《中国社会科学》2013年第3期，第104页。
③ 同上，第105页。

伤"(objective errors)几乎无处不在,包括错误地使用"P值"和"统计显著性",错误地阐释回归分析结果,等等。① 总体说来,大数据法学研究中统计操作的科学化还任重道远,是法学研究者需要着重关注和增长的研究技能。

(二)对大数据呈现结果的解释粗略

一直以来,法学领域解释实证研究中的描述性分析时,常见的角度就是经济发达程度、被告人经济状况、年龄和职业特点等。例如一项对1459个申请非法证据排除的案例的研究发现,"东南沿海地区非法证据排除案例比较多,以浙江、广东、江苏等为代表;中部地区非法证据排除案例数次之,以河南、湖南、四川等为代表;西部地区非法证据排除案例普遍较少,以西藏、新疆、青海、宁夏等为代表"②。针对这种地域分布,文章指出:"中东部地区由于经济比较发达,被告人获得律师帮助的比例比较高;由于大多数刑事案件被告人都没有受过专门法律训练,因此越是有律师介入的案件,提出非法证据排除申请的可能性越大。"③ 这一结论需要一个重要前提,即需要观察确认这些非法证据排除的申请基本是辩护律师提出的,否则就不能直接把辩护律师关联进来。此外,其中也有疏于澄清的几个环节:第一,我国各省文书上网比例参差不齐,故不宜直接比较各省份的绝对数量;第二,不同案件中是否有瑕疵证据或者非法证据的情况是有差别的,如果只是经济发达,并且辩护率高,但是同时当地的警察侦查取证行为基本规范,那么,也不会在非法证据排除案件方面排名靠前。

在更全面地收集分析数据的基础上,我们可以尝试更丰富的揭示:辩护律师对于申请非法证据排除的确有显著相关性,但影响案件中辩护律师参与率的更显著因素还涉及罪名,不同罪名下的辩护率差异显著,根据2013年至2017年间的总体情况,律师辩护率居于前几位的罪名依次是,故意杀人罪(83.85%)、受贿罪(81.53%)、贪污罪(60.83%)、合同诈骗罪(54.94%)、聚众斗殴罪(53.98%)。律师辩护率排在最后几位的罪名

---

① Kathryn Zeiler, The Future of Empirical Legal Scholarship: Where Might We Go from Here ? 66 Journal of Legal Education 85(2016).转引自程金华:《迈向科学的法律实证研究》,载《清华法学》2018年第4期,第164页。
② 易延友:《非法证据排除规则的中国范式》,载《中国社会科学》2016年第1期,第142页。
③ 同上。

由低到高依次是危险驾驶罪（5.14%）、容留他人吸毒罪（13.35%）和盗窃罪（13.43%）等。①逻辑地看，如果辩护律师作用大，那么，哪个罪名的辩护律师参与率高则其提出非法证据排除的概率高，这是从描述分析的角度观察申请排除的比例。但上文作者是对各省份的申请排除案例的绝对数量排序，各省份的人口数量、不同类型的犯罪数量都是不同的，加之不同罪名下律师辩护率差异不小。这提示我们，当数据量更大、数据维度更丰富时，根据个人的或者局部的有限经验做出的解释很可能被推翻。

（三）大数据研究的理论导向欠缺

对于数据挖掘的结果之分析有待深入，特别需要加强与理论的关联。如前所述，大数据法学研究的流程中，面对提取出的数据，传统法学人员比较习惯运用描述方式，计算占比；也有少数研究者运用定量分析软件分析有关联的信息项，进行关联分析、回归分析等操作。这基本属于定量分析的范畴。定量研究的长处则在于随机化、精准、普遍、可重复，但容易流于肤浅，而定性研究可以更深入。费孝通先生指出，在做定量分析之前，必须先走一步区分类型的定性分析。②所以，有学者把数据分析结果分为"浅层指标"和"深层指标"。所谓"浅层指标"是指从文书表面易于观察到的指标，诸如案件总数、被告人总数、逮捕率、上诉率、再审率等；"深层指标"是反映刑事诉讼运行深层体制机制问题的指标，这些指标的获取不能一步到位，需要通过大数据挖掘技术，依赖"浅层指标"而实现。比如，"逮捕率"形式上反映了全国范围内一审刑事案件被告人中被逮捕的比重，是一种"浅层指标"，而"捕后实刑率"则是反映逮捕之后被告人最终被判处实刑的比重，它呈现了"逮捕"这一强制措施的实质功能，即对判决是否有绑定作用。③

这里对"捕后实刑率"的关注，是建立在对我国刑事诉讼中强制措施功能的异化有充分认知的基础上，是对前期理论指导下的实证研究结果的运用。逮捕，不再是变更可能大性的暂时性质的强制措施，"在我国刑事司法实践中，经常发生法院根据被告人受到未决羁押的期限来确定刑期的现

---

① 根据华宇元典对近五年的数据挖掘得出。
② 费孝通：《社会调查自白》，北京出版社2017年第1版，第44页。
③ 王禄生：《论刑事诉讼的象征性立法及其后果——基于303万判决书大数据的自然语义挖掘》，载《清华法学》2018年第6期，第128页。

象"①。由此，把逮捕数量和捕后判处实刑的数量都作为观察对象，可以对这种被俗称为"实报实销"的现象有透彻了解，就对数据分析深化了一步。而且，还可以将分析更进一步，有学者提出："侦查机关通过掌握对嫌疑人的未决羁押权力，就拥有了追求使嫌疑人、被告人受到定罪的强大动力，也促使其对法院的审判活动施加积极的影响。"② 这样的分析路径，在当前对于大数据分析运用中并不多见。尤其是初步接触大量案例开展写作的研究生，往往止步于"浅层指标"的提取和描述，对后续分析的走向感到茫然无绪。

五、应对与展望

在研究领域，"较高的认知能力、抽象能力、推理能力是对学术工作者的普遍期待，不同领域的知识生产和传播有各自特殊的门槛，而包括社会学在内的所有实证社会科学的门槛是定性和定量数据的收集和分析能力"。③ 那么，对法学实证研究，特别是基于海量数据的实证研究，需要强化以下能力：

（一）实证研究设计中融入学科理论为导向

相关理论是开展定量分析的预设方向，人们通过大量数据检验相关理论是否依然成立。以文本数据等作为研究对象也是一种观察，而"观察是受到理论渗透的，为表达数据而构建精细的科学工具和程序时常常会或明或暗地接受一些很成熟的科学理论，而这些理论超越或涵盖着正在被检验的理论"。④ 规范的量化研究具有强烈的理论预设，有时关联到高度抽象的学科理论；规范的质性研究通过深入访谈和观察，尝试解释理论或者抽炼出概念和理论。这要求在开展大数据法学研究时，预先精通相关领域理论知识，全面了解其他实证研究成果，从而在构建研究框架和用于提取数据

---

① 陈瑞华：《论侦查中心主义》，载《政法论坛》2017年第2期，第75页。
② 同上。
③ 边燕杰：《理论导向的实证社会学研究》，载《中国社会科学评价》2015年第2期，第15页。
④ [美]阿巴斯·塔沙克里、查尔斯·特德莱：《混合方法论：定性方法和定量方法的结合》，唐海华译，重庆大学出版社2010年第1版，第8页。

的知识图谱时，更加契合数据实际和本领域理论方向。

（二）强化解释性研究的思维方式和技术策略

对于数据维度相关性背后原因探究的途径之一就是做好定性研究。定性研究致力于研究事物的属性，是要报告人们如何讨论事物、如何描述事物以及如何看待这个世界。它需要研究者进入具体情境，较长时间关注研究对象，循序渐进地展开研究。而且，研究并不从小样本推广到大样本，而是在小范围内展开，旨在从小样本中获得更加丰富的资料和特定的深度理解。[①]对因果关系的探究主要通过定性研究来完成。

对于法律实施效果的研究，定性研究至关重要。因为，法律实施的效果，不仅取决于法律的规定，更受制于法律实施人员的素质和做法。英国早些年在刑事诉讼中引入免费的律师帮助制度后发现，相当一部分犯罪嫌疑人拒绝了这个"免费的礼物"。这种情况在统计结果就是体现为辩护率，本身无法提供更多信息。英国学者们在访谈了若干犯罪嫌疑人后发现，导致这种状况的原因之一在于，"一些警察就想开倒车，取消犯罪嫌疑人获得法律咨询的权利"。部分使用了一些"花招"，如不说明律师咨询是免费的、设法使犯罪嫌疑人在值班律师到达前供述，从而使得律师帮助权实质上被放弃等。[②]

实施方式对于制度或政策的影响，从一个美国的案例中也有所反映。在20世纪末，美国波士顿实施了一项预防青少年暴力犯罪的举措，波士顿谋杀案件的发案数从1990年的152件直线下降到1999年的31件。警方在实施打击犯罪的行动策略中，有一个重要的环节，警方会向犯罪帮派成员传递信息：因为有暴力犯罪，我们才会到这里，我们会和你们坚持斗争直到暴力犯罪停止。警方还把打击帮派的各种执法措施清晰直接地告诉打击对象。这种开诚布公的态度发挥了震慑作用，很多帮派成员后来甚至自愿上缴枪械给警方。但后来，这种创新做法迁移到费城、芝加哥、洛杉矶

---

① [美]约翰·W.克雷斯威尔：《质性研究技能三十项》，王锡苓译，上海：格致出版社、上海人民出版社2018年9月第1版，第8页。

② 侯晓焱、刘秀仿、张翼：《刑事审程序获得律师帮助权之实证研究——对北京市某区看守所200名在押人员的调查》，陈兴良编：《公法》（第五卷），北京：法律出版社2004年6月第1版，第298页。

等地却远远未取得预期效果。① 这些事例也说明了社会科学研究的复杂性，以人类社会作为研究对象，研究中的变量相对于自然科学而言，又更加丰富又难以预测。

事实上，研究方法的运用方面，越来越多的研究者在使用定性研究和定量研究的路径混合方式进行研究，因为二者各自有短板，许多定量研究强调统计显著性，但牺牲了对关系/效果之量级的关注，而且不能在分析中吸纳观察等方式中获得的广泛信息，甚至，容易将重要的信息资料在定量过程中降解为简单的类型；定性研究则容易在报告研究结果时带有选择性。所以，适用混合研究方法有助于扬长避短，相辅相成地完成研究目标。②

（三）培育跨学科思考能力

大数据的存储和运用，主要依托计算机学科知识，所以，要求法科人拥抱计算机等相关学科知识，更多从数据视角审视裁判文书等大数据，向数据思维转变。

法学研究的主要对象是人类社会，其中的规律与物质世界的具有不同性质。物质世界中，要求某一规律具有确定化、普适化的真实，即能够在实验室里重建设定条件并且没有例外地证实（或证伪）。但在人类社会，我们从经验出发，做出的概括和抽象，通常只能达到在特定范围内有限的真实，而不是普适的、完全确定的，难以重复实验来证实真实性。③ 所以，机械运动思维之下明确的因果关系，在人文社会科学研究中呈现出间接、多元、不确定等特征。法学与数理学科交叉时，也需要关注到异同，做出严谨周密的解释分析。解读所取得的发现时，需要跳出法学视角，立足更广博的知识展开深入分析，大数据时代的数据互联，特别需要犯罪学、社会学、经济学、心理学等多学科知识融会贯通。这种多元关联的特点，也有别于纯粹自然科学的研究，"社会科学的多元常态是正面而不是负面的。

---

① ［美］格雷格·伯曼、奥布里·福克斯：《失败启示录：刑事司法改革的美国故事》，何挺译，北京大学出版社，2017年1月第1版，第77-78页、第86页。
② ［美］阿巴斯·塔沙克里、查尔斯·特德莱：《混合方法论：定性方法和定量方法的结合》，唐海华译，重庆大学出版社2010年第1版，第163—164页。
③ 黄宗智、高原：《社会科学和法学应该模仿自然科学吗？》，载《开放时代》2015年第2期，第167页。

正是其多元常态使我们可以在科学主义化的形式主义主流传统之外找到更多、更有洞见的理论资源，赋予我们可资借用的非主流资源"。①

欣慰的是，我国跨学科发展的氛围日益浓厚。最近举办的法律和社会年会在讨论法律与空间的问题，证据学科在研究证据学如何从历史学科发展中借鉴还原事实真相的思路，一些偏数额的研究领域如量刑问题研究也引入了统计学科的定量研究方法。

六、余论

在中国，当下法学研究中的一个问题是以引入西方的法学理论为主，"未能直面中国的法治实践和经验素材，缺乏对法治实践状况的深刻洞察，也缺乏对法律问题与其他社会现象勾连关系的关注"。②这种做法的危害就在于，域外的社会科学理论的产生，都是立足在各自特殊的社会、政治、经济文化等背景下，自然科学通常具有普适性，可重复验证性，而以人间社会为研究对象的社会科学研究之结论是在特定时空范围内成立的，我们中国社会有自己的现象和问题需要去观察和分析，对域外可以借鉴和参考，但不宜全然照搬。

社会科学已有的理论、规范在时过境迁时甚至是错误的。黄宗智先生指出，从方法的角度看，微观的社会研究特别有助于摆脱既有的规范信念。如果研究只是局限于宏观或量的分析，则很难套用既有理论和信念。然而，紧密的微观层面的信息，尤其是人类学方法研究得到的第一手资料和感性认识，使我们有可能得出不同于既有规范认识的想法，使我们有可能把平时的认识方法——从既有概念到实证颠倒过来，认识到悖论的事实。③

所以，中国法学研究的目标应该"以建构中国自己的'法律理想图景'为基本方向"。④中国社会变迁的内在机制需要借助理论导向的实证研

---

① 黄宗智、高原：《社会科学和法学应该模仿自然科学吗？》，载《开放时代》2015年第2期，第161页。
② 陈柏峰：《社科法学及其功用》，载《法商研究》2014年第5期，第73页。
③ 黄宗智：《实践与理论：中国社会、经济与法律的历史与现实研究》，北京：法律出版社2015年9月第1版，第62页。
④ 邓正来：《中国法学向何处去》，北京：商务印书馆2006年第1版，第261页。

究（即定量方法与定性方法结合）来进行解释。大数据法学作为实证研究方法，有助于找准作为问题，后续提出契合中国现实的对策或者理论，有望成为推动法教义学、社科法学研究以及社会学、计算机学科等融合和跨越发展的助力。

The Reality of Big Data-based Legal Research in China and Its Future

Xiaoyan Hou

Abstract: The open-access database of Chinese court judgments which is the main form of big data for law in China, provides unique resource for empirical research. This process involves several necessary aspects. Natural Language Processing (NLP) technology supports information extraction from court judgements as variables for study. Both quantitative analysis and qualitative methods are employed so as to verify previous conclusions or findings based on local experiences. At present, there are still some deviations in the process of using empirical methods. For example, some important variables are omitted in the research, the inference and analysis of result are rough, and empirical research as a whole is not theory-oriented. Facing the rich mine of big data, legal researchers need to enhance the ability of collecting and analyzing qualitative and quantitative information. They also shall design the research under the guidance of appropriate theory, and cultivate the ability of interdisciplinary thinking. In this way, it will be achievable to dig deeply into the internal mechanism of Chinese society and construct an ideal legal prospect of China.

Key Words: court judgments; quantitative analysis; qualitative analysis; theory-oriented

最高人民法院行政指导性案例
2018年度司法应用报告*

郭 叶 孙 妹 眥永娟**

【摘要】截至2018年12月31日，最高人民法院已发布行政指导性案例19例，数量位居于民商事、刑事及知识产权类之后。2018年，行政指导性案例新增指导案例94号和101号。经统计，19例行政指导性案例的案由共涉及11个行政管理种类和10类行政行为，审理法院以基层和中级人民法院为主，审理程序多为二审程序，2018年重庆市首次成为行政指导性案例的来源省份。报告以"北大法宝—司法案例库"中的裁判文书作为数据样本，经调研发现，已有14例行政指导性案例被应用于768例案件，比2017年同期增长了1倍多。行政指导性案例的应用地域主要集中在广东省、北京市、河南省、浙江省和四川省等省级行政区域；应用案由主要集中在买卖合同纠纷和产品责任纠纷领域；应用案例的审理法院主要是中级人民法院，审理程序以二审程序为主。同时，行政指导性案例的应用率和应用案例数量较高，仅次于民商事指导性案例。跨领域应用明显，应用主体广泛，法官主动援引率低但参照率高。指导案例60号的应用频率最高，但应用案例中"同案不同判"情况也比较明显，法院系统尚有待进一步加强贯彻对案例指导制度的落实，积极引导法官学习指导性案例并应用到审判实践中，以实现裁判标准的统一化。

【关键词】行政指导性案例 司法应用 跨领域 同案不同判

---

* 本文对行政指导性案例发布情况的研究范围为最高人民法院发布的第一至二十批指导性案例，发布案例和应用案例数据截止时间为2018年12月31日。

** 郭叶，北大法制信息中心副主任，北大法律信息网副总编，《北大法律信息网文粹》主编；孙妹，北大法律信息网编辑部副主任，《北大法律信息网文粹》副主编；眥永娟，北大法律信息网案例部副主任。感谢指导性案例研究组成员张文硕、李佳彤、郭美娜、吴晓婧、朱雨婷等对本文写作提供的支持。

截至2018年12月31日，最高人民法院共发布了20批106例指导性案例。行政指导性案例上升至19例，2018年新增指导案例94号和101号，总体占比为18%，在各类指导性案例中排名第四，低于民商事、刑事及知识产权指导性案例。行政指导性案例具体包括土地/行政批准、教育/行政许可、工商/行政处罚、公路交通/其他行政行为、劳动和社会保障/行政确认、劳动和社会保障/行政受理、民政/行政征收、土地/行政合同、物价/其他行政行为、消防/行政确认、盐业/行政处罚、公路交通/行政许可、公安/行政登记、道路/行政处罚、渔业/政府信息公开等15类案由。根据调研情况，截至2018年12月31日，已被应用于司法实践的行政指导性案例共有14例，应用率达74%，比2017年同期（应用率82%）下降10%。援引行政指导性案例的案例，即应用案例，共有768例，比2017年同期（369例）增长了1倍多。应用频率最高的是指导案例60号（盐城市奥康食品有限公司东台分公司诉盐城市东台工商行政管理局工商行政处罚案），应用次数为504次，比2017年同期（252例）增长1倍。其中，有460例应用案例为民商事类案例，指导案例60号跨领域应用特征明显；其次是指导案例77号、41号、22号，分别有112次、41次、39次。应用案由主要集中在买卖合同纠纷和产品责任纠纷领域。应用地域集中分布在广东省、北京市、河南省、浙江省和四川省等省级行政区域。应用案例的审理法院主要是中级人民法院，审理程序以二审程序为主。

一、行政指导性案例的发布状况

（一）行政指导性案例发布规律

1. 有10个批次涉及行政指导性案例，近两年发布数量连续下降，2018年仅发布2例

截至2018年12月31日，在已发布的20批指导性案例中，涉及行政指导性案例的有10个批次，分别是第二批、第五批、第六批、第九批、第十二批、第十四批、第十五批、第十七批、第十八批及第十九批。从2012—2013年每年仅有2例，2014—2016年上升至每年5例，2017年减少为3例，到2018年发布时数量继续减少，仅发布2例。

2. 行政指导性案例的发布日期63%集中在11月、12月

最高人民法院发布行政指导性案例的日期不固定。从发布的年份来

看，主要分布在2012—2014年及2016—2018年。从发布的月份来看，上半年主要集中在1月、4月和5月，下半年集中在9月、11月和12月。在最高人民法院发布的19例行政指导案例中，有5例发布在11月，有7例发布在12月，总体占比合计约为63%。

3. 行政指导性案例多为6年内审结的案件

在最高人民法院发布的19例行政指导性案例中，审结日期最早的是1999年4月审结的指导案例38号，最新案例的审结日期是2017年5月（指导案例88号）。审结时间主要集中于2009年之后，共有15例，总体占比约为79%。审结日期与发布日期二者间隔在6年之内的案例数量16例，总体占比为84%。其中，间隔在1年之内的有2例，即指导案例5号和指导案例88号；发布日期和审结时间的间隔分别约为11个月和6个月。间隔时间在10年以上的案例有2例，即指导案例38号和41号，其中指导案例38号是审结日期最早的案例，审结日期为1999年4月，发布日期为2014年12月，审结日期与发布日期间隔近15年。2018年发布的指导案例94号和指导案例101号，审结日期与发布日期间隔分别为4.8年和3.2年。

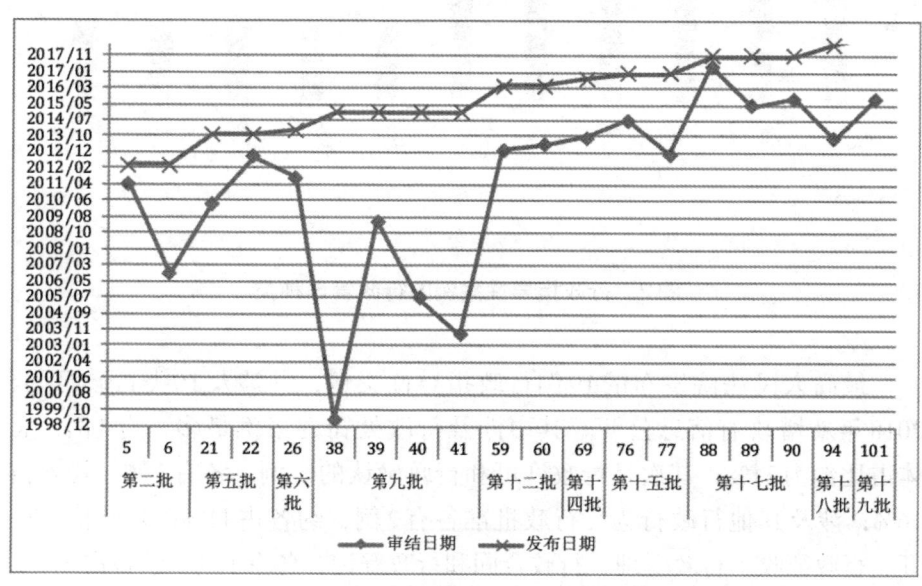

图1　行政指导性案例整体发布情况

(二)行政指导性案例的发布特点

1. 行政指导性案例的案由涉及11类行政管理种类和10类行政行为,新增行政管理种类"渔业"和行政行为"政府信息公开"

最高人民法院发布的19例行政指导性案例,共涉及11个行政管理种类。从案例数量上看,涉及土地、劳动和社会保障的最多,各有3例,总体占比均约为16%。其次是涉及工商、公路交通、教育及公安,各有2例,约各占11%。涉及民政、物价、消防、盐业及2018年新增的渔业,各有1例,约各占5%。

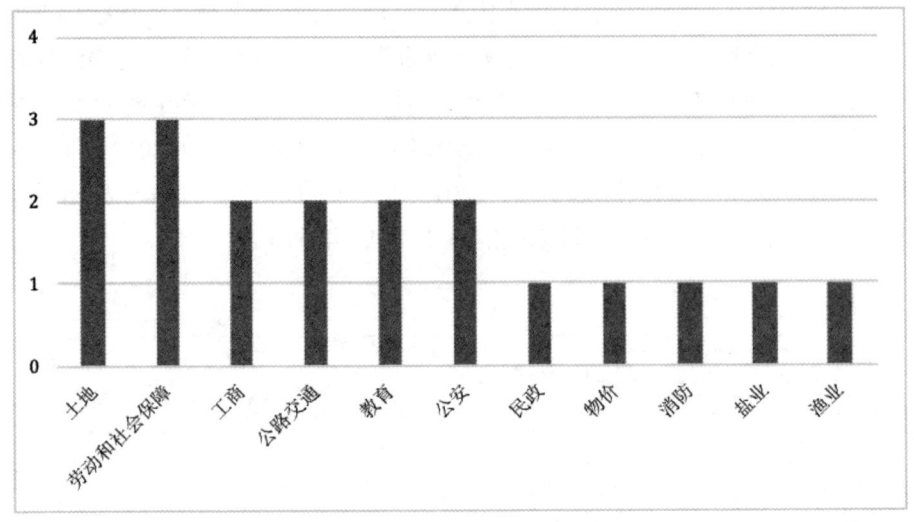

图2 行政指导性案例的行政管理种类

最高人民法院发布的19例行政指导性案例,共涉及10类行政行为,2018年新增政府信息公开。其中涉及行政处罚的案例最多,有4例,总体占比约为21%;其次是行政许可和行政确认的案例,各有3例,均各占16%;涉及其他行政行为、行政批准各有2例,约各占11%;政府信息公开、行政征收、行政受理、行政合同和行政登记,各有1例,约各占5%。

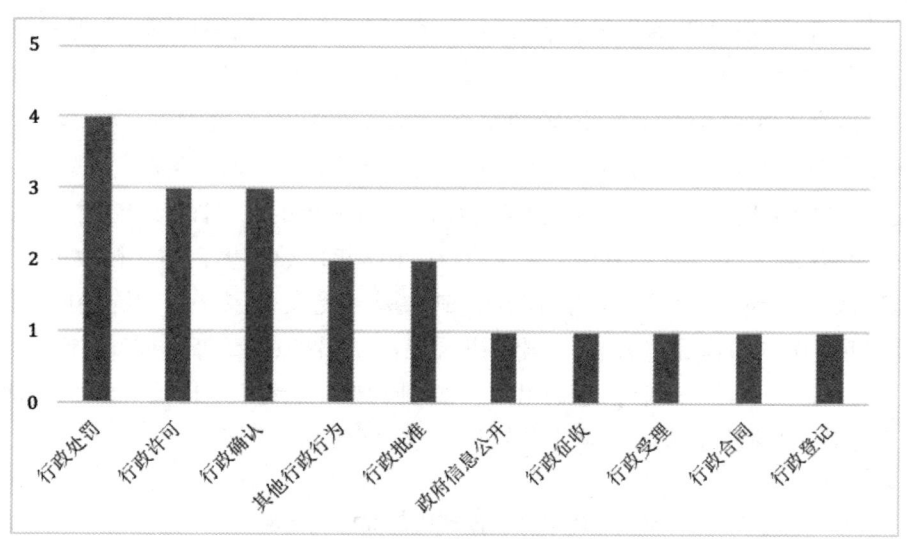

图3 行政指导性案例的行政行为种类

2. 行政指导性案例的裁判要点以实体指引为主，约占84%

行政指导性案例的裁判要点为实体指引的，共有16例，总体占比约为84%，其中，2018年新增的指导案例94号和101号均为实体指引；裁判要点为行政诉讼程序指引的，有3例，即指导案例26号、指导案例41号和指导案例88号，总体占比约为16%。

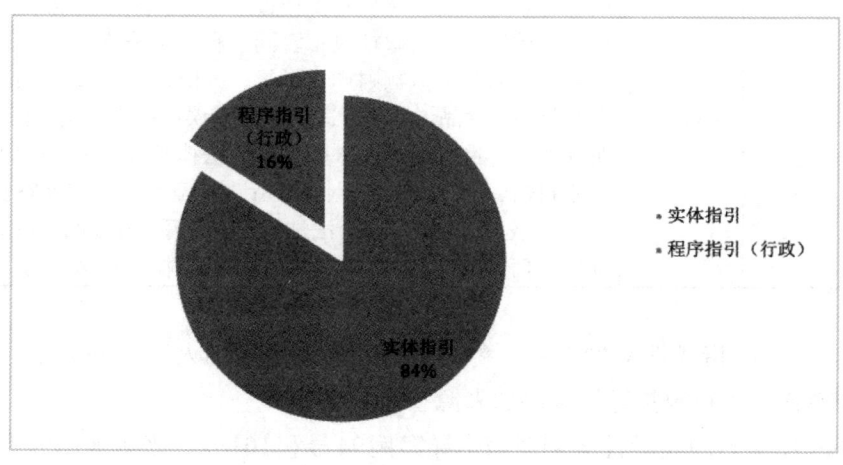

图4 行政指导性案例裁判要点指引

3. 行政指导性案例的关键词中,"行政""行政诉讼法"各出现8次,2018年首次出现"信息不存在""检索义务""视同工伤""见义勇为"

最高人民法院发布的指导性案例,每篇有3—7个关键词不等。2018年发布的行政指导性案例中,首次出现关键词"信息不存在""检索义务""视同工伤""见义勇为"。经统计,在已发布的19例行政指导性案例中,共有57个关键词;其中,"行政"在2018年次数增多,与"行政诉讼"出现次数相同,累计出现均为8次;其次是"受案范围""行政处罚"累计出现4次;再次是"违法"累计出现三次,另外,"高等学校""工伤认定""行政许可""政府信息公开""维持原判""合法""行政确认"分别出现2次;"颁发证书"等44个关键词,仅出现1次。

表1 行政指导性案例关键词统计表

关键词出现次数（次）	关键词数量（个）	具体关键词
8次	2个	行政诉讼；行政
4次	2个	受案范围；行政处罚
3次	1个	违法
2次	7个	高等学校；工伤认定；行政许可；政府信息公开；维持原判；合法；行政确认
1次	44个	颁发证书；备案结果通知；程序性行政行为；法律效力；防空地下室；工作场所；工作过失；工作原因；规章参照；行政协议；行政征收；合同解释；举报答复；举证责任；没收较大数额财产；批复；人防；食品安全标准；食品标签；食品说明书；适用法律错误；受理；司法审查；听证程序；网络申请；未引用具体法律条款；消防验收；学术自治；学位授予；盐业管理；易地建设费；逾期答复；原告资格；正当程序；合法性；提审；警告；证明；罚款；证据；信息不存在；检索义务；视同工伤；见义勇为

4. 行政指导性案例以浙、鲁、川、赣、苏等地的人民法院为主,重庆市首次成为行政指导性案例的来源省份

2018年行政指导性案例新增指导案例94号和101号,来源地均为重庆市。由此,行政指导性案例主要来源包括最高人民法院及江苏省等12个省级行政区域。来源于浙江省、山东省、四川省、江西省、江苏省和重庆市

的指导性案例分别有2例。另外,最高人民法院和天津市、内蒙古自治区、湖北省、广东省、安徽省及北京市等6个省级行政区域的,分别有1例。

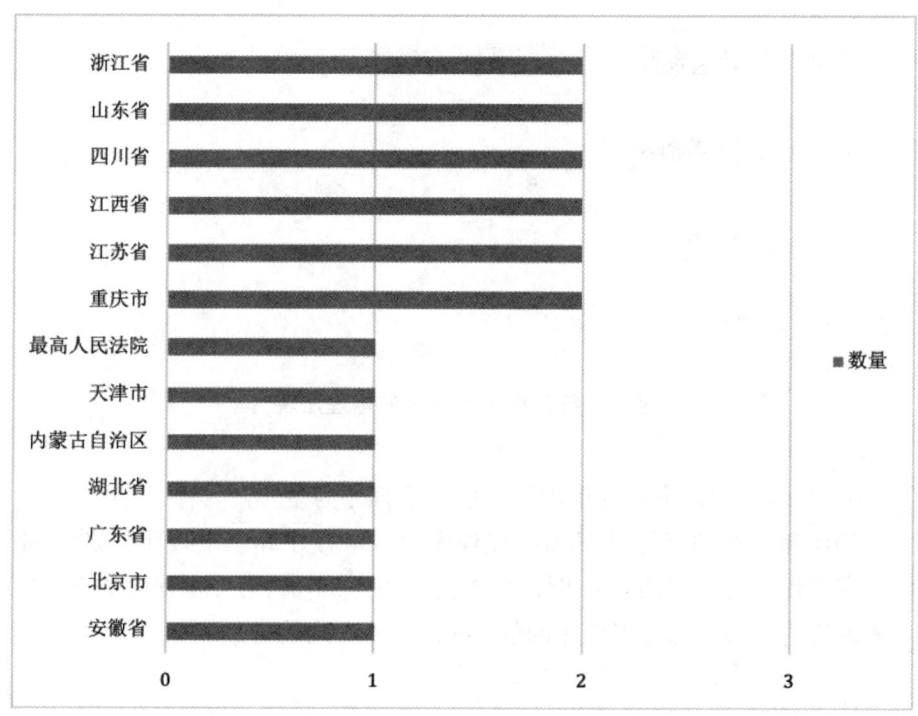

图5 行政指导性案例的来源地域

5. 行政指导性案例的审理法院以中级和基层人民法院为主,合计总体占比为84%

在已发布的行政指导性案例中,由中级人民法院审理的案件数量最多,共计9例,总体占比约47%,基层人民法院、高级人民法院和最高人民法院的数量依次为7例、2例、1例,总体占比分别约为37%、11%及5%。2018年,中级人民法院和基层人民法院分别增加1例,合计总体占比为84%。

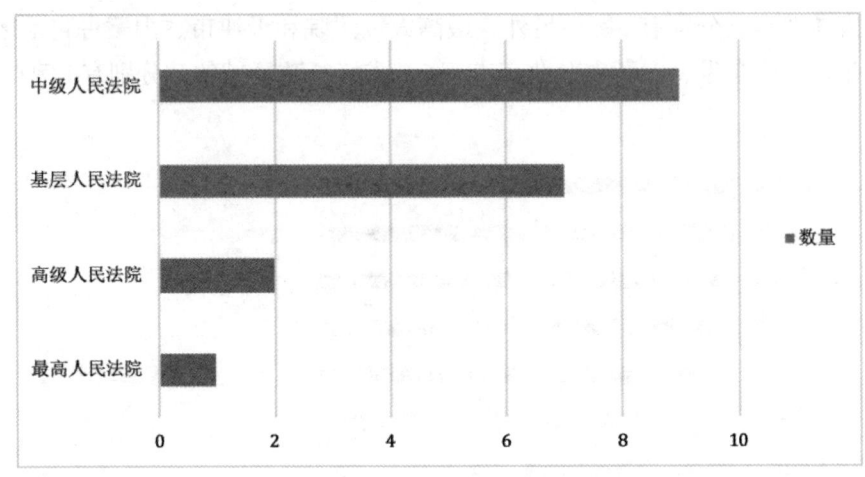

图6 行政指导性案例的审理法院

6. 行政指导性案例的审理程序以二审程序为主

2018年,行政指导性案例审理程序中二审程序和一审程序分别增加1例。审理程序为二审的有11例,总体占比约为58%;为一审程序的有7例,总体占比约37%;为再审程序的仅1例,总体占比约为5%。

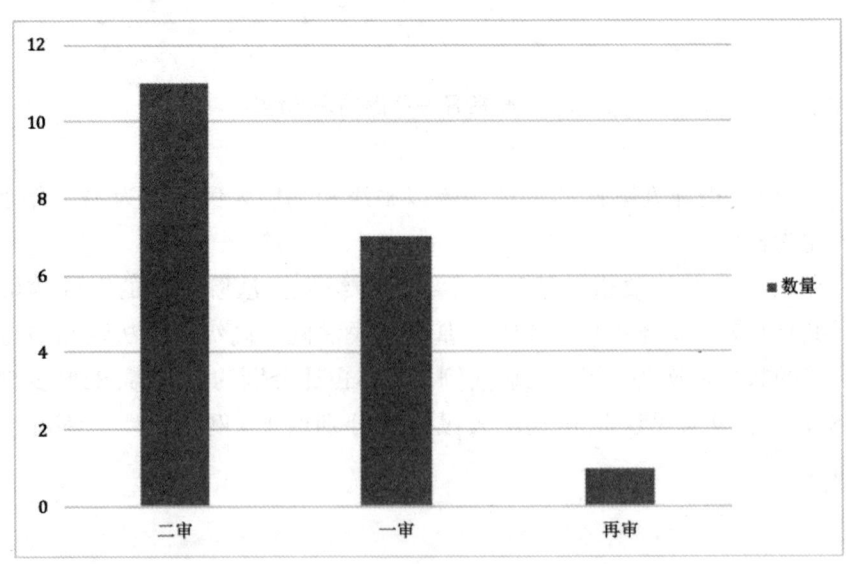

图7 行政指导性案例的审理程序

7. 行政指导性案例的文书类型以判决书为主，总体占比为89%

在最高人民法院已发布的19例行政指导性案例中，文书类型为判决书的有17例，比2017年增加2例，总体占比约为89%；为裁定书的有2例，总体占比约为11%。

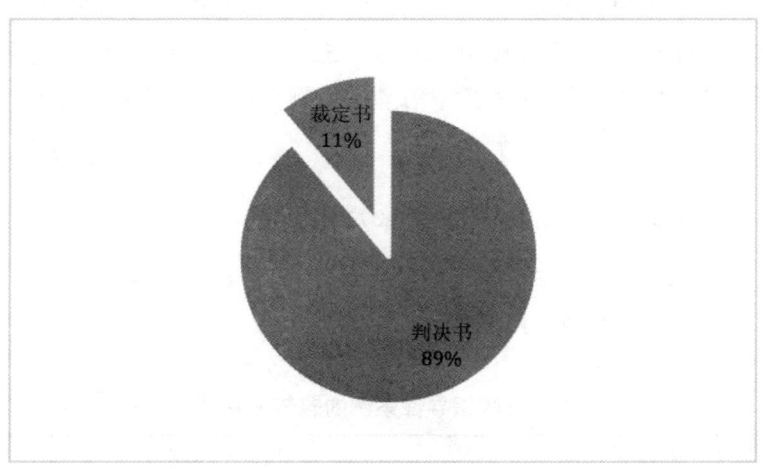

图8 行政指导性案例的文书类型

二、行政指导性案例的司法应用

为保证数据来源的权威性和准确性，本文以"北大法宝—司法案例库"裁判文书作为数据样本，以最高人民法院发布的20批共19例行政指导性案例的司法应用情况作为分析对象①，利用与指导性案例相关的关键词进行多个关键词单独或并列的全文检索，从而揭示出行政指导性案例的司法应用现状，并在此基础上归纳和总结出其应用规律和特点。

根据司法实践对指导性案例的援引情况，可以将对指导性案例的援引分为两大类型，即确定性援引和不确定性援引②。由于不确定性援引多为裁判者表述不严谨导致的，所以，为了确保研究的准确性和权威性，本文仅

---

① 本部分指导性案例的发布数据及应用数据截止时间均为2018年12月31日。
② 确定性援引，是指根据裁判文书内容（包括评析）的表述，能够直接确定其援引了几号指导性案例；不确定性援引，是指根据裁判文书内容（包括评析）的表述，不能确定其是否是援引了指导性案例。

以确定性援引为基础展开调研和分析。为了对确定性援引进行更为深入的剖析，本文对应用案例的具体类型做了进一步区分，即按照法官在裁判案件时是否明确援引了指导性案例进行说理，将其分为法官明示援引和法官隐性援引[①]。截至2018年12月31日，最高人民法院发布的19例行政类指导性案例，已有14例被应用于768例案件中。其中法官明示援引[②]共涉及157例应用案例，法官隐性援引[③]共涉及527例应用案例。另外，还有一种特殊援引方式即法官评析援引[④]，仅涉及1例应用案例。2018年新增非法官援引[⑤]，共有83例应用案例。

（一）行政指导性案例的整体应用情况

1. 从整体来看，14例行政指导性案例已应用，2018年发布的指导案例94号及101号未发现应用案例

表2　行政指导性案例的整体应用情况

应用情况	应用数量（例）	指导性案例编号
已被应用	14	5号、6号、21号、22号、26号、38号、39号、40号、41号、59号、60号、69号、76号、77号
未被应用	5	88号、89号、90号、94号、101号

截至2018年12月31日，在最高人民法院发布的19例行政指导性案例中，已被应用的指导性案例有14例，应用率高达74%；未被应用的指导性

---

① 参见张骐：《再论类似案件的判断与指导性案例的使用》，载《法制与社会发展》2015年第5期，第138页。

② 法官明示援引，是指法官作出裁判时明确援引了指导性案例进行说理。主要包括法官主动援引和被动援引两种情形，前者是指法官主动援引指导性案例进行说理；后者是指法官被动援引指导性案例进行说理，即检察人员建议或诉讼参与人请求参照指导性案例时，法官在裁判理由中对此做出了回应。

③ 法官隐性援引，是指在审判过程中，检察人员建议或诉讼参与人请求法官参照指导性案例进行裁判，法官对此在裁判理由部分未明确作出回应，但是其裁判结果与指导性案例的精神是一致的情况。

④ 法官评析援引，是指裁判文书正文中并未提及指导性案例，但是该案例后所附的专家点评、评析、补评及典型意义等中提到指导性案例的情况。

⑤ 非法官援引，新增的援引类型，是指在审判过程中，诉讼参与人或检察人员请求或建议法官参照指导性案例进行裁判，法官基于案件本身情况未作出回应，且从裁判结果来看与指导性案例不具有相关性的情况。

案例有5例，总体占比26%。2018年发布的指导案例94号及101号，暂未被应用。

2. 在个案应用上，仍然以指导案例60号应用次数最多，指导案例77号的应用案例涨幅最大

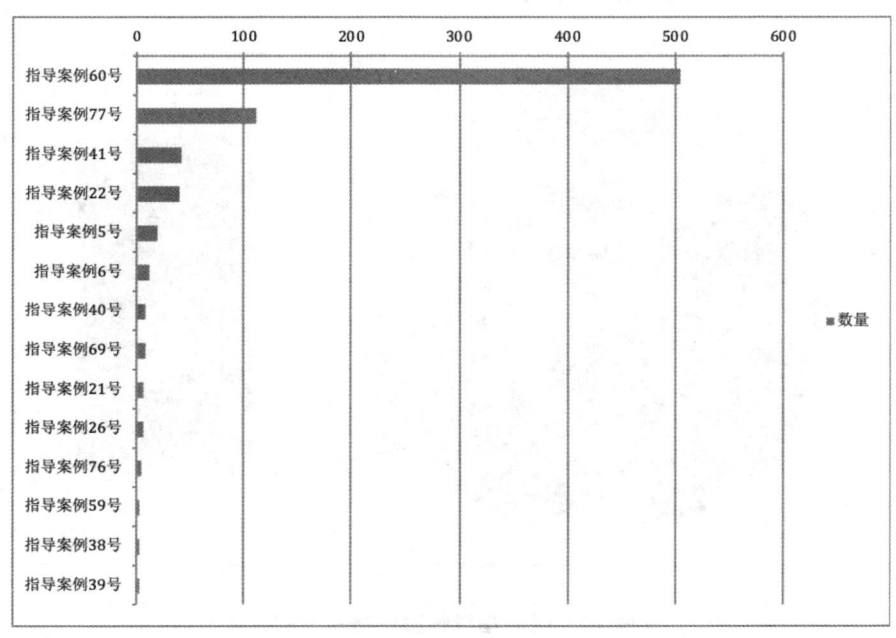

图9　行政指导性案例的个案应用情况

截至2018年12月31日，行政指导性案例的应用案件共计768例。应用次数最多的是指导案例60号，高达504次，比2017年同期（252次）增长1倍，总体占比约为66%。2018年，指导案例77号应用案例数量（112次）同比2017年（16次）增长6倍，涨幅最大，在行政指导性案例应用案例的数量排名从第5位上升至第2位。有4例指导性案例应用次数在10—50次，分别是指导案例41号、22号、5号和6号，应用次数依次为41次、39次、19次和11次；其余8例指导性案例应用次数均在10次以下，应用较少。

3. 在援引方式上，法官隐性援引占比下降10个百分点，新增非法官援引

从援引的方式上看，涉及对行政指导性案例的法官明示援引、法官隐性援引、非法官援引及法官评析援引。其中，涉及明示援引共有157例，

总体占比约为20%，包括法官主动援引的34例和法官被动援引的123例；涉及法官隐性援引共有527例应用案例，总体占比约为69%，相比2017年同期（约占78.9%）下降10个百分点。非法官援引是2018年新增的援引方式，共有123例应用案例，总体占比约为11%。另外，涉及法官评析援引的应用案例共有1例，总体占比不足1%。

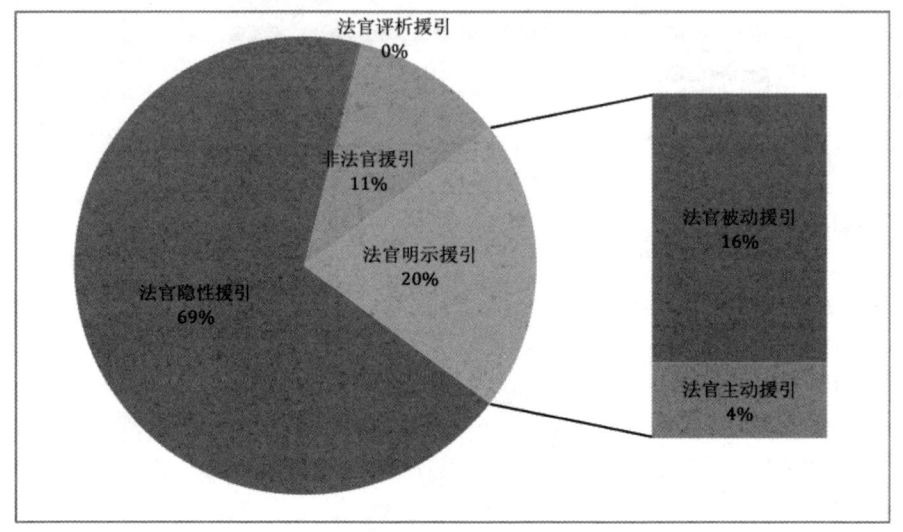

图10　行政指导性案例援引方式

4. 应用案由种类繁多，主要集中在民商事案由，行政案由有所上升

（1）应用案由中民事类约占61%，行政案由数量2018年上升6个百分点。

在768例行政应用案例中，不仅涉及行政案例，还涉及民商事案例、国家赔偿案例及刑事案例。其中以民事案例最多，有467例，总体占比约61%，较2017年同期（占比66%）下降5个百分点；其次是行政案例，有294例，总体占比约为38%，较2017年同期（占比32%）上升6个百分点；其余为国家赔偿（行政赔偿）案例和刑事案例，分别有7例和1例，总体占比合计约1%。

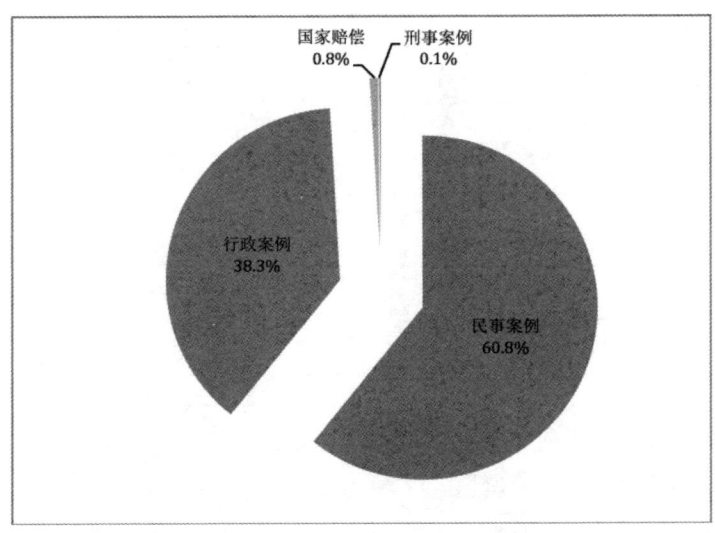

图11 行政指导性案例的主要类型

（2）行政类应用案例存在跨领域应用的情况，2018年新增案外人执行异议之诉纠纷和建设用地使用权纠纷。

行政指导性案例的应用案例中比较突出的特点是跨领域应用。所谓跨领域应用，指的是行政指导性案例被应用到民事、刑事、国家赔偿等非行政领域的案例中。经过调研可知，指导案例21号、22号、40号、41号、59号、60号及76号存在跨领域应用的情况。其中指导案例21号的应用案例中，有1例案由为滥用职权罪；指导案例22号的应用案例中，有5例案由为国家赔偿（行政赔偿），有1例案由为海域使用权纠纷；指导案例40号的应用案例中有1例案由为提供劳务者受害责任纠纷；指导案例41号的应用案例中有2例案由为国家赔偿（行政赔偿）；指导案例59号的应用案例中有1例案由为房屋拆迁安置补偿合同纠纷；指导案例60号的504例应用案例中，有460例为民商事案例，具体应用案由包括买卖合同纠纷、产品责任纠纷、网络购物合同纠纷、产品质量损害赔偿纠纷及其他合同、无因管理、不当得利纠纷，分别有284例、149例、20例、3例和4例；2018年，指导案例76号的跨领域应用案例案由中，新增建设用地使用权纠纷和案外人执行异议之诉纠纷，分别有1例。

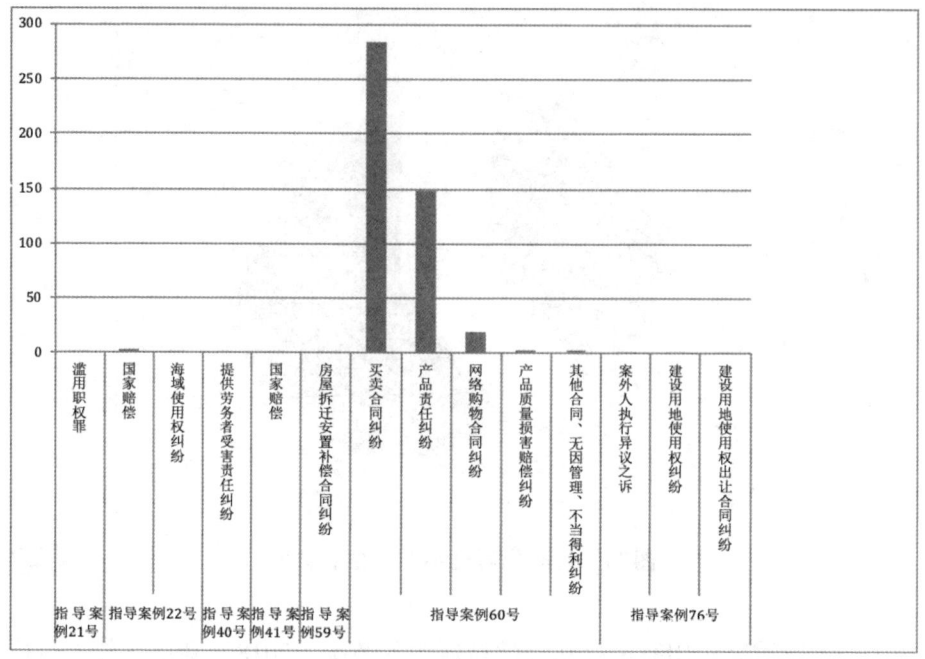

图12 非行政类应用案例的案由分类

（3）行政案例涉及31种行政管理种类及19种行政行为。

行政应用案例中的行政案例，涉及行政管理类别中的31个种类，比2017年（24种）增加7个种类。其中涉及食品药品安全的最多，共有118例应用案例，比2017年同期（26例）增长3.5倍；其次依次为土地、其他行政管理、房屋拆迁和盐业，分别有30例、20例、13例及13例应用案例。此外，劳动和社会保障、工商、质量监督、民政、城市规划、房屋登记、乡政府、治安、教育等26种行政管理范围的应用案例均在10例以下。

行政应用案例中行政案例，还涉及行政复议等19类行政行为，比2017年同期（11种）增加8类。其中，其他行政行为、行政复议、行政处罚、行政确认和行政监督这5类行政行为的应用案例最多，依次有90例、60例、41例、22例和21例；涉及行政强制、行政受理、行政裁决、行政征收、行政登记、行政批准、行政许可等14类行政行为的应用案例，均不超过10例。

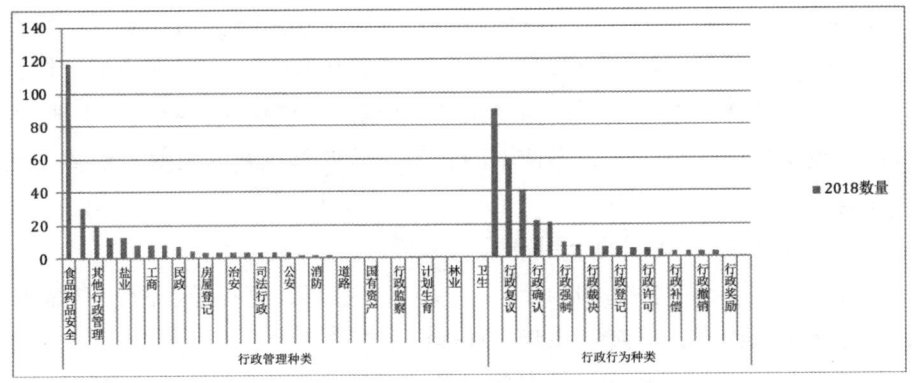

图13　行政类应用案例的行政管理类别及行政行为种类①

（二）行政应用案例与行政指导性案例的对比分析

1. 应用案由

（1）有6例行政指导性案例被应用于同类案由，又被应用于不同案由的案例，指导案例76号首次被应用同类案由。

在已被应用的14例行政指导性案例中，指导案例5号、21号、22号、38号、40号、76号这6例行政指导性案例，既被应用于同类案由又被应用于不同案由。其中，指导案例76号于2018年首次被应用于行政案由，具体案由为土地/行政合同纠纷。例如，指导案例5号的具体案由为盐业/行政处罚，该指导案例的应用案例有19例，其中，涉及盐业管理领域的有13例，涉及盐业管理领域且为行政处罚行为的有12例，故在司法实践中，真正援引指导案例5号的应用案例仍然集中在盐业管理领域，其管理行为主要表现为行政处罚。另外，指导案例21号、22号、40号存在跨领域应用。

（2）有8例行政指导性案例仅被应用于不同案由。

在已被应用的14例指导性案例中，还有8例指导性案例目前仅被应用于不同案由案件，包括指导案例6号、26号、39号、41号、59号、60号、69号及77号。其中，指导案例41号、59号及60号存在跨领域应用。虽然这8例指导性案例案由与其应用案例的案由不同，但是在关键案情或者争议焦点上两者存在着相似性。例如指导案例41号为土地/行政批准类案件，

---

① 说明：其他行政行为是指行政处罚、行政强制、行政裁决、行政确认等26种行政行为之外的行政行为。

其裁判要点为"行政机关作出具体行政行为时未引用具体法律条款,且在诉讼中不能证明该具体行政行为符合法律的具体规定,应当视为该具体行政行为没有法律依据,适用法律错误。"该裁判要点被法官应用于土地/行政裁决类案件中,虽然两者案情不同,但是争议焦点均涉及对于法律、法规和规章的适用原则问题。

2. 行政指导性案例的应用地域

(1)行政指导性案例的应用地域主要集中在粤、京、豫、浙、川等地,2018年新增云南省,河南省和四川省排位上升。

已发布的19例行政指导性案例,共涉及江苏省、四川省、江西省、广东省、浙江省、北京市、内蒙古自治区、天津市、山东省、安徽省、重庆市和湖北省12省级行政区域,其中,2018年新增重庆市。而行政指导性案例的应用地域共涉及最高人民法院及广东省等28个省级行政区域,其中,2018年新增云南省。应用案例主要集中在粤、京、豫、浙、川等地,青海省、新疆维吾尔自治区、宁夏回族自治区3省级行政区域仍没有应用案例。相比2017年的应用地域主要集中在粤、京、浙、豫等地,2018年河南省对行政指导案例的应用显著提升,赶超浙江省,跃居第三位,四川省超过辽宁省和湖南省,由第七位上升至第五位。

(2)指导性案例的来源地域更注重应用,河南省等23个非来源地域均有应用案例,重庆市首次遴选出行政指导性案例。

在应用案例超过20例的12个省份中,除河南省、湖南省、辽宁省及陕西省外,其他8个省份均曾遴选过行政指导性案例。可见,在审判实践中,曾遴选出指导性案例的省市更加注重对指导性案例的应用。

河南省、湖南省、辽宁省、贵州省、黑龙江省、河北省、福建省、上海市、山西省、陕西省、广西壮族自治区、西藏自治区、吉林省、甘肃省、海南省和云南省等16个省、市、自治区,虽然没有涉及指导性案例的发布,但均在审判实践中应用了行政指导性案例。特别是河南省、湖南省、辽宁省,虽然目前尚未遴选出过行政指导性案例,但应用案例均在30例以上。

2018年共发布2例行政指导性案例,即指导案例94号及101号,案例来源地均为重庆市,重庆市首次遴选出行政指导性案例,为2018年行政指导性案例唯一新增的案例来源地。但应用案例数量较少,2018年新增2例,共计6例。

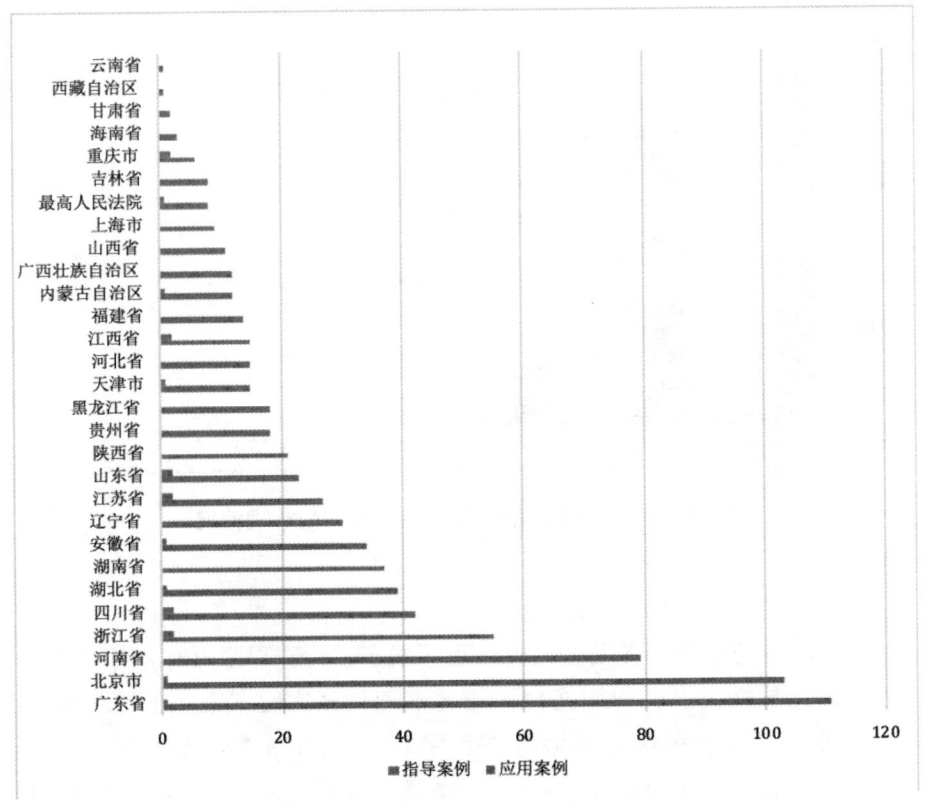

图 14　行政指导性案例及其应用的地域分布情况

3. 行政应用案例的审理法院

（1）行政应用案例的审理法院以普通法院为主，专门法院增长1倍。

在审判实践中，应用行政指导性案例的法院主要是普通法院，其应用案例共计750例，比2017年同期（361例）增长1倍多，总体占比超过97%，专门法院应用指导性案例共有16例，相比2017年同期（8例）增长1倍，其中有10例为铁路运输中级人民法院，6例为铁路运输基层人民法院。

（2）行政应用案例对中级人民法院和基层人民法院更具有指导意义。

中级人民法院和基层人民法院应用行政指导性案例的频率较高，应用率分别约47%和42%。高级人民法院应用较少，应用率约7%，最高人民法院和专门人民法院应用率合计约为4%。

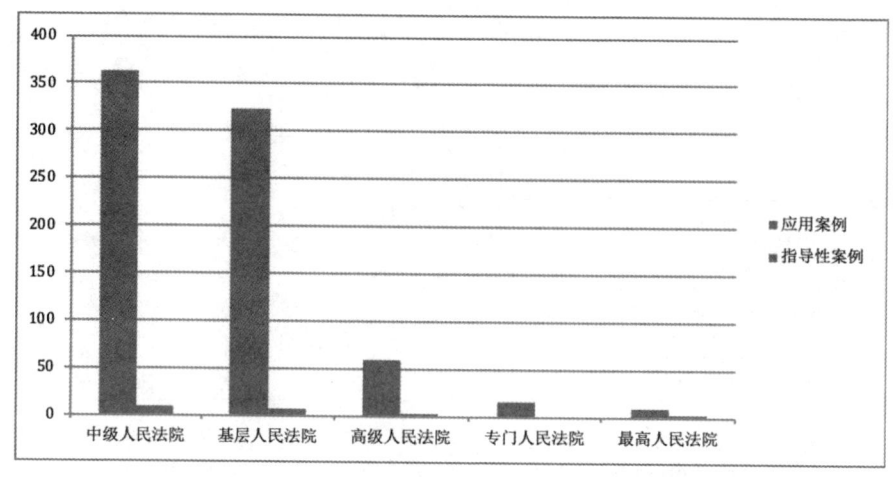

图 15　行政指导性案例及其应用案例的审理情况

4. 行政应用案例的审理程序

（1）行政应用案例涉及普通诉讼程序居多，特殊程序仅有2例。

行政指导性案例的应用案例涉及的审理程序比发布案例的更丰富些，包括一审、二审、再审及其他特殊程序4类。在768例行政应用案例中，普通程序由2017年同期386例上升至766例，增长98%，适用特殊程序的仅有2例。

（2）行政应用案例的审理程序50%以上为二审程序，再审程序有所上升。

最高人民法院发布的19例行政指导性案例的审理程序，以二审居多，共计11例。而在行政应用案例中，审理程序仍以二审为主，共计389例，总体占比近51%，与2017年基本持平；审理程序为一审程序的共计346例，总体占比约为45%，比2017同期（占比47%）下降2个百分点；审理程序为再审程序的共计31例，总体占比约为4%，比2017年同期（占比2%）上升2个百分点。

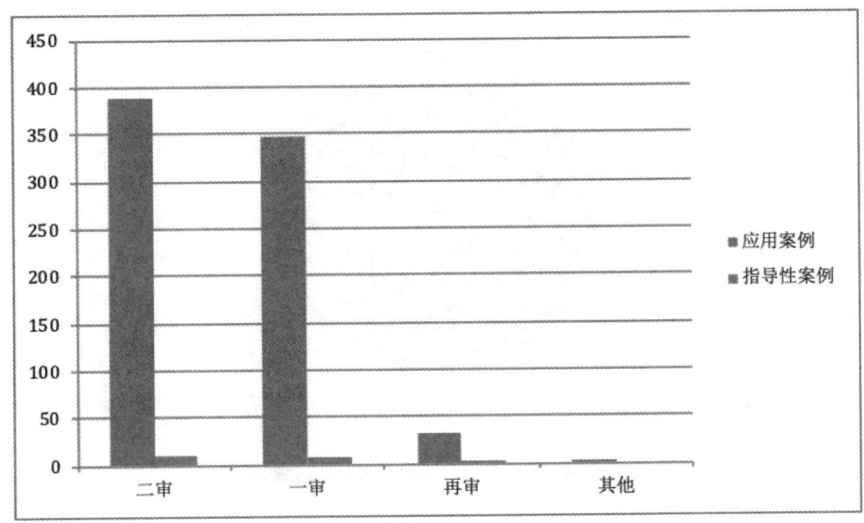

图16 行政指导性案例及其应用的审理程序情况

5. 行政指导性案例及其应用案例的终审结果

在最高人民法院发布的19例行政指导性案例中，涉及二审和再审程序的共有12例。而在768例应用案例中，涉及二审和再审案件共计419例。

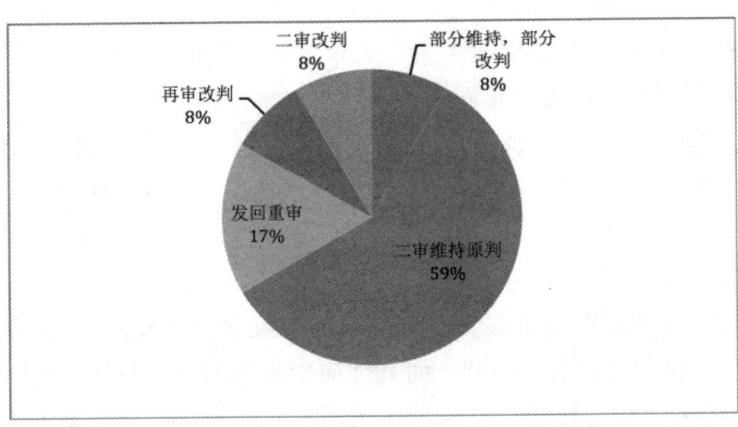

图17 行政指导性案例的终审结果

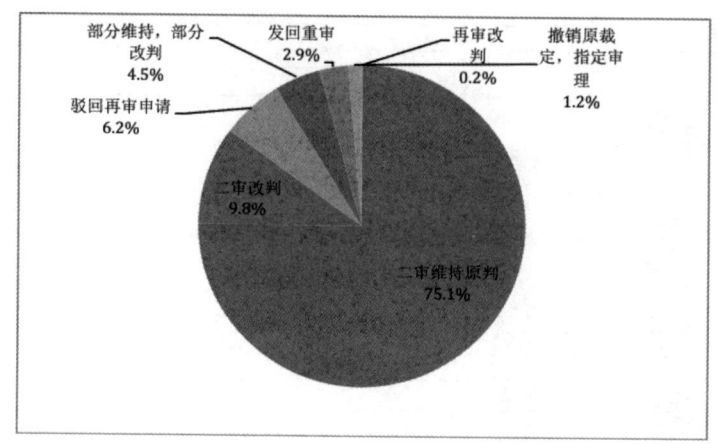

图18 行政指导性案例应用案例的终审结果

（1）行政指导性案例及其应用案例的终审结果仍以二审维持原判为主，行政指导性案例终审结果首次出现二审改判。

在涉及二审和再审程序的行政指导性案例中，二审维持原判的比例最高，总体占比约为59%，较2017年同期（占比64%）下降5个百分点；首次出现终审结果为二审改判的行政指导性案例，即指导案例101号，总体占比为8%；发回重审总体占比约为17%；部分维持、部分改判和再审改判均约为8%。而在行政应用案例中，二审维持原判的比例仍然为最高，总体占比约为75%，较2017年同期（占比77%）下降2个百分点；其次是二审改判，总体占比约为10%，驳回再审申请总体占比约为6%，部分维持、部分改判总体占比约为5%，其余类型的终审结果所占的比例较小。

（2）行政指导性案例及其应用案例的改判案例涉及行政处罚的较多，新增指导案例101号案由为政府信息公开。

在行政指导性案例中涉及改判的有指导案例6号和101号，其案由分别为行政处罚和政府信息公开。而其他应用案例的改判案件主要援引的指导性案例包括5号、22号、41号及60号等，这些应用案例的案由主要涉及行政处罚、行政登记和行政批准。

（三）行政应用案例的应用情况分析

1. 行政指导性案例的首次应用日期和发布日期间隔最短的仅27天，最长的达3年之久。

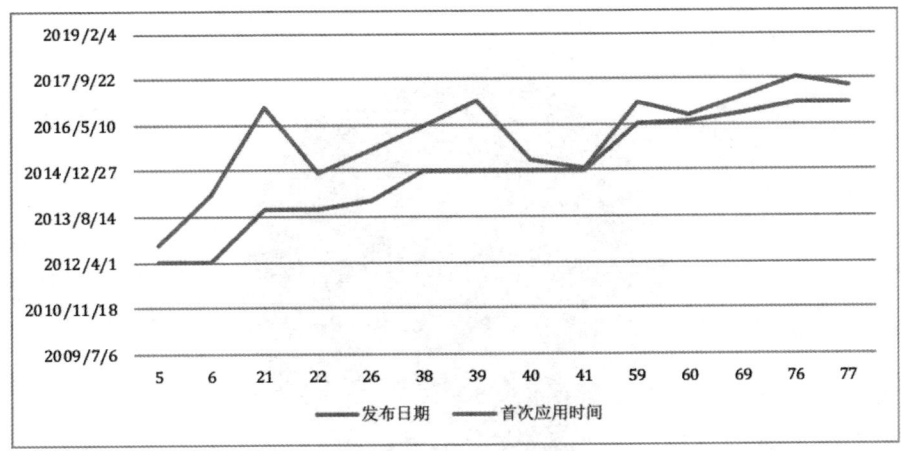

图19 行政指导性案例发布的日期和首次应用日期

在最高人民法院发布的19例行政指导性案例中，指导案例88号、89号、90号、94号和101号尚未被应用，其余14例被首次应用的时间分别为其发布后的1~36个月不等。其中，最高人民法院指导案例41号发布时间为2014年12月25日，首次应用时间为2015年1月21日，前后间隔仅27天。间隔较短的还有指导案例60号、40号、5号，间隔时间依次为74天、116天、182天。间隔最长为指导案例21号，发布时间为2013年11月8日，首次应用时间为2016年11月28日，前后间隔3年之久。

2. 行政指导性案例的应用主体

（1）行政指导性案例的应用主体广泛，其中上诉人占比略有上升，法官占比有所下降。

在审判实践中，行政指导性案例的应用主体非常广泛，包括法官、原告、被告、上诉人、被上诉人、再审申请人等。其中上诉人应用比例最高，总体占比约为41%，相比2017年同期，上诉人（占比40%）上升了1个百分点；其次为原告，总体占比约37%，相比2017年，总体占比基本持平；被告、法官、被上诉人、再审申请人引用较少，总占比分别约为8%、5%、5%、4%；其中，法官应用比例同期相比2017年（占比7%）下降2个百分点，而第三人引用最少，总占比不足1%。

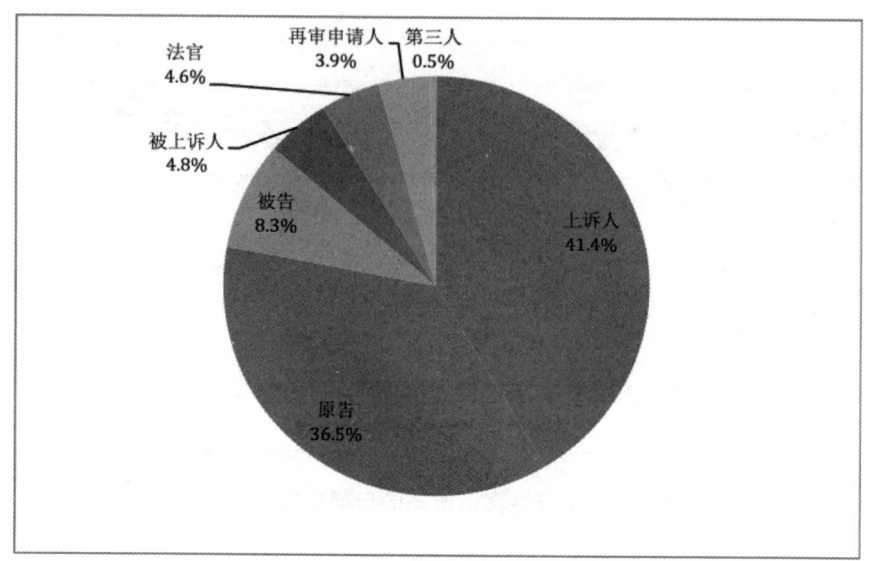

图20 行政指导性案例的应用主体

（2）法官主动援引共涉及8例行政指导性案例，指导案例76号首次被法官主动援引。

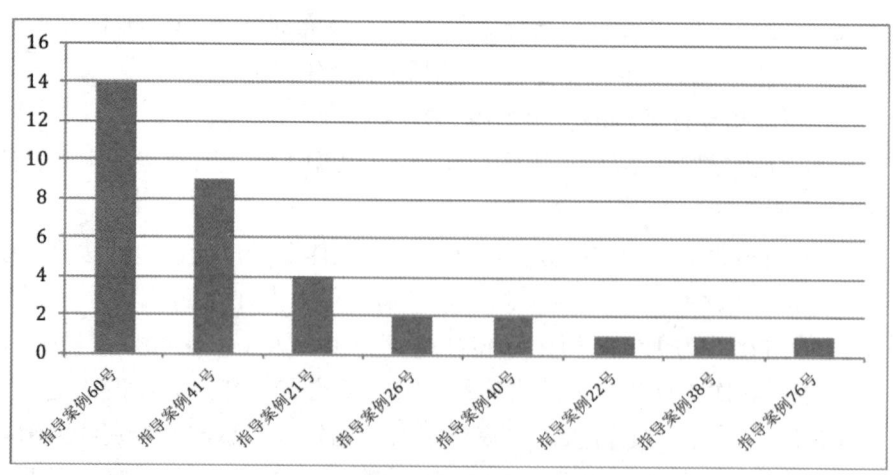

图21 法官主动援引行政指导性案例的数量

在实践中，法官主动援引指导性案例的，裁判时基本上都参照指导性案例做出了相同判决。在法官主动援引的34例应用案例中共涉及8例行政指导性案例，其中指导案例60号被援引14次；指导案例41号和21号分别被援引9次和4次。指导案例76号，2018年首次被法官主动援引，援引次数为1次。

（3）当事人引用指导性案例频率最高，总体占比近95%。

当事人在审判中应用指导性案例的频率最高，总体占比近95%，与2017年基本持平。当事人既包括审理程序中的当事人、也包括执行程序中的当事人，在起诉、上诉、答辩还有举证质证等环节均可援引指导性案例来证明自己的主张。在当事人引用的14例指导性案例中，引用最多的是指导案例60号，其次是指导案例77号、41号、22号及5号。

3. 行政指导性案例的应用内容

根据2011年12月30日发布的《最高人民法院研究室关于印发〈关于编写报送指导性案例体例的意见〉〈指导性案例样式〉的通知》①的规定，每篇指导性案例均由七个部分组成，即标题、关键词、裁判要点、相关法条、基本案情、裁判结果及裁判理由。在审判实践中，无论是法官还是当事人，在引用指导性案例时，其引用的内容不仅包括裁判要点，还包括基本案情及裁判理由。同时，根据2018年度调研情况，还出现了将指导性案例仅作为证据提交的情况。其中，引用裁判要点的，总体占比为40%，较2017年同期（占比34%）上升6个百分点，应用频率最高；引用基本案情的总体占比为16%，较2017年同期（占比26%）下降10个百分点；引用裁判理由的，总体占比为11%，较2017年同期（占比20%）下降9个百分点。当事人仅将行政指导性案例作为证据提交的，总体占比约为8%。另外，仅提到行政指导性案例，未明确应用内容的，总体占比高达25%。

---

① 参见《最高人民法院研究室关于印发〈关于编写报送指导性案例体例的意见〉〈指导性案例样式〉的通知》，载北大法宝：法律法规库，http://www.pkulaw.cn/fbm/，【法宝引证码】CLI.3.175399，最后访问日期：2019年3月19日。

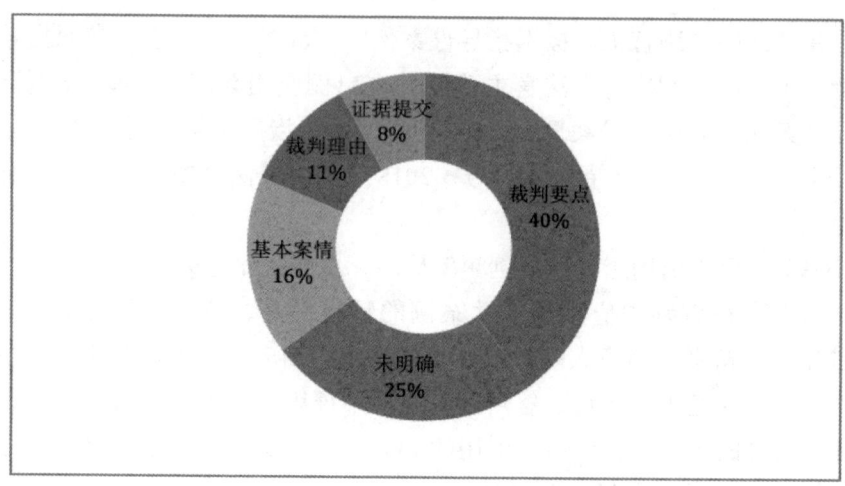

图22 行政指导性案例应用内容参照情况①

4. 行政指导性案例的应用表述

根据2015年5月13日发布的《〈最高人民法院关于案例指导工作的规定〉实施细则》②第11条规定，在办理案件过程中，案件承办人员应当查询相关指导性案例。在裁判文书中引述相关指导性案例的，应在裁判理由部分引述指导性案例的编号和裁判要点。

援引指导性案例时的应用表述主要包括发布主体、发布日期、发布批次、指导性案例编号、指导性案例字号、指导性案例案号、指导性案例标题、裁判要点、指导性案例法律规等九个要素。其中，指导性案例相关法律规定，是2018年新增的要素类型。

（1）发布主体、指导性案例编号和裁判要点是应用次数较高的三个要素。

---

① 说明：应用内容中的未明确是指，在引用指导性案例时未明确说明其引用的具体内容，且根据裁判文书也不能判断其引用的内容。

② 参见《〈最高人民法院关于案例指导工作的规定〉实施细则》，载北大法宝：法律法规库，http://www.pkulaw.cn/fbm/，【法宝引证码】CLI.3.249447，最后访问日期：2019年3月19日。

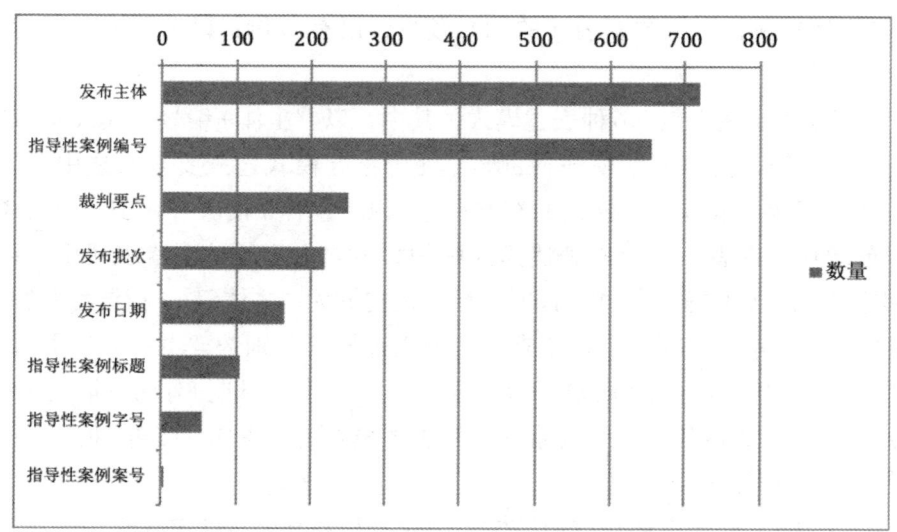

图23 行政指导性案例应用表述的要素使用情况

在行政应用案例中，发布主体被援引的次数最高，总计720次，总体占比达到了94%，较2017年同期（占比92%）下降2个百分点。主要的表述形式有：参照/依据/根据最高人民法院发布的指导性案例、与最高院发布的指导性案例、请求/建议/应当参照最高院发布的指导性案例等。其次是指导性案例编号，仅次于发布主体，被援引次数为655次，总体占比达到了85%，较2017年同期（占比82%）下降3个百分点。其主要的表述方式有：指导案例x号、第x号指导性案例、指导性案例第x号等。再次是裁判要点和发布批次，其被援引的次数共计250次和219次。除此以外，使用频率较高的还有发布日期、指导性案例标题、指导案例字号。

（2）应用表述模式以双要素为主，表述要素中以"主体+编号""主体""主体+日期+编号"为主导模式，新增七要素组合模式。

根据应用表述所涉及的九个要素的引述情况，可将其分为单要素表述、双要素表述、三要素表述、四要素表述、五要素表述、六要素表述和七要素表述七大类。其中七要素表述为2018年调研新增的表述模式。通过对768例应用案例的统计和分析，七种不同的表述类别所涉及的要素种类和组合模式各不相同，即使是相同的表述类别，具体的要素种类和组合模式也存在差异。其中，以双要素表述的应用案例最多，有220例；以三要素表述的，有263例；以单要素、四要素、五要素表述的分别有84例、

137例及48例;以六要素表述的相对较少,仅有11例;以七要素表述的,为新增模式,仅1例。

双要素表述中包含6种表述模式,其中,以"主体+编号"模式有177例应用案例,占双要素模式的80%,处于主导模式;三要素表述中,以"主体+日期+编号"为模式的有106例,以"主体+批次+编号"为模式的有80例,二者占三要素表述模式中的百分之七十。单要素表述中,以"主体"为主要的表述模式,同时一般表述构成为"主体"+"指导性案例"字样。四要素、五要素、六要素的主要表述模式分别为"主体+编号+标题+要点""主体+日期+批次+编号+字号""主体+日期+字号+批次+编号+要点"。2018年新增七要素的主要表述模式为"主体+日期+批次+编号+字号+标题+要点"。

(3)法官同时引述行政指导性案例编号和裁判要点的情况较少,2018年新增2例。

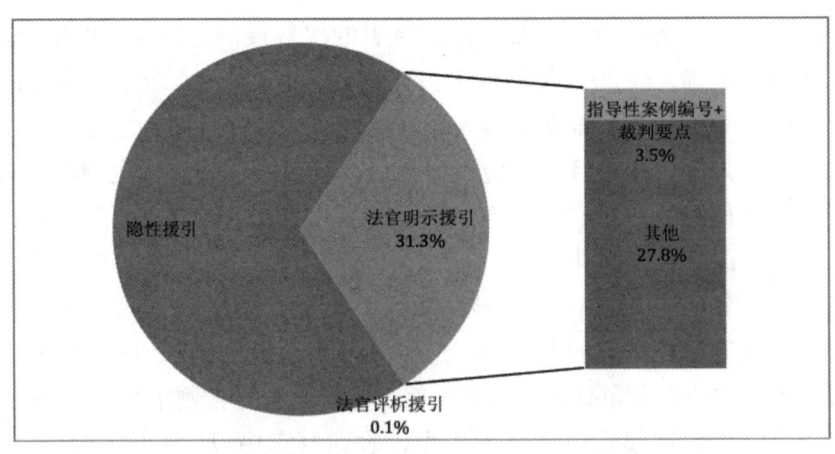

图24　法官援引行政指导性时表述要素的使用情况

在768例行政应用案例中,法官明示援引的共有157例,其中包含法官主动援引的有34例,法官被动援引123例。法官在援引指导性案例时,在裁判理由部分同时引述指导性案例编号和裁判要点的共有27例,比2017年同期(25例)增加2例,总体占比近4%,引述其他要素的涉及214例,总体占比约为28%。

5. 行政指导性案例的应用结果

（1）法官主动援引行政应用案例的参照率下降2个百分点，法官被动援引的行政应用案例，参照率为20%。

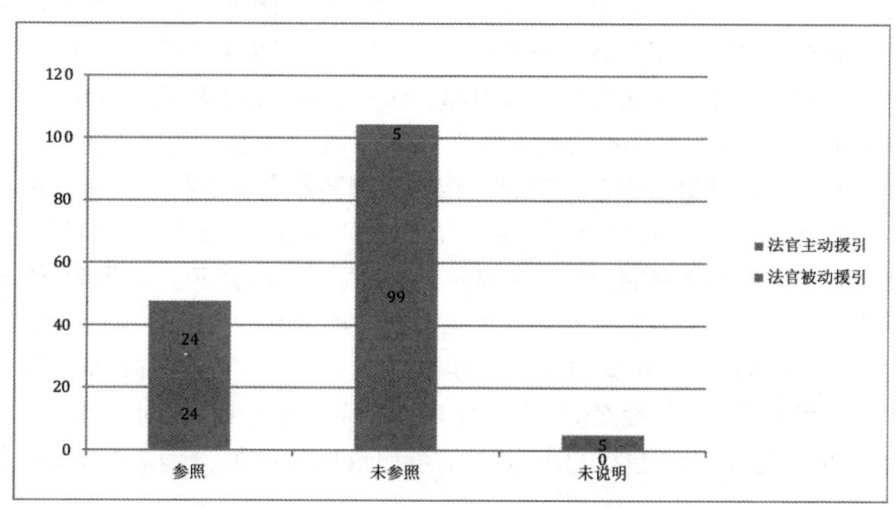

图25　行政指导性案例的应用结果（明示援引）①

在768例行政应用案例中，法官明示援引的有157例。其中，法官主动援引的有34例，参照行政指导性案例作出裁判的有24例，总体占比约为71%，比2017年同期（占比73%）下降2个百分点；法官未参照/未说明的有10例（未参照5例，未说明5例），总体占比约为29%。法官被动援引的有123例，参照行政指导性案例作出裁判的有24例，总体占比约为20%；法官未参照的有99例，总体占比约为80%。法官隐性援引的共有527例。出现法官主动援引的指导性案例却未参照的情况，主要是由于指导性案例的基本案情或裁判要点不适用于该案，法官就此进行了说明。法官被动援引的参照率较低，这主要是因为当事人引用的指导性案例的基本案情与应用案例不相似，法官对此大多给出了明确回应。

（2）行政指导性案例的裁判要点是法官判断参照与否的重要标准。

在157例法官明示援引的应用案例中，应用结果为参照的总共有48例

---

① 说明：主动援引中的未说明是指，一审法官在审理该案件时援引了某一指导性案例，但是二审法官在终审判决中并未对此进行回应和说明。

应用案例，法官主动援引和法官被动援引都有涉及。其中，在主动援引中，参照裁判要点的有22例，而在被动援引中，参照裁判要点的有15例，参照裁判理由的有2例，未明确具体参照内容的有5例，将指导案例作为证据提交的有2例。由此可见，法官参照指导性案例进行审理的主要原因是裁判要点可以适用于该应用案例。应用案例结果为未参照的总共有104例，法官主动援引和法官被动援引都有涉及。其中，在法官主动援引中，有2例是因为裁判要点不同而未参照，有2例是因为基本案情不同而未参照；在法官被动援引中，有33例是因为裁判要点而不予参照，有14例是因为法官认为案情不同而不予参照，有17例因为裁判理由而不予参照，有26例是未明确不予参照的具体内容的。由此可见，法官不予参照指导性案例进行审理的主要原因，是裁判要点和裁判理由不适用于该案例。此外，还有5例未说明的应用案例。此处的未说明，主要是一审法官在审理该案件时援引了某一指导性案例，但二审法官在终审判决中并未对此进行回应和说明。具体而言，包括1例一审法官参照裁判理由的，4例未明确具体参照内容的。

表3　行政指导性案例的参照标准

明示援引	参照标准	参照	未参照	未说明
法官主动援引	裁判要点	22	2	1
	基本案情	2	2	0
	裁判理由	0	0	1
	未明确	0	1	3
法官被动援引	裁判要点	15	33	0
	基本案情	0	14	0
	裁判理由	2	17	0
	未明确	5	26	0
	证据提交	2	9	0

三、指导案例60号个案司法应用分析

指导案例60号"江苏省盐城市奥康食品有限公司东台分公司诉盐城市东台工商行政管理局工商行政处罚案"，是最高人民法院于2016年5月20

日发布的第十二批案例之一。该案主要针对食品标签标注内容的问题，旨在明确食品经营者在食品标签、食品说明书上特别强调添加、含有一种或多种有价值、有特性的配料、成分，应标示所强调配料、成分的添加量或含量，未标示的，属于违反《中华人民共和国食品安全法》的行为，工商行政管理部门依法对此违法行为实施行政处罚的，人民法院应予支持。食品安全事关国计民生，该案既是维护消费者权益的需要，也是加强食品安全管理、促进行业健康发展的重要手段。①

根据"北大法宝—司法案例数据库"调研结果，指导案例60号是被应用最多的行政类指导性案例，其应用案例共计504例，比2017年（252例）增加1倍，占行政应用案例的66%，而且，在司法应用中出现了同案不同判的情况。为此，本报告将对指导案例60号的具体应用情况分析如下：

（一）指导案例60号的应用概况

1. 指导案例60号的应用案例以民事案例为主，行政案例有所提升，新增质量监督行政管理种类和行政处罚行政行为种类的案例

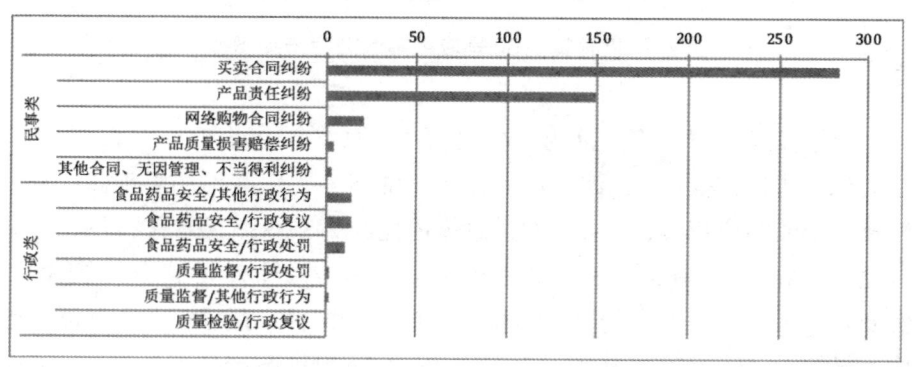

图26　指导案例60号应用案例的案由分布情况

根据调研结果，在指导案例60号的504例应用案例中，民事案例有460例，总体占比为91%，较2017年同期（占比95%）下降4个百分点。行政案例有44例，总体占比为9%，较2017年同期（占比5%）上升4个百

---

① 《最高人民法院发布第12批指导性案例》，载法制网：http://www.legaldaily.com.cn/integrity-observe/content/2016-06/06/content_6661766.htm?node=70769，最后访问日期：2019年3月19日。

分点。从应用案例的具体案由来看,民事案例的案由主要为买卖合同纠纷和产品责任纠纷,分别有284例及149例,相比2017年,分别增加134例和70例。行政案例涉及的行政管理范围主要为食品药品安全领域,有39例,其中,2018年新增食品药品安全/行政处罚案由,有11例。新增质量监督行政管理种类和行政处罚行政行为种类,分别有2例和13例。

2. 指导案例60号应用案例涉案产品近九成为食用油

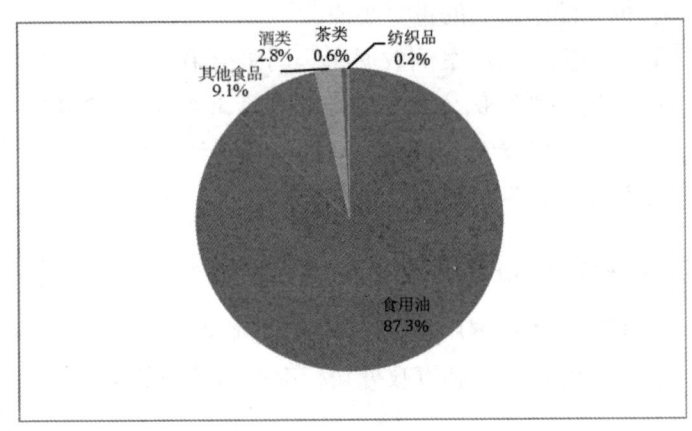

图27 指导案例60号应用案例涉案产品类型

指导案例60号涉案产品为"金龙鱼橄榄原香食用调和油"。根据调研,在其504例应用案例中,涉案产品以食用油居多,但并不局限于此。其中涉及食用油的应用案例有440例,总体占比约为87%;酒类有14例,总体占比近3%;茶类有3例,总体占比约为0.6%;另外有46例为其他食品,例如开心果、方便面、糖果、奶粉、巧克力、饮料、蛋糕、燕窝饮品、固体饮料等,总体占比约为9%。还有1例应用案例涉案产品不是食品,而是纺织品。

(二)指导案例60号的应用内容剖析

1. 指导案例60号应用内容未明确增幅明显,应用内容以裁判要点居多,新增将行政指导性案例作为证据提交的情况

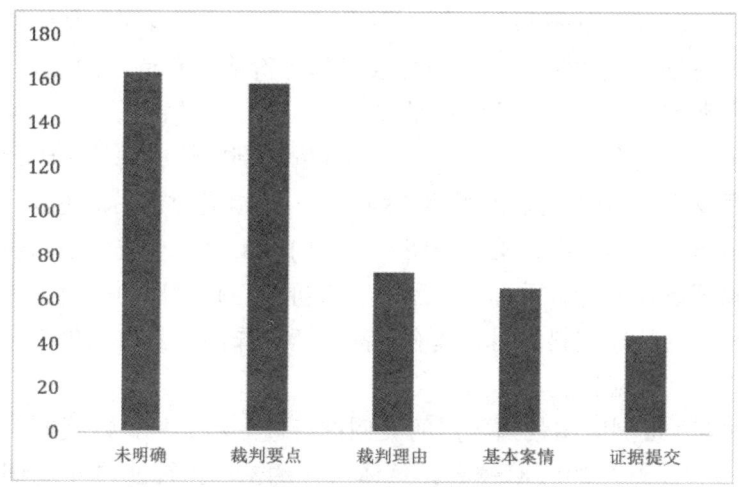

图28 指导案例60号应用案例的应用内容

指导案例60号的应用案例具体应用内容涉及裁判要点、基本案情及裁判理由等。其中，未明确的最多，有163例，总体占比为32%，相比2017年同期（63例）增加了100例；其次为裁判要点，有158例，总体占比为32%，相比2017年同期（66例）增加了92例；裁判理由有73例，应用内容为基本案情的有66例。2018年，应用内容中新增将行政指导性案例作为证据提交的情况，即当事人将指导案例60作为证据提交，应用案例有44例。

2. 应用案例同时引用裁判要点一和裁判要点二，较2017年上升5个百分点

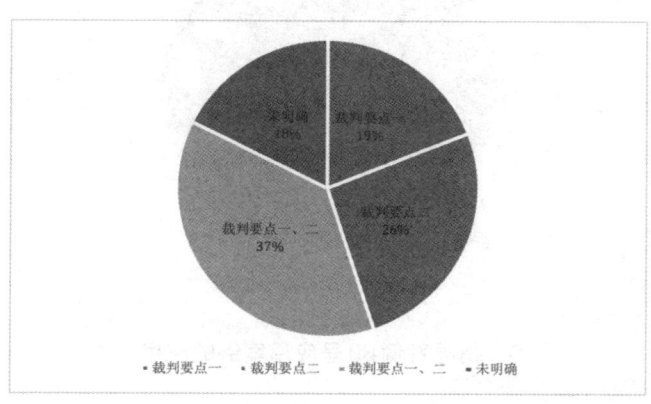

图29 对指导案例60号裁判要点的应用情况

指导案例60号的裁判要点包含两个：1.食品经营者在食品标签、食品说明书上特别强调添加、含有一种或多种有价值、有特性的配料、成分，应标示所强调配料、成分的添加量或含量，未标示的，属于违反《中华人民共和国食品安全法》的行为，工商行政管理部门依法对其实施行政处罚的，人民法院应予支持。2.所谓"强调"，是指通过名称、色差、字体、字号、图形、排列顺序、文字说明、同一内容反复出现或多个内容都指向同一事物等形式进行着重标识。所谓"有价值、有特性的配料，是指不同于一般配料的特殊配料，对人体有较高的营养作用，其市场价格、营养成分往往高于其他配料"。

通过对158例应用裁判要点的案例进行进一步分析，发现同时引用裁判要点一和要点二的频率较高，总体占比约37%，较2017年同期（占比32%）上升5个百分点。裁判要点一被引用的总体占比约为19%，较2017年同期（占比29%）下降10个百分点，裁判要点2被引用的总体占比约为26%，较2017年同期（占比24%）上升2个百分点。另外未明确引用具体哪个裁判要点，总体占比约为18%。

（三）指导案例60号的应用特点

1. 应用主体以消费者为主

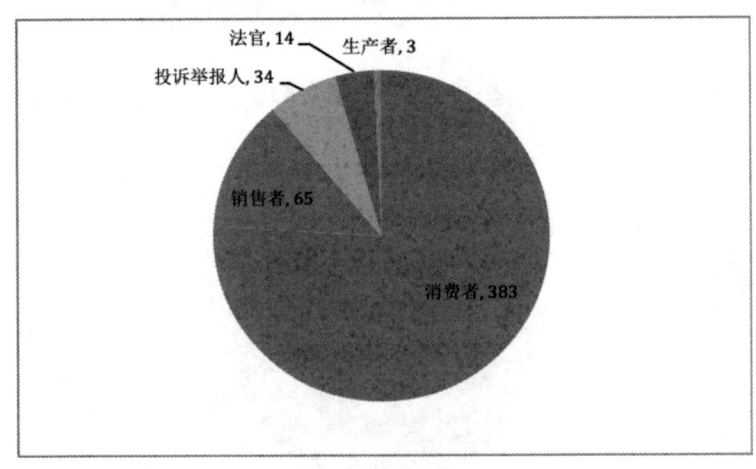

图30　指导案例60号应用案例的应用主体

在指导案例60号的应用主体中，消费者援引所占比例较大，由消费者援引的有383例，总体占比约为76%，与2017年同期（195例）相比，上升了188例，增幅明显；销售者援引的有65例，总体占比约为13%；投诉举报人援引的有34例，总体占比约为7%；法院主动援引的有14例，总体占比约为4%；生产者援引的有3例，总体占比不足1%。

2. 存在同案不同判情况

由于指导案例60号的应用案例基本围绕食品标签问题，为了进一步分析其具体应用情况，本报告针对涉案产品相同的案例对基本案情以及判决结果的不同纬度分析发现，即使涉案产品相同的，各地法院的判决结果不尽相同。

（1）涉案产品为"金龙鱼橄榄原香食用调和油"的应用案例。

从具体案情来看，应用案例涉案产品与指导案例60号相同的有81例，比2017年同期（39例）增加了42例，涉及的食品类型均为"金龙鱼橄榄原香食用调和油"。但是从不同地区不同法院的裁判结果来看，存在着一些差异。这些案件的当事人多以购买的涉案产品存在食品标签瑕疵为由，向法院请求食品经营者退还货款、10倍赔偿以及承担诉讼费等。不同地域的审理法院对于标签的认定情况分两种：存在食品标签瑕疵和不存在食品标签瑕疵。具体情况如下表所示：

根据下表所示，认定存在标签瑕疵的法院，比如北京市、河南省、四川省均支持退货退款、10倍赔偿，同时食品的销售者承担诉讼费。例如山西省、上海市、江苏省一般支持退还货款，但均不支持10倍赔偿请求，对于诉讼费一般减半收取，由食品经营者承担。其中，广东省法院均不支持10倍赔偿，但法院支持退货退款的有1例，不支持退还货款的有2例，诉讼费主要是由原告承担。

认定不存在标签瑕疵的法院比如安徽省、北京市、广东省、黑龙江省、湖北省、湖南省、江苏省、四川省、天津市、浙江省、福建省、河北省、河南省、吉林省等均不支持10倍赔偿和退还货款。辽宁省仅有1例是在消费者对商品不满意，而食品经营者也同意退货的前提下，法院支持退还货款。

表4 "金龙鱼橄榄原香食用调和油"类案件的标签认定及判决情况

法院对食品标签认定情况	应用案例类型	应用案例的数量（例）	案例所属地域	法院判决
存在标签瑕疵	民事案例	4	山西、上海、江苏、	1. 支持退还货款 2. 不支持10倍赔偿 3. 诉讼费减半
存在标签瑕疵	民事案例	1	广东	1. 支持退还货款 2. 不支持10倍赔偿 3. 诉讼费原告承担97%，被告承担3%
存在标签瑕疵	民事案例	10	北京、河南、四川	1. 支持退还货款 2. 支持10倍赔偿 3. 被告承担诉讼费
存在标签瑕疵	民事案件	1	江苏	1. 支持退还货款 2. 支持三倍赔偿 3. 诉讼费减半，被告承担
存在标签瑕疵	民事案例	3	广东、广西	1. 不支持退还货款 2. 不支持10倍赔偿 3. 诉讼费原告承担
存在标签瑕疵	行政案例	1	四川	不支持请求撤销行政机关行政处罚和行政复议决定书的诉讼请求
不存在标签瑕疵	民事案例	54	安徽、北京、广东、黑龙江、湖北、湖南、江苏、辽宁、四川、天津、浙江、福建、河北、河南、吉林	1. 不支持退还货款 2. 不支持10倍赔偿 3. 诉讼费原告（消费者）承担
不存在标签瑕疵	民事案例	1	辽宁	1. 支持退还货款(原告对商品不满意，被告接受退货) 2. 不支持10倍赔偿 3. 诉讼费减半

续表

法院对食品标签认定情况	应用案例类型	应用案例的数量（例）	案例所属地域	法院判决
不存在标签瑕疵	民事案例	1	湖南	驳回再审申请
	行政案例	3	广东、吉林、湖南	不支持举报人要求撤销行政机关答复并重新作出行政答复的诉讼请求
	行政案例	1	河南	撤销一审行政判决，驳回起诉
	行政案例	1	陕西	对举报人投诉商家销售的食用调和油不符合食品安全国家标准的举报事项不予立案

第一，认定存在标签瑕疵的裁判理由

认定存在标签瑕疵的裁判理由主要有二：一是涉案商品标签上"橄榄原香型"比"食用调和油"的字体略小，配料表中"特级初榨橄榄油"亦排列在"葵花籽油"之后，可见调和油中加入量最多的配料为葵花籽油而非橄榄油，尚不足以误导消费者。但众所周知，橄榄油的营养价值和市场价格均远高于葵花籽油，涉案产品以颜色使用、图样、文字说明等方式多次强调"橄榄"二字，表示该产品添加了橄榄油的配料，应标示"橄榄油"的添加量或者成品中的含量。二是食品标签存在不影响食品安全且不会对消费者造成误导的瑕疵的，不适用有关惩罚性赔偿的规定。

第二，认定不存在标签瑕疵的裁判理由

认定不存在标签瑕疵的裁判理由主要有三：一是涉案商品标签上"橄榄原香型"与"食用调和油"在字体、字号、颜色上大体一致，整体构成了对涉案食用调和油的口味、香味、风味等的说明，且该表述并无歧义，整体包装装潢没有特别强调添加或含有"橄榄油"，也没有特别强调"橄榄油"是一种有价值、有特性的配料或成分。二是涉案商品标签从名称、字体、图案均作出了修改，与指导案例60号涉案产品标示有明显区别，并未突出"橄榄"二字。三是食品安全是指食品无毒、无害，符合应当有的营养要求，对人体健康不造成任何急性、亚急性或者慢性危害，是否应在产品标签上标示橄榄油含量的认定不涉及食品本身的安全问题。

（2）涉案产品均为"恒大兴安芥花籽橄榄油食用调和油"的应用案件

根据调研情况，有117例案件的涉案产品均为"恒大兴安芥花籽橄榄油食用调和油",原告或上诉人以购买的涉案产品存在食品标签瑕疵为由,向法院请求食品经营者退还货款、10倍赔偿以及承担诉讼费等。然而法院对于该食品标签的认定并不统一,主要分为三种情况:一是存在标签瑕疵;二是不存在标签瑕疵;三是是否存在标签瑕疵不应由法院认定。对于标签瑕疵问题的不同认定也导致了判决结果的不同。对于标签瑕疵问题的不同认定也导致了判决结果的不同。以下为不同地域的法院判决情况梳理:

表5 "恒大兴安芥花籽橄榄油食用调和油"类案件的标签认定及判决情况

法院对食品标签认定情况	应用案例类型	应用案例数量(例)	案件所属地域	法院判决结果
存在标签瑕疵	民事案例	14	北京、湖南、山西、辽宁、湖北、四川、陕西	1. 支持退还货款 2. 支持10倍赔偿 3. 诉讼费由被告承担
	民事案例	11	北京、湖南、陕西、安徽、浙江、上海	1. 支持退还货款 2. 不支持10倍赔偿 3. 诉讼费由双方各负担一部分
	民事案例	3	江西、辽宁、湖南	1. 不支持退还货款 2. 不支持10倍赔偿 3. 诉讼费由原告承担
不存在标签瑕疵	民事案例	6	浙江、广东、北京	1. 支持退还货款(由于被告愿意接收退货) 2. 不支持10倍赔偿 3. 诉讼费减半,被告负担
	民事案例	1	广西	1. 支持退还货款(由于被告愿意接收退货) 2. 不支持10倍赔偿 3. 诉讼费上诉人(消费者)承担

续表

法院对食品标签认定情况	应用案例类型	应用案例数量（例）	案件所属地域	法院判决结果
不存在标签瑕疵	民事案例	71	安徽、北京、河南、辽宁、河北、山东、四川、广东、湖南、浙江、福建	1. 不支持退还货款 2. 不支持10倍赔偿 3. 诉讼费由原告（上诉人）承担
	民事案例	2	北京	驳回再审申请
	行政案例	4	河南、广东、湖南	不支持举报人要求撤销行政机关答复并重新作出行政答复的诉讼请求
	行政案例	1	安徽	不支持举报人要求对被举报人进行行政处罚并奖励举报人的诉讼请求
	行政案例	1	河南	撤销一审行政判决，驳回起诉
	行政案例	2	四川	不支持请求判令行政机关履行法定职责，责令限期对销售违法食品企业行政处罚的诉讼请求
是否存在标签瑕疵不应由法院认定，应由有关食品监管部门认定	民事案例	1	湖南	驳回原告退还货款、十倍赔偿及诉讼费承担等诉讼请求

涉案产品均为"恒大兴安芥花籽橄榄油食用调和油"的117例中，北京市、湖南省、山西省、辽宁省、湖北省、四川省、陕西省等地的法院全部支持消费者诉讼请求的案例，共计14例。其中，在北京市"白世桥诉北京永辉超市有限公司顺义后沙峪空港分公司买卖合同纠纷案"① 中，北京市顺义区人民法院支持了原告（消费者）的全部诉讼请求；在湖南省

---

① 参见"白世桥诉北京永辉超市有限公司顺义后沙峪空港分公司买卖合同纠纷案"，(2016) 京0113民初14000号，北大法宝：司法案例库，http://www.pkulaw.cn/case/，【法宝引证码】CLI.C.38306677，访问日期：2019年3月19日。

"李塑来诉永州步步高商业连锁有限责任公司冷水滩分公司等产品销售者责任纠纷案"①中，湖南省永州市冷水滩区人民法院一审判决全部支持原告的诉求（包括退还货款、10倍赔偿），但该案后经湖南省永州市中级人民法院二审改判，二审法院判决仅支持退还货款，不支持10倍赔偿②。改判的理由是适用了《中华人民共和国食品安全法（2015年修订）》第一百四十八条第二款的但书规定："生产不符合食品安全标准的食品或者经营明知是不符合食品安全标准的食品，消费者除要求赔偿损失外，还可以向生产者或者经营者要求支付价款十倍或者损失三倍的赔偿金；增加赔偿的金额不足一千元的，为一千元。但是，食品的标签、说明书存在不影响食品安全且不会对消费者造成误导的瑕疵的除外。"

同时调研发现，前述湖南省永州市冷水滩区人民法院审理的"李塑来诉永州步步高商业连锁有限责任公司冷水滩分公司等产品销售者责任纠纷案"与该院审理的"李塑来诉永州步步高商业连锁有限责任公司创发城分公司产品销售者责任纠纷案"③类似。两个案件审理日期前后相隔不到2个月时间，但是审理结果完全不同，前者法院支持了原告的全部诉讼请求，后者则驳回了原告的诉讼请求。

表6 指导案例60号相似应用案例对比表

案件名称	李塑来诉永州步步高商业连锁有限责任公司创发城分公司产品销售者责任纠纷案	李塑来诉永州步步高商业连锁有限责任公司冷水滩分公司等产品销售者责任纠纷案
案件字号	（2016）湘1103民初2576号	（2016）湘1103民初2574号
审理日期	2016.12.12	2016.10.26

---

① 参见"李塑来诉永州步步高商业连锁有限责任公司冷水滩分公司等产品销售者责任纠纷案"（2016）湘1103民初2574号，北大法宝：司法案例库，http://www.pkulaw.cn/case/，【法宝引证码】CLI.C.41539284，访问日期：2019年3月19日。

② 参见"永州市步步高商业连锁有限责任公司冷水滩分公司等与李塑来产品销售者责任纠纷上诉案"（2016）湘11民终2610号，北大法宝：司法案例库，http://www.pkulaw.cn/case/，【法宝引证码】CLI.C.8950825，访问日期：2019年3月19日。

③ 参见"李塑来诉永州步步高商业连锁有限责任公司创发城分公司产品销售者责任纠纷案"（2016）湘1103民初2576号，北大法宝：司法案例库，http://www.pkulaw.cn/case/，【法宝引证码】CLI.C.37631655，访问日期：2019年3月19日。

续表

案件名称	李塑来诉永州步步高商业连锁有限责任公司创发城分公司产品销售者责任纠纷案	李塑来诉永州步步高商业连锁有限责任公司冷水滩分公司等产品销售者责任纠纷案
双方当事人	原告：李塑来 被告：永州步步高商业连锁有限责任公司创发城分公司 永州步步高商业连锁有限责任公司	原告：李塑来 被告：永州步步高商业连锁有限责任公司冷水滩分公司 永州步步高商业连锁有限责任公司
涉案产品	恒大兴安芥花籽橄榄油（食用调和油）5L，单价118元。	恒大兴安芥花籽橄榄油（食用调和油）5L，单价118元。
购买数量	16瓶	40瓶
原告诉讼请求	1. 退还货款　2. 十倍赔偿　3. 被告承担诉讼费	1. 退还货款　2. 10倍赔偿　3. 被告承担诉讼费
被告抗辩理由	1. 对经营的产品尽了合理、谨慎的审查义务。 2. 涉案产品经数家有资质检测机构检测，均符合食品安全标准。 3. 本案与指导案例60号不同，未特别强调"橄榄油"。 4. 全国粮油标准化技术委员会油料及油脂分技术委员会认为涉案产品的标签是符合行业的实际情况的。	1. 该产品已通过国家专业机构的严格检测，各项指标符合国家标准。 2. 本案与指导案例60号不同，未特别强调"橄榄油"，无须标示配料添加量及含量。
法院裁判理由	1. 涉案产品食品标签是否符合《预包装食品标签通则gb7718-2011》的相关规定，应由有关食品监管部门认定，不应由本院审查认定，现原告没有提供证据证实该食品标签（预包装食品标签）应当标注橄榄油含量，是原告举证不能。 2. 食品标签只是预包装标签的一部分，食品标签的瑕疵只能说明预包装标签存在不规范的情形，可由食品监管部门进行处罚，并不能说明该食品本身存在安全质量问题，原告无证据证实对其自身造成了实质损害，其又未提供其他证据证实涉案调和油是不符合安全标准的食品。	该产品标签配料表中注明"采用一级双低芥花籽油和地中海特级初榨橄榄油"，但未标识配料橄榄油含量，不符合食品安全国家标准《预包装食品标签通则GB-7718-2011》4.1.4.1的规定

续表

案件名称	李塑来诉永州步步高商业连锁有限责任公司创发城分公司产品销售者责任纠纷案	李塑来诉永州步步高商业连锁有限责任公司冷水滩分公司等产品销售者责任纠纷案
法院判决结果	1. 驳回原告李塑来的诉讼请求。 2. 诉讼费由原告承担。	1. 支持退还货款 2. 支持10倍赔偿 3. 诉讼费减半，被告负担。

上述对比可见，这两例案件的当事人、涉案产品、原告诉讼请求均相同，且由同一法院审理，但是判决结果截然相反。经过调研人员进一步分析发现，虽然两案均由同一法院审理但具体承办的法官不同。可见，司法实践中法律适用不统一的问题还是比较明显的，需加强案例指导制度在司法实践中的贯彻落实。

（3）多数法院适用但书条款，77%的案例不支持当事人10倍或3倍赔偿的请求。

根据调研结果，在504例应用案例中，支持当事人10倍或3倍赔偿的请求的仅有113例；支持当事人两倍赔偿的请求的1例；不支持当事人10倍或3倍赔偿的请求的有390例，总体占比约为77%。虽然当事人引用指导案例60号来阐述诉求的正当性，但指导案例60号的法律依据是2009年颁布的《中华人民共和国食品安全法》，而2015年《中华人民共和国食品安全法》经过修订后增加了但书条款。司法实践中，江苏省、辽宁省、广东省、湖南省等地的法官在裁判时适用了该但书的规定，对消费者10倍或3倍赔偿的请求不予支持。

四、调研综述

经过前述调研分析，本文对行政指导性案例的发布及司法实践的应用情况作出如下综述。

（一）行政指导性案例2018年新增2例，应用案例仅次于民商事指导性案例

自最高人民法院2012年发布首批行政指导性案例以来，截至2018年

12月31日，发布了19例行政指导性案例，总体占比约为18%，新增指导案例94号及101号。从整体发布比例来看，行政类指导性案例的发布数量少于民事、刑事和知识产权指导性案例，排名第四。但是截至2018年12月31日，已有14例行政指导性案例被应用于司法实践，应用率达到74%，仅次于民事指导性案例的应用率。而且，行政指导性案例的应用案例比2017年同期（369例）增加了1倍多，达到768例，占总应用量的25%，较2017年的总应用量（占比23%）上升2个百分点，仍仅次于民商事指导性案例的应用案例数量。

（二）跨领域应用明显，涉及民商事、行政、国家赔偿、刑事领域，2018年新增案外人执行异议之诉纠纷和建设用地使用权纠纷

行政指导性案例被广泛应用到民事、刑事、国家赔偿等非行政领域的案例中。非行政类应用领域总占体比达到62%，而行政类应用领域总体占比仅为38%。跨领域应用的行政指导性案例包括指导案例21号、22号、40号、41号、59号、60号及76号。其中，指导案例60号的504例应用案例有460例为民事案例。非行政类应用领域以民事案例最多，有467例，总体占比约61%；其次是国家赔偿（行政赔偿）案例和刑事案例，分别有6例和1例，总体占比合计约0.9%；非行政类应用案例主要为买卖合同纠纷和产品责任纠纷，新增建设用地使用权纠纷和案外人执行异议之诉纠纷，分别有1例。行政类应用案例有294例，案由种类较多但零星分散，涉及食品药品安全等31种和行政复议等19类行政行为。其中，行政管理范围以食品药品安全最多，其次为土地、其他行政管理、房屋拆迁、盐业等。行政行为种类则以其他行政行为、行政处罚、行政复议和行政确认为主。

（三）行政指导性案例的应用地域主要集中在粤、京、豫、浙、川等地，2018年新增云南省

行政指导性案例的应用地域共涉及最高人民法院及广东省等28个省级行政区域，其中，2018年新增云南省。应用案例主要集中在粤、京、豫、浙、川等地，青海省、新疆维吾尔自治区、宁夏回族自治区3省级行政区域仍没有应用案例。重庆市首次遴选出行政指导性案例，但重庆市作为行政指导案例的来源地，应用案例数量较少，不足10例。

(四)法官极少主动应用行政指导性案例,但参照率较高

根据《最高人民法院关于案例指导工作的规定》第7条规定,最高人民法院发布的指导性案例,各级人民法院审判类似案件时应当参照。根据调研情况,司法实践中以当事人援引行政指导性案例居多,法官很少主动应用行政类指导性案例。768例应用案例中法官主动援引仅有34例,共涉及8例行政指导性案例,但在法官主动援引的34例应用案例中,予以参照的有24例,总体占比约为71%,参照率相对较高。

(五)行政指导性案例的应用案例中存在明显的"同案不同判"

"同案不同判"是指不同的审判组织对同一个"法律问题"(question of law)作出不一致的判断,导致裁判发生冲突,造成司法不统一。"同案同判"是法律效力具有普遍性和一致性的逻辑要求。① 公正是司法的首要价值。类似案件类似审判首先符合形式公正。② 最高人民法院发布指导性案例的目的,同样也在于统一法律适用,提高审判质量,维护司法公正,实现"同案同判"。但是根据调研情况,在指导案例60号的应用案例中,"同案不同判"情况比较明显,指导性案例在司法实践中的落实情况很不理想,尚有很大的适用空间。法院系统尚有待进一步加强贯彻对案例指导制度的落实,积极引导法官学习指导性案例并应用到审判实践中,以实现裁判标准的统一化。

---

① 陈杭平:《论"同案不同判"的产生与识别》,载《当代法学》2012年第5期,第26页。
② 张骐:《论中国案例指导制度向司法判例制度转型的必要性与正当性》,载《比较法研究》2017年第5期,第131页。

Report on the Application in Judicial Proceedings of Supreme People's Court Administrative Guiding Cases in 2018

Ye Guo, Mei Sun, Yongjuan Zi

Abstract: As of December 31, 2018, the Supreme People's Court had issued 19 administrative guiding cases, ranking behind guiding cases in civil and commercial matters, criminal guiding cases, and guiding cases involving intellectual property rights. In 2018, guiding cases No. 94 and No. 101 were added to the administrative guiding cases. According to statistics on the 19 administrative guiding cases, their causes of action involve 11 types of public administration and 10 types of administrative actions, the trial courts are mainly the basic people's courts and intermediate people's courts, most of them were tried on appeal, and Chongqing became the source of administrative guiding cases for the first time in 2018. Using the adjudicative instruments in the "Judicial Case Database of pkulaw.cn" as data samples, upon research, this paper finds that 14 administrative guiding cases have been applied in 768 cases, up more than 100% from 2017. The application is mainly in provincial administrative divisions such as Guangdong, Beijing, Henan, Zhejiang, and Sichuan; the causes of action in application cases are mainly sales contract disputes and product liability disputes; the courts applying the guiding cases are mainly intermediate people's courts; and the cases were mainly tried upon appeal. The application rate of administrative guiding cases and the number of application cases are relatively high, following guiding cases in civil and commercial matters. The application of administrative guiding cases to non-administrative cases is evident, the persons applying guiding cases vary greatly, and the rate of voluntary citation by judges is low but the rate of application by judges mutatis mutandis is high. Guiding case No. 60 sees the most frequent application, but "different judgments entered in similar cases" is rather appreciable among application cases. The court system is expected to further enhance the implementation of the case guidance system and direct judges to study guiding cases and apply them in judicial practice, so as to achieve the unity of adjudication criteria.

Key Words: administrative guiding cases; application in judicial proceedings; application to non-administrative cases; different judgments entered in similar cases

公共视频监控与个人信息安全之冲突与平衡

赵琳琳[*]

【内容摘要】现代社会对公共视频监控越来越依赖，摄像头已经渗入到社会生活的方方面面。但公共视频监控无疑是一把双刃剑，一方面便于社会管理、预防纠纷、固定证据等，另一方面也可能侵犯个人隐私权，已经引发了不少争议。目前，我国在该领域还缺乏统一的专门规范，虽然有些地方立法，但比较分散，需要深入研究，并通过专门立法来进行系统规制。具体来说，应明确公共视频监控的基本原则，以体现宏观指导作用；并设立专门机构进行统一管理和监督，加强公共视频监控的全程管控，规范安装许可、公告说明、调阅复制、管理维护、检讨销毁等各环节，以发挥其最大功效，同时也不至于对个人权利造成不必要的困扰或损害。同时，应当正确评价通过公共视频监控所获取的证据，遵守诉讼证据制度中的关联性规则、合法性规则、传闻证据规则、庭审调查规则等。此外，对于违法进行公共视频监控的个人或者单位，应当依法承担民事、行政甚至刑事责任。

【关键词】公共场所　视频监控　犯罪预防　隐私权　个人信息

为了适应现代社会发展的需要，规范公共视频监控的管理和监督，2016年公安部《公共安全视频图像信息系统管理条例（征求意见稿）》规定：安装公共视频图像采集设备应与居民住宅等保持合理距离，旅馆客房、集体宿舍及公共浴室、更衣室、卫生间等可能泄露个人隐私的场所则禁止安装。根据2018年3月国务院办公厅《关于印发国务院2018年立法工作计划的通知》，上述条例被纳入立法计划。这一立法涉及当今社会生活的方

---

[*] 作者简介：澳门科技大学法学院副教授、博士生导师。

方方面面，应当从立法目的、立法原则以及安装、使用、管理、评估等多角度论证，以提高立法质量，充分发挥公共视频监控的积极作用，同时保障个人的隐私权。

一、公共视频监控之现状

关于公共场所的视频监控，信息采集、保管、使用等环节均可能出现违法行为，涉及行政法、刑法、民法等诸多领域，但目前仍缺乏系统规范，应通过统一立法进行必要约束，严格把关，尽量避免或减少对个人隐私的侵犯。

（一）分布广、数量大

2015年国家发展改革委、中央综治办、公安部等九部委下发《关于加强公共安全视频监控建设联网应用工作的若干意见》，提出我国将在2020年实现公共安全视频监控的全域覆盖。目前我国城市电子监控摄像头分为三类：第一类是政府投资建设，用于社会管理；第二类是企事业单位自建，主要用于单位内部安全保卫；第三类是个人或商户自建，用于自身安全防护。[①] 如今，公共场所、大街小巷甚至社区内、家门口，视频监控已无所不在。以道路监控摄像为例，可分为天网监控、电子警察、违停抓拍、雷达测速等，种类繁杂，数量庞大。在犯罪日益复杂、警力有限的现代社会，视频监控几乎发挥着难以取代的作用。

（二）引发争议大

公共视频监控与个人隐私权之间存在一定冲突。我国首例以公共视频监控侵犯隐私权为由的诉讼案件是2003年"魏罡诉上海复兴高级中学"一案：复兴高级中学组织全校师生收看专题片《校园不文明现象》，其中有约一分钟的画面是学生魏某和任某在教室里的接吻行为，该两名学生以"学校擅自录像、公开播放的行为侵犯自己的隐私权、人格权、名誉权"为由起诉学校。此外，罪犯的反侦查能力日益增强，化装、遮挡等都会造成识别困难，因而不少罪犯敢于在监控摄像下铤而走险。从整体来看，有

---

① 王阳：《昆山反杀案引公共监控视频管理之问》，载《法制日报》2018年9月8日，第5版。

时犯罪并未真正减少，只不过转移到未装监控的地区。为了及时发现不法行为，操作人员必须持续专注监视器屏幕，可肉眼会疲倦，难免注意力分散。为此，操作人员需要轮岗休息，但警力毕竟有限。

（三）缺乏专门规制

目前内地没有关于公共视频监控的统一立法，虽然有些省市政府颁布了规范性文件，但层次较低。如2006年《北京市公共安全图像信息系统管理办法》、2009年《广东省公共安全视频图像信息系统管理办法》、2013年《湖北省公共安全视频图像信息系统管理办法》、2016年《云南省公共安全视频图像信息系统管理规定》、2017年《重庆市公共安全视频图像信息系统管理办法》等。欧美国家则多有专门规范，如美国1988年《录影带隐私权保护法》（The Video Privacy Protection Act）、英国2013年《监控摄像机守则》（The Surveillance Camera Code of Practice）等。《中国民法典（学者建议稿）》第二编"人格权"第377条提及"公共场所的隐私权保护"，规定："自然人在公共场所的隐私权受法律保护。任何个人和组织在公共场所安装闭路电视、摄像等监控装置必须符合法律规定，并标明必要的警示措施，所取得的资料只能在本来的目的内使用。"2017年《民法总则》第111条也就信息保护作出规定："自然人的个人信息受法律保护。任何组织和个人需要获取他人个人信息的，应该依法取得并确保信息安全，不得非法收集、使用、加工、传输他人个人信息，不得非法买卖、提供或者公开他人个人信息。"2009年《刑法修正案（七）》增加了侵犯个人信息的罪名。2012年刑事诉讼法增设技术侦查一节，在立法理由中明确说明："技术侦查措施在执行过程中可能涉及公民个人隐私和公共利益，必须在法律中予以明确的规范，加以必要的限制。"[①] 总的来看，相关立法比较分散，且缺乏针对性。

二、公共视频监控之基本原则

视频监控在预防和打击犯罪以及交通疏导等方面发挥了显著作用，但

---

① 全国人大常委会法制工作委员会刑法室：《关于修改中华人民共和国刑事诉讼法的决定：条文说明、立法理由及相关规定》，北京：北京大学出版社2012年版，第185页。

由于近年来安装密度的加大，相关争议也越来越多，因此必须明确运用视频监控的基本原则，以指导立法及实践。

（一）法治原则

公共视频监控固然有利于维护社会治安，但对于普通人的肖像权、行动自由权、隐私权等可能造成一定干预。公共摄像的范围极广，涉及不特定多数人，肖像或行动一旦被记录或保存，被恶意使用的可能性不小。因此，监控设备的规划、安装、管理、使用和监督等环节必须遵守法治原则，收集个人信息的时间、地点、主体、内容、目的等也应当明确。英国《监控摄像机操作规范》（Surveillance Camera Code of Practice）规定了12条指导性原则：特定目的、合法目标及运作需要；个人隐私和常规审查；透明度、联系方式、资讯取得；明确主体和责任、妥善管理及谅解备忘录；和用户沟通；不需要时删除信息；限制取得、明确清晰的规则、具体目的或执法；考虑批准的标准；不得未经授权获取信息；有效审查和审计、确保守法和常规报告；证据价值及合法目的；参考数据库应准确并保持更新等。

（二）比例原则

法律授权不得违反比例原则，也就是说，安装监控设备需要考虑安装地点的犯罪发生率、人流密集度、保全证据的必要性等；拍摄方法不能超过社会的一般容忍度；监控内容通常是画面而不包括声音；是否有其他侵犯隐私程度较低的方案。总之，任何单位或个人都不能漫无边际地采集他人信息，采集手段和目的之间应当合乎比例。台湾地区《警察职权行使法》第3条就规定了比例原则：警察行使职权不得逾越所欲达成执行目标的必要限度，且应使用对权益侵害最少的适当方法。香港《个人资料（私隐）条例》也要求视频监控必须出于直接和监控主体的职能、活动有关的合法目的，足够但不过度。

（三）目的拘束原则

公共视频监控可起到一定的阻吓作用，有利于防止违法犯罪，帮助普通民众获得安全感；即使发生违法犯罪，监视系统也可提供证据资料供办案机关调查。《欧盟第29条资料保护工作组第4/2004号意见书：以视频监视处理个人资料》(Opinion 4/2004 on the Processing of Personal Data by Means of Video Surveillance)提及：视频监控可能用于个人保护、财产保障、公共利益，以及罪案检测、预防和控制，提供证据及其他合法利益。澳门《公共地方录像监视法律制度》（以下简称《澳门天眼法》）规定，使用录像监视系统的目的仅限于维护社会治安及公共秩序，尤其是预防犯罪及辅助刑事调查；录像所收集的影像及声音可作为证据资料。

（四）权利救济原则

公共视频监控对隐私权的威胁最大。现代社会的隐私权内容在发展，侵犯隐私权的情况包括：干扰私生活、公开或揭发个人秘密、歪曲渲染个人私事、以营利为目的而利用专属于个人的事项、支配个人情报等。[1]《澳门天眼法》在理由陈述中写道："事实上，视听技术设备的使用可能干预或限制市民的基本权利、自由及保障，特别是肖像权、言论权、隐私权及私人生活隐私权、通行自由。"因此，收集与利用个人信息均应通知信息主体；权利主体发现错误或违法行为时，可及时申请更正或救济。

三、公共视频监控之全程管控

从行政管理的角度，应在国家层面设立专门机构，对保护个人信息安全承担相应职责，接受权利主体的投诉或申诉；对于监视器所收集的资料，后续应有独立的检讨、评估和销毁机制。比如，德国设置了独立、专业的联邦个人资料保护监察官。我国港澳台地区也建立了个人资料保护的专门机构。《澳门天眼法》第13条第1款第1项规定："评估受录像监视地点的风险及管制需要，尤其就所订目的评估拟使用的工具是否属必需、适当及适度。"这里的评估主要是"事前评估"，即选择何地安装监视系统，在此地安装的必要性等。不过，"事后评估"也非常重要。所谓"事后评估"，就是监控设备的安装亦应有一定期限，由相关部门定期评估继续在该地设置的成效，再根据评估结果进行调整，以便与社会公共利益或安全可能遭受的危险相适应。总之，"事前评估"与"事后评估"应相结合，有利于充分利用资源，合理分布安装密度，避免安装盲点，实现监控目标。同时，还

---

[1] 黄东熊：《刑事诉讼法研究（第三册）》，台湾：元照出版公司2017年版，第218—226页。

应完善相关技术，比如，安装位置、拍摄范围、周边环境等。

（一）安装许可

目前我国视频监控市场缺乏足够监管，个人可随意购买和自行安装，无须身份证明，不用申报，也没有相应的登记和监管措施。就安装环节而言，公共摄像头的安装主体、安装范围、摄像头指向、安装标准等均需要明确规范。《德国联邦数据保护法》第6b条第1项规定：以电子设备监视公共通行处所，仅在下列情形下有必要：履行公共当局的任务；行使房屋权利；为特定目的而保护合法利益。日本学说上有认为安装必须具备特定要件：该措施的目的须符合日本警察法中警察任务的目的；该录像措施在客观上具有必要性；符合社会通常观念上的相对性。①2017年8月，为了防止犯罪，葡萄牙内政部已授权在危险情况下警方和共和国护卫队的监控视频系统对公共场所进行声音捕捉和记录；如果是在有人居住的建筑物内进行录音和监控，则必须有法院的许可。根据香港个人资料私隐专员公署《闭路电视监察措施指引》，安装闭路电视应采取下列步骤：决定是否需要使用闭路电视；使用的特定目的以及清楚界定要应付的问题；收集相关资料，以决定闭路电视是否可有效解决当前问题；寻找是否有其他更好方法应付有关问题，或连同闭路电视一起使用则更有效或侵犯隐私程度较低的方法；如可行，咨询可能受闭路电视影响的人士；清楚界定监察的范围和程度。《澳门天眼法》第7条限制了监控范围："一、禁止在属保护隐私或进行宗教礼仪的区域安装不论具备录音功能与否的录像监视录像机，即使有关区域位于公共地方亦然。……四、如录像监视录像机可能收录到涉及居所内部、居住楼宇或其附属部分的录像及声音，则禁止使用。五、偶然收录到的违反本法律规定的录像及声音，应由负责处理资料的实体销毁。"

（二）公告说明

为了达到预防犯罪和警示民众不要流露隐私的效果，设置区域应有明显的提示标志。香港《闭路电视监察措施指引》要求有关告示应载有操作闭路电视系统的机构资料、监察的特定目的，以及处理个人资料私隐问题

---

① 许义宝：《论公共场所监视摄制之法律程序》，载《警察职权行使法实施周年之理论与实务探讨学术研究论文集》2004年12月，第144页。

的负责人的联络资料。《澳门天眼法》第25条亦要求在设有录像监视系统之地的显眼处张贴公告，以确保公众知悉系统正在运行及负责处理资料的实体。

（三）调阅复制

一般而言，政府部门安装与管理监控设备的程序相对严格，商场、超市、宾馆、停车场等相对宽松，导致监控录像被滥用的现象屡见不鲜，某些网站甚至将其作为直播来源。这一乱象亟待改变，需要在各环节作出明确要求。视频监控可能涉及个人隐私，不能随意查看，复制更应慎重。根据《吉林省公共安全视频图像信息系统管理办法》第27条，经县级以上公安机关确认，社会组织、个人确须查阅、复制或者取有关公共视频安全信息的，公安机关应当提供。至于非公权力部门拍摄的监控视频，也不应随便查阅，笔者认为，应当向公安机关申请，由公安机关向有关单位或个人调取，进而决定申请人是否可以查看。

（四）管理维护

视频监控设备需要持续的管理和维护，整体来讲，应遵循谁规划、谁安装、谁负责的原则。监控设备的设计、安装、运行、调用、维护等需要符合相应的技术标准，应选拔专业人员，提高其职业素养以规范管理、清洗、检修等，防止监控内容保存不当或非法泄露。监控录音录像易伪造、变造或删改、复制，设备故障也可导致资料失真，应妥善保护以免遭到故意破坏或非法盗用；储存或处理监控音像资料的地方应安全、稳妥，获得授权的人士方可进入。

（五）检讨销毁

为了保障个人隐私权，安装视频监控并非一劳永逸，应定期对安装区域、安装效果进行分析和检讨，配合各区域的犯罪预防需要作出适时调整；并对相关音像资料的保存设置期限，超过期限的，则应销毁。同时，必须在立法上明确惩戒机制，对于违法安装、使用或管理的行为，必须依法严惩。根据香港《闭路电视监察措施指引》，在达到收集资料目的后，应尽快从闭路电视系统删除所收集的资料。如果没有事故发生，作为保安用途的闭路电视摄录的影像应定期以可靠方式删除。《澳门天眼法》要求个人资料保护办公室作为独立机构介入整个监控程序,所有被摄录的人均有权查阅及销毁摄录资料等;资料的保存期最长为60日;如果收集的资料依法构成证据资料,则保存至有关程序结束为止,并应当在程序结束后30日内销毁。台湾地区2003年《警察职权行使法》第10条第2项规定:依法搜集的资料,除因调查犯罪嫌疑或其他违法行为而有保存必要的以外,至迟应在资料制作完成时起1年内销毁。不过,内地目前对此没有统一规定,从有关判决来看,仅某些省市制定了相关文件,比如,根据《重庆市社会公共安全视频图像信息管理办法》,视频资料保存30日。①

四、公共视频监控证据之评价

从公共视频监控中调阅的资料内容丰富、直观鲜活,有利于警方破案,减少对口供、证人证言等言词证据的依赖。"基于监视影像画面同步、完整而连续的纪录功能,往往在证据的可信性上具有一翻两瞪眼的强度,足以弥补其他供述或非供述证据在拼凑案情时可能产生人为误判的缺失。因此,监视器更具有事后追缉危害的功能。"②《澳门天眼法》第14条明确规定:"按本法律规定收集的影像及声音,在刑事诉讼程序或轻微违反诉讼程序的各阶段中均构成证据资料。"关于监控证据的证明力和证据能力问题关系到案件真相的查明和刑事司法的人权保障目标,应当从证据制度的角度多加分析,以确保其正当使用。

(一)监控证据与证据关联性规则

监控证据必须和待证案件事实有关,这是证据关联性规则的要求。日本东京高等裁判所在某案中指出:"有变造之虞的现场照片已无法将现场情景的原貌呈现,因而否定其证据能力。"③日本学者平野龙一亦表示,照片有可能修改,也可能因拍摄方法不同而令人产生不实印象。④一般而言,

---

① 李小梅、安成柳等与重庆高速公路集团有限公司东南营运分公司公共场所管理人责任纠纷二审民事判决书,(2015)渝四中法民终字第00110日。
② 洪兰:《从证人证言到被压抑的记忆——记忆是可靠的吗?》,载《刑事法杂志》第42卷第3期,1998年6月,第25页。
③ 东京高等裁判所昭和1982年9月7日,高刑集第35卷第2日,第126页。
④ [日]平野龙一:《刑事诉讼法》,有斐阁1958年版,第190、221—222页。

动态视频比静态照片更复杂、信息量更大,实务中监控录像内容与待证事实有关的只是其中一部分,且可能经过剪辑、删改等处理,裁判者必须仔细加以鉴别。

(二)监控证据与证据合法性规则

监控证据必须遵守合法性规则,比如,安装设备违反必要性原则、最小损害原则、比例原则等要求时,所获证据则是非法的。英国1999年《青少年审判和刑事证据法》第60条规定:"对音像资料、电子资料应当从形成的时间和条件、仪器设备状况、制作方法、是否为原件、有无篡改和伪造等方面进行审查。"内地刑事诉讼法并未对监控证据作出专门规定,从证据种类来说,一般属于视听资料,根据定案证据的要求,当然也应具有合法性。此外,2001年最高人民法院《关于民事诉讼证据的若干规定》也有笼统规定:以侵害他人合法权益或者违反法律禁止性规定的方法取得的证据,不能作为认定案件事实的依据。

(三)监控证据与传闻证据规则

通过监控设备获得的录音录像证据是否为传闻证据?对此,大陆法系和英美法系的处理方式不太一样。日本学者永井纪昭认为,录像带的证据能力应根据其所含信息区别对待,录像由画面和声音构成,声音部分应当与录音证据相同,有传闻证据与非传闻证据之分,而画面部分与相片证据无异。[①] 香港法院曾经审理的一起案件也颇能说明问题:在该案庭审中,辩方认为闭路电视录像是由计算机打印或创造出来的记录,可否被接纳为控方证供属于《证据条例》第22A条的管辖范围;控方必须传召"恰当的作者"(proper author)才可将有关录像呈堂,但控方没有传召租客作供,违反了第22A条的精神;没有证据证明该闭路电视主机是否运作正常,例如,何时安装、曾否被维修或损毁、曾否受到停电影响、显示时间是否真实?不过,在考虑控辩陈词后,法庭认为虽然控方要求呈堂的录像是从该闭路电视的主机硬盘撷取出来,而该硬盘是《证据条例》第22A条所指的计算机,但这些录像是否可被接纳为控方证供并不受第22A条所规范;控方提出了表面证供证明,刻录在4张光盘里面的录像是实物证据

---

① 张丽卿:《刑事诉讼制度与刑事证据》,台湾:元照出版公司2003年版,第358页。

（real evidence），所以，控方可通过证供将其呈堂，无须传召租客或使用者作供。①

（四）监控证据之庭审调查规则

德国学说与实务均认为，探求监视影像证据的方式是"勘验"，即法院应以勘验程序当庭播放该证据，以五官知觉来探求其所含内容。② 2015年《美国联邦证据规则》第1001条（b）款规定："录制品包括以任何方式录制的字母、文字、数字或者其同等物。"在美国，录像带被视为"活动的"照片。美国大多数州法院的判例认为：在没有其他证据证明的情况下，录像带不能单独作为原始证据或实物证据。③ 鉴于监控证据的特性，不仅其收集和审查程序应受到相关证据规则的约束，还须在法庭上播放，经控辩双方当庭质证；必要时，法官应通知拍摄人员或资料管理人员出庭作证，进而判断其证明力和证据能力，并在裁判文书中充分阐明取舍的理由。

五、公共视频监控之法律责任

近年来，公共视频监控设备的数量剧增，管理上存在很多法律空白，带来一系列问题，国家应进行统一的专门立法。为了保障公众隐私权，监控设备的安装、管理等环节需要严格规范，视频资料非经一定程序不能随便公开，也不能随意查阅复制，如果违法安装、泄密、泄露隐私等，应根据违法程度承担不同的法律责任。

（一）民事责任

如果有关主体在设置或使用监控摄像的过程中侵犯他人的隐私权、名誉权等，受害人可要求对方承担侵权责任，包括停止侵权、消除影响、赔礼道歉，赔偿经济损失或精神抚慰金等。国外早就有相关民事赔偿案例：挪威奥斯陆警察局2004年应国家广播电台（NRK）的请求，公开了当年在奥斯陆非法毒品交易市场拍摄的一段监控录像，但要求NRK播放的画

---

① 香港特别行政区区域法院刑事案件2015年第403日。
② 林钰雄：《刑事诉讼法（上册）——总论编》，北京：中国人民大学出版社2007年版，第550—551页。
③ Jack B. Weinstein, *Cases and Materials on Evidence*, The Foundation Press, Inc, 1983, p.124.

面不能让人辨认出其中人物。画面中一名男子因购买毒品被捕,但他本人及其5岁继女最终被人认出。这名男子随后起诉警方侵犯隐私,给他自己、家人和朋友带来麻烦。奥斯陆地方法院裁定,警察局和局长违反隐私保护法,责令局长支付1万挪威克朗罚款和向原告支付5万克朗赔偿金,警察局则支付10万克朗罚款和等额赔偿金。此外,两被告还要共同支付相关诉讼费。① 在比利时,因为数据泄露导致的纠纷可以调解,隐私委员会可作为调停者,当事人可从隐私委员会网站下载文书模板申请调解。

(二)行政责任

根据澳门第8/2005号法律《个人资料保护法》,履行义务的不作为或瑕疵履行属于行政违法行为,应处以罚款,对自然人科处澳门币2000至20000元罚款;对法人或无法律人格的实体科处澳门币10000至100000元罚款;内地《治安管理处罚法》第42条规定,偷窥、偷拍、窃听、散布他人隐私的,处5日以下拘留或者500元以下罚款;情节较重的,处5日以上10日以下拘留,可并处500元以下罚款。但是,这一规定并不具有针对性,某些地方的规范性文件作出了专门规定,如,2013年《河南省公共安全技术防范管理条例》规定:河南省范围内的个人或单位擅自传播公共场所的监控视频,公安机关最高可处以罚款3万元。《广州市公共安全视频系统管理规定》明确规定:窃听、散布他人隐私的"将被处5日以下拘留或者500元以下罚款;情节较重的,处5日以上10日以下拘留,可以并处500元以下罚款"。总的来看,和港澳等地相比,内地处罚较轻,违法成本较低,将来应当加大处罚力度。

(三)刑事责任

根据《澳门天眼法》有关规定:若违反法定要求,按约束行为人的纪律通则及《个人资料保护法》规定的处罚制度予以处罚,且不影响其应负的刑事责任。比如,未履行资料保护义务、不当查阅、违反保密义务等,可能构成犯罪。香港《个人资料(私隐)条例》亦规定,披露未经资料使用者同意而取得的个人资料属于罪行,一经定罪可处罚款100万及监禁5年。2009年内地《刑法修正案(七)》增设了两个罪名:"出售、非法提供

---

① 《挪威警方公布监控录像遭罚款》,载《新华每日电讯3版》2007年4月26日。

公民个人信息罪"和"非法获取公民个人信息罪";2015年内地《刑法修正案(九)》还扩大了针对个人信息的犯罪主体范围;网络服务提供者不依法履行信息网络安全管理义务,经监管部门责令采取改正措施而拒不改正的,也可构成犯罪。将来专门立法的时候,可将相关规定加以整合,在公共视频监控特别法中作出系统规范。

The Conflict and Balance between Public Video Surveillance and Personal Information Security

Linlin Zhao

Abstract: Modern society is increasingly dependent on public video surveillance, and cameras have penetrated into every aspect of social life. However, public video surveillance is undoubtedly a double-edged sword. On the one hand, it is convenient for social management, prevention of disputes, fixing evidence, etc. On the other hand, it may also infringe on the privacy of individuals, which has caused a lot of controversy. At present, China still lacks a unified special specification in this field. Although some local legislations are scattered, they require in-depth research and special legislation to carry out regulation. Specifically, the basic principles of public video surveillance should be clarified to play the macro-director role; and special agencies should be set up for unified management and supervision, and the whole process of public video surveillance should be strengthened. For example, the installation license, announcement description, read-and-copy, management and maintenance should be standardized to achieve its maximum effectiveness, and it will not cause unnecessary trouble or damage to individual rights. At the same time, the evidence obtained through public video surveillance should be correctly evaluated. The rules of relevancy, legality, hearsay and court investigation in the litigation evidence system should be observed. In addition, individuals or units that conduct public video surveillance in violation of the law shall bear civil, administrative and even criminal responsibilities according to law.

Key words: public places; video surveillance; crime prevention; right of privacy; personal information

各科专论

Monographs on Various Subjects

保护作品完整权的界限——基于戏仿作品

孟祥娟　余佩诗[*]

【内容摘要】 保护作品完整权是我国《著作权法》所规定的作品精神权利的核心，赋予作者保护作品不受他人歪曲、篡改的权利。然而，随着时代发展，二次创作形式和内容的多样化使相关法律规定捉襟见肘，保护作品完整权的内涵也应与时俱进。以戏仿作品为例，戏仿是以原作品的内容为素材进行二次创作，对原作品进行讽刺批评的行为，本文对戏仿作品是否侵犯保护作品完整权展开讨论，通过比较与实证分析的方法诠释保护作品完整权的内涵，对保护作品完整权的界限进行讨论，提出将损害作者声誉作为侵害保护作品完整权的标准。

【关键词】 保护作品完整权　权利界限　戏仿作品

一、问题的提出

从 2006 年《一个馒头引发的血案》剪辑短片开始走进大众视野，到 2017 年谷阿莫 "×分钟带你看完××" 系列短片在网络上引起大量关注，短短十年间，"戏仿作品"这个概念已经为人所熟悉，并且成为了知识产权学界探究的热点问题之一。

然而，"戏仿"并不是现代新兴之词，其历史之悠久，甚至可以追溯至古希腊时代。亚里士多德曾在其著作《修辞学》中写道："应当用戏谑扰乱对方的正经。"[①] 在古希腊，戏仿是一种辩论的技巧和修辞，这种戏仿的手段逐渐发展成现代的一种创作作品的方式，作者借此手法在他人的作品中

---

* 作者简介：孟祥娟，华南理工大学法学院教授；余佩诗，华南理工大学 2018 级知识产权法学术型硕士。

① 亚里士多德：《修辞学》，罗念生译，上海：三联书店 1991 年版，第 217 页。

寻找灵感，在戏仿行为中表达自己独特的思想。

　　近几年来，一种新型的娱乐视频风靡网络，其形式是将电影和电视剧的部分片段剪辑合成，再加以诙谐幽默的画外音，一时受众颇多。其中的佼佼者当数"谷阿莫"，他擅长创作"×分钟带你看完××"系列短片，亦即把具有话题性的电影或者电视剧加以剪辑，配上独特的台湾腔旁白，内容讽刺又不失娱乐性，让人可以在短短的几分钟内快速浏览该影视作品，深得大众喜爱。其中，谷阿莫创造的"清新脱俗单纯不做作""大魔王"等词也成了网络热词，截至2018年3月，其新浪微博粉丝已经超过873万人。

　　2017年4月，台湾的影音平台KKTV和电影公司又水整合、得利影视共同起诉谷阿莫侵犯其著作权，台北地检署介入调查本案。原告认为，谷阿莫擅自将原告公司享有著作权的电影、电视剧进行剪辑和配音后，将处理过的短片投放至网络上，导致未上映的电影票房有所损失，影响原告转售该作品，该改编行为系侵犯原告著作权的行为。被告辩称，"×分钟带你看完电影"系列短片属于著作权法规定的合理使用范畴，即根据《中华民国著作权法》第52条之规定："为报导、评论、教学、研究或其他正当目的之必要，在合理范围内，得引用已公开发表之著作。"第65条之规定："著作之合理使用，不构成著作财产权之侵害。"被告认为，其二次创作行为属于"评论、解说、研究、教学或新闻报导等情况下，在合理的范围内，可以不事先经著作权人之授权，而使用网路上已公开之他人著作内容"，不构成侵权行为。① 该案至今尚未得到判决。

　　此案引发了知识产权学界人士广泛讨论，焦点问题主要围绕谷阿莫的"×分钟带你看完××"系列短片的属性、该系列短片是否属于著作权法所规定的合理使用范畴，关于后者的讨论尤其激烈。然而，笔者认为，本案涉及的问题除了主流观点中所提及的该短片是否属于合理使用范畴外，还应探讨该戏仿行为是否侵犯作者的保护作品完整权。因此，笔者另辟蹊径，以戏仿作品为例，探讨保护作品完整权的界限问题。

　　我国属于大陆法系国家，很多现行的法律规定源自大陆法系。但是历史上我国是大陆法系国家中较早一批对保护作品完整权进行立法的。1906

---

① 缪定纯：《谷阿莫X分钟看电影系列被告侵权，二次创作到底是否侵权？》，36氪网，http://36kr.com/p/5073329.html?ktm_source=feed，登录时间：2019年8月30日。

年，清政府派出官员到各国考察法律制度，为制定预备立宪政策而作处准备。1910年，《大清著作权律》正式实行，已出现关于保护作品完整权的内容。该法规定："利用和发行别人的作品，不能对其作品进行分裂、修改或者更改作者及其作品的标题。"在清政府覆灭之后，该规定依然被保留，经历了百年历史的演变后，现在依然在国内的现行法中可以体现。《中华人民共和国著作权法》（下称"我国《著作权法》"）第10条第4款规定："保护作品完整权，即保护作品不受歪曲、篡改的权利。"然而，我国法律对于该权利的规定过于简单，在实务界和理论界中，对于保护作品完整权的相关问题都有不少争论。争议最广泛的无疑是两个问题，第一个是关于保护作品完整权和修改权之间的关系，[①]第二个是关于侵犯该权利的行为是否建立在降低作者的声誉之上。[②]

本文立足于保护作品完整权的内涵，结合各国对于保护作品完整权的立法实践，揭示我国《著作权法》中保护作品完整权与戏仿作品的冲突，对戏仿作品的保护和限制进行探讨，提出对于保护作品完整权的完善建议，对于解决我国司法实务上戏仿作品和保护作品完整权的冲突问题具有现实意义。另外，我国对于保护作品完整权的规定尚不完善，以戏仿作品为例，探讨保护作品完整权的内涵，确定侵权标准，有利于对实务中侵犯作品完整权纠纷的处理。

二、我国保护作品完整权的内涵及存在的问题

（一）保护作品完整权的法律依据

《保护文学和艺术作品伯尔尼公约》（下称"伯尔尼公约"）中第6条之二第1款规定："不受作者经济权利的影响，甚至在上述经济权利转让之后，作者仍保有要求其作品作者身份的权利，并有权反对对其作品的任何有损其声誉的歪曲、割裂或其他更改，或其他损害行为。"我国《著作权法》第10条第4款规定："保护作品完整权，即保护作品不受歪曲、篡改的权利。"笔者认为，立足于保护作品完整权的内涵，该权利其实具有两层含义：第一层含义体现的是作者保持作品和作品标题完整性的权利；第二

[①] 周晓冰：《著作人格权的保护》，北京：知识产权出版社2015年版，第64页。
[②] 蒋燕：《保护作品完整权研究》，北京：中国政法大学2017年版，第26—28页。

层含义强调的是禁止他人违背作者的意图对作品进行修改、删除和其他改变行为,禁止他人对作品歪曲、篡改和其他伤害行为。保护作品完整权的实质是一种消极权利,强调的是作者对于自己作品的保护,禁止他人违背作者的意图,对作品任意地修改、删除或者作出其他改变的行为。如果没有侵害的行为,那么则不会侵犯该权利。

(二)侵犯保护作品完整权的内在实质

保护作品完整权属于精神权利中的重要内容,体现了作者的思想自由权利。"自由是个人人格伦理的重要内容,也是近现代法律制度的核心概念。"[①] 作者对于作品的创作行为,正是自由权在知识产权领域中的体现。作者创作的作品,集中表达了作者的思想、情感和意志等人格性内涵,是作者思想自由的产物。而保护作品完整,维持这个成果不被改动,则是对作者创作行为的尊重,对作者思想自由的保护。作者通过保护作品完整性,不受他人破坏,维持作品和作者自身的良好社会评价,是作者维护因创作行为和作品衍生的尊严感的必不可少之途径。因此,侵犯保护作品完整权的内在实质为损害作者在作品中倾注的人格内涵,使得作者在作品中的人格尊严受到侵害。

(三)实践中认定侵权的判定标准

1. 主观主义判断标准

主观主义也就是作者权利主义,是指修改行为违反了作者原来的思想、意愿即构成侵权,即"以作者权利的确认和保护为立法的考察核心,将公平保护作者、出版者和其他使用者的权利为价值判断的一种立法理念"。[②] 从上述定义看来,该立法的理念把作者的权利作为首要保护的对象,对作者的权利给予了充分的保障。和下文所提及的客观主义判断标准相比较,主观主义判断标准其实没有在各国的立法中明文规定,该标准通过学界中各位学者归纳总结得出。理论通说中,有学者将主观标准进一步

---

① 马俊驹:《人格和人格权理论讲稿》,北京:法律出版社2009年版,第48页。
② 费安玲:《著作权权利体系之研究——以原始性利益人为主线的理论探讨》,武汉:华中科技大学出版社2011年版,第40页。

细化为"严格主观标准"和"相对主观标准"。① 学者提出，在"严格主观标准"中，主要未经作者同意对作品进行修改，已经侵犯保护作品完整权；在"相对主观标准"中，判定侵权的标准相对宽松，他人对作品进行改动的程度达到违背作者想要在作品中表达的意愿，才达到侵权的标准。

2. 客观主义判断标准

客观主义也就是损害作者声誉的标准，是指修改或利用作品的行为导致作者的声誉遭到损失，则构成侵权。在该标准下，降低作者在社会中的声誉是侵犯保护作品完整权的程度性要件，行为人对作品的歪曲、篡改行为需要达到降低作者声望的程度标准。该标准源于英美法系国家，这些国家偏向于功利主义思想，在制定国家著作权法时，"寻求维护的是作者的经济利益而非精神利益"。② 在这样的"财产权价值观"的立法观念带领下，保护作品完整权经常被受限于作者名誉权的保护范围里面。在英美法系国家的观念中，行为人在使用作品时，对作品进行篡改和污损，必定会导致作者的利益遭受损失。当这种改动累积到一定的数量，则会对作者的声誉受损，直接影响到作者的社会评价情况，导致作者创作的作品市场认可度大打折扣。在这样的前提下，作者失去了受众，出版商不再发行出版作品，导致作者的经济利益受到极大的损害。

（四）我国保护作品完整权规定存在的问题

1. 法律规定过于简单

我国《著作权法》规定，保护作品完整权即为保护作品不受歪曲、篡改的权利。这一规定过于简单，对于"歪曲""篡改"的标准等内在问题在理论界和实务界都还没有定论，在《著作权法》的第三次修订稿中，也没有提及该问题的解决方案。学界在关于该权利的内涵上有诸多讨论，争议最广泛的无疑是两个问题，第一个是关于侵犯该权利的行为是否建立在降低作者的声誉之上，③ 第二个是关于保护作品完整权和修改权之间的关系。④ 笔者认为，厘清前者对于司法实务具有深远的影响。在司法实务中，

---

① 李扬、许清：《侵害保护作品完整权的判断标准——兼评我国〈著作权法修订草案（送审稿）〉第13条第2款第3项》，载法律科学2015年第1期，第35页。
② 杨延超：《作品精神权利论》，北京：法律出版社2007年版，第42页。
③ 蒋燕：《作品完整权研究》，北京：中国政法大学2017年版，第6—28页。
④ 周晓冰：《人格权的保护》，北京：知识产权出版社2015年版，第64页。

许多法院在判断行为人是否侵犯保护作品完整权时，并没有采取损害作者声誉的判断标准，如北京知识产权法院（2015）京知民终字第811号民事判决书中写道："现行法律对保护作品完整权并没有规定'有损作者声誉'要件，且是否包含'有损作者声誉'的限制，涉及作者与使用者的重大利益，应当以法律明确规定为宜。"因此，对于保护作品完整权的完善对于调整实务中的著作权侵权问题，具有深刻的现实意义。

至于保护作品完整权和修改权两者的关系在理论界存在颇多争议。以郑成思、李扬为代表的学者认为，保护作品完整权和修改权其实是一个权利的两面，支持立法将修改权删除，直接和保护作品完整权进行合并；①胡康生、张雪松、王迁等学者认为，保护作品完整权和修改权其实是两种权利，应当要分别对待，建议在著作权法中继续保留修改权，不必将其删除。②③④在《著作权法》第三次修订中，《著作权法修订草案（送审稿）》（以下简称《修订草案送审稿》）把两者合并，将保护作品完整权描述为"即允许他人修改作品以及禁止歪曲、篡改作品的权利"。草案引起了学界的讨论，支持和反对的声音兼有，但是从立法者的态度来看，倾向于将修改权并入保护作品完整权，认可修改权和保护作品完整权具有同一性的观点。因此，该争论基本上已有解决的方案。

2. 规范性文件限制过于严格

2018年3月22日，国家新闻出版广电总局下发特急文件，进一步规范网络视听节目传播秩序。通知指出：一些网络视听节目存在不规范的问题，在社会上造成极坏的影响。国家新闻出版广电总局为了规范网络视听节目的传播秩序，提出了四条规定。其中，第一条规定了坚决禁止非法抓取、剪拼改编视听节目的行为，其本质是利用保护作品完整权约束调整网络视听节目。文件具体规定：所有视听节目网站不得制作、传播歪曲、恶搞、丑化经典文艺作品的节目；不得擅自对经典文艺作品、广播影视节目、网络原创视听节目重新剪辑、重新配音、重配字幕，不得截取若干节目片段拼接成新节目播出。笔者认为，该条规定对于戏仿作品而言，例如

---

① 郑成思：《版权法（上）》，北京：中国人民大学出版社2009年版，第168页。
② 胡康生：《著作权法释义》，北京：法律出版社2002年版，第45页。
③ 张雪松：《论编辑出版中的侵犯修改权与保护作品完整权》，载《知识产权》2003年第2期，第25—27页。
④ 王迁：《我国著作权法中修改权的重构》载《法学》2007年第1期，第41—42页。

引言中所举的谷阿莫视频,具有非常严格的限制标准,扩大了侵犯保护作品完整权行为的打击范围,该政策有违背知识产权法中鼓励作品创作与传播的精神相悖的嫌疑,①侵犯了宪法第47条所规定的文艺创作自由权,同时也与我国言论自由的规定相冲突,要想保障公共利益,需要打造一个宽松的社会批评环境,文化多元化,要求对作品解开束缚,自由传播和加以利用。②

三、戏仿作品对保护作品完整权的挑战

(一)戏仿作品的基本含义

"戏仿"由英文单词"parody"翻译而来,也称为滑稽模仿。在美国的《布莱克法律辞典》中对于知识产权法中的戏仿进行了界定:戏仿是一种为了达到讽刺、嘲弄、批评或评论的目的,对原作品进行变形的使用行为。许多国家在立法上对戏仿作品作出了更加细致的规定,如法国规定,受保护的戏仿作品虽然源自原作品,但是不能和原作品混淆,使公众产生模糊不清的印象,还需要有一定的独创性。美国最高法院判例指出,戏仿作品最重要的一点在于,戏仿作品必须要对原作品进行评论。学界普遍认为,戏仿作品的认定要件之一在于对原作品的评论方式使讽刺滑稽,带有批评性质的,而且评论的对象必须是原作品本身,而不是作品的创作风格、社会流派、其他社会事件等。也就是说,原作品就是戏仿作品的评论对象本身,而不是将原作品作为手段或者工具去抨击其他的现象。

综上所述,戏仿作品就是建立在原作品之上兼具独创性的,运用滑稽、讽刺的手段对原作品本身进行批评评论,通过强烈的对比引起大众对原作品思考的一种作品。

(二)戏仿作品的构成要件

1. 戏仿作品模仿与独创并存

原作品是戏仿作品产生的基础,"戏仿"二字拆分而言,"戏"针对的是作品的幽默诙谐,"仿"则强调了作品的模仿,也就是说,戏仿作品是

---

① 刘春田主编:《知识产权法》,北京:高等教育出版社2015年5月版,第39页。
② 程财:《保护作品完整权与言论自由的边界及冲突——以"戏仿"为主线》,载《太原大学学报》2013年第14期,第26—30页。

对原作品的模仿，使用大量原作品的素材进行创作，使得大众从观赏戏仿作品中轻易地想到原作品，从而更加关注原作品。但是值得注意的是，戏仿作品并不是对原作品的复制粘贴，如果和原作品一模一样，没有创新和改变，从精神核心到外观形式都于原作品相同，则纯属抄袭，并不属于戏仿。[①] 因此，戏仿作品的本质是新的作品，只是它的创作灵感来源于原作品，戏仿作品无论是在精神核心还是外观形式，至少有一样和原作品是不同的，具有创新的特点。另外，因为戏仿作品是为了戏谑、嘲讽原作品，所以它的存在必定与原作品迥然不同。戏仿作品兼具模仿性和独创性，模仿性使得戏仿作品备受质疑，尤其是来自己受到打击的原作品的质疑，而独创性则是戏仿作品受到著作权法保护的根本特性。这两种特性齐聚戏仿作品一身，看似矛盾，却是戏仿作品的本质特征，也是区分戏仿作品和一般作品的关键。

2. 戏仿作品具有讽刺批评原作品之目的

大多数戏仿作品幽默诙谐，让人捧腹，然而娱乐大众并不是戏仿作品的主要目的。戏仿作品目标在于讽刺批评，既可以对原作品的内容进行讽刺批评，也可以对其风格、外观形式等进行讽刺批评。[②] 通过对原作品内容的重新提取，表现出和原作品迥然不同的风格和内容，大众可以在两者的强烈对比中理解到原作品的不足甚至是不切实际。戏仿作品的作者通过批评原作品表达自己独特的看法，使得大众得到新的启发，比如本文引言中提及的谷阿莫"×分钟带你看完××"系列短片，通过对原作品的剪辑和再创作，以幽默的方式对原作品进行讽刺、批评，使得大众迅速了解到原作品的肤浅、荒诞、不切实际，引起大众对于电影、社会的思考。

因此，具有讽刺批评的目的是戏仿作品的重要性质，若没有该目标，仅仅是为了搞笑娱乐，或者利用原作品的知名度对自己新作品进行炒作包装，这样的作品显然未达到戏仿作品的要求，对原作品的引用实属侵权行为。

3. 讽刺批评需要针对原作品本身

戏仿作品讽刺批评的对象必须是原作品，而不是作品以外的某种社会

[①] 王骁、谢离江：《从"×分钟带你看完电影"系列看戏仿作品和合理使用》，载《新闻界》2017年第8期，第96页。

[②] [美]威廉·M. 兰德、德·A. 波斯纳：《产权法的经济结构》，金海军译，北京：北京大学出版社2005年版，第189页。

现象，否则根本无须引用该作品，直接描述该社会现象即可。举例而言，1976年，在MCA Inc诉Earl Wilson案中，被告创作的歌曲大量地使用了原告创作的歌曲旋律，导致被告创作的歌曲与原告创作的歌曲非常接近。原告在法院提起诉讼，控告被告侵犯其著作权。在庭审中，被告辩称自己创作的作品属于戏仿作品，是为了讽刺20世纪40年代的生活以及第二次世界大战。法院认为，被告的行为不构成戏仿，因为其讽刺批评的对象并非原作品，而是其他现象，不符合戏仿作品的构成要素，因此判决被告败诉。

（三）戏仿作品的保护与限制

1. 言论自由赋予戏仿作品合法性

我国宪法赋予公民言论自由的权利。狭义的言论自由仅限于言语、文字的表达，广义的言论自由则对表达的形式没有限制，可以包括公民的观点、意愿、行为。我国《宪法》第四十七条中规定，公民有文学艺术创作的自由。四十七条实际来源于三十五条对于言论自由的规定，因为人类在活动、思考的过程中，无不表现出自由表达的需求。

具体到著作权法保护上，法律保护人类的智慧成果，其本质也在于对言论自由的保护，保护作者的著作权和公众的言论自由之间有着很深的联系。有美国学者把著作权和言论自由比喻为硬币的两面。[①] 具体而言，著作权法关注人类在文学艺术创作领域的表达问题；宪法的言论自由权关注公民的自由表达的人权问题。这两个问题其实是具有同一性的，著作权法中所强调的自由创作、自由表达其实是宪法中所规定公民享有言论自由中的一种形式，在这个角度看来，著作权法与宪法中的规定不会有发生冲突的情况。宪法上规定的言论自由是相对抽象的，需要在具体的法律规定中落实。而著作权法将这种言论自由落到实处，赋予了作者合法的权利，保护作者在创作中无须产生顾虑，自由创作，智力成果将会得到著作权法的保护。而从另外的角度来看，保护作者的表达自由，也是对个人言论自由的促进。

戏仿是文学艺术的创作表达方法，也是一种自由表达思想的途径。著

---

① L. Ray Patterson, Stanley W.Lingberg, *The Nature Of Copyright: A Law Of User's Right*, 1991, p.123.

作权法对于作者的保护在于禁止他人未经作者的同意使用作品。然而，著作权法作此规定，原意在于鼓励自由表达，而不是禁止和垄断。因此，著作权法将作品的表达思想和表达形式区分开来，著作权法只保护作品的表达形式，而不保护作品的内在思想。[①] 若不作此区分，不加分辨地把作品的表达思想和表达形式都笼统地给予著作权法上的保护，不难想象，则会产生思想垄断的后果，不利于言论的自由表达。因此，戏仿是自由表达思想的方式，理应得到保护。

戏仿作品具有模仿和独创兼具的特性，因此它的创作必须起源于原作品。但是，戏仿作品的目的并非是抄袭、替代原作品，使大众混淆，相反地，大众在观赏戏仿作品的时候，可以非常清楚地分辨出模仿原作品的元素和戏仿作品的独创元素。戏仿作品通过运用原作品的素材，使用不同的创作形式，在注入自己的思想之后形成了全新的表达方式，通过讽刺、批评达到自由表达思想和言论的目的，符合宪法自由表达言论的精神。

所以，如果不加以辨别直接简单地认为，只要是不经作者的同意使用了原作品的素材，就构成侵权，这样的观点无疑有垄断思想的嫌疑。戏仿作品因为其本身的性质特殊，不应该受到原作品作者的约束，否则和著作权法的两分法保护精神相悖。

诚然，保护戏仿作品并非基于它绝对的自由，与言论自由的规定相似，这种自由是相对的，法律也应当给予侵权的界限，如戏仿作品仅限于合理的批评和讽刺，绝非有意地诋毁和污蔑。另外，戏仿作品本身应当遵循法律的规定，不得违反法律或行政法规的强制性规定。

综上所述，在著作权法的角度看来，戏仿作品凝聚了作者的智力成果，是通过作者独创产生的，具有作品独创性，应当承认其作品的地位，给予著作权法的保护；从宪法的角度看来，作者通过戏仿作品实行批评、讽刺的同时，是在实施自己言论自由的权利，应当得到宪法的支持。

2. 著作权法鼓励创作戏仿作品

我国《著作权法》第1条规定："为保护文学、艺术和科学作品作者的著作权，以及与著作权有关的权益，鼓励有益于社会主义精神文明、物质文明建设的作品的创作和传播，促进社会主义文化和科学事业的发展与繁荣，根据宪法制定本法。"分析该条法律，可知现代著作权制度的原则在

[①] 刘春田主编：《知识产权法》，北京：高等教育出版社2015年5月版，页码。

于鼓励创作和传播。

著作权法对作者的合法权利进行保护，其本质在于鼓励创作和传播。文学艺术的创作固然是智力成果，然而这种智力成果需要得到法律的保护，才能将其转化为经济利益。作者创造出智力成果，一方面得到社会的尊重以及精神上的满足，另一方面收获了经济上的创收，达到鼓励作者创作的目的。

正是因为法律上的认可和保护，才可能使得著作权商业化，使得作者的创作行为产生了经济价值。然而，随着时代的发展，这种"知识产权是私权，私权神圣不可侵犯"的观点经过多年的强化，著作权的私权属性难免被放大和过分强调，对于著作权制度的理解可能与当初的设定背道而驰。在著作权法里，为了保障作者的权利，法律赋予了作者一定时间内对于作品近乎垄断的权利，也就是作者对于作品享有的精神和财产权利以及禁止他人使用作品的权利。然而，作者垄断权利的程度，需要根据时代发展要求博弈调整，因为知识产权法除了私法的属性，还具有公法的性质。著作权法除了保护私人权利，还具有宏观的目标和价值。如《著作权法》第一条明确规定，赋予作者著作权是实现根本目的的手段，根本目的在于鼓励创作和传播，促进社会的文化科学创新。

戏仿作品虽然在原作品基础上进行再创作，但它确实也是创新的一种创作作品方式。法律给予戏仿作品保护和限制，承认其地位，鼓励其创作。戏仿作品可以使更多的人参与作品的创作，不仅是发表批评和讽刺，其本质也是创作全新的作品，是创作手段的创新，使得著作权法鼓励创作和传播的精神得以实现。

值得一提的是，戏仿作品本身含有原作品的许多元素和痕迹，在某种程度上促进了原作品的传播，增加知名度，部分观众甚至因为戏仿作品而重新审视、关注原作品。因此，从著作权的根本目的来看，一方面，保护戏仿作品对鼓励创作和传播有积极的作用；另一方面，鼓励创作和传播又必然会对戏仿作品产生积极的影响。

（四）戏仿作品是否侵犯保护作品完整权

本文在第二部分已经对保护作品完整权在实践中的侵权判定标准进行了详细的介绍，在采用不同的标准下，判断戏仿作品是否侵犯保护作品完整权，得出的结论是截然不同的。以下讨论采用不同标准下，戏仿作品对于保护作品完整权的影响，并结合我国实际情况，探讨两种标准适用的合理性和局限性。

1. 采用主观主义情况下戏仿作品侵犯保护作品完整权

主观主义也就是作者权利主义，只要修改行为违反了作者原来的思想、意愿即构成侵权，[①] 在主观主义的严格标准下，戏仿作品出于批评、讽刺的目的，显然是和作者原来的思想、意愿背道而驰的，若是符合作者原本的思想意愿，便难以称之为批评讽刺，则失去了戏仿作品的根本特征，因此可以得出戏仿作品与作者原来思想、意愿不符的结论。可见，在采取主观主义的情况下，戏仿作品必然侵犯保护作品完整权。

然而，这样的结论难免会产生思想垄断的后果，不利于言论的自由表达，也不利于鼓励创作和传播，和上文的分析相悖，因此采用主观主义来判断戏仿作品侵犯保护作品完整权具有局限性，不符合时代的发展。

2. 采用客观主义情况下戏仿作品不侵犯保护作品完整权

客观主义也就是损害作者声誉的标准，是指修改或利用作品的行为导致作者的声誉遭到损失，则构成侵权。采取客观主义标准的情况下，戏仿作品并不会侵犯保护作品完整权。其实采取客观主义标准，和日本的采取保护作品完整权的"二重结构"的原理是相同的。随着社会的发展进步，公众对于知识产权的使用途径层出不穷，知识产权法也应该要与时俱进，适应时代的发展。

在戏仿作品中，作者对原作品进行了处理和再创作，这种修改的行为是具有幽默、诙谐性的批评讽刺行为，观众能够轻易地分辨出戏仿作品和原作品，并不会将二者混为一谈，更谈不上因为戏仿作品而对原作品产生误解，导致作者的声誉遭到损失。实际上，戏仿作品对于原作品的批评和讽刺，是戏仿作品作者表达自身言论自由的体现，在某种角度看来，这是一种客观的社会评价，导致原作品作者声誉下降的根本原因，并非来自外界的评价，而是原作品的质量未达到公众的需求。

[①] 费安玲：《著作权权利体系之研究——以原始性利益人为主线的理论探讨》，武汉：华中科技大学出版社2011年版，第40页。

四、完善保护作品完整权建议

（一）区分"歪曲、篡改"行为和合理的修改行为

在戏仿作品活跃的网络社会中，以谷阿莫为首的网络创作者通过对原作品的改编和再创作达到对原作品讽刺、批评的目的，戏仿作品容易触碰到保护作品完整权的界限，使得纠纷与矛盾频繁出现。有学者认为，关于保护作品完整权纠纷的案件大部分都是因为双方对于该权利的内涵有不一样的理解，才导致纠纷频发，甚至因为裁判者对于权利内涵理解不同而产生同案不同判的结果。① 因此，明确侵犯作品完整权的内涵，对"歪曲、篡改"进行统一界定，区分开合法合理的修改和歪曲篡改行为，在实务中具有重要的意义。②

以戏仿作品为例，从表面看来，戏仿作品因为其幽默诙谐、戏谑的表现形式使观众捧腹大笑，容易被认为是对原作品歪曲和篡改，影响原作品的风评和作者的声誉。但是，实质上看来，其修改行为的本质目的是为了对原作品进行批评讽刺，而不是为了抹黑、污损原作品。反面而言，若单纯是为了对原作品进行污损歪曲，或者针对作者本人进行人身攻击而作出的修改行为，其创作的作品没有法律依据，不受著作权法的保护，也谈不上是戏仿作品，只是单纯的抄袭等侵权行为，显然侵犯了保护作品完整权。因此，完善保护作品完整权，第一步需要厘清"歪曲、篡改"行为和合理的修改行为。

（二）确定客观主义标准的侵权判定规则

从上文的论述可以了解到，目前学界对于保护作品完整权有两种不同的侵权判断标准，而我国尚不明确适用哪种标准，导致实务界中法院对于侵权的认定标准不一，导致同案不同判的情况时有发生。法律是公民最低限度的行为准则，法律需要具有确定性，才可以实现指引和预测公民的行为。因此，确定保护作品完整权的侵权判断标准，才能满足社会大众的要求。完善我国保护作品完整权制度，必不可少的步骤就是要在立法上对侵

---

① 张慧春：《编作品中精神权利的保护》，载《传播与版权》2014年第1期，第143—145页。
② 刘欢迎：《论保护作品完整权》，重庆：西南政法大学2012年版，第34—36页。

权的标准予以确认。

笔者认为，明确客观主义标准的侵权规则是时代发展的需要，是符合我国国情的选择，同样以戏仿作品为例论证采取客观主义标准的合理性，理由有三：

第一，符合言论自由权利的要求。戏仿是一种文学艺术的创作表达方式，同时也可以自由地表达思想，著作权法保护作品不受他人侵犯并不是意在垄断，而是意在鼓励自由表达。在这样的前提下，著作权只保护作品的表达形式，不保护作品内蕴含的思想。试想，如果著作权法不加区分地给作品的表达思想和表达形式都加以保护，那么很有可能造成思想垄断的后果，和言论自由的人权需求格格不入。戏仿作为自由表达思想的方式，应该要得到保护。戏仿作品兼具模仿和独创兼具的特点，注定了它的创作与原作品联系颇深。然而，戏仿作品的最终目的并非是混淆、替代原作品，相反地，大众可以容易地分辨出模仿原作品的元素和戏仿作品的独创元素。戏仿作品通过运用原作品的素材，使用不同的创作形式，在注入自己的思想之后形成了全新的表达方式，通过讽刺、批评达到自由表达思想和言论的目的，符合宪法自由表达言论的精神。

第二，符合著作权法鼓励创作和传播的精神。客观标准和主观标准相反，后者在最大限度保护了作者的权利，使得作者即使将所有财产权转让后，仍能继续以精神权利所有者的身份对作品进行保护。但是，从另一角度看来，这种以作者为先的标准非常主观和严格，只要作者认为该修改行为违背了他的意愿，那么就判定该行为侵犯其保护作品完整权。这样的侵权标准完全顺应作者的主观观点，非常不利于文化的传播和繁荣。纵观英美法系国家，采取客观主义标准来判定侵权的界限，清晰明朗，极大地促进了文化产业的发展和繁荣。其中，作为影视巨头的美国最为突出。上文论述提及，美国对于精神权利立法颇为曲折，其中美国影视大腕们的作用不容忽视。因此美国对于精神权利的保护力度并不大，保护程度和《伯尔尼公约》相对应，侵害作品完整权的界限仅限于降低了作者的声誉，使其社会评价遭到消极影响。在这样的标准下，美国的文化产业发展迅猛，成为了世界影视产业之首。

第三，符合各方利益博弈需求。知识产权法具有公权性质，并不完全是为了调整个人的私权利，需要在不同的时期对不同的情况作出利益的让步和调整。每一个国家出于国情的考虑，制定的著作权法对作者对于作品的财产权保护年限并不相同，可见这并不是不可调整的硬性标准。我国的文化产业正处于欣欣向荣的发展时期，需要得到更大的鼓励和传播，侵权标准的过于严厉无疑是对文化产业的打压和扼制，适当的灵活宽限处理，会使得文化发展更加迅猛，有利于社会主义文化和谐发展。

（三）对于影响原作者声誉的判断标准

关于客观主义标准中所提及的影响原作者的声誉标准，需要统一制定。笔者认为，该看似抽象的标准可以通过具体的指标得到判断，例如通过市场影响力或者原作者的财产利益损失情况来判定是否影响原作者的声誉。

作者通过创作智力成果，得到了著作权法的保护，而在法律的保护下，将其转换了经济收入，从而鼓励作者继续创作。然而，当作者的声誉因为侵权行为而受损，作者的受众减少，出版社不再对作品进行印刷发行，他的经济收入也会大打折扣。因此，从侧面也可反映出作者的声誉受到了消极的影响。

值得注意的是，这种影响需要是实际存在或者是必然存在的，不可过分夸大，将可能发生的消极影响当作必然发生的消极影响，过分强调这种消极影响对原作者声誉和经济收入的作用。实务中在评估这种消极影响时，应当采取合理统一的标准。

结　语

本文通过探讨戏仿作品是否侵犯保护作品完整权问题，对保护作品完整权的内涵进行分析，包括对其法律根据、侵权行为实质、我国法律存在问题、实务中的侵权判定标准一一进行论述分析，结合不同法系各国对保护作品完整权的规定，反思我国法律存在的不足。以戏仿作品为例，对保护作品完整权的界限进行讨论，提出了新时代下对于保护作品完整权的完善建议，包括如何区分"歪曲、篡改"行为和合理的修改行为，明确客观主义标准的侵权规则，提出如何判断是否影响原作者声誉的初步设想，希望在对于我国著作权法的完善进程中作出贡献，解决实务中对于保护作品完整权不同侵权标准的问题，为我国法制建设进程出一分绵薄之力。

Limitation of the Right of Integrity
——From the Perspective of Parody

Xiangjuan Men, Peishi Yu

Abstract: The right of integrity, the core of moral rights that regulated by "Copyright Law of People's Republic of China", is the right to protect one's work against distortion and mutilation; however, with the times expands, the diversity of re-creation in forms and contents has made the law too difficult to cope with all the problems, the way to protect the right of integrity should keep pace with times. Here to provide a perspective of Parody, which is an art to re-create and criticize the original work. This essay discusses about whether Parody has invaded the right of integrity. Put forward will damage the author's reputation as Infringement of the right to protect works Standard.

Key words: The right of integrity; The limits of rights; Parody

职务犯罪监察制度与刑事诉讼程序衔接之法治化审思

——以规范法学的分析方法为研究进路

郭 松 凌寿强[*]

【内容摘要】作为国家监察体制改革中一项重要的配套机制，职务犯罪监察调查与刑事诉讼的衔接是当下理论界与实务界关注的重点问题。"法法衔接"包含三方面的内容，即程序、证据与调查措施。程序衔接应以刑事立案制度的构建为重点，并厘清职务犯罪案件审查起诉程序的构造与内容；证据衔接则以明确监察证据之证据资格、划定监察调查之取证规范、定位非法证据排除规则之适用为主要内容；调查措施衔接的关键则在于建构留置与刑事强制措施的转化机制，并对留置措施的适用条件予以明确。

【关键词】监察委员会　司法机关　职务犯罪调查　法律程序

一、问题的提出

2018年3月20日，第十三届全国人民代表大会第一次会议表决通过了《中华人民共和国监察法》（下称《监察法》），至此基本完成了国家监察体系从制度设想到实践落地的全过程。根据改革决策者的权威解读，国家监察体制改革的目标是整合反腐败资源力量，加强党对反腐败工作的集中统一领导，构建集中统一、权威高效的中国特色国家监察体制，实现对所

---

[*] 作者简介：郭松，四川大学法学院教授，主要研究刑事诉讼法、司法制度；凌寿强，2018级四川大学法学院研究生，主要研究刑事诉讼法。

有行使公权力的公职人员的监察全覆盖。① "新增国家机关权力的设定和行使,显然会对原有的国家权力横向和纵向配置格局产生广泛的影响,而权力重新配置在法制体系中的必然表现,就是引起法律的创制或法律的废、改、立。"② 监察委员会的创立,不仅涉及检察机关原有的职务犯罪侦查权能及检察机关侦办职务犯罪工作人员向监察委员会地简单移转,还涉及到职务犯罪案件调查权与职务犯罪案件的审查起诉和刑事审判的衔接问题,从而保证监察委与司法机关在职务犯罪案件处理过程中的有序衔接。

我国创立的监察委员会是一项全新的国家制度设计。一方面,这一制度设计重塑了我国的政权组织形式,确立了人民代表大会领导下的"一府一委两院制",其是全面整合现有行政监察、预防腐败和检察机关查处贪污贿赂、失职渎职以及预防职务犯罪等工作力量而设立的机构,依法履行监督、调查、处置职责。实现了从行政监察向国家监察的结构性转化。另一方面,按照顶层设计的权威观点,这一制度设计目的是将监察委员会在性质上定性为"反腐败工作机构",与中国共产党党内纪律检查机构合署办公的体制,统一行使党纪调查权、政务调查权及刑事调查权。同时明确了监委会是一种特殊的"政治机关"。其调查权不具有侦查权的性质,也无须遵循刑事诉讼法的规范,只受《监察法》及关联法律制度的约束。这一全新的国家制度设计或政治制度改革,使得刑事诉讼法规定的职务犯罪侦查机关与审查起诉职能的检察机关及刑事审判机关之间的衔接法律制度不再适用于监察委员会,需要重新设计、构建职务犯罪案件监察权与司法机关之间协调衔接的机制。这必然包括职务犯罪调查权能与职务犯罪审查起诉权能及职务犯罪刑事审判权能的业务衔接问题,也包括监察委员会与检察机关及审判机关的工作有效、有序对接问题。具体到刑事诉讼制度层面上,涉及职务犯罪案件程序的衔接、证据的认定及非法证据排除的衔接及强制措施的转接及其司法审查等。

对于上述问题,刑事诉讼法学界及实务界进行了诸多广泛而有深度的探讨,但上述争论并未随着《监察法》的颁行而告结。现行"法法衔接"的实务操作与制度安排尚不完备,职务犯罪监察制度与刑事诉讼程序之间

---

① 李建国:《关于〈中华人民共和国监察法(草案)〉的说明》,载《〈中华人民共和国监察法〉释义》,中国方正出版社2010年版,第28—29页。

② 童之伟:《将监察体制改革全程纳入法治轨道之方略》,载《法学》2016年第12期,第10页。

的衔接机制"于法无据"的状况依旧亟待解决。这无疑是《监察法》一大立法的遗憾,同时也是《监察法》及关联法律制度在日后的修改、细化过程中需要予以回答的问题。笔者拟就上述系列问题给出建设性的具体化规范设计建议,以期对职务犯罪监察制度与刑事诉讼程序之间的衔接有所裨益。同时由于《监察法》颁行时间较短,可用于资料分析的实务案例相对较少,故本文主要依《监察法》规范为分析蓝本,采规范法学的研究方法述之。

二、监察制度与刑事诉讼制度的程序衔接

国家监察体制改革存在如何实现监察机关与司法机关的工作衔接以及如何监督和制约监察机关两个难点。[①]结合监察体制改革前,我国司法机关办理职务犯罪案件的司法实务经验,上述问题的症结点在于"法法衔接"时程序如何有效且有序衔接的问题。

(一)监察立案程序与刑事立案程序的衔接

1. 监察程序如何转化为刑事司法程序

依照《监察法》第四十五条规定[②],对职务犯罪案件监察委员会经调查认为犯罪事实清楚,证据确实、充分的,应当制作起诉意见书,连同案卷材料、证据一并移送人民检察院依法审查、提起公诉。这一规定虽然提供了监察程序向刑事诉讼程序转化的法律依归,然而该法条并没有明确监察程序是如何转化为刑事司法程序的。监察委员会在设立之初即被定性为"反腐败工作机构",代表党和国家行使监督权,是政治机关,不是司法机

---

① 马怀德:《国家监察体制改革的重要意义和主要任务》,载《国家行政学院学报》2016年第6期,第20页。
② 《监察法》第四十五条:监察机关根据监督、调查结果,依法作出如下处置:(一)对有职务违法行为但情节较轻的公职人员,按照管理权限,直接或者委托有关机关、人员,进行谈话提醒、批评教育、责令检查,或者予以诫勉;(二)对违法的公职人员依照法定程序作出警告、记过、记大过、降级、撤职、开除等政务处分决定;(三)对不履行或者不正确履行职责负有责任的领导人员,按照管理权限对其直接作出问责决定,或者向有权作出问责决定的机关提出问责建议;(四)对涉嫌职务犯罪的,监察机关经调查认为犯罪事实清楚,证据确实、充分的,制作起诉意见书,连同案卷材料、证据一并移送人民检察院依法审查、提起公诉;(五)对监察对象所在单位廉政建设和履行职责存在的问题等提出监察建议。监察机关经调查,对没有证据证明被调查人存在违法犯罪行为的,应当撤销案件,并通知被调查人所在单位。

关、行政机关，如此一来，监察委员会在职权上是无法自行开启职务犯罪案件的刑事诉讼程序的。其向检察机关移送起诉意见书、被调查人以及案卷材料、证据的行为所产生的法律效果也仅仅局限在检察机关接收了涉嫌犯罪的相关当事人与材料，在当前并无相关法律明确规定的前提下，是无法产生任何法律意义上的效果的。因为只有刑事诉讼程序依法启动以后，监察机关向检察机关移送起诉意见书、被调查人以及案卷材料、证据的行为才具备了刑事诉讼法上的意义。而正式启动刑事诉讼程序、使得检查程序有序导入公诉程序的重要节点即是"立案"这一刑事诉讼的基本制度。

我国《刑事诉讼法》第一百零九条至第一百一十四条详细规定了刑事立案制度，《监察法》第三十九条也规定了职务违法犯罪案件的立案制度。但是从法条的内容可以看出，刑事诉讼的"立案"与监察机关的"立案"并非同一性质：刑事诉讼法规定刑事立案必须具备有犯罪事实和需要追究刑事责任。刑事诉讼的立案是刑事诉讼的起始程序，按照程序法定原则的要求只有在立案以后才能进入到侦查、起诉、审判和执行等诉讼程序，不能任意颠倒或超越任何一个诉讼阶段。立案是公安、司法机关依法进行侦查、起诉和审判的前提，即刑事立案程序所立之案件是侦查与审查起诉的对象。而监察委员会的"立案"条件为"经过初步核实，涉嫌存在违法犯罪行为，需要追究法律责任"，但是根据我国《宪法》以及《监察法》，监察机关不是司法机关，不享有刑事立案职权，因此监察委员会对涉嫌职务犯罪案件的"立案"并非刑事立案，故而检察机关没有法律依据对监察委员会移送的起诉意见书、被调查人、案卷材料、证据进行审查起诉，从而也导致了检查程序向刑事司法程序转化的龃龉语境。新《刑事诉讼法》也未对"立案程序"的相关内容作出修订，这无疑是新《刑事诉讼法》一大憾点。

2. 监察调查方式如何与刑事诉讼审查方式的衔接

监察体制改革的成就之一是通过整合行政监察、预防腐败和检察机关查处贪污贿赂、失职渎职及预防职务犯罪等工作力量、加强监察机关各项调查的程序衔接，使得党纪调查权、政务调查权与刑事调查权统一由监察委员会行使。监察委员会通过一次全面的履职调查，形成一套完备的证据材料，既对被调查人违反党纪和违反政纪的事实加以查清，同时也对被调查人的犯罪事实予以掌握，应当承认这种党纪调查权、政务调查权与刑事调查权一体化的调查方式确实有其积极的作用。但是根据《监察法》第三十九条"经过初步核实，对监察对象涉嫌职务违法犯罪，需要追究法律责任的，监察机关应当按照规定的权限和程序办理立案手续"，监察委员会既可以对被调查人的职务违法行为予以检查立案，也可以对被调查人的犯罪行为予以检查立案。这种在监察程序中将违纪违法查处和职务犯罪查处的任务一体化的立案模式过于笼统模糊，难以与刑事诉讼程序中立案制度相衔接。

同时"监察机关单轨调查制度"[①]无法兼顾刑事调查的特殊性，从而大大降低了职务犯罪监察调查的法治化水平。从试点情况看，被监察委立案审查的国家工作人员仅有少量被追究刑事责任。如根据山西省监察制度改革的试点经验材料，全省各级监委成立以来，共处置问题线索6535件，立案2156件，结案1905件，处分1887人，组织处理1191人，移送司法机关5人。[②]这在说明监察体制改革在反腐败斗争中取得显著成就的同时，也印证了在该省经监察委立案调查以后，最终移送司法机关追究刑事责任的被调查人不到百分之一。监察机关单轨调查体制的确立，使得党纪调查、政纪调查与刑事调查适用统一的立案标准，必将导致违反党纪和政纪违法行为难以达到立案水平，从而使得惩治腐败的力度大打折扣；但对于职务犯罪刑事立案标准来讲又是远远打不到应有标准的。受党纪调查和政纪调查低水平立案标准的牵制，刑事调查根本无法达到检察机关对职务犯罪案件的立案所要达到的要求和标准，其可行性和必要性均有待商榷。长此以往，监察机关对公职人员犯罪事实的调查，既无法满足刑事诉讼法的立案要求，也难以达到"事实清楚，证据确实、充分"的最高证明标准。

3. 立案程序衔接的法治化审思：构建独立的职务犯罪立案程序

作为《监察法》与《刑事诉讼法》程序衔接的核心问题，对监察程序如何转化为刑事司法程序以及监察调查方式如何与刑事诉讼程序相衔接予以明文法律规制，对于厘清职务犯罪案件的办理流程、建设逻辑合理的制度理论体系具有重大意义。因此，有必要从监察法和刑事诉讼法的角度对职务犯罪监察程序的立案与刑事诉讼程序的立案条件进行协调衔接。

从当前监察委员会运行的实际情况及此前开展试点地区监察委员会的

---

① 陈瑞华：《论监察委员会的调查权》，载《中国人民大学学报》2018年第4期，第19页。
② 张磊：《做好深度融合大文章—山西开展国家监察体制改革试点工作纪实（下）》，中央纪委监察部网站，http://www.ccdi.gov.cn/special/sbjqcqh/xxgc_sbjqzqh/201706/t20170614_101021.html，登录时间：2019年1月13日。

立案调查程序设置来看，则大致分为三类：一是纪委执纪审查与监察委监察调查同步启动，同步进行。二是结合具体案情，分别采用同步立案、先执纪审查后监察调查、先监察调查后执纪审查等模式。三是实行纪律审查与监察调查文书、程序分别设计，并明确以监委名义获取的证据可用于认定违纪问题，使执纪审查与监察调查既相对分开又有机衔接。① 对此可以推论出，监察委员会在监察实务工作中，尽管对党纪立案调查与监察立案调查予以一定程度上的区分，但两个之间的界定仍旧是没有可供操作的规范，难以区分。既没有设置专司职务犯罪监察调查的内设机构，也没有独立的职务犯罪刑事立案程序规范，从而根据现有法律规范和程序法治原理，便会产生一系列问题：被调查人是否涉嫌职务犯罪无从确定，监察机关便不能采取搜查、监听等限制、剥夺被调查人基本权利的强制性措施和技术调查措施，检察机关对监察机关调查职务犯罪活动的介入和监督也缺乏正当性基础。

解决监察程序如何转化为刑事司法程序以及监察调查方式如何与刑事诉讼程序相衔接，就应当在对执纪审查机构予以区分的基础上，实现党纪立案、职务违法立案和职务犯罪立案的分离，构建独立的职务犯罪立案程序。具体包括：一是完善监察委员会的内设机构，增设专司职务犯罪调查的部门，使其从负责一般违纪违法调查的执纪审查部门中独立出来，形成党纪调查、职务违法调查、职务犯罪调查并行的、衔接紧密的内设机构格局。二是采取"进阶式"立案程序设计思路，构建独立的职务犯罪立案程序。纪委、监察委的执纪审查部门初步核实所受理的腐败问题线索后，对于存在严重违纪需要追究党纪责任的党员，先进行党纪立案。然后，在进一步调查的基础上，对于涉嫌存在违法犯罪行为，需要追究法律责任的，则区分情节轻重和社会危害程度分别提出职务违法立案和职务犯罪立案的意见，交由不同的内设机构进行立案和调查：认为涉嫌职务违法的，由执纪审查部门进行职务违法立案并继续调查；认为涉嫌职务犯罪的，则移交增设的专司职务犯罪调查的部门进行刑事立案和调查。

基于进阶式的立案程序设计，纪委在党纪立案后的调查活动中，不能借用监察委员会的名义采取留置、技术侦查等措施；监察委员会对职务违法的调查活动中，也不能采取只针对职务犯罪的扣押、技术侦查等措施；

---

① 曾锋东、刘昆：《监察调查走进公众视线》，载《中国纪检监察报》2018年1月，第2页。

监察委员会对职务犯罪的调查活动中，可以使用留置、技术侦查等对被调查人基本权利造成重大干预的措施。总而言之，在纪委、监察委员会"合署办公"的背景下，应当通过制度完善和程序建设，避免内设机构的完全叠合和权力行使的混同化，保障被调查人合法权益的实现。

（二）监察管辖与刑事诉讼管辖的衔接

管辖作为"司法公正的第一道生命线"，是刑事诉讼活动中首先需要解决的问题。职务犯罪案件的调查处理既涉及到监察委员会与其他有职务犯罪侦查职权机关在管辖问题上的分工（职能管辖），也涉及到监察委员会内部对所调查案件的分工（地域管辖、级别管辖、指定管辖）。我国刑事诉讼法及有关司法解释对公、检、法等国家专门机关的案件管辖问题进行了具体且具有可操作性的规范。监察体制改革完成以后，职务犯罪案件侦办的权限转隶于监察委员会，同时改革决策者明确指出监察委无须遵循《刑事诉讼法》的规范，仅适用《监察法》及相关法律制度。从而引起了监察权与司法权对职务犯罪案件管辖权的衔接问题。

1. 职能管辖的衔接

刑事诉讼中的职能管辖，是侦查机关、检察机关、审判机关以及其他国家专门机关之间在直接受理刑事案件上的权限划分。监察体制改革后，在职能管辖制度的"法法衔接"上最具争议的问题是关于关联案件的协调衔接。虽然《监察法》第三十四条对关联案件的管辖制度做出了明确的规定，同时中央纪委国家监委也于2018年4月17日印发了关于《国家监察委员会管辖规定（试行）》，该规定详细列举了国家监委管辖的六大类88个职务犯罪案件罪名，根据相关法律法规和司法解释的规定，将相关罪名的追诉立案标准整理，对尚未有具体立案标准的罪名明确其犯罪构成，并提出参考意见。但是由于《监察法》第三十四条采用的是"监察管辖为主"的原则，从而在监察程序与刑事诉讼程序衔接过程中引起了与《刑事诉讼法》第十九条所规定的"主罪管辖为主"原则的冲突，同时也可能造成司法实践中不同机关对案件管辖的推诿或争夺。

2. 级别管辖的衔接

刑事诉讼中的级别管辖，是指各级人民法院在审判第一审刑事案件上的权限分工。《刑事诉讼法》对各级人民法院管辖的第一审刑事案件，做出了明确的规定。我国划分级别管辖的主要依据是案件的性质以及罪行的轻重程度和可能判处的刑罚等。监察机关承担职务犯罪侦查职能后,在级别管辖问题上《监察法》第十六、十七条虽然规定各级监察机关按照管理权限管辖本辖区内公职人员和有关人员所涉及的监察事项以及对指定管辖、管辖争议的解决作出规范,然而却未明确各级监察委员会的管辖范围。且在当前反腐斗争阵地上不断出现的令人触目惊心的"小官巨腐"现象,如果仅仅按照监察法规定的级别管辖原则予以监察调查,则可能出现案件性质与管辖监察机关不匹配的现象,则此时只能依照监察法规定的移送管辖或指定管辖原则将案件"移管"。上述现象如果大量存在,则势必会影响各级监察委员会的工作效率。

虽然刑事诉讼法规定的级别管辖是针对各级法院审判管辖范围的规范,并不直接规制侦查机关与检察机关,但由于侦查机关移送案件、检察机关审查起诉都要向有管辖权的法院提出,因此公安机关、检察机关为明确刑事案件的管辖权限以及更好的衔接刑事审判,也分别在《公安机关办理刑事案件程序规定》与《人民检察院直接受理立案侦查职务犯罪案件管辖规定》等文件中参照刑事诉讼法关于审判管辖中级别管辖的规定,对各自的级别管辖问题作出明确规定。但是监察法仅仅规定了案件的指定管辖问题及案件的上提下送,并未对级别管辖的基础规范作出明确、具有实操性的规范。因而可能导致在级别管辖的协调衔接上出现某种矛盾。

3. 管辖制度衔接的法治化审思:构建独立的职务犯罪立案程序

笔者认为,就刑事诉讼中的关联案件的管辖衔接,在后续的监察法完善过程中应当对监察管辖为主的管辖思路作出调整,参照监察体制改革之前刑事诉讼程序中主罪管辖为主的原则,由主要犯罪行为管辖机关主导监察(刑事诉讼)程序,其他机关予以协助的方式,同时对衔接机制作出合理且具有实操性的制度规范,从而促使监察机关与其他司法机关之间就关联案件管辖问题衔接的法治化与协调化。

就审判管辖中的级别管辖衔接,首先在监察体制后续的改革过程中,应当完善监察机关级别管辖的制度建设,制定明确且具有实际操作性的衔接规范。其次,监察机关划分级别管辖的依据也应当作出修改,在将"干部管理权限"作为划分监察机关级别管辖根据的基础上,将"案件性质及影响力的大小"作为必要因素引入监察机关级别管辖的划分依据,以解决监察实践中"小官巨腐"的现象。这既有利于监察程序与刑事诉讼程序的协调衔接,避免职权机关在行使级别管辖过程中出现管辖权的冲突。同时也有利于凝聚各反腐败机关的力量，形成上下联动、持续发力的反腐合力，形成集中统一、权威高效的国家监察体系。

三、监察证据与刑事诉讼证据的衔接

（一）监察程序与刑事诉讼程序证据标准和要求的衔接

首先，对于职务犯罪案件监察调查过程中收集到的证据材料能否直接导入刑事诉讼程序作为检察机关审查起诉及审判机关定罪量刑的证据适用的问题，《监察法》第三十三条第二款"监察机关在收集、固定、审查、运用证据时，应当与刑事审判关于证据的要求和标准相一致。"这一规范就上述问题给出了肯定但又模糊性的答复，即以刑事审判对职务犯罪案件定罪量刑证据的要求和标准来规范监察机关在查办职务犯罪案件中调查取证的行为，从而实现职务犯罪监察调查程序与刑事诉讼程序在证据规范标准及要求上的衔接。

其次，需要值得注意的是，该条规定应当与"刑事审判"关于证据的要求和标准相一致，而非刑事诉讼法的证据标准和要求，从而使得该款规范表意不明。且在监察体制改革之初，顶层设计者就明确规定，监察委员会的调查行为不具有侦查的性质，也不受《刑事诉讼法》的约束，而只受《监察法》及相关法规的规范。法律规范的表意不明与上述规定对监察委员会特殊职能定位的说明，也使得职务犯罪案件的监察调查工作陷入了两难困境：如果遵循刑事诉讼法关于证据标准和要求的规范，则与监察委员会的特殊职能定位要求相冲突；如果不遵循刑事诉讼法关于证据标准和要求的规范，则难以保证监察委员会在职务犯罪监察调查工作中收集、固定的证据与刑事审判所要求的证据标准相一致。

最后，正如立案程序的衔接中所述，监察程序中将违纪违法查处和职务犯罪查处一体化的立案模式，使得监察调查立法不仅指向职务犯罪，同时也指向违纪违法的事实。对党纪调查、政纪调查与刑事调查适用相同的证据要求和证明标准，这对于党纪调查和政纪调查是没有必要的，而对于刑事调查则又是远远不够的。[①]

[①] 陈瑞华：《论监察委员会的调查权》，载《中国人民大学学报》2018年第4期，第10—20页。

（二）监察证据向刑事诉讼证据地转化

监察证据向刑事诉讼证据转化的目的在于实现监察案件向刑事诉讼案件的转变。只有在明确了监察委员会在职务犯罪监察程序中收集、固定的证据可用于刑事诉讼程序中对职务犯罪被告人的审查起诉以及定罪量刑，监察调查程序的目的才能实现。对于职务犯罪案件监察调查过程中收集到的证据材料在刑事诉讼中的适用问题，《监察法》第三十三条第一款规定，监察机关依照本法规定收集的物证、书证、证人证言、被调查人供述和辩解、视听资料、电子数据等证据材料，在刑事诉讼中可以作为证据使用。该条款以概括的方式授权监察程序收集、固定的证据材料在刑事诉讼程序中具有证据资格，可以直接转化为刑事诉讼程序中检察机关审查起诉及审判机关定罪量刑的直接依据。同时也解决了我国过往职务犯罪查办过程中因证据转化、重复取证等而导致的司法效率低下、刑事诉讼资源浪费的痼疾。但是，在"两制分立"的司法现状下，监察证据向刑事诉讼证据地转化也存在诸多有待商榷的现象。

第一，如前文所述，由于监察委员会不受我国《刑事诉讼法》的规制，因此证据的合法性来源能否得到保障是存疑的。[①] 监察机关在职务犯罪案件调查过程中收集、固定证据的行为应当遵循哪些程序规范？监察机关在违纪调查、违法调查过程中收集、固定的证据与在职务犯罪调查过程中收集、固定的证据是否都可以进入刑事诉讼程序作为确定被调查人最终定罪量刑的根据？由于监察体制改革的顶层设计者对监察机关特殊的政治定位和职能定位，致使其在职务犯罪案件监察调查过程中无法受到司法审查与监督且律师无法介入，其收集固定证据程序的合法性与内容的真实性是饱受质疑的，并因而引起了学者对其收集、固定证据行为及程序规范性的思考。

第二，依照《监察法》第三十三条第一款规定，职务犯罪监察程序中收集、固定的证据材料可以不经转化直接应用于刑事诉讼程序。但是在刑事诉讼程序中对包括职务犯罪在内的所有刑事案件，检察机关为审查起诉以及审判机关为定罪量刑而收集、固定、审查、运用证据的法律行为均是

---

① 李麒、常晓甜：《监察体制与刑事诉讼衔接问题探讨》，载《司法改革背景下刑事诉讼制度的完善——中国刑事诉讼法学研究会2017年年会论文集》2017年11月，第28页。

由《刑事诉讼法》所规制的。对于《监察法》中的上述规范,《刑事诉讼法》中并无规定与此衔接,从而导致了"法法衔接"的不相协调。此外,赋予非刑事诉讼主体直接收集诉讼证据之权力,与现行《刑事诉讼法》第五十二条"审判人员、检察人员、侦查人员必须依照法定程序"收集证据的取证法定规则不符。且正如有学者指出的那样,并非所有被监察机关立案的被调查人最终都将受到刑事责任的追究,因而对于前期以职务违法而调取的证据,在后续的职务犯罪处理程序中无法进入刑事诉讼程序,这是否意味着需要重新收集、固定证据?

(三)监察非法证据排除问题

基于司法震慑或司法的纯洁性的理论基础,为准确惩罚犯罪,保护犯罪嫌疑人、被告人宪法上的基本权利,现在世界各法治国家大都在本国的刑事法律制度中创设了非法证据排除规则。2012年我国《刑事诉讼法》修改时,在该法第五十六条正式确立了非法证据排除规则。2017年"两高三部"联合发布《关于办理刑事案件严格排除非法证据若干问题的规定》,进一步完善非法证据排除规则,将规则贯彻于包括侦查、提起公诉、一审、二审、死刑复核乃至于审判监督程序在内的刑事诉讼全过程。

监察委员会调查职务犯罪案件同样需要适用非法证据排除规则。这是因为调查所得的证据最终要经过法庭质证才能作为定案依据,证据调查必然要向审判看齐。《监察法》第三十三条第三款规定,以非法方法收集的证据应当依法予以排除,不得作为案件处置的依据。该项条款明确了监察机关在职务犯罪监察调查过程对于非法证据的排除职责。但是,监察法并没有对该条款所确定的"非法证据排除"的条件、种类、情形等作出明确的界定和列举;由于检察机关不执行刑事诉讼法,而仅受监察法及其相关法规的约束,因此,刑事诉讼法及其司法解释对非法证据排除规则的规范就难以对监察机关的职务犯罪调查活动进行约束及规制作用;基于上述理由检察机关在职务犯罪监察调查过程中不执行刑事诉讼法的规范而收集、固定的证据如何排除,成为摆在司法人员面前的一道难题。

(四)证据制度衔接的法治化审思

1. 就监察程序与刑事诉讼程序证据标准和要求的衔接,应当实行监察取证的双轨运行机制,对于职务违法案件与职务犯罪案件予以分别立案调查取证。首先把握好职务违法案件与职务犯罪案件区分的节点，在对涉嫌职务违法的被调查人进行监察调查之后，严格审查被调查人的职务行为是否构成职务犯罪，对于涉嫌职务犯罪的被调查人的证据的收集、固定都应当按照刑事诉讼法及其司法解释规定的关于证据的标准和要求，实现与办理职务违法案件收集固定的证据相分离，分别建档立卷。这样既能保证最终进入刑事诉讼程序案件的证据无论是在证据能力、证明力等方面还是在证据的外在形式等方面都能经受到检察机关、审判机关的司法审查，又能实现监察程序与刑事诉讼程序证据标准和要求的有效协调衔接。其次，引入多年来行之有效的提前介入制度与司法实务经验，使得检察机关提前介入涉嫌职务犯罪调查取证的工作，对监察工作中收集证据予以分类并审核把关；对重大、疑难、复杂的职务犯罪案件还可以商请检察机关提前介入调查工作，由检察机关按刑事诉讼证据标准提前进行审核，确保证据准确分类和证据标准的有效衔接。

2. 就监察证据向刑事诉讼证据地转化，首先按照法定原则，监察机关收集的证据向刑事诉讼程序地转化问题仅仅在《监察法》中予以规定是显然不充分的，刑事诉讼法的证据体系也应当作出重大调整，使得检察机关、审判机关在审理职务犯罪案件过程中对于符合刑事诉讼证据标准的监察材料作为审查起诉、定罪量刑的证据，从而使得处理贪污腐败等职务犯罪案件的法律程序以法治化，并实现国家监察程序与刑事诉讼程序的衔接。

3. 就监察非法证据排除问题，按照我国监察法立法过于简疏的现状，为实现监察法与刑事诉讼法的协调，避免刑事诉讼法与监察法立法规范的重叠，同时，也可以解决监察机关由于监察法规范的简略而在处理某些案件时无法可依的状况，笔者认为，监察法可以采用准用性规范的形式对适用刑事诉讼法中包括非法证据排除规则在内的有关证据收集的程序、要求和审查标准等法律规范予以规制，这样既可以避免就同一问题由刑事诉讼法和监察法重复性立法而带来的立法不经济的问题；同时，也使得监察程序在调查过程中所收集固定的证据能够在形式上和实质上满足与刑事审判关于证据的要求和标准相一致。此外，由于监察机关在办理职务违法犯罪案件过程中的惩治性特征及特殊职能定位，且职务违法犯罪案件所具有隐秘性、对口供的高度依赖性，尤其是在律师于案件调查过程中无法介入的情况下，尽管监察法规定了对职务犯罪被调查人全部讯问过程实行录音录像，但是往往在确定被调查人涉嫌职务犯罪之前，监察机关已经对处于初核阶段的被调查人进行了询问，被调查人也就某些犯罪事实作出了供述，而这一调查过程是否存在违法取证等情形，往往成为了问题的关键，因此应当将全程录音录像的范围扩大至对被调查人立案调查的全过程。

四、监察措施与刑事侦查措施的衔接

（一）监察调查措施与刑事强制措施的协调衔接

在党纪调查、政纪调查和刑事调查合二为一的体制改革背景下，为了兼顾职务犯罪和职务违法两方面的监察调查需要，《监察法》在采用了规避开《刑事诉讼法》而重新立法的方式规定，监察委员会在查办职务违法犯罪案件过程中可依法行使包括讯问、询问、查询、冻结、搜查、调取、查封、扣押、勘验检查、鉴定、通缉等十二种调查措施。从形式上看，这些调查程序与刑事诉讼法所确立的相应侦查程序并没有太明显的区别。但是，考虑到刑事侦查措施要经过专门的司法授权和审批程序，辩护律师也可以参与决定过程，或者可以申请救济，并且这些措施还要受到非法证据排除规则的制约，因此，这些调查程序的法治化水平显然就无法与刑事侦查措施相提并论了；[①] 此外，采取避开刑事诉讼法另作立法规定的做法，虽然可以兼顾职务违法和职务犯罪两方面的调查需要，但是监察机关在适用这些调查措施时并没有明显区别于刑事诉讼法的特殊规定，从而导致部分刑事诉讼规范的重复立法，造成立法资源的浪费以及由此而形成的"法法衔接"的重复规范；同时，由于监察法颁行时间短暂且《监察法》所规定的内容比较宽泛、原则，相应的职务违法犯罪实践反映地理论冲突和实践困境并没有充分的显现，监察法规范的法律效果尚未充分显现出来，因而可以预见对于《监察法》相应的细化工作在短时间内并不能出现，并可能由此导致监察机关在案件办理过程中无法可循或操作不规范等问题。

（二）留置措施和拘留、逮捕措施的协调衔接

在监察体制改革过程中，用留置措施取代"双规""双指"，被视为

[①] 周长军：《监察委员会调查职务犯罪的程序构造研究》，载《法学论坛》2018第2期，第135页。

"用法治思维、法治方式惩治腐败的体现",实现了"双规的法治化",是我国法制建设的重大进步。根据监察法,留置属于监察机关有权采用的十二种调查措施之一。而在监察实践中监察机关一旦采取留置措施,即可以在较长时间内剥夺被调查人的人身自由,并迫使其接受审查和讯问。因此,留置又被视为监察机关最重要的调查措施。[①]但是,监察留置措施在刑事诉讼理论及司法实践中也存在诸多值得商榷的探讨。

第一,监察留置向刑事逮捕的转化衔接。监察机关在就职务违法犯罪调查完毕,认定被调查人涉嫌职务犯罪而性检察机关移送审查起诉时,首先需要解决的问题就是检查留置措施向刑事强制措施的转化与衔接,实现监察体制改革所设立的两法间"无缝衔接"的立法目标。《刑事诉讼法》第一百七十条对于这一问题作出看似明确的规定:"对于监察机关移送起诉的已采取留置措施的案件,人民检察院应当对犯罪嫌疑人先行拘留,留置措施自动解除。人民检察院应当在拘留后的十日以内作出是否逮捕、取保候审或者监视居住的决定。"但是这一规定却并没有考虑到拘留的适用条件及性质,使得监察机关移送的被调查人在适用拘留的法定情形中没有明确的法律依据。

第二,监察留置决定权的法治化衔接。按照我国刑事诉讼法规定,刑事案件侦查机关在开展侦查活动前必须履行相应的法律审批手续,对所采取的侦查活动予以立案,从而保障立案后的诉讼阶段能够依法进行下去并产生法律后果。一旦立案,强制侦查即为合法;而没有立案,就不能采取强制性取证和人身控制措施。[②]基于上述理由,在刑事诉讼法中,查封、扣押、冻结、拘留、逮捕等刑事强制措施必须在履行了刑事立案程序以后才能对犯罪嫌疑人、被告人实施。但是,由于监察委员会特殊的立案模式——违纪违法查处和职务犯罪查处一体化,对涉嫌职务违法犯罪的被调查人先采取留置措施,而后才对被调查人涉嫌职务违法犯罪的行为予以"初核",基于初核的结果对职务犯罪行为作出是否立案的决定。根据前述监察体制改革试点地区的数据分析材料(前引⑤),我们可知相比于监察机关立案的案件,最终被移送司法机关追究刑事责任的案件不足百分之一,可谓少之又少。这样势必会造成对被调查人人身自由等基本权利的侵害。

---

① 杨宇冠等:《监察机关留置问题研究》,载《浙江工商大学学报》2018年第10期,第64页。
② 龙宗智:《取证主体合法性若干问题》,载《法学研究》2007年第3期,第142页。

同时，由于监察机关对被调查人拥有"自侦、自捕"的裁量权，且监察法对留置适用的条件规范也不明晰，从而也引起了学者们对监察机关留置调查措施是否存在"以捕代侦"和"构罪即捕"等问题的思考。

（三）监察措施与刑事侦查措施衔接的法治化审思

就监察调查措施与刑事强制措施的协调衔接，由于监察法对调查措施的规定相对原则化，对每一项监察调查措施都没有予以细化，如此一来可能造成监察机关工作人员在职务犯罪案件的调查处理过程中权力的扩大，甚至可能会出现调查处理的任意性。且监察机关在适用这些调查措施时并没有明显区别于刑事诉讼法的特殊规定，因此如果寄希望于通过监察体制后续的改革对上述调查措施通过解释等方式予以明确化，又可能会造成立法不经济、重复立法等问题，影响法制统一。因此监察体制的后续改革应当在监察法中作出援引性的规定，授权监察机关在职务犯罪案件的调查过程中可以援引刑事诉讼法关于侦查措施的适用规定，从而使得监察机关的调查活动有法可依，实现调查活动的法治化。同时对于通缉、搜查等需要提请公安机关予以配合的调查措施，由于公安机关在技术侦查、侦查能力等方面具有监察机关无法比拟的优势，因此可以在监察机关主导的前提下，依靠公安机关协助执行，这样既没有突破监察机关在职务犯罪案件调查处理过程中的主导地位，同时也有效地实施了调查（侦查）措施，使得案件得以有效处理。

就留置措施和拘留、逮捕措施的协调衔接，首先需要厘清职务违法案件与职务犯罪案件之间的界限，借鉴采取"进阶式"的立案程序设计思路，在留置措施的实施上，监察委的执纪审查部门初步核实所受理的腐败问题线索后，对于存在严重违纪需要追究党纪责任的党员，先进行党纪立案。然后，在进一步调查的基础上，对于涉嫌存在职务犯罪行为，需要追究法律责任的，则区分情节轻重和社会危害程度分别提出是否采取留置措施的意见。其次，应当借鉴刑事诉讼法对于拘留、逮捕措施的规制对留置措施的实施设置相应的实体和程序要件。对于涉嫌职务违法的被调查人在调查初期对其是否涉嫌职务犯罪由于无法做出准确地界定，因此动辄采取留置等限制人身自由的做法实属不妥，例如被调查人仅涉及职务违法却采用留置措施在很长时间内限制或剥夺其人身自由，则此时留置的正当性基础是存在争议的。因此应当严格审查被调查人违法犯罪行为的证据及留置的必要性，防止不当留置而引起的国家赔偿等不必要事宜，同时也要防止出现"以捕代侦""以留代查"等现象。最后，为防止监察委员会过大的裁量空间，留置适用的条件必须予以法定化，同时在制度层面对被调查人的留置必要性根据案件的处理情况予以审查作出规定。

Legal Considerations of The Convergence of Supervisory Commission and Criminal Procedure Law
——Taking the Snalytical Method of Normative Law as the Research Approach

Song Guo, Shouqiang Ling

Abstract: As two important affiliating design to the national supervisory system, linking duty crime supervision and criminal law procedure becomes a key point that raises the attention of theorists and practitioners. It contains three aspects, procedure, evidence, and investigation measures. Procedure should emphasizes on transition from duty crime supervision to criminal law procedure, the construction of criminal filing system, and sorting out the structure and content of duty crime censoring and suing procedure; evidence should qualifying itself as supervisory evidence, with set standard when obtaining supervisory evidence, and specific rule for excluding illegal evidence; the key of investigation lies in constructing transition system/procedure between detention and the criminal coercive measures, and specifying the rules of applicable conditions for retention measures.

Keywords: Supervisory Committee; Judicial Organ; Investigation of Duty-related Crimes; Legal Procedure

认罪认罚从宽中的协商机制研究[*]

刘少军　池天成

【内容摘要】 当下实行的认罪认罚从宽制度本质上是公检法机关与被追诉者在案件处理及被追诉者刑事责任承担上的协商合意机制。其中，控辩协商是认罪认罚从宽制度的前提。现行法律未对协商机制做任何规定，而认罪认罚协商在实践中客观存在，由此导致了协商主体不明、人权保障不到位、操作流程不规范、协商过程缺乏监督等诸多问题。为此，需要建立系统的认罪认罚协商机制。为实现控辩地位的相对平衡、保障程序公正，认罪认罚协商的主体应包括侦控机关、被追诉人、辩护律师及被害人。协商内容包括附条件撤销案件协商、诉讼程序选择协商、强制措施适用及变更协商、不起诉裁量权行使协商以及量刑建议协商等方面。在协商程序架构上，应明确认罪认罚协商机制启动的阶段及方式，以规范协商操作流程。此外，为避免公权力的滥用造成"权钱交易""虚假认罪"等程序不公现象，还应建立协商的审查机制，对协商的过程及结果的合法性予以审核。

【关键词】 认罪认罚从宽　认罪认罚协商　协商主体　协商内容　程序架构

一、问题的提出

认罪认罚从宽制度是司法体制改革中的重要一环，自试点工作推行以来取得了较为明显的成效。从逻辑关系上看，"认罪认罚"与"从宽"之

---

[*] 本文为国家社科基金一般项目《以审判为中心视角下重构侦诉审关系研究》(17BFX061)的研究成果之一。

作者简介：刘少军，安徽大学法学院教授，法学博士。池天成，安徽大学法学院硕士研究生。

间存在某种"对价"的意思。一方面,被追诉人通过认罪认罚的行为获取包括程序从简和实体从宽两个维度的从宽处理①;另一方面,"从宽"是司法机关通过实体和程序上的优惠来促使被追诉人主动、自愿认罪认罚的激励方式。这意味着认罪认罚从宽需建立在控辩协商对话的基础上才能充分发挥其制度功效。同时,认罪认罚协商在实践中也表现出了较大的市场需求。然而遗憾的是,新修订的《刑事诉讼法》对认罪认罚从宽制度采取了"镶嵌式"立法模式,未对认罪认罚协商中的主体、内容以及程序架构等加以规定,致使认罪认罚从宽制度在操作层面存在较为严重的缺陷。

认罪认罚协商在司法实践中早已有迹可循。其中最具代表性也最有争议性的当属被称为"中国辩诉交易第一案"的孟广虎故意伤害案。②该案基本事实清楚,但在量刑上缺乏完整的证据链,最后控辩双方通过协商达成了一致意见:被告人认罪,法院对被告人从宽处理。该案借鉴了英美法系的辩诉交易制度,但却在某种程度上违反了我国《刑事诉讼法》对证明标准和证据裁判规则的要求,因此遭到不少学者的批评。2016 年 2 月 14 日,最高人民检察院在官网上重点推荐"北京朝阳区检察院推认罪认罚协商机制"一文,称朝阳区检察院在办理符合刑事速裁程序的案件时,若被追诉人与检察官达成协议,并签署认罪认罚协商承诺书,检察官在起诉时不仅会建议法官适用速裁程序,还会提出比同类犯罪正常量刑建议减轻 10%~20% 的建议。③此种量刑协商尽管在一定程度上符合我国证据裁判规则的要求,但协商范围的狭隘性可能会影响被追诉人认罪认罚的积极性,进而阻碍认罪认罚从宽制度生命力的发挥。近年来,地方检察院对认罪认罚协商机制的不断探索反映了实务中对于通过立法确立认罪认罚协商规范性指引的现实需求,同时各地方的实践经验也在促进立法条件的成熟,因而如何通过立法构建一套完善的认罪认罚协商机制,进而保障认罪认罚从宽制度长效机制的运转就是当前应当予以重点考虑的课题。

本文所称的认罪认罚协商机制是指在认罪认罚案件中,在保障被害人

---

① 陈卫东《认罪认罚从宽制度试点中的几个问题》,载《国家检察官学院学报》2017 年第 25 期,第 4—5 页。

② 张景义等:《聚焦国内"辩诉交易"第一案》,中国法院网,https://www.chinacourt.org/article/detail/2002/08/id/9780.shtml,登录时间:2019 年 2 月 18 日。https://www.chinacourt.org/article/detail/2002/08/id/9780.shtml。

③ 黄洁、张剑:《北京朝阳区检察院推认罪认罚协商机制》,载《法制日报》。http://www.spp.gov.cn/zdgz/201602/t20160214_112492.shtml,登录时间:2019 年 2 月 16 日。

知情权和参与权的前提下，由控辩双方在法定范围内就案件的撤销、诉讼程序的选择、强制措施的适用、变更和解除等程序性事项以及检察机关不起诉裁量权的适用、检察机关量刑建议等有关的实体性与程序性事项进行对话，达成一致意见，并由法官就达成的实体性结果进行认定的诉讼机制。作为认罪认罚从宽制度的内在有机组成部分，认罪认罚协商机制对于调动被追诉人认罪认罚的自愿性和主动性，推动案件繁简分流处理机制的良性运转具有重要作用。因此，为了巩固司法体制改革成果，保障认罪认罚从宽制度的长效运行，应将实践中的认罪认罚协商做法在立法上予以明确。本文拟从协商主体、协商内容、协商程序与协商的审查机制等方面对认罪认罚协商机制展开探讨。

二、认罪认罚协商的主体

为规范认罪认罚协商程序，防止出现法律上权利（权力）义务不明的乱象，应对协商主体进行明确界定。在认罪认罚从宽的语境下，协商意味着对权利或权力的处分，主要体现为被追诉人对无罪答辩权的放弃和控诉机关对部分追诉权的让渡。然而，由于控辩双方诉讼地位差距悬殊，对抗能力失衡，如果认罪认罚协商程序只设置被追诉人和控方两造主体，可能会造成被追诉人主体地位虚置，合法权益难受保障等问题。故认罪认罚协商机制还应当保证辩护人的及时与有效参与，以平衡控辩双方的诉讼地位。鉴于检察机关在认罪认罚协商程序中对于酌定不起诉权等公权力拥有较大的自由裁量空间，这可能成为某些轻微刑事案件或者事实认定不清案件中腐败产生的温床。[①] 因此，有必要引入被害人对整个程序实施外部监督，以保障控辩双方的协商活动不会逾越法律红线，防止"权权交易"或"权钱交易"等司法腐败现象的发生，以保证协商程序的公正性。同时，被害人的意见对于控方评估被追诉人社会危害性程度以及认罪悔罪态度也具有重要的参考价值。因此，认罪认罚协商的主体应当包括：

---

① 胡铭、张传玺：《认罪认罚从宽制度中的法律监督》，载《昆明理工大学学报(社会科学版)》2017年第17期，第6页。

（一）侦查机关

由侦查机关参与认罪认罚协商程序并非一项大胆的制度创想。早在2014年，法国就引入了由司法警察主导的刑事交易制度。该制度授权司法警察在公诉正式启动之前就公诉事项与涉案主体进行交易，从而实现诉讼效率的最大化。[①] 我国有学者对于侦查机关启动认罪认罚协商程序持反对意见。例如，陈卫东教授认为认罪认罚必须在案件事实清楚、证据确实充分的条件下进行，即认罪认罚协商只能在检察机关指控被追诉人有罪的前提下进行。[②] 因为在侦查阶段，案件尚未达到事实清楚、证据确实充分的基本条件，允许认罪认罚协商可能会导致侦查人员为了减轻工作负担而依赖口供、怠于侦查。尤其是在一些侦破难度较高的案件中，侦查人员基于破案压力可能会打着认罪认罚协商的幌子强迫犯罪嫌疑人认罪认罚，造成虚假认罪、冤枉无辜等问题，进而导致冤假错案率的上升。

学者的意见反映了对口供中心主义的排斥及对人权保障具体落实的担忧。然而，根据《刑事诉讼法》第55条的规定，"唯口供"的定案方式已被明确禁止，法院仅依靠被追诉人的口供不能作出有罪判决。法律对于诉讼各阶段的证明标准也有了统一且相对较高的要求。结合认罪认罚从宽制度的规定，对于侦查机关使用强迫、诱使等非法手段获取的被追诉人认罪的证据，可直接参照适用非法证据排除规则进行程序性制裁，至于虚假认罪问题则可以通过建立完善的自愿性审查机制和反悔机制予以规制。同时，根据《刑事诉讼法》的规定，认罪认罚从宽制度是贯穿于刑事诉讼全过程的，故被追诉人认罪认罚不应受诉讼阶段的限制。相反，被追诉人越早认罪，越有利于案件的快速高效处理，越有利于公平正义的早日实现。因此，笔者认为，侦查机关可以作为认罪认罚协商中的参与主体。但鉴于侦查机关在刑事诉讼的特殊地位，应当将侦查机关参与协商的范围限制在一定的范围内。

（二）检察机关

无论在英美法系还是大陆法系，检察机关均作为核心主体主持和参与

[①] 施鹏鹏：《警察刑事交易制度研究——法国模式及其中国化改造》，载《法学杂志》2017年第38期，第114页。

[②] 陈卫东：《认罪认罚从宽制度研究》，载《中国法学》2016年第7期，第54页。

协商活动。我国检察机关作为国家唯一的公诉机关在认罪认罚从宽程序中拥有程序和实体两方面的自由裁量权。在程序上，检察机关有权启动审前简易程序，通过"侦查直诉"等方式缩短案件的审查起诉期限，起诉时检察机关可以建议人民法院适用速裁程序或者简易程序，通过办案流程的简化缩短被追诉人的羁押期限。在法定情形下，检察机关经过审查认为案件符合不起诉条件的，有权对案件做出不起诉处理，进而终止刑事追诉程序。此外，检察机关可以对羁押性强制措施予以变更或解除，决定采取取保候审、监视居住等非羁押性措施。在实体上，检察机关作为求刑权主体做出的量刑建议对法院起着重要参考作用。最高人民检察院2018年发布的工作报告显示，在适用认罪认罚程序审结的案件当中，人民法院对检察院量刑建议的采纳率高达92.1%[①]。新《刑事诉讼法》第201条将检察机关在认罪认罚案件中的求刑权进一步予以强化，致使在许多认罪认罚案件中检察官的起诉意见书几乎变相发挥裁判文书的作用[②]。检察机关不断扩张的自由裁量权也为控辩双方协商合作提供了较大的制度空间。因此，认罪认罚协商的重心自然落到了审查起诉阶段。

此外，在我国，检察机关基于法律监督者的身份，在审前发挥把好程序公正第一道关口的作用。一方面，检察机关可以直接介入侦查活动，对侦查环节开展的认罪认罚协商进行监督和指导，保障程序的公正性；另一方面，在审查起诉环节，检察机关通过审查案卷材料、讯问犯罪嫌疑人等方式，保证犯罪嫌疑人认罪认罚的自愿性、明知性和明智性，确保认罪认罚协商程序的公平、自愿与合法性基础。此外，根据《刑事诉讼法》第182条的规定，侦查阶段协商结果涉及案件撤销的，还需报经最高检核准。

（三）被追诉人

刑事诉讼中保障人权的司法理念要求要在诉讼活动中彰显被追诉人程序主体地位。唐力教授指出："当事人程序主体性原则不仅是诉讼观念的转变，更是司法制度的内在'革命'，它从以'权力'为中心的诉讼制度转

[①] 曹建明：《最高人民检察院工作报告》，新华网，www.spp.gov.cn/spp/gzbg/201803/t20180325_372171.shtml，登录时间：2019年2月28日。

[②] 根据2019年3月12日最高人民检察院所作工作报告显示，在认罪认罚从宽案件当中，检察机关的量刑建议采纳率上升至96%。详见最高人民检察院官网：www.spp.gov.cn/tt/201903/t20190312_411422.shtml。

变为以'当事人权利保障'为中心。"① 立法将认罪认罚确立为被追诉人的一项诉讼权利,该项权利具有排他性。被追诉人认罪认罚是将该诉讼权利具象化为一种法律行为,该行为不仅能够引起特定刑事诉讼程序的发生、改变或终结,还会导致案件实体处理结果发生实质性变化,因此,认罪认罚协商本质上是一项以被追诉人作出认罪认罚行为为基础的诉讼机制。并且,认罪认罚从宽制度建立在被追诉人认罪认罚自愿性基础上,被追诉人只有全面深入参与与控方的协商中,才能保障其认罪认罚自愿性的形成。总之,被追诉人作为协商机制中的主体是有充分根据的。但由于法律知识的欠缺和诉讼地位的受限,被追诉人在认罪认罚协商机制中显然不占优势。美国辩诉交易的经验表明,只有在律师介入协商程序的情况下才能最大程度地保障"被告人的程序选择权正确且公正地行使"②。因此,被追诉人主体地位的实现离不开辩护律师的协助。

(四)辩护律师

认罪认罚从宽协商机制的构建应当重点关注对国家公权力的牵制和对被追诉人权利的加持,保障两方主体地位相对平衡。辩护律师基于自身职业的特殊性,可以在认罪认罚协商程序中发挥"平衡器"的作用,是保障程序公正和被追诉人人权不可或缺的角色。通常来说,辩护律师基于忠实义务不可超越委托人的意志直接做出认罪认罚行为,其主体作用主要体现在对被追诉人的自愿性、明知性和明智性的保障。具体而言,辩护律师在认罪认罚协商机制中的作用在不同阶段有所不同。其一,在侦查阶段,犯罪嫌疑人往往对可能被判处的罪名、罪数、量刑等问题缺乏清晰的认识,有必要让辩护律师在会见时为其详细解读相关法律政策,使其明白认罪认罚的性质和法律后果。③ 在嫌疑人有认罪意愿的情况下,辩护律师通过与办案人员进行商谈,为其争取宽缓的程序性处理。其二,在审查起诉阶段,辩护律师通过全面阅卷了解案件的基本情况,根据控方掌握的证据情

---

① 唐力:《当事人程序主体性原则——兼论"以当事人为本"之诉讼构造法理》,载《现代法学》2003年第5期,第123页。
② [日]田口守一:《刑事诉讼的目的》,张凌、于秀峰译,北京:中国政法大学出版社2011年版,第217页。
③ 张子君:《侦查阶段适用认罪认罚从宽制度研究》,载《西部法学评论》2018年第5期,第61页。

况向犯罪嫌疑人提出认罪与否的建议。犯罪嫌疑人打算认罪的,辩护律师与检察机关展开协商,可为委托人争取最大的从宽处罚优惠。其三,在审判阶段,辩护律师若能收集到证据证明被告人不构成犯罪或者系被迫认罪或者检察机关量刑建议畸重等严重影响公正审判情形的,可以及时向法庭出示相关证据,帮助被告人寻求救济路径,积极维护当事人的合法权益。

(五)被害人

在认罪认罚协商中,检察官应当对嫌疑人认罪的主观动因进行重点考量,确保其认罪主要基于悔罪心理,而非纯粹出于对从宽利益的追求而采取的妥协策略。刑法上主张将主观目的客观化,被害人对于检察机关认定被追诉人的认罪动因无疑具有客观媒介的作用。一般而言,被追诉人基于心灵上的懊悔和惭愧,必将采取诸如赔礼道歉、经济赔偿、弥补损失等行为来乞求被害人的原谅。相反,若被追诉人仅出于对自身利益的考量,而对被害人毫无悔意甚至做出威胁被害人及其家属的举动,此种情况下,即便被追诉人认罪认罚,也不能认定其主观恶性和社会危险性降低而给予从宽处理,因为在此种情况下很难期待之后的从宽处理能够切实发挥对犯罪分子的教育和感化功能[①]。因此,保障被害人的参与权和提出建议权可以帮助追诉机关对被追诉人认罪的主观性进行科学评价,进而决定是否从宽以及从宽幅度,保证认罪认罚协商机制的程序公正与实体处理结果的合法合理性。此外,被害人作为认罪认罚协商程序的参与主体应享有异议权,从而可以对公检法可能发生的滥权行为进行及时的监督和制约,以保障协商程序的公正性。

作为犯罪行为最直接的利益受损者,被害人作为协商主体具有一定的特殊性。一方面,被害人可能基于同态复仇的主观心理要求办案机关对被追诉人从严处罚,此时追诉机关应理性区分被害人的表达是"情绪的宣泄,是理性的诉求,是对受害事实的控诉,还是为了加大与被追诉人谈判的筹码"[②]。另一方面,被害人因犯罪行为遭受的损失亟须得到弥补,尤其是在一些伤害类案件当中,被追诉人的赔偿无疑起到重大作用。但由于附带民

---

① 刘少军:《认罪认罚从宽制度中的被害人权利保护研究》,载《中国刑事法杂志》2017年第三期,第130页。
② 樊崇义、徐歌旋:《认罪认罚从宽制度与辩诉交易制度的异同及其启示》,载《中州学刊》2017年第3期,第47页。

事赔偿数额通常较低且等待周期长，国家对被害人的求助也具有局限性，实践中不少被害人为了及时获得被追诉人的赔偿，不得已作出"谅解"决定。然而"这种以赔偿换减刑的方式不仅不符合形式正义观念所主张的量刑原则，还与被告人的经济状况直接相关，很容易遭到社会公众'花钱买刑'的诟病"[①]。总之，被害人基于各种原因在认罪认罚协商程序中的主体地位具有一定局限性，而不能让其直接导致程序的启动或终结。

此外，我国认罪认罚从宽协商机制应有别于德国的辩诉协商制度，不宜将法官纳入协商主体范畴之内。在德国辩诉协商的模式下，法官作为协商的一方主体，因中立性受到影响而遭到很多学者的批评。更何况在协商成败直接影响到工作量的情况下，法官势必会积极追求被告人认罪认罚，此时被告人要么非自愿认罪，要么可能在得罪法官的情况下坚持不认罪，无论哪种情况都会影响到程序的公正性。法官的主要职责是对认罪认罚协商程序进行监督和对协商结果予以认定。因此，为了保障审判权的中立性和超然性，我国应禁止法官作为协商程序的参与主体。

三、认罪认罚协商的内容

认罪认罚协商的内容可以分为动静两个层面。静态的协商是指从规范性层面来确定协商的范围，确保控辩双方的协商不能突破法律的底线。由于认罪认罚协商是认罪认罚从宽制度的一项内置机制，在功能上服务于认罪认罚从宽制度，因此认罪认罚从宽制度中"可从宽"内容必然是认罪认罚协商机制的结果导向，即认罪认罚协商活动主要应当围绕"可从宽"内容进行。为了弥补法律对于认罪认罚从宽制度中"从宽"内容的缺失，最高人民法院刑一庭课题组结合各地试点情况，在2018年12月发布的《刑事诉讼中认罪认罚从宽制度的适用》一文中详细归纳了"可以从宽"的内容。主要包括诉讼程序从简，羁押期限缩短；强制措施的相对轻缓化；附条件终止诉讼和撤销案件；量刑从宽等。[②] 最高人民法院课题组发布的指导意见无疑为控辩双方的协商内容提供了规范化指引。然而，协商内容仅仅

---

① 刘思齐：《论司法正义视角下的被害人量刑意见》，载《甘肃社会科学》2015年第6期，第157页。

② 最高人民法院刑一庭课题组《事诉讼认罪认罚从宽制度的适用》，https://mp.weixin.qq.com/s/C_3Yg2uLt9Hyil_7ZiG4EQ，登录时间：2019年1月19日。

具有规范性依据而缺乏实践的可操作性只会使整个认罪认罚协商机制丧失生命力,故还需从动态的角度赋予协商内容以可操作性。质言之,实践中应针对每一项协商内容制定对应的从宽标准,通过标准来厘清双方的"协商条件",并且明确条件达成会产生何种从宽效果。协商内容的规范化、协商标准的透明化可以保证每一项从宽处理都经得起查验和考证。

(一)附条件撤销案件的协商

根据《刑事诉讼法》第182条的规定,犯罪嫌疑人自愿如实供述犯罪事实,有重大立功情节或者案件涉及国家重大利益的,经最高人民检察院核准,侦查机关可以作出撤案处理。案件附条件撤销制度是在当前反腐反恐的政治环境下,以认罪认罚从宽制度改革为契机诞生的产物,旨在通过对相关犯罪嫌疑人不予追究刑事责任来获取涉及国家和社会公共重大利益的案件信息,以达到避免国家利益遭受损害的目的。因此,此处附条件撤销案件不同于《刑事诉讼法》第16条规定的"撤销案件"。根据《刑法》第68条的规定,对于重大立功的,可以减轻或免除处罚,而附条件撤销案件制度是在实体上对被追诉人作出的免罪处理,也不同于一般案件的"重大立功"。

最高人民检察院法律政策研究室主任万春解释说,"撤销案件和不起诉程序借鉴了国外的司法实践经验"[①]。其中的污点证人作证豁免制度,主要是就国家刑事追诉权与犯罪嫌疑人拒绝作证权展开的司法交易,在终局上体现为免除国家追诉的效果。[②]但是,在认罪认罚协商的语境下,二者仍然具有很大区别。污点证人的刑事豁免具有强制性,污点证人对于追诉机关赋予的豁免不可推脱,而且可能被施加强制作证的义务[③],故缺乏可协商性。根据我国刑事诉讼法第182条的规定,"自愿如实供述""作出重大立功"都体现了对被追诉人自愿性的要求,即意味着被追诉人自愿认罪是撤销案件的基础性条件之一,因此该条规定为控辩双方就案件撤销展开协商留下了空间。

侦查机关附条件撤销案件涉及对犯罪嫌疑人在实体上的无罪化处理,为了避免该权力的滥用,应当对适用条件进行严格限制。首先,应严格限

---

① 王亦君:《18个城市试点刑事案件认罪认罚从宽制度》,载《中国青年报》2016年第四期。
② 陈光中:《认罪认罚从宽制度实施问题研究》,载《法律适用》2016第11期,第12—13页。
③ 倪铁:《污点证人豁免及其博弈分析》,载《华东政法学院学报》2004年第1期,第64页。

制案件的适用范围。美国联邦法律要求，污点证人豁免规则仅适用于"案件调查中的犯罪活动非常严重或者对社会治安、公众安全构成重大威胁时，以及一般侦查或打击犯罪活动方法不能奏效时"，实践中适用污点证人的案件主要集中于贪污贿赂类对合性犯罪、黑社会犯罪、毒品犯罪等对社会治安和公共安全构成重大威胁的案件[①]。万春主任也表示："撤销案件主要适用于犯罪嫌疑人有特别重大立功，不追究其刑事责任，更有利于维护外交、国家安全、反恐等重大国家利益和公共利益的特殊案件。"[②] 因此，撤销案件应只适用于涉及国家主权、安全、国防、外交等国家重大利益的极少数情况，不得就一般案件报请公安部启动撤销程序。[③]

其次，犯罪嫌疑人做出的有罪供述应当包含重大立功情节或者涉及国家重大利益。犯罪嫌疑人除了如实交代自身犯罪事实之外，所做的重大立功还应当符合《最高人民法院关于处理自首和立功具体应用法律若干问题的解释》第7条关于重大立功的认定。

最后，侦查机关的协商对价是启动案件撤销上报程序。《刑事诉讼法》规定侦查机关撤销案件必须经过最高人民检察院的批准，因此在协商之前侦查机关应当明确告知犯罪嫌疑人其权限范围，向其说明协商后案件可能的处理结果，以保障犯罪嫌疑人认罪的自愿性。协商结束之后，侦查机关应当履行承诺将案件逐级上报至最高人民检察院审核决定，经最高人民检察院批准撤销案件的，侦查机关应立即启动案件撤销程序并及时对查封、扣押、冻结的财物及其孳息作出处理。

（二）诉讼程序选择的协商

诉讼程序选择的协商是指在认罪认罚案件中，控辩双方就是否适用简易诉讼程序进行的协商。根据《刑事诉讼法》的规定，诉讼程序选择权是被追诉人的一项诉讼权利。被追诉人对于程序的选择往往对实现案件繁简分流起决定性作用。实践中，为了实现案件的快速处理，许多地方规定对于选择简易程序的被追诉人给予专门的从宽优惠。例如，天津市五机关在

---

① 倪铁：《污点证人豁免及其博弈分析》，载《华东政法学院学报》2004年第1期，第63—65页。
② 王亦君：《18个城市试点刑事案件认罪认罚从宽制度》，载《中国青年报》2016年第四期。
③ 大连市公安局：刑事案件认罪认罚从宽制度实施细则（试行）》，http://www.ga.dl.gov.cn/publish/201769104311.asp，登录时间：2019年2月25日。

出台的《认罪认罚实施细则》中明确规定："选择适用速裁程序的，可以减少基准刑的15%以下；选择适用简易程序的，也可比照速裁程序酌情从宽。"[①] 这种将被追诉人对程序的选择与量刑结果可视化的挂钩无疑可更大程度刺激被追诉人认罪认罚的积极性。在实务工作中，公检机关可以借鉴"程序从宽""侦查直诉"等有益经验，将诉讼程序的选择纳入到与被追诉人的认罪认罚协商当中，在一些可能判处三年以下刑罚的轻微刑事案件中，通过向被追诉人告知诉讼简易程序可能带来的强制措施从缓以及量刑从轻优惠，可充分调动其认罪的积极性和选择速裁或简易程序的主动性。需说明的是，此处强制措施从缓和量刑从轻的处理结果是控方基于被追诉人对诉讼简易程序的选择而直接作出的，不同于下文的强制措施协商或量刑建议协商。后者作为单独的协商内容，其协商结果依据的是更加综合的评价机制，因此被追诉人是否可以获得从宽以及可获得的从宽幅度具有一定的随机性和不确定性。

在诉讼程序选择的协商中，应当将从宽标准进一步明确。具体而言包括两方面：其一，强制措施从缓标准。最高人民法院、最高人民检察院、公安部、司法部联合发布的《关于在部分地区开展刑事案件速裁程序试点工作的办法》第3条规定："适用速裁程序的案件，对于符合取保候审、监视居住条件的犯罪嫌疑人、被告人，应当取保候审、监视居住。违反取保候审、监视居住规定，严重影响诉讼活动正常进行的，可以予以逮捕。"[②] 因此，对于认罪态度好且选择适用速裁程序的被追诉人，办案机关原则上应当对其采取非羁押性强制措施，如果确有必要采取羁押措施的，必须说明理由并经过特殊审查机制予以核实。[③] 对于被追诉人选择适用简易程序的，也应当结合案件性质和被追诉人的认罪态度尽量选择适用轻缓的强制措施，对于有必要进行逮捕的，应当经过严格的审查机制予以审核，且在执行周期上应短于一般程序的羁押期限。

---

① 天津市高级人民法院、天津市人民检察院、天津市公安局等：《关于开展刑事案件认罪认罚从宽制度试点工作的实施细则（试行）》，中国法院网，tjfy.chinacourt.org/article/detail/2017/06/id/2895791.shtml，登录时间：2019年3月1日。

② 最高人民法院、最高人民检察院、公安部等：《在部分地区开展刑事案件速裁程序试点工作的办法》，北大法宝网，http://www.pkulaw.com/chl/66c6494ac0f57bc5bdfb.html，登录时间：2019年2月23日。

③ 周新：《论从宽处理的基本原则及其类型——基于刑事速裁程序试点的分析》，载《政治与法律》2017年第3期，第157页。

其二，量刑从宽标准。被追诉人在不同诉讼阶段选择适用速裁程序或者简易程序对于诉讼资源节省的程度是不同的，故应当根据不同阶段确定阶梯式量刑从宽幅度。参照天津市的标准，对于被追诉人分别在侦查、检察、审判阶段选择适用速裁程序的，可以在基准刑上分别给予不高于20%、15%、10%的从宽优惠；对于被追诉人在不同阶段选择适用简易程序的，可以分别给予不高于15%、10%、5%的从宽优惠。

（三）有关强制措施的协商

数据表明，截至2017年，平均每100名被告人当中大约有83人在审前被采取过指定监视居住、拘留或逮捕措施，其中大约有60人被采取逮捕措施。然而根据捕后轻刑率的统计，在每100名被逮捕的被告人当中，大概有70人最后被判处的是三年以下刑罚，其中还不包括适用缓刑的情况[①]，这反映了逮捕措施的适用与犯罪行为的社会危害性程度已经产生高度脱节。"对于轻罪案件尽量避免适用羁押强制措施，既是国际刑事司法准则的要求，也是宽严相济刑事司法政策中对轻罪从宽处理的要求"[②]，羁押措施的滥用主要应归结于侦查权的单方性和监管缺位，羁押率畸高的现状反映出侦查机关和犯罪嫌疑人关系的高度对立性，这种情势显然不利于实现我国刑事追诉活动的教育和感化功能。实践中有不少地区意识到这一问题，积极推进认罪认罚案件非羁押性措施的适用。例如浙江省建德市通过文件规定，公安机关采取强制措施时，经审查对没有社会危险性的犯罪嫌疑人，满足特点条件的，一般应当取保候审。[③] 根据试点情况反馈来看，认罪认罚案件中被追诉人的主观恶性和社会危险性程度普遍较低，具有适用非羁押性措施的良好基础。因此，应当将非羁押性措施的适用纳入协商内容，通过控辩双方的交涉谈判，督促办案机关对于自愿主动认罪，犯罪性质轻微，社会危害程度低的被追诉人采取非羁押性措施。

非羁押性强制措施的协商包括两种情形：第一种是侦查机关初次采取

[①] 王禄生：《论刑事诉讼的象征性立法及其后果——基于303万判决书大数据的自然语义挖掘》，载《清华法学》2018年第12期，第130、133页。

[②] 邓楚开、杨献国：《构建中国式认罪认罚协商制度的实践探索——浙江省绍兴市基层检察机关认罪轻案程序改革实证分析》，载《中国刑事法杂志》2009年12期，第95页。

[③] 建德市政府：《关于办理认罪认罚从宽案件工作实施细则（试行）》，建德市政府官网，www.jiande.gov.cn/art/2017/7/12/art_1295236_8306551.html，登录时间：2019年2月23日。

强制措施时的协商;第二种是由羁押性措施转为非羁押性措施的协商。两种协商都建立在对被追诉人社会危险性考察的基础上进行。在第一种情境下,被追诉人首先应当满足案件性质轻微、社会影响力不大的基本条件。此外还应符合以下情形之一:(1)真诚悔罪、积极赔偿损失、取得被害人及其法定代理人谅解、与被害人及其法定代理人达成和解的;(2)具有自首、立功情节的;(3)系预备犯、中止犯,或者防卫过当、避险过当,没有造成严重后果的;(4)系主观恶性较小的初犯、偶犯、过失犯、未遂犯,共同犯罪中的从犯、胁从犯的;(5)系未成年人或者在校学生、七十周岁以上的老人、残疾人,其家庭、学校或者所在社区、居(村)委会具备监护、帮教条件的;(6)选择适用速裁程序或者简易程序的;(7)其他足以认定被追诉人社会危险性较小的情形。在符合上述条件的情况下,犯罪嫌疑人可以通过认罪认罚作为协商条件申请侦查机关采取非羁押性措施。侦查机关一般应当采取非羁押性措施,如果觉得必须采取羁押性强制措施的,应当说明理由并报经特定机关严格审批。在第二种情境下,被追诉人申请变更、解除羁押性强制措施的,除需满足上述条件外,还应当符合以下要求:(1)被采取强制措施期间认真遵守相关规定;(2)在检察环节积极签署认罪认罚具结书。在被追诉人具备上述条件的基础上控方应结合被追诉人归案的具体情况,包括是否抗拒抓捕,被捕时是否在逃,认罪阶段,认罪后是否反复等来综合认定被追诉人的社会危险性,决定是否变更、解除羁押措施。

(四)检察官不起诉裁量权的协商

我国在立法上虽然赋予了检察官不起诉裁量权,但从最高人民检察院向人大所作的工作报告来看,平均每年不起诉的案件仅占审查起诉总数的4.8%。[①] 不起诉裁量权的保守适用从侧面反映出当前审前分流机制的运行效果尚不够理想,多数轻微刑事案件依然流入审判阶段。因此,为了迎合新一轮司法改革对构建审前繁简分流制度的号召,当犯罪嫌疑人符合相关不起诉条件时,应当允许控辩双方就不起诉裁量权的良性适用进行协商。具体来说,在认罪认罚案件中可就三种不起诉裁量权进行协商:其一是《刑事诉讼法》第182条规定的针对涉及国家重大利益的特殊案件的不起诉

---

① 张智辉:《认罪认罚与案件分流》,载《法学杂志》2017年38期,第14页。

裁量权；其二是《刑事诉讼法》第177条第2款规定的认定案件情节轻微的酌定不起诉裁量权；其三是《刑事诉讼法》第282条规定的对未成年的附条件不起诉裁量权。对于第一种不起诉裁量权的协商可以参照适用附条件撤销案件协商的处理方式。对于酌定不起诉权以及附条件不起诉的协商应当依据最高人民检察院于2007年发布的《人民检察院办理不起诉案件质量标准（试行）》的规定进行。根据最高人民检察院发布的《起诉案件质量标准》规定，人民检察院在办理案件时应当符合宽严相济刑事司法政策的要求，"充分考虑起诉的必要性，可诉可不诉的不诉"[1]，因此对于可以不起诉的案件，犯罪嫌疑人认罪认罚态度积极的，检察机关一般应做不起诉处理。

（五）量刑建议的协商

量刑建议协商是指控辩双方就刑罚的种类、附加刑的适用、刑期的长短以及是否适用缓刑等事项进行的协商。根据《刑事诉讼法》第173条的规定："犯罪嫌疑人认罪认罚的，人民检察院应当……听取犯罪嫌疑人、辩护人或值班律师对下列事项的意见。"其中包括应当听取辩方关于"从轻、减轻或免除处罚等从宽处罚的建议"，奠定了控辩双方量刑协商的基础。

辩方进行量刑协商除了希望获得最大幅度的从宽优惠外，还希望检察机关向法院提出较为确定的量刑建议，因此控辩双方的量刑协商主要围绕具体的从宽幅度展开。一方面，对于各项法定和酌定的量刑情节，控辩双方应当根据最高人民法院于2017年发布的《常见犯罪的量刑指导意见》来确定从宽幅度。另一方面，认罪认罚应作为一项综合的从宽量刑情节予以考量，其中被追诉人认罪认罚的主动性、及时性、稳定性和全面性，是否有悔罪表现，对及时侦破案件的作用，是否选择速裁程序或简易程序等情节都应纳入考量范围。针对认罪认罚情节的从宽标准，有学者主张可以根据被追诉人认罪的阶段适用"321"阶梯式从宽量刑机制，即对于在侦查阶段、起诉阶段和审判阶段认罪认罚的被追诉人在基准刑上分别给予不高

---

[1] 最高人民检察院《人民检察院办理起诉案件质量标准（试行）》，北大法宝网，http://www.pkulaw.com/chl/6bfacbb33f1ae32cbdfb.html?keyword=%E4%B8%8D%E8%B5%B7%E8%AF%89，登录时间：2019年2月25日。

于 30%、20%、10% 的从宽优惠。① 实践中，建德市采取的是一套类似于监狱计分考核机制的综合考评机制，在内容上综合了对被追诉人认罪认罚的及时性、主动性、稳定性和全面性的要求。②

实务中，办案机关可以构建一套认罪认罚综合评价机制，具体包括如下内容：(1) 认罪所处的阶段；(2) 认罪后是否有反复；(3) 认罪对案件侦破所起作用；(4) 是否系在逃后被抓获，抓捕时是否有抗拒抓捕等情形；(5) 是否自愿如实供述自己的全部罪行，对指控的犯罪事实有无异议，是否同意量刑建议并签署具结书；(6) 是否真诚悔罪，悔罪表现如何；(7) 被采取强制措施期间是否严格遵守相关规定；(8) 是否选择适用速裁程序或简易程序；(9) 其他影响等级评定的情形。在等级上可以设置三个层次，"好""较好""一般"，分别对应最高为 40%、30%、20% 的从宽幅度。

控辩双方在进行量刑协商时不可就同一情节进行重复性评价，例如对于自首、立功等情节应当直接参照《量刑指导意见》的规定进行协商。此外，检察机关最终作出的量刑建议不可突破《刑法》中"罪刑法定原则"和"罪责刑相一致原则"的规定。对于是否适用缓刑则主要根据案件性质和被告人社会危险性的评价结果来确定，一般而言对可能判处三年以下刑罚，且在认罪认罚综合评价机制中被评价为"好"或"较好"的被追诉人，检察官应建议适用缓刑。

四、认罪认罚协商的程序架构

（一）认罪认罚协商程序的启动

法律规定认罪认罚从宽制度要在诉讼程序上实行全覆盖，因此与其配套的认罪认罚协商机制在理论上也不应受诉讼阶段的限制。从制度定位上看，认罪认罚协商旨在通过宽缓的刑事司法程序教育和感化犯罪嫌疑人、被告人，充分化解各方矛盾，从而实现案结事了、降低认罪认罚反悔率的诉讼目标。因此，为保障被追诉人认罪认罚权利的实现，打通控辩双方合意交流的渠道，应确保认罪认罚协商机制在诉讼程序上的全覆盖。一

---

① 刘伟琦：《认罪认罚的"321"阶梯式从宽量刑机制》，载《湖北社会科学》2018年第12期，第147—154页。

② 邓楚开、杨献国：《构建中国式认罪认罚协商制度的实践探索——浙江省绍兴市基层检察机关认罪轻案程序改革实证分析》，载《中国刑事法杂志》2009年12月期，第95页。

般而言，在法庭开始审理案件之前启动认罪认罚协商可以起到简化诉讼流程，推动诉讼效率的作用，故在此之前的任何一个诉讼节点都不应对认罪认罚协商程序的启动作任何限制。在案件审理阶段，随着法庭调查、法庭辩论、举证、质证等一系列庭审活动的深入开展，裁判时机渐趋于成熟，此时协商程序的启动应受法官裁判权的限制，即控辩双方开展认罪认罚协商须经由法官同意。为避免诉讼拖延，控辩双方应在法庭指定时间内进行协商，协商的过程和结果均应符合程序法的要求。协商结束后检察机关根据协商结果对原先的量刑建议进行调整，并应当依法制定《认罪认罚具结书》，交由法庭进行实质性审查，由法院对协商结果予以认定。

在协商的启动方式上，为了保障被追诉人认罪认罚的自愿性，认罪认罚协商一般应当是依申请启动。申请启动的主体是犯罪嫌疑人、被告人及其辩护人或值班律师。启动认罪认罚协商程序是被追诉人的程序选择权，被追诉人有选择行使或者放弃的权利，因此辩护人或值班律师申请启动协商程序时应当保障被追诉人的自愿性、明知性和明智性，且必须经过被追诉人的授权。一般而言，只有在涉及国家重大利益的案件当中，侦查机关或人民检察院出于维护国家利益和社会公共安全的考虑，并且在经过被追诉人及其律师同意的情况下才可依职权启动协商程序。

（二）认罪认罚协商的操作流程

1. 权利告知

在第一次讯问犯罪嫌疑人时，侦查机关应向其出示《犯罪嫌疑人诉讼权利告知书》，告知认罪认罚从宽制度的相关规定与可能产生的法律后果，以及告知犯罪嫌疑人享有申请认罪认罚协商的权利。犯罪嫌疑人对相关规定有疑问的，侦查机关应当及时予以解答，以保证犯罪嫌疑人充分了解相关制度内容。最后，侦查机关应当将诉讼权利告知职责的履行情况记入笔录并由犯罪嫌疑人签名确认。在审查起诉阶段，检察机关应当在接受案卷之日起三日内由检察官助理完成上述诉讼权利告知工作，并将告知情况进行书面记录，交由犯罪嫌疑人签字确认后附卷移送给承办检察官。在审判阶段庭前会议环节，法官应当向被告人完成相关诉讼权利告知工作，由书记员记录在案。

2. 律师的介入

被追诉人在充分了解认罪认罚从宽制度的内容之后可向追诉机关表示

认罪意愿。对于未委托辩护律师的被追诉人，公安司法机关应当安排律师介入为其提供法律服务。根据"刑事案件律师辩护全覆盖"试点工作反馈，部分试点地区存在律师资源相对不足、经费保障尚不到位、工作机制不够健全等问题①。因此，为了缓解辩护资源紧张的问题，在认罪认罚案件当中应当根据案件的情况对律师资源进行有效调配，以实现诉讼资源利用最大化。对于犯罪性质较轻，可能被判处三年以下刑罚并且案件符合速裁程序适用条件的，侦查机关、检察机关或者人民法院应为被追诉人安排专门的值班律师提供法律服务。对于可能判处三年以上刑罚的，有关机关应当通知法律援助中心指定辩护律师为其提供法律援助。

对于被追诉人表示认罪意愿的，侦查机关、检察机关或者人民法院应当即安排值班律师为其提供法律咨询服务。对于初步审核认定案件不适用速裁程序的，有关机关应当在三日内通知法律援助中心为被追诉人安排辩护律师，并为值班律师与辩护律师的工作交接提供便利。此外，人民法院、看守所、公安机关执法办案管理中心应当简化律师会见程序，保障律师依法履行职责，值班律师可以参照《刑事诉讼法》的规定，查阅、摘抄、复制本案的案卷材料，办案部门应予以配合并免收费用。②为了保障被追诉人自愿性、明智性和明知性，不可在律师介入之前开展认罪认罚协商活动。

3. 被害人介入

在认罪认罚协商程序启动后，应当及时通知被害人及其诉讼代理人参加。被害人可以选择提供书面意见或直接参加协商过程。侦查机关、人民检察院对被害人的意见应当予以考虑，对于被害人未出席协商且未提交书面意见的，办案机关必要时可以采用远程视频传输的方式当场询问其意见。被害人对协商结果享有知情权，如对结果不服的，可以向原机关申请复议。

---

① 最高人民法院、司法部：《关于扩大刑事案件律师辩护全覆盖试点范围的通知》，最高人民法院网 http://www.moj.gov.cn/government_public/content/2019-01/21/tzwj_227305.html，登录时间：2019年2月25日。

② 北京市高级人民法院、北京市人民检察院、北京市公安局等：《关于开展刑事案件认罪认罚从宽制度试点工作实施细则（试行）》，北大法宝网，http://www.pkulaw.com/lar/2139bb2ebd000457e30bcd87803031d3bdfb.html，登录时间：2019年2月25日。

4. 全过程录音录像

最高人民法院法官戴长林指出,"与讯问笔录相比,讯问录音录像具有客观性、直观性、同步性等特点,能够直接反映出讯问过程是否合法"[①],认罪认罚协商涉及被追诉人做出认罪供述以及控辩双方进行"司法交易"的过程,因此,为了保证程序的公正性应当对全过程进行录音录像。录音录像仅作为证据使用,不对外界公开。

5. 证据开示

证据开示可以为控辩双方进行信息沟通开辟一条重要渠道,确保辩方和控方处于相对平等的地位,平等的信息武装也可以为控辩双方提供更加充分的协商空间。[②] 证据开示是建立在证据公开的基础上进行的,根据《刑事诉讼法》的规定,辩护律师在侦查机关移送审查起诉之日起可以阅卷,因此,证据开示主要发生在控辩双方协商过程中。协商进行时,检察官应将证据开示清单向辩方展示,由被追诉人及其律师阅读并签字确认。同样,辩方也应将收集到的对被追诉人有利的证据向检察机关展示,控辩双方的具体协商围绕各项证据展开。

6. 协商程序终结处理

经审查不适用认罪认罚从宽制度的,被追诉人、辩护人明确提出终止认罪认罚协商程序或者被追诉人要求撤回认罪认罚具结书的,应当终止协商程序,将案件转为普通程序继续办理。对于已经采取的从宽措施应当予以解除,对于被追诉人在认罪认罚协商中作出的有罪供述应当排除,不得作为证据使用,也不得将相关情况作为对被告人不利的证据提交法庭。

侦查阶段协商之后,对于符合《刑事诉讼法》182条规定需要撤销案件的,侦查机关应当将案件层报给公安部,由公安部提请最高人民检察院批准。一般的刑事案件经协商之后达到移送审查起诉条件的,侦查机关应当在起诉意见书中载明适用认罪认罚从宽程序的建议。在移送案卷材料时侦查机关应当将《诉讼权利告知书》《认罪认罚情况记录表》《认罪认罚等级评定表》以及认罪认罚协商的录音录像等资料随案移送。对于被追诉人选择适用速裁程序或简易程序的,侦查机关可以在案卷封面加盖"速裁程

---

① 戴长林、刘静坤、朱晶晶:《关于办理刑事案件严格排除非法证据若干问题的规定的理解与适用》,载人民司法(应用)2017年第22期,第225页。

② 李健:《刑事诉讼庭前证据开示制度的价值分析与构建路径》,载《河北法学》2012年第30期,第176页。

序"或者"简易程序"的标识章。检察机关与辩方协商之后,作出不起诉决定的,应当将不起诉决定书在网上公开,接受社会监督。决定起诉的,按照规定制作《认罪认罚具结书》,交由被追诉人及其律师签字确认后随案移送。

(三)认罪认罚协商的审查

1. 审查起诉环节的审查

对于认罪认罚协商发生在侦查阶段的,检察官应当对犯罪嫌疑人的自愿性、明知性和明智性进行审查。检察机关在对犯罪嫌疑人进行初次讯问时应当确认以下问题:侦查机关是否履行权利告知义务;犯罪嫌疑人对认罪认罚从宽规定及法律后果是否清楚;是否获得律师帮助;认罪是否自愿;侦查机关有无非法取证行为等。检察机关通过对认罪认罚相关材料进行审查,认为有必要的,可以通过查看同步录音录像材料,以确保侦查阶段认罪程序的合法性。

2. 法庭审理阶段的审查

对于被告人认罪的,在现有规定基础上,法官应主要就被告人认罪的自愿性进行实质审查。另外,鉴于认罪认罚案件中追诉机关裁量权的增大可能导致徇私枉法、滥用职权等问题,法官还应对控辩合意的内容和程序进行司法审查,最终决定是否接受协议内容,以确保协商过程和结果的公正性。[①] 具体来说,法官对认罪认罚协商的审查主要包括。

首先,对认罪的基础事实进行审查,以确保定罪量刑的准确性。在认罪认罚案件的庭前阶段,法官主要依靠检察机关移送的卷宗材料对案件的基本事实进行认定,这是法官审查案件实体真实的关键环节,审查的结果也直接影响后续对审判程序的选择。例如,对于相关事实或证据明显违反实体或者程序法律规定的,将直接导致认罪认罚程序的终止,转而适用普通程序。

其次,对被告人认罪的自愿性进行审查,自愿性审查主要依托程式化的阐明和讯问程序。法官应向被告人阐明认罪认罚从宽的相关规定,包括被告人享有的权利以及需要承担的后果,告知其被指控的罪名及检方的量

---

① 卢乐云、曾亚:《认罪认罚协商机制中的法官职权——基于C市认罪认罚从宽制度试点实践的考察》,载《广东社会科学》2018年第6期,第222页。

刑建议等。接着法官应讯问被告人认罪的自愿性，包括认罪认罚的自愿性、认罪具结书签署的自愿性、是否获得律师的帮助等。[①]一旦发现有违反自愿性事由的，法官在必要情况下可以当庭调取讯问同步录音录像资料进行审查，在听取控辩双方意见的基础上决定是否对认罪认罚协商结果给予否定性评价。

最后，对于控辩双方的协商，除了需要经过检察系统内部的审核机制以外，还应当赋予法院审查监督的权力。对于检察院决定不起诉的案件，法院有权要求检察机关说明理由，并提供相关证据材料。对于不符合不起诉条件的，法院应当要求检察机关提起诉讼。此外，控辩双方的协商结果对于法院只具参考作用，人民法院应贯彻独立行使审判权原则，根据案件事实和证据情况依法作出裁判，对于事实不清、证据存疑的案件应依法宣告被告人无罪。

结　语

认罪认罚协商机制作为认罪认罚从宽制度的前提和基础，对于保障认罪认罚从宽制度长效运行、提高诉讼效率、巩固司法改革成果具有重要意义。从制度价值来看，协商合意下的博弈双赢模式能够珠联起现行刑事司法制度中的检方不起诉、诉讼简易程序以及刑事和解等诸多法律制度与程序，最大限度地保障这些制度的积极运作和功能发挥，从而释放出更多精力解决疑难复杂案件，实现诉讼繁简分流和司法效益最大化。[②]实践中，由于规范性文件的缺失，司法机关在开展认罪认罚协商活动时往往陷入无章可循、窒碍难行的困境。对此，我国顶层设计者应结合实践经验通过立法确立认罪认罚协商机制，为认罪认罚案件的办理提供可循之章。此外，为促进认罪认罚从宽制度内在机制的协调与科学化，实现人权保障、程序公正等价值目标，与认罪认罚协商机制相配套的认罪认罚自愿性保障机制、反悔机制以及协商监督机制的构建也应相应地提上日程。

[①] 戴长林、刘静坤、朱晶晶：《关于办理刑事案件严格排除非法证据若干问题的规定的理解与适用》，载《人民司法（应用）》2017年第22期，第228—229页。

[②] 俞波涛、周少华：《刑罚正当化语境下的认罪协商》，载《国家检察官学院学报》2013年第21期，第121页。

Study on the Bargaining Mechanism in the System of Leniency Based on Admission of Guilty and Acceptance of Punishment

Shaojun Liu, Tiancheng Chi

Abstract: Essentially, the system of leniency based on admission of guilty and acceptance of punishment is a mechanism for consultation between the public security organs and the accused in the handling of the case and the criminal responsibility of the accused. Among them, the bargaining is the premise of the system. Since the law does not make any provisions on the bargaining mechanism, and the bargaining exists in practice objectively, which leads to many problems. For example, the bargaining bodies are undefined, the human rights protection is inadequately, the operation procedures are irregularly, and the lack of supervision in the bargain process. So it's necessary to establish a systematic bargaining mechanism. In order to achieve the relative balance between the status of prosecution and defense, and to ensure the procedural fairness, the subjects involved in the procedure should include the investigation agency, the prosecuted, the defense lawyer and the victim. The substance of the bargaining includes the bargaining of conditional revocation of case, the bargaining of procedure selection, the bargaining of application and modification of compulsory measures, the bargaining of non-prosecution discretion and the bargaining of consultation of sentencing and so on. As to the bargaining procedural construction, it is necessary to definite the initiation of the stage and the mode of the mechanism and standardize the bargaining operation process. Last but not least, to avoid the unfair phenomenon of "power and money transactions" and "false confession" caused by the abuse of public power, the bargaining review mechanism should be established to review the legality of the process and the results of the bargaining.

Keywords: leniency based on admission of guilty and acceptance of punishment; the bargaining; the subject of the bargaining; the substance of the bargaining; procedural construction

论执行程序中财产控制与分配的顺序

熊德中[*]

【内容摘要】在执行程序中,财产查封控制阶段涉及程序利益;财产分配处置阶段涉及实体利益。在前一阶段,程序利益原则上由首封法院控制并且已经为司法解释明确规定;在后一个阶段,对实体利益的分配处置仍然适用过去的规定,容易引起冲突。在当前我国司法实践中,针对查封控制阶段和分配处分阶段财产查封处置权的规定既存在混乱之处,但也作出了部分统一。但是,各地的司法政策往往从自身利益出发,忽视最高人民法院的司法解释,而以解决问题作为基本立场,相关法律欠缺统一性和规范性,导致地方保护主义盛行、裁量权混乱,首封法院与优先债权法院之间利益协调不当,首封利益没有得到足够的重视。本文对我国执行程序中财产控制与分配顺序的法律规定进行了剖析,将财产查封处置权的顺序配置作为解决问题的关键点,建议遵循首先采取措施的顺序确定受偿顺序。但不可否认的是,如果两个阶段都能够具备统一的法律规定,将会更容易实现执行效率与公正价值。

【关键词】执行程序　优先主义　财产查封处置权

引　言

在判决进入民事执行程序后,债权人都会积极地向法院提供财产线索,以便法院控制财产,落实法律文书所确定的债权。可是,经常出现的情况是,首先查封、扣押、冻结(以下简称"查封"),法院发现该财产上还有其他普通债权,甚至优先受偿债权。那么,首先查封法院(以下简

---

[*] 作者简介:熊德中,烟台大学法学院讲师、法学博士。

称"首封法院"或者"第一顺位查封法院")很可能会滋生法院本位主义[①]倾向,排斥其他法院查封、处置[②]。因为,相关规定比较粗疏,难以规制这种倾向。例如,1991年,《民事诉讼法》第94条规定"财产已被查封、冻结的,不得重复查封、冻结",可是,并没有进一步的细化规定。直到1998年,《最高人民法院关于人民法院执行工作若干问题的规定(试行)》(以下简称《执行规定》)第91条规定"对参与被执行人财产的具体分配,应当由首先查封、扣押或冻结的法院主持进行"。自此,这两条规定把执行程序分为两个阶段,即查封控制阶段和分配处置阶段。由于查封控制财产阶段是处置财产的前提,所以,本文把这两个阶段对财产的控制与处分统称为财产查封处置权。

为了规制法院本位主义、地方保护主义,2004年以后,最高人民法院创立了轮候查封制度。但是,该制度并没有完全发挥应有的作用。例如,《最高人民法院关于人民法院民事执行中查封、扣押、冻结财产的规定》(以下简称《查扣冻规定》)、《最高人民法院关于适用〈中华人民共和国民事诉讼法〉》的解释(以下简称《民诉法解释》)规定了各类财产的查封期限,但对续封的次数没有限制性规定。尽管各地法院出台治理消极执行的司法政策[③],但是,仍然没有从制度上消除首封法院怠于处置财产的情形。

同一财产上多个债权最复杂的情形是,在首封法院之外,其他法院还享有优先受偿债权(以下简称"优先债权法院")和普通债权(以下简称"轮候法院")。这就涉及两个顺序。一是,在首封法院、优先债权法院以及轮候法院之间,确定财产查封控制的顺序,尤其是首封法院怠于处置财产的情形。二是,在首封法院、优先债权法院以及轮候法院之间,确定财产分配处置顺序。针对第一个顺序,2016年,最高人民法院公布了《关于首先查封法院与优先债权执行法院处分查封财产有关问题的批复》(以下简称《最高法批复》)。在财产查封阶段,该批复既保障了首封法院的利益,也

[①] 有法官认为,"法院本位主义改革观应脱胎于权力本位主义,即完全从法院的角度和立场来看待法院和与之发生诉讼法上关系的当事人之间的关系,以法院作为改革的绝对主导,并以此设置权力、义务和程序的观念"。参见顾宁峰:《"权力本位"范式下司法公开制度的反思》,载《上海政法学院报》2012年第2期,第100页。

[②] 罗书臻:《解决争议 实现优先债权制度与查封制度的协调》,载《人民法院报》2016年4月13日第3版,第103页。

[③] 《山东省关于规制消极执行行为若干问题的规定(试行)》;《江苏省高级人民法院关于坚决制止消极执行行为的若干意见》,等等。

保障了优先债权人的利益,并在最大程度上限制了裁量权;同年,最高人民法院制定《关于人民法院办理财产保全案件若干问题的规定》(以下简称《保全规定》),确定了轮候法院商请移送财产查封处置权的条件。针对第二个顺序,《最高法批复》规定"优先债权执行法院对移送的财产变价后,应当按照法律规定的清偿顺序分配,并将相关情况告知首先查封法院。首先查封债权尚未经生效法律文书确认的,应当按照首先查封债权的清偿顺位,预留相应份额"。所以,有必要进一步解释第二个顺序中"按照法律规定的清偿顺序"。

一、查封控制阶段财产查封处置权的规定、混乱及统一

(一)查封控制阶段财产查封处置权的规定

《民事诉讼法》及其司法解释规定了查封、扣押、冻结、拍卖、变卖等控制性措施。它们不仅是对财产加以控制、保全[①],而且也是对财产能分配、处置的一种保障制度。《民事诉讼法》及其司法解释都有禁止重复查封的规定,"财产已被查封、冻结的,不得重复查封、冻结。"

为了弥补禁止重复查封不足,确立了轮候查封制度。最高人民法院、国土资源部、建设部联合发布了《关于人民法院执行和国土资源房地产管理部门协助执行若干问题的通知(2004)》,第19条规定了轮候查封。[②] 第20条规定了轮候查封的效力。[③] 可是,这个规定的缺陷是范围过窄,仅限

---

① 《最高人民法院关于人民法院办理财产保全案件若干问题的规定》第17条规定,"利害关系人申请诉前财产保全,在人民法院采取保全措施后三十日内依法提起诉讼或者申请仲裁的,诉前财产保全措施自动转为诉讼或仲裁中的保全措施;进入执行程序后,保全措施自动转为执行中的查封、扣押、冻结措施。依前款规定,自动转为诉讼、仲裁中的保全措施或者执行中的查封、扣押、冻结措施的,期限连续计算,人民法院无须重新制作裁定书"。

② 《关于人民法院执行和国土资源房地产管理部门协助执行若干问题的通知》第19条规定,"两个以上人民法院对同一宗土地使用权、房屋进行查封的,国土资源、房地产管理部门为首先送达协助执行通知书的人民法院办理查封登记手续后,对后来办理查封登记的人民法院作轮候查封登记,并书面告知该土地使用权、房屋已被其他人民法院查封的事实及查封的有关情况"。

③ 《关于人民法院执行和国土资源房地产管理部门协助执行若干问题的通知》第20条规定,"查封法院依法解除查封的,排列在先的轮候查封自动转为查封;查封法院对查封的土地使用权、房屋全部处理的,排列在后的轮候查封自动失效;查封法院对查封的土地使用权、房屋部分处理的,对剩余部分,排列在后的轮候查封自动转为查封"。

于土地使用权和房屋。自此,最高人民法院《查扣冻规定》第28条[①]把范围扩大到所有的财产。在司法实践中,有法院对"同一法院在不同案件中是否可以对同一财产采取轮候查封、扣押、冻结保全措施"把握不准,向最高人民法院请示。最高人民法院认为,轮候查封制度"目的是为了解决多个债权对同一执行标的物受偿的先后顺序问题"[②],只要不是同一债权,都可以进行轮候查封。轮候查封概念也就逐渐清晰了,即"轮候查封就是对其他人民法院已经查封的财产,执行法院依次按时间先后在登记机关进行登记,或者在该其他人民法院进行记载,排列等候,查封依法解除后,在先的轮候查封自动转化为正式查封的制度。"[③]

与之相伴的另一个问题是,在首封法院消极、懈怠处置查封财产的情形下,实体法上享有优先受偿债权人希望取代首封法院的地位,并且轮候法院也要求取代首封法院地位。《执行规定》第91条仅规定了首先查封法院处分、分配财产,那时并未考虑到首先查封法院之外的优先受偿债权[④]、普通债权之间的冲突(如下图)。于是,各地法院规定各自的做法。

(二)查封控制阶段地方财产查封处置权规定的混乱

对如何协调首封法院、优先权法院以及轮候法院之间的实体与程序利益冲突,各地法院的做法不同。

其一,原则上坚持首封法院控制。如果存在怠于分配处置的情形,交给优先债权法院。此外,经上一级法院批准可以协调。对于普通债权之间,原则上坚持首封法院控制、分配处置,怠于分配处置的交给轮候法院。《江苏省高级人民法院执行局关于印发〈关于执行工作若干疑难问题的

---

① 《最高人民法院关于人民法院民事执行中查封、扣押、冻结财产的规定》第28条规定,"对已被人民法院查封、扣押、冻结的财产,其他人民法院可以进行轮候查封、扣押、冻结。查封、扣押、冻结解除的,登记在先的轮候查封、扣押、冻结即自动生效"。

② 《最高人民法院〔2005〕执他字第24日》。

③ 江必新、李海军、栾焕钶:《人民法院执行工作规范全集》,北京:人民法院出版社2015年版,第308页。

④ 参见《民法总则》《物权法》《担保法》规定的担保物权等;《担保法》第56条规定的土地使用权出让金优先权;《海商法》第21、22条规定的船舶优先权;《航空法》第18、19条规定的民用航空器优先权;《合同法》第286条规定的建设工程价款优先权;《税收征管法》第45条规定的税收优先权;《民办教育促进法》第59条规定的应退受教育者学杂费用优先权;《最高人民法院关于建设工程价款优先受偿权问题的批复》第2条规定的已交付全部或大部分款项的商品房买受人(消费者)优先权;《最高人民法院关于人民法院民事执行中查封、扣押、冻结财产的规定》第18、19条规定的基于保留所有权或未转移登记而产生的剩余价款优先受偿权。

解答〉的通知（2013）》（以下简称"江苏执行解答"）规定："首查封法院在执行查封生效之日起1个月内无正当理由未启动评估、拍卖（变卖）等财产处置程序的，可以认定为怠于处置查封财产。""轮候查封法院与怠于处置查封财产的首查封（以下均包括扣押）法院就处置查封财产问题应先协商处理，协商不成的，应呈报共同上级法院，按照下列情况处理：（一）首查封法院执行的债权是普通债权，仅有一个轮候查封法院执行的债权享有抵押权等优先受偿权，首查封法院怠于处置查封财产的，由执行优先受偿债权的轮候查封法院处置查封财产。（二）首查封法院执行的债权是普通债权，有多个轮候查封法院执行的债权享有抵押权等优先受偿权，首查封法院怠于处置查封财产的，一般由在先的执行优先受偿债权的轮候查封法院处置查封财产；特殊情况下经共同上级法院批准（为方便处置查封财产或为保障查封财产拍卖价值的最大化），也可以由在后的执行优先受偿债权的轮候查封法院处置查封财产。（三）所有债权都不享有抵押权等优先受偿权，首查封法院怠于处置查封财产的（包括权利人故意不申请执行等情形），由顺序在先的轮候查封法院负责处置查封财产，在先的轮候查封法院不愿意处置的，由在后的轮候查封法院处置。"在两年之后，司法实践发现，"首查封普通债权法院在扣除执行费用、优先债权后无剩余变价款可分配，往往怠于启动变价程序，而进入执行程序的在先轮候优先债权执行法院对查封房地产因没有处分权只能等待首查封普通债权法院处分，所涉执行案件中止执行程序，导致有财产可供执行案件债权人的债权无法得到清偿，江苏省高级人民法院制定了《关于首查封普通债权法院与轮候查封优先债权执行法院之间处分查封房地产等相关问题的解答（2015）》"。它规定"普通债权法院与优先债权轮候法院均系江苏法院的，应当由已经进入执行程序且享有优先债权的在先轮候执行法院负责查封房屋的处分。普通债权法院已经启动房地产评估或拍卖程序且处分房地产价值在扣除执行费用、优先债权后有剩余分配变价款的除外"。

其二，原则上由首封法院享有财产查封处置权，但是，本市法院之间可以由执行法院上一级法院决定由非首封法院享有财产查封处置权。这难免给人以法院本位主义、地方保护主义的印象。例如，《北京市法院执行案件办理流程与执行公开指南（2014）》（以下简称"北京执行流程与指南"）规定"对被执行人财产的处置和具体分配，原则上由首先查封、扣押或冻结的法院主持进行。本市法院之间亦可协商由非首封的法院主持进行；协商不成的,可报请市高级人民法院予以协调"。

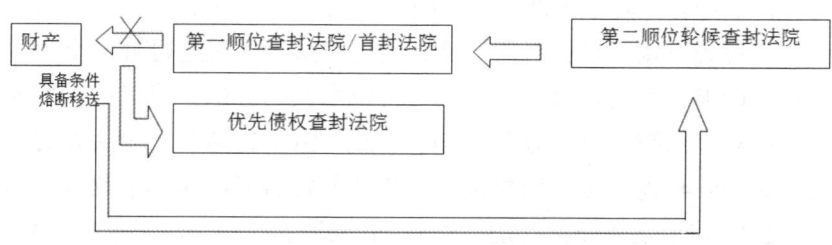

其三,由优先受偿债权法院主持分配,查封控制和分配处置可以不在同一法院,发生争议可以由共同上一级法院决定。例如,《福建省高级人民法院关于依法规范金融案件审理和执行的若干意见(2014)》(以下简称"福建执行意见")规定"若首先查封的案件为普通债权,首先查封法院应在收到对该标的物享有优先受偿权执行法院的通知后10个工作日内,将标的物交由享有优先受偿权法院拍卖并主持分配,但该标的物仍由首先查封法院继续查封。发生争议的,由争议法院的共同上级人民法院负责协调。"再例如,《浙江省高级人民法院关于多个债权人对同一被执行人申请执行和执行异议处理中若干疑难问题的解答2012》(以下简称"浙江执行解答")规定:"各查封法院对适用参与分配不能形成一致意见,或者涉及的法院较多的,可由各查封法院的共同上级法院通过提级执行或指定执行将所有案件管辖权集中至一家法院,由该法院处置财产并主持分配。或者由共同的上级法院作出决定,确定其中一家法院对被执行人所有可供执行的财产统一处置,统一分配。"

其四,原则上由首封法院控制,消极懈怠情形转给优先权法院;首封法院可以放弃首封利益,申请人无异议权。例如,《天津市高级人民法院关于处理首封法院与优先权执行法院处分查封财产争议有关问题的解答(2015)》(以下简称"天津处分查封财产解答")规定"首封法院与优先权执行法院因处分查封财产发生争议的,原则上由首封法院负责对查封财产进行处分",不仅如此,"(一)优先权执行法院向首封法院请求处分查封财产,符合下列情形的,由优先权执行法院负责对查封财产进行处分:第一,首封债权为一般债权且尚未进入执行程序的;第二,首封债权进入执行程序后，首封法院无正当理由超过两个月未启动处分查封财产程序的；第三，首封债权进入执行程序后，当事人达成执行和解，但和解协议履行期限过长，不符合及时依法处分查封财产原则的。（二）首封债权进入执行程序后，首封法院认为将查封财产移送优先权执行法院进行处分更为适宜并提出协商请求，优先权执行法院认为可以由其处分的，可以由优先权执行法院负责对查封财产进行处分"。再例如，《山东省高级人民法院关于处理在先查封法院与优先受偿债权执行法院处分查封财产执行争议若干问题的规定（2015）》（以下简称"山东执行问题的规定"）第一条规定"对某项财产采取在先查封措施的法院与对该财产享有优先受偿权的债权执行法院因处分该财产产生执行争议的，原则上由在先查封法院对该财产进行处分"。第二条规定"有下列情形之一的，可以由对被查封财产享有优先受偿权的债权执行法院处分查封财产：（一）享有优先受偿权的债权已经进入执行程序，在先查封债权尚未进入执行程序的；（二）在先查封债权与优先受偿债权均已进入执行程序，但在先查封案件的申请执行人拒不配合法院处分财产致使无法启动拍卖、变卖程序的；（三）在先查封债权与优先受偿债权均进入执行程序，但在先查封案件当事人达成执行和解尚未过履行期的；（四）在先查封债权与优先受偿债权均进入执行程序，但在先查封案件被依法暂缓执行或中止执行的"。

其五，只有能够保证优先债权实现的前提下，首封法院才享有财产查封处置权。否则，应当由首封法院之外的优先债权轮候法院控制。例如，《上海市高级人民法院关于在先查封法院与优先受偿债权执行法院处分查封财产有关问题的解答》，"哪些情形下应当由在先查封的法院处分查封财产？""第一，在先查封的债权即为享有在先优先受偿权的债权，其虽未进入执行程序，但查封财产在依法清偿在先查封的债权以及执行费用等后无剩余的；第二，在先查封债权对查封财产已经进入财产变现程序，且查封财产在依法清偿在先的优先受偿债权以及执行费用后能够全部或者部分清偿在先查封债权的"。

其六，通过形式性期间规定保障首封法院的财产查封处置权，怠于执行则交给优先债权轮候法院执行，绝对排除法院的裁量权。《广东高院关于执行案件法律适用疑难问题的解答意见（2016）》规定："首封法院尚未进入执行程序，或首封法院案件依法暂缓执行或进入执行程序之日起二个月内没有启动处置程序的，应由优先受偿权执行法院处分查封财产，财产处分后各法院依法推进个案后续执行工作。"

从各直辖市、省级法院层面来看,财产查封处置权的规定比较混乱,缺乏规律性,地方保护主义因素浓厚,并且很多地方没有重视首封法院与轮候法院涉及普通债权可能存在冲突。最关键的是,查封控制权很容易被上一级法院的裁量权改变。

(三)查封控制阶段财产查封处置权统一性规定

在查封控制阶段,《最高法批复》[①]通过四个形式性要件平衡了首封法院与优先权法院以及轮候法院之间的利益。这四个要件是,优先债权已经被生效法律文书确认;优先债权法院进入了执行程序;首封法院自查封之日起超过60日;首先查封法院没有就该查封财产发布拍卖公告或者进入变卖程序。即便争议由上级法院解决,上级法院必须遵循首封法院处置原则,条件符合且有可裁量的因素下才决定是否移送优先债权法院。《保全规定》第21条规定了首封法院与轮候法院之间的冲突协调,即首封法院怠于处置,则可移送轮候法院(如下图)。

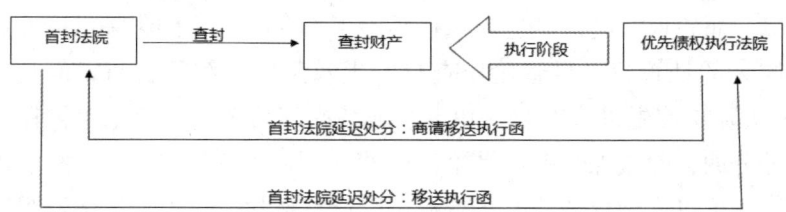

---

① 《最高人民法院关于首先查封法院与优先债权执行法院处分查封财产有关问题的批复2016》第1、4条规定"执行过程中,应当由首先查封、扣押、冻结(以下简称"查封")法院负责处分查封财产。但已进入其他法院执行程序的债权对查封财产有顺位在先的担保物权、优先权(该债权以下简称"优先债权"),自首先查封之日起已超过60日,且首先查封法院就该查封财产尚未发布拍卖公告或者进入变卖程序的,优先债权执行法院可以要求将该查封财产移送执行";"首先查封法院与优先债权执行法院就移送查封财产发生争议的,可以逐级报请双方共同的上级法院指定该财产的执行法院。共同的上级法院根据首先查封债权所处的诉讼阶段、查封财产的种类及所在地、各债权数额与查封财产价值之间的关系等案件具体情况,认为由首先查封法院执行更为妥当的,也可以决定由首先查封法院继续执行,但应当督促其在指定期限内处分查封财产"。

1. 首封法院与优先债权法院之间利益协调

首先，如果首封法院享有优先债权，在首封法院未进入执行程序的情形下，而其他优先债权法院已进入执行程序，应当立即移送给优先债权法院。因为，在这种情况下，首封法院无权对查封财产做出任何处置或者说不具有首封的利益。

其次，在首封法院进入执行程序之后，优先债权也进入执行程序了，即便首封法院是普通债权，原则上应当由首封法院对查封财产进行处置，除非首封法院消极执行。在司法实践中，有的执行法院工作方式仅仅是从有利于工作开展为出发点，所以，会出现进入执行程序的首封法院不及时处置优先权财产的情形。[①] 在首封法院消极执行的情况下，保护优先债权十分必要。

2. 首封法院与轮候法院之间利益协调

首先，在首封法院进入执行程序后，普通债权的轮候法院无权对查封财产做任何处分。因为，根据《民诉法解释》《查扣冻规定》《最高人民法院关于查封法院全部处分标的物后轮候查封的效力问题的批复（2007）》等司法解释的规定，轮候查封仅具有预期效力。

其次，与之相对，在首封法院尚未进入执行程序，所查封财产处于保全阶段，而轮候法院已经进入执行程序了，此时，轮候法院可以商请移送查封财产的处置权。尽管轮候查封的生效条件是解除首封，但是，如果"保全法院在首先采取查封、扣押、冻结措施后超过一年未对被保全财产进行处分的，除被保全财产系争议标的外，在先轮候查封、扣押、冻结的执行法院可以商请保全法院将被保全财产移送执行。但司法解释另有特别

---

① 例如，首封法院的债权是普通债权，在优先权财产扣除执行费用和抵押权的价值后，没有剩余，即无益查封；首封法院是异地查封，优先权财产所在地法院不在首封法院辖区，比如，处置房产这样的不动产程序十分烦琐；首封法院申请执行人的债权远远低于优先权财产价值，申请查封是为了将来能够参与被执行人的财产分配；首封法院仅仅是为了诉讼保全，在债务还没有确认的情况下，暂时不具备执行财产的条件，等等。
张玉群：《首查封法院不及时处置抵押财产原因析》，载《江苏经济报》2013年11月27日，第B03版。

规定的,适用其规定"①。

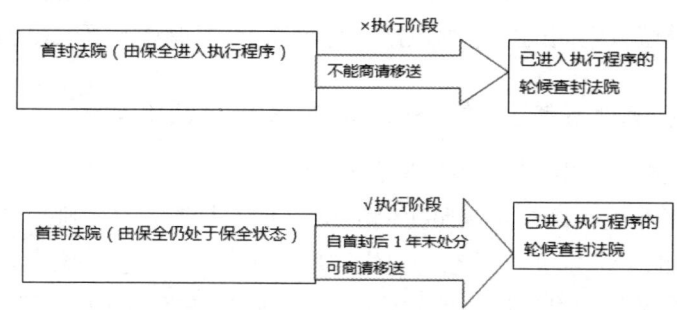

因此,在查封控制阶段,最高人民法院确定了首封法院的程序利益优先。如果首封法院进入执行程序,不仅普通债权轮候法院不具有程序利益,而且优先债权法院也不具有程序利益。即便因此发生争议,上一级法院也会坚持保护首封法院利益优先。

二、分配处置阶段财产查封处置权的规定、混乱及统一

(一)分配处置阶段财产查封处置权的规定

在涉及多个债权人对同一被执行人享有债权,《执行规定》区分了不同主体。如果被执行人是企业法人且又被申请破产,原则上按照破产程序解决债权人之间的公平受偿问题,其分配顺序是《破产法》第113条规定,同一顺位普通债权按照比例分配。这样可以免除了被执行人的债务或者说彻底终结了原债权债务关系。如果被执行人是企业法人且无人申请破产,制度不鼓励消极对待权利的人,被移送执行后,查明对执行标的无优先受

---

① 《最高人民法院关于人民法院办理财产保全案件若干问题的规定(2016)》第21条"保全法院在首先采取查封、扣押、冻结措施后超过一年未对被保全财产进行处分的,除被保全财产系争议标的外,在先轮候查封、扣押、冻结的执行法院可以商请保全法院将被保全财产移送执行。但司法解释另有特别规定的,适用其规定。保全法院与在先轮候查封、扣押、冻结的执行法院就移送被保全财产发生争议的,可以逐级报请共同的上级法院指定该财产的执行法院。共同的上级法院应当根据被保全财产的种类及所在地、各债权数额与被保全财产价值之间的关系等案件具体情况指定执行法院,并督促其在指定期限内处分被保全财产"。

偿债权时，根据《执行规定》第88条第1款[①]，即按照执行措施先后顺序受偿。如果被执行人是公民、其他组织，不足清偿全部财产时，根据《执行规定》第90、94条，除了优先受偿债权之外，按照各个债权比例受偿。至于其他优先受偿权之间的顺序则根据《物权法》《担保法》等法律确定。[②]

（二）分配处置阶段财产查封处置权的混乱规定

其一，在财产不足以清偿的情况下，具有法人资格的原则上按照执行措施先后顺序分配，例外是按照比例清偿；无法人资格的，则一律按照比例清偿。例如，《江苏执行解答》规定"财产处置法院处置查封财产所得款项（拍卖变卖款或以物抵债后的分配款），应当按照法律规定予以分配。在被执行人的财产不足清偿时，区别被执行人有无法人资格。对于有法人资格的被执行人，同一顺位的金钱债权按照法院采取执行措施的先后顺序受偿，作为例外，在企业法人未经清理或清算即撤销、注销或歇业的，按各债权额的比例进行分配；对不具有法人资格的被执行人，如公民和其他组织，则不区分采取执行措施的先后，同一顺位的金钱债权一律按照各债权额的比例进行分配"。

其二，为了避免分配不公的矛盾，多家法院达成一致意见确定分配。《浙江执行解答》规定"各查封法院对适用参与分配意见一致的，由每项财产的在先查封法院对各自查封的财产进行分配。各查封法院对适用参与分配不能形成一致意见，或者涉及的法院较多的，可由各查封法院的共同上级法院通过提级执行或指定执行将所有案件管辖权集中至一家法院，由该法院处置财产并主持分配。或者由共同的上级法院作出决定，确定其中一家法院对被执行人所有可供执行的财产统一处置，统一分配"。

其三，区分法人还是公民或其他组织确定分配方案。《北京执行流程与指南》第55条规定"多份生效法律文书确定金钱给付内容的多个债权人分别对同一被执行人申请执行，各债权人对执行标的物均无担保物权和法律规定的其他优先受偿权的，按执行法院对执行标的物采取查封、扣押、冻结等控制性措施的先后顺序进行案款分配。被执行人为公民或其他组织，

[①] "多份生效法律文书确定金钱给付内容的多个债权人分别对同一被执行人申请执行，各债权人对执行标的物均无担保物权的，按照执行法院采取执行措施的先后顺序受偿。"

[②] 最高人民法院执行局：《两个法院执行同一个被执行人，当财产拍卖款不能清偿全部债务时，应适用〈执行规定〉哪一条》，载《人民司法》2003年第4期。

其全部或主要财产已被一个人民法院因执行确定金钱给付的生效法律文书而查封、扣押或冻结，无其他财产可供执行或其他财产不足清偿债务的，适用参与分配程序，对各债权人的债权按比例清偿"。

其四，根据公平原则确定分配方案。《天津处分查封财产解答》规定"优先权执行法院在处分查封财产时，应当根据公平保护原则，既要根据债权性质公平保护各方债权人的合法权益，也要公平保护被执行人的合法权益、提高执行效率，规范执行行为"。

综上所述，各地司法政策不是从最高人民法院的司法解释出发，而是从解决问题的立场出发，例如，对被执行人是公民、其他组织的普通债权一律按照比例分配，并且灵活性、弹性很大，法院可裁量范围较大。很多法院忽略了首封法院的利益。

（三）分配财产阶段财产查封处置权的统一性规定

《民诉法解释》承继了过去《执行规定》关于执行财产分配的规定，即区分了被执行人是公民、其他组织还是企业法人。

在被执行人财产足以清偿的情况下，根据《最高法批复》的规定，由于首封法院消极执行，查封财产处置权从首封法院转移至优先债权法院，按照清偿顺位为首封法院预留份额，从而保障首封债权人的利益。如果查封财产处置权从首封法院转移至轮候法院，《保全规定》并没有明确规定。但是，应当保障首封利益。在财产足以清偿的情况下，无须多言（如下图）。

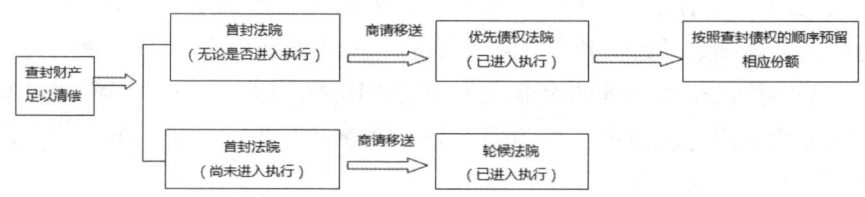

在被执行人财产不足以清偿的情况下，可以分为以下两种情况（如下图）。

就公民、其他组织而言，《民诉法解释》第510条规定"参与分配执行中，执行所得价款扣除执行费用，并清偿应当优先受偿的债权后，对于普通债权，原则上按照其占全部申请参与分配债权数额的比例受偿。清偿后的剩余债务，被执行人应当继续清偿。债权人发现被执行人有其他财产的，可以随时请求人民法院执行"。根据该规定，各方参与分配所确立的顺序是"执行费用"——"优先受偿债权"——"普通债权（原则上按比例受偿）"。值得注意的是，参与分配并非像破产程序那样，产生免除债权的法律效果。它仅仅产生终结本次执行的法律效果，如果以后发现有可执行财产，"可以随时请求人民法院执行"。因此，司法解释规定"对于普通债权，原则上按照其占全部申请参与分配债权数额的比例受偿"。有些地方赋予了法官自由裁量权，让法官可以根据查封财产的顺序清偿债权，也可以提高首查封债权的比例进行清偿。①如果赋予了执行法官裁量权，不符合执行保守原则、执行效率原则。目前，我国并没有引入自然人破产制度，它并不具有免除债务的功能。况且，债权人还有机会主张债权。再者，从法律体系解释的角度来看，这与下文无法进入破产程序的企业法人对首封债权清偿的法理相同，都是激励债权人积极查封被执行人的财产，应当按照先后顺序分配。

就被执行人是企业法人而言，根据《民诉法解释》第513条规定，"执行法院经申请执行人之一或者被执行人同意，应当裁定中止对该被执行人的执行，将执行案件相关材料移送被执行人住所地人民法院"，由法院决定是否受理破产。当事人不同意移送破产或法院不受理移送破产。也就是说，无法进入破产程序，执行法院将继续执行。根据《民诉法解释》第516条规定，"执行法院就执行变价所得财产，在扣除执行费用及清偿优先受偿的债权后，对于普通债权，按照财产保全和执行中查封、扣押、冻结财产的先后顺序清偿"。该规定是延续过去司法解释所确立的优先主义。因为，这个规则参考了《执行规定》第88条第1款的规定。"对企业法人执行时，不能清偿全部债务的企业法人如果不能进入破产程序，则按照采取执行措施的先后分配财产，排除参与分配制度对企业法人的适用，以实现

---

① 《重庆市高级人民法院关于执行工作适用法律若干问题的解答（一）2016》"参与分配程序中，执行所得价款扣除执行费用，并清偿应当优先受偿的债权后，普通债权原则上按照其占全部申请参与分配债权数额的比例受偿。但有以下情形之一的普通债权，人民法院应根据案件具体情况，在保证参与分配债权都有受偿的前提下，可适当予以多分，多分部分的金额不得超过待分配财产的20%且不高于该债权总额，未受偿部分的债权按普通债权比例受偿。1. 依债权人提供的财产线索，首先申请查封、扣押、冻结并有效采取措施的债权，但人民法院依职权查封的除外"。

'倒逼'不能受偿的债权人申请破产的目的。"①

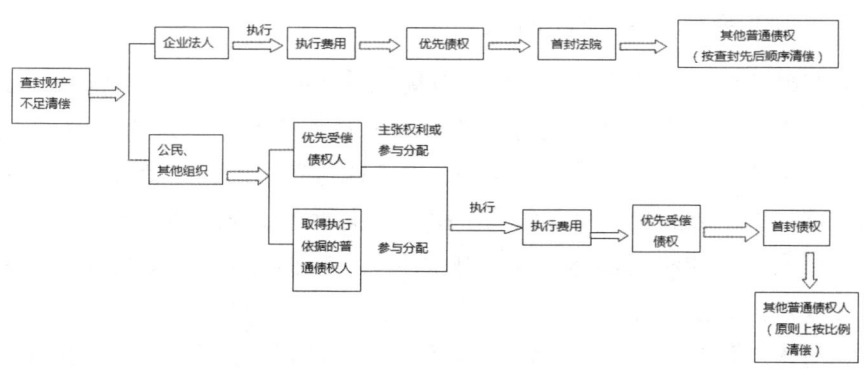

三、财产查封处置权的顺序配置

（一）查封控制阶段的顺序

根据《民事诉讼法》的司法解释，查封财产处置权应当由首先查封法院享有。这是法律依据。该规定的理由是，首封法院是被执行人生活、工作中心，也是可供执行财产所在地。不仅如此，申请查封的债权人为了保全财产、查封财产费时费力。司法解释确定首封法院处置查封财产，不仅便于法院在执行阶段控制财产、判断财产归属、变现财产以及实现财产给付，而且也能够激发申请执行人发现财产、控制财产的积极性。由此可见，首封利益已经不能为程序利益所涵盖，具有实体利益属性。不仅如此，《最高法批复》制定过程中，就确定首封财产从首封法院向优先债权法院移送条件时，一种观点认为，为了实现优先债权制度应当实行无条件移送，确有必要由上级法院协调解决；另一种观点认为只有首封法院过分迟延、地方保护等侵害优先债权才有必要移送，不仅如此，而且优先债权执行法院迟延处分等也会侵害首封法院的利益。② 最终，《最高法批复》采纳了后一种观点，通过严格的条件规定使之在财产查封、扣押等阶段具有优

---

① 沈德咏主编：《最高人民法院民事诉讼司法解释理解与适用》，北京：人民法院出版社2015年版，第1364页。
② 刘贵祥、赵晋山等：《〈关于首先查封法院与优先债权执行法院处分查封财产有关问题的批复〉的理解与适用》，载《人民司法》2016年第19期，第25页。

先性。换言之，它是通过程序机制认可了首封利益。

（二）分配处置阶段的顺序

在财产分配处置阶段，那些享有优先受偿的债权无论是主张权利还是参与分配，都是在广义参与分配的概念下赋予其申请人资格。① 优先债权具有法定的优先性自不待言。但是，对于执行费用、优先受偿债权之后的普通债权参与分配顺序不无争议。根据上文所述，我国执行程序中区分了被执行人是企业法人还是公民、其他组织。根据《破产法》第113条，企业法人对普通债权的清偿坚持平等清偿主义，有限的财产清偿之后免除了被执行人的债务，消除了债权人的不满。这是它不同于参与分配的情形。参与分配实行优先主义（《民诉法解释》第516条），"在执行程序中基于执行效率的考量，也为了督促债权人申请破产程序，因而对普通债权的参与分配采用了优先主义原则"②。正如上文所述，这是为了形成"倒逼机制"，让不能受偿的轮候查封债权人积极申请破产（《民诉法解释》第513条）。依据此规则原理与精神，可以保障首封利益。因此，有必要对首封普通债权的利益坚持优先主义。这既符合法解释学之体系解释，也符合首封利益的实体属性。

（三）小结

就财产查封处置权而言，各省、直辖市人民法院的司法政策并未遵从《执行规定》第91条规定，把首先查封法院处分作为解释的出发点，而是各自规定各自的规则，最终因社会因素、制度因素、地方保护主义因素等形成了混乱的局面，缺乏统一的规范性。最高人民法院不得不制定统一规则。未来，各地司法政策应当摒弃为解决问题而解决问题的功利导向，回归到法律统一性、规范性层面。因为，执行程序的性质就是为了及时解决个别债权受偿问题，其他债权平等受偿重要但不是最重要的问题。尽管平等清偿主义符合实体优先主义、实质正义理念，甚至还可以避免司法信访压力，但是，很大程度上，它是破产法语境下的概念，免除被执行人债

---

① 曹兴权、尚彦卿：《民事执行中参与分配程序的适用条件》，载《政法论丛》2017年第5期，第79页。

② 张永泉：《民事执行程序中"参与分配"的理论与制度构建》，载《苏州大学学报》2017年第4期，第120页。

务，及时恢复市场参与、退出机制。在执行程序中，财产查封处置权既具有程序利益属性，也具有实体利益属性。在财产查封阶段，已经通过司法解释规定清楚了；在财产分配阶段，其首封利益规定尚不清楚。如果坚持优先主义，更有利于保障首封利益，从而实现执行程序的效率与公正价值。反之，平等清偿主义容易与执行权的性质相冲突。

The Order of the Right of Property of Sequestration and Disposal in the Executive Procedure

Dezhong Xiong

Abstract: To control and seizure property involve procedural interests in the executive procedure; to distribute and handle property involve entity interests. In the former, Procedural interests is the first sealing-up Court control property clearly defined in judicial interpretation. In the latter, the distribution and disposal of entity interests is applicable for the past rules which bring out conflicts. In the current judicial practice in China, there are some confusions about the provisions of the seizure control phase and the disposition of property disposal and disposal rights, but some partial reunification has also been made. However, the judicial policies of various localities often proceed from their own interests, neglect the judicial interpretation of the Supreme People's Court, and take the problem as the basic position. The relevant laws lack uniformity and normativeness, leading to the prevalence of local protectionism and the chaos of discretion. The first court The interests of the priority creditor's court were not properly coordinated, and the first interest was not given enough attention. This paper analyzes the legal provisions of property control and distribution order in China's execution procedures, and arranges the order of property seizure and disposal rights as the key point to solve the problem. It is recommended to follow the order of measures first to determine the order of compensation. But it is undeniable that if both phases are able to have uniform legal provisions, it will be easier to achieve efficiency and fair value.

Keywords: the executive procedure; the priority doctrine; the right of property of sequestration and disposal

"先刑后民"司法原则的理解与适用

李 凯 黎 涛[*]

【内容摘要】在民刑交叉案件中，民事法律关系与刑事法律关系在法律关系的主体、客体以及内容方面会出现重合，进而引发了法律适用竞合和诉讼程序选择问题。为此，公检法机关通过制定司法解释逐步确立了"先刑后民"的处理原则。但是，由于在司法实践中存在着不当扩大或者缩小民刑交叉案件范围等问题和隐忧，导致"先刑后民"司法原则的合理性屡遭质疑。本文认为，应当从民刑交叉案件的基本构成出发，将事实的同一性作为民刑交叉案件的重要判断标准，坚持公检法相互之间同权认定民刑交叉案件性质的模式，使民事诉讼程序与刑事诉讼程序相协调，切实提高诉讼效率。

【关键词】民刑交叉 先刑后民 同权认定

民刑交叉案件是一种较为常见的司法现象，主要涉及民刑程序协调与实体责任确定两个方面的问题。对于通过民事法律和刑事法律均可以评价的同一事实，司法解释规定了先刑后民的程序处置原则。在司法实践中，由于对民刑交叉案件的基本构成认识不清晰，导致对先刑后民的理解与适用也出现了误区。本文通过分析先刑后民原则的历史沿革、民刑交叉案件的本质特征，主要讨论了先刑后民的适用基础及民刑程序协调的相关问题。

---

① 作者简介：李凯，北京市人民检察院第三分院第三检察部三级高级检察官；黎涛，北京市人民检察院第三分院第三检察部检察官助理。

一、先刑后民司法原则的历史沿革[①]

（一）原则的确立与适用范围的调整

最高人民法院、最高人民检察院、公安部于1985年8月公布了《关于及时查处在经济纠纷案件中发现的经济犯罪的通知》，要求各级人民法院在审理经济纠纷案件中，如发现有经济犯罪，应当将经济犯罪的有关材料移送给公安机关或者检察机关。对于人民法院在移送材料后能否继续审理经济纠纷的问题，该通知未能做出说明，故此时尚未形成先刑后民的处理原则。1987年3月，最高人民法院、最高人民检察院、公安部公布了《关于在审理经济纠纷案件中发现经济犯罪必须及时移送的通知》，正式确立了民刑交叉案件先刑后民的司法原则，通知要求人民法院一般应将经济犯罪与经济纠纷全案移送，这就意味着人民法院不再继续审理民刑交叉案件，而部分移送则为例外。[②]

其后，最高人民法院修正了先刑后民的适用范围，改变了全案移送的一般要求，逐步明确了民刑交叉案件的判断基础。例如，1997年12月，最高人民法院公布了《关于审查存单纠纷案件的若干规定》，对于案件纠纷确须待刑事案件结案后才能审理的，人民法院应当中止审理，对于追究有关当事人刑事责任不影响对案件纠纷审理的，应当继续审理。1998年4月，最高人民法院公布了《关于在审理经济纠纷案件中涉及经济犯罪嫌疑若干问题的规定》，明确了不适用先刑后民处理方式的具体情形，包括：当事人因不同的法律事实，分别涉及经济纠纷和经济犯罪嫌疑的；与经济纠纷案件有牵连，但不是同一法律关系的经济犯罪嫌疑的。对于第二种不适用先刑后民的情形，最高人民法院在2015年8月公布的《关于审理民间借贷案件适用法律若干问题的规定》中，没有沿袭"同一法律关系"的表述方式，转而采用了"同一事实"这一表述方式，事实的同一性成为人民法院

[①] 关于此问题的相关法律规定散见于刑事、民事立法、司法解释中，本文将重点从刑事立法方面予以考察。

[②] 《最高人民法院、最高人民检察院、公安部关于在审理经济纠纷案件中发现经济犯罪必须及时移送的通知》规定：人民法院在审理经济纠纷案件中，发现经济犯罪时，一般应将经济犯罪与经济纠纷全案移送，依照刑事诉讼法第五十三条和第五十四条的规定办理。如果经济纠纷与经济犯罪必须分案审理的，或者是经济纠纷案经审结后又发现有经济犯罪的，可只移送经济犯罪部分。

认定民刑交叉案件性质的判断基础[①]。

(二) 认定民事纠纷与刑事犯罪性质的权力更迭

在司法实践中，关于民刑交叉案件的性质认定问题，公检法之间难免会发生争议，以致出现人民法院将审理经济纠纷案件中发现的刑事犯罪线索移送侦查机关、检察机关，而侦查机关、检察机关不予受理，或者公安机关认为人民法院正在审理的经济纠纷案件存在刑事犯罪嫌疑，而人民法院仍继续审理的情形。

在1987年3月的《通知》中，明确了报请同级政法委协调一致的处理方式，如果公检法对所移送的材料是否属于经济犯罪在性质认定上有争议，应报请同级政法委。可见，当时公检法不仅可以就该问题提出自己的意见，而且权重相同，相互之间不具有约束力，故需要通过政法委予以协调。

1998年，最高人民法院公布的《关于在审理经济纠纷案件中涉及经济犯罪嫌疑若干问题的规定》第十二条规定，对于人民法院已立案审理的经济纠纷案件，公安机关或检察机关认为有经济犯罪嫌疑，并说明理由附有关材料函告受理该案的人民法院的，经过审查，如认为确属经济纠纷案件的，应当依法继续审理，并将结果函告有关公安机关或检察机关。这表明彼时人民法院仍坚持根据自己的审查意见，自行决定是否继续审理，从而事实上否定了公安机关、检察机关对于民刑交叉案件性质认定的效力。

2005年，公安部公布的《公安机关办理经济犯罪案件的若干规定》第十二条规定，需要立案侦查的案件与人民法院受理或作出生效判决、裁定的民事案件，属于同一法律事实，如符合下列条件之一的，公安机关应当立案侦查：(一) 人民法院决定将案件移送公安机关或者撤销该判决、裁定的；(二) 人民检察院依法通知公安机关立案的。可见，当时公安机关事实上认可了人民法院、人民检察院对于民刑交叉案件的认定权，而没有主张自身的认定权。需要注意的是，该规定认为"人民法院已经作出的民事生效判决、裁定"对于公安机关"是否就刑事案件立案侦查"具有约束力，

[①] 例如《最高人民法院关于审理民间借贷案件适用法律若干问题的规定》第六条规定：人民法院立案后，发现与民间借贷纠纷案件虽有关联但不是同一事实的涉嫌非法集资等犯罪的线索、材料的，人民法院应当继续审理民间借贷纠纷案件，并将涉嫌非法集资等犯罪的线索、材料移送公安或者检察机关。

且强调除法院"主动移送"外，必须要待法院撤销相关判决、裁定后公安机关才能予以立案侦查，这就意味着民事案件审判结果对刑事案件具有约束力。问题是，刑法与民法并不是平行并列的关系。刑法属于公法范畴，是宪法及其他部门法的保障法，是保护法益的最后一道防线，而民法属于私法范畴，私法的强制力低于公法，因而刑事案件的立案侦查不应受制于民事审判结果。

2017年11月，最高人民检察院、公安部公布的《最高人民检察院、公安部关于公安机关办理经济犯罪案件的若干规定》第二十条规定，对于人民法院发现并移送有关经济犯罪嫌疑材料的，人民检察院依法通知公安机关立案的，以及公安机关认为有证据证明有犯罪事实，需要追究刑事责任，经省级以上公安机关负责人批准的，应当立案侦查，但不得妨碍人民法院民事诉讼活动的正常进行。至此，公安机关重新确认了自身的裁断权，即对于人民法院仍继续审理的民事纠纷，如果公安机关认为涉嫌刑事犯罪，其有权予以立案侦查。

由此可见，几十年来，关于民刑交叉案件性质认定的判断权力几经更迭，公、检、法并未达成始终如一的一致性意见，事实上形成了各自主张、互不约束的一种同权认定模式。

（三）民刑交叉案件的外延与认定基础的逐步清晰化

民刑交叉案件与先刑后民原则是相伴而生的，民刑交叉案件是司法现象，先刑后民是解决方式，随之发生的中止审理、立案侦查等诉讼活动是司法效果。如果民刑交叉案件界定不清，必然会影响诉讼效率、效果。

在先刑后民原则形成伊始，对民刑交叉案件的认识尚显模糊，当时采取了以全案移送为原则、部分移送为例外的处理方式，使本应由人民法院审理的经济纠纷也一并移送给公安机关、检察机关，只得待公安机关、检察机关查明事实后再将经济纠纷部分退回人民法院继续审理，或者由当事人另行起诉，这就延宕了经济纠纷案件的审理，造成当事人诉讼利益的损失。

为了合理适用先刑后民原则，最高人民法院《关于审查存单纠纷案件的若干规定》提出了一种"确须待刑事案件结案后才能审理"的必要性判断方式，这就从司法效果上限缩了民刑交叉案件的外延，对于不以刑事案件审结作为必要前提的经济纠纷，不适用先刑后民原则，换言之，在此种情形下，并不存在民刑交叉案件所需解决的问题。

随后，最高人民法院将相对主观的具体案件具体处理的必要性判断方式加以客观化，在《关于在审理经济纠纷案件中涉及经济犯罪嫌疑若干问题的规定》中采取了法律事实或者法律关系的同一性的客观标准，如果经济纠纷与经济犯罪嫌疑分属不同的法律事实、法律关系，就不需要作先刑后民处理，该情形根本不会触及民刑交叉案件所需解决的问题。公安部在《公安机关办理经济犯罪案件的若干规定》中也采取了法律事实同一的标准，只有出现经济犯罪嫌疑与人民法院已受理或作出生效判决、裁定的民事案件系同一法律事实的情况，才会有先刑后民的问题。

二、民刑交叉案件的基本构成

当民事法律关系与刑事法律关系在法律关系的主体、客体以及内容方面出现重合的时候，就会发生刑事法律与民事法律适用竞合的情况，而先刑后民的司法原则就是发生这种竞合的处理方式。司法解释规定，对于既可以由民事法律关系调整，又可以由刑事法律关系调整的同一事实，应优先适用刑事法律。因而，民刑交叉案件是与先刑后民的司法原则相伴而生的，如果刑事法律、民事法律不分先后、可以同时适用，那么也就无所谓竞合了。由此，我们可以推论出民刑交叉案件的两个特征，即事实的同一性和法律适用的竞合。

（一）事实的同一性

事实的同一性是指法律关系的主体、客体相重合，如人身伤害行为，既可以被评价为民事上的侵权行为，也可能被评价为刑事上的故意伤害行为，存在民刑竞合适用的情形，自然属于民刑交叉案件。如果只有部分重合，例如主体的重合，甲对乙实施了违约行为，对丙实施了抢劫行为，民事法律、刑事法律可以在各自调整的法律关系内予以适用，互不干扰，显然不存在竞相适用的情形，故不属于民刑交叉案件。

换言之，如果法律关系的主体、客体仅仅存在部分交叉，而非全部重合，那么民事法律与刑事法律就不存在竞相适用的情形。例如，甲接受乙的全权委托而与丙签订购销合同，在履行合同的过程中，甲既没有将乙的货物交付给丙，也没有将丙的货款交付给乙，而是携带货物与货款潜逃，若丙对乙提起民事诉讼,要求乙承担违约责任,人民法院在审理过程中发现甲对乙实施了诈骗行为,应当将刑事犯罪线索移送公安机关侦查,那么人民法院是否能够继续审理丙与乙的合同纠纷?从法律关系的角度进行分析,乙与甲的委托代理关系是成立的,丙基于此种代理关系而与甲签订、履行了合同,乙应当对甲的行为承担连带责任。因此,人民法院应当继续审理丙与乙的合同纠纷,在丙与乙的法律关系中并无刑法适用的前提。

将事实的同一性作为民刑交叉案件的认定基础,也符合司法解释的规定,最高人民法院在司法解释中就以"同一事实"的表述方式代替了"同一法律关系"的表述方式。"同一法律关系"是指法律关系的主体、客体及内容均相同,法律关系的内容是指权利义务关系,而民事法律关系与刑事法律关系在内容上显然是不同的,唯有法律关系主体、客体这种案件事实的同一,才是民事法律、刑事法律竞相适用的基础。

(二)法律适用的竞合

事实的同一性是认定民刑交叉案件的基础,而民事刑事法律竞相适用是民刑交叉案件的本质特征。对同一个事实而言,如果既可以被民事法律评价,也可以被刑事法律评价,那么就存在着民事刑事法律竞相适用的问题,如果不存在竞相适用,那么相关案件事实就是单独的民事或者刑事法律关系,也就无所谓民刑交叉案件了[①]。

有观点认为,可以将案件事实具有民刑交叉表象的民刑交叉案件分为三类:一是只具有单一的民事法律关系,应当遵循先民后刑或者有民无刑;二是刑民交叉所具有的相互关系在本质上是一种纵向的、属于刑事包容民事的法律关系,应当遵循先刑后民或者刑事附带民事诉讼;三是刑民交叉的法律关系是一种横向的、属于同位并列的关系,应当确立刑民并行[②]。

通过法律关系的视角研究民刑交叉案件的方法固然值得提倡,但是此种观点存在若干需要关注的问题:一是这种分类方法是依据法律对事实的评价结果进行的分类,而民刑交叉案件乃是一种程序选择问题,而非实体处置,即使适用了先刑后民的司法原则,也并不意味着相关事实必然构成

[①] 参考案例,王瑞峰、程哲明:《涉嫌诈骗的合同纠纷是否必须"先刑后民"?——对一起刑民交叉合同纠纷案件适用法律的分析》,载《中国审判》2016年11月,第66页。

[②] 杨兴培:《刑民交叉案件的类型分析和破解方法》,载《东方法学》2014年第4期,第5页及以下。

刑事犯罪，这种依据法律关系的最终形态研究民刑交叉案件的方法，实有本末倒置之嫌。二是如果民刑法律关系属于同位并列关系，或者只具有单一关系，那么在相关案件事实中就不会出现民刑交叉的表象，如果将法律关系主体、客体的部分重合也作为民刑交叉案件对待，无疑会扩大民刑交叉案件的范围，更不利于厘清民刑交叉案件的内涵与外延。三是这种分类方式容易使民刑交叉案件所应解决的问题定位不清，民刑交叉所需解决的是程序选择问题，而在民刑并列、有民无刑等程序选择问题上，并不存在民事刑事法律竞相适用的情形。

三、先刑后民的合理性质疑

在民刑交叉案件中，先刑后民的处置方式是通过司法解释确定的司法原则。由于民事法律追求的是私法上的意思自治，刑事法律体现的是公法上的法律秩序，前者维护的是平等主体间的法益，后者强调的是国家保护社会秩序与安定的法益，前者的影响限于当事人，后者的影响涉及社会公众，因而民事诉讼程序与刑事诉讼程序并不是平行并列的关系，刑事法律的保障法地位正是先刑后民司法原则的根基。

目前，关于先刑后民问题讨论更多的是该司法原则未能充分解决实体责任的认定问题，甚至造成了阻碍[1]。张明楷教授也主张应当允许存在例外情况，在直接影响罪与非罪、此罪与彼罪区分的权属认定问题上，如商业秘密、林木的权属纠纷，也可以甚至应当先民后刑，通过民事诉讼程序先行认定权属问题[2]。以侵犯商业秘密案件为例，不论是民事诉讼程序，还是刑事诉讼程序，商业秘密及其权属的认定问题都是首先需要查明的核心事实，这既是民事诉讼当事人主张权利的事实依据，也是刑事犯罪成立与否的关键。在此类民刑交叉案件中，已经出现人民法院在刑事审判中认定构成侵犯商业秘密罪，而在其后的民事审判中否认存在商业秘密，造成民事

---

[1] 先刑后民模式在知识产权案件中引发的制度性障碍，见徐家力、张军强：《对知识产权案件先刑后民模式的反思与完善》，载《中国刑事法杂志》2018年第4期，第136页。

[2] 参加张明楷：《程序上的刑民关系》，载《人民法院报》2006年5月24日，第B01版。

审判结果与刑事审判结果相互冲突①。这种相互冲突的司法现象与先刑后民的司法原则是否存在必然联系，值得商榷。目前，关于在知识产权案件中应当确立"先民后刑"原则的观点主要有以下几类。

观点一，先刑后民原则在审理知识产权案件中存在不足，因为"刑事审判庭可能会忽视对知识产权权属及侵权成立与否等问题的认定"，"而确定权利人的权属状况和对权利人的知识产权与侵权人的产品或技术进行比对是知识产权案件审判最重要的特点"②。事实上，司法人员基于自然人个体在专业化水平或对案件关键点的关注度方面存在的问题是一种客观存在的现象，是由于作为个体的人的自身认知能力的有限性所决定的，与先民后刑或者先刑后民的审理方式并无实质性关联，故专业化审理只是我们确保办案质量的重要措施之一，但不应当作为民刑交叉案件程序选择的唯一或最重要的考量因素。

观点二，知识产权案件的事实认定是从侵权到犯罪的先民后刑的递进关系，客观上知识产权民事审判力量最为强大、最为专业，所以司法实践中先民后刑的呼声日益高涨③。对于知识产权案件，从侵权到犯罪的确是一个从量变到质变的过程，但是，由于民事诉讼程序与刑事诉讼程序在证明责任、证明标准上存在根本性差异。例如，民事诉讼采取了优势证据的证明标准，而刑事诉讼却坚决排斥该证明标准，实行的是远高于该标准的"排除合理怀疑"的证明标准。因此，民事判决对刑事诉讼活动并不具有预决效力，即使民事判决认定了侵权行为，刑事诉讼仍然需要对该事实独立地进行审查、认定。

观点三，知识产权案件不能实行先刑后民，先民后刑才符合案件的特点和审判规律，实行民事附带刑事诉讼有利于权利人和刑事司法机关根据案件审理进程适时提出刑事自诉或者决定是否将案件作刑事公诉案件移送处理，民事诉讼可以通过诉前禁令制止侵权行为的继续和通过诉前证据保全来发现和固定侵权证据，而这些措施是刑事诉讼做不到的④。但是，知

---

① 宋健：《江苏法院知识产权审判'三合一'改革试点工作情况报告》，《知识产权审判指导》（第25辑），《人民法院》出版社2015年版，第92页，转引自徐家力、张军强：《对知识产权案件先刑后民模式的反思与完善》，载《中国刑事法杂志》2018年第4期，第135页。

② 江波、喻湜：《知识产权刑民交叉案件审理问题研究》，载《知识产权》2008年第6期，第66页。

③ 沈杨：《知识产权"三审合一"改革的启示》，载《人民司法》2009年第23期，第53页。

④ 江伟、范跃如：《刑民交叉案件处理机制研究》，载《法商研究》2005年第4期，第34页。

产权案件并不属于刑事自诉案件，犯罪事实发生后，需经公安机关立案后才能启动刑事诉讼程序。即使人民法院在知识产权纠纷中发现了刑事犯罪线索，也需要移送给公安机关立案侦查。故民事附带刑事诉讼一说自难成立，更遑论公安机关、检察机关在刑事诉讼活动中发现、固定证据以及查封、冻结涉案财物的方式、效率远远胜于民事诉前保全措施，民事诉前保全措施的存在不能成为"先民后刑"处断原则建立的充分理由。

从司法实践来看，对于民刑交叉案件既需要解决民事诉讼程序与刑事诉讼程序的协调问题，更需要解决民事法律责任与刑事法律责任的认定问题。综观上述反对"先刑后民"，主张"先民后刑"原则的主要观点，其立足点主要是诉讼效率、效果问题，认为民事诉讼活动在民事权属认定方面更具有优势，先民后刑的处理方式更能避免判决冲突或者错案发生。但笔者需要在此强调的是，在强调诉讼效率的同时，我们更需关注到民事诉讼与刑事诉讼在模式构造方面的本质差异，尤其是在证明标准、证明责任等方面的重大差异。事实上，如果认为由知识产权审判庭这一专业化审判组织审理知识产权犯罪案件，就可以避免执法标准不统一、专业素养差异造成的民刑判决冲突问题的话，那么我们完全可以通过改革现有审判组织、重新配置司法权的方式加以解决，例如，在知识产权庭实现"三审合一"。但司法实践告诉我们，解决问题的方法显然并非如此简单。

四、实践中应当注意的问题

客观地看，司法实践中在依照"先刑后民"原则解决民刑交叉案件的过程中，确实存在着不当扩大或者缩小民刑交叉案件范围，从而推卸司法责任的问题，以及司法机关依据"先刑后民"原则不当干预经济纠纷的现实隐忧。但是，笔者认为，在采用"先刑后民"原则的情况下，只要坚持严格把握民刑交叉案件的判断标准，准确界定民刑交叉案件性质，同样可以提高诉讼效率，实现较好的办案效果。具体而言，应当努力做到以下几个方面：

（一）坚持公检法同权认定模式

目前，公检法均有权认定民刑交叉案件，并按照各自的认定意见决定是否适用先刑后民的处理方式。这种同权认定模式看似会降低诉讼效率，致使同一事实可能同时经由民事诉讼程序和刑事诉讼程序审理的局面。但是，却可以有效地防止出现司法人员受利益驱动办案，通过刑事手段不当插手经济纠纷，或者通过民事诉讼方式保护涉案犯罪嫌疑人的现象。

这种同权认定模式，在诉讼法理上并不存在障碍。在公、检、法对民刑交叉案件性质发生分歧的情况下，如果公安机关或检察机关认为存在民刑交叉案件，而人民法院认为不存在民刑交叉案件，那么公安机关可以按照先刑后民的方式立案侦查。同时，人民法院也可以继续审理民事纠纷，对此《最高人民检察院、公安部关于公安机关办理经济犯罪案件的若干规定》已有规定。这样做，对于公检法各方来说，均不违背先刑后民原则；如果人民法院认为存在民刑交叉案件并移送犯罪线索，而公安机关或检察机关认为不存在民刑交叉案件，那么公安机关或检察机关的意见恰恰是按照先刑后民移送后的处理结果，人民法院可以继续审理民事纠纷，也不违背先刑后民原则。即使出现民事判决与刑事判决相冲突的情况，也可以通过审判监督程序进行纠正，救济手段并未用尽。

（二）严格把握民刑交叉案件的认定标准

民刑交叉案件的本质特征是民事法律与刑事法律的竞相适用，而竞合的基础是事实的同一性。因此，在判断民刑交叉案件性质的时候，必须将事实的同一性作为唯一标准。对于法律关系主体、客体部分交叉重合的情况，应在民刑各自的法律关系范围内分别适用民事诉讼程序与刑事诉讼程序，对于人民法院而言，不能因为凡是存在部分交叉重合的牵连关系，就径直认定系民刑交叉案件，进而依据先刑后民原则推脱审理讼争事实。

（三）正确认识民事判决与刑事判决的预决效力，避免司法冲突

在思维惯性中，往往把刑事判决与民事判决的冲突归责于先刑后民的司法原则。事实上，这种冲突往往是由于审判人员专业素养差异等其他原因引起的。当同一事实经由刑事审判认定构成犯罪以后，如民事审判认为刑事判决错误，应当先通过审判监督程序对刑事判决进行纠正，而不应径直作出相矛盾的民事判决，因为刑事判决对于民事诉讼活动具有预决效力，刑事判决可以直接作为民事判决的依据。相反，民事判决并不能直接作为刑事判决的依据，民事判决对于刑事审判活动不具有预决效力。当同

一事实经由民事审判认定存在侵权行为时,刑事审判活动仍然需要依据事实清楚、证据确实充分、排除合理怀疑的证明标准,对相关事实重新进行认定。

The Understanding and Application of the Judicial Principle of "Criminal Procedure Prior to the Civil Procedure"

Kai Li, Tao Li

Abstract: In the cross case, civil legal relationship and criminal legal relationship will overlap in the subject, object and content of legal relationship, which will lead to the issue of legal application and selection of litigation procedures. To this end, the public security law organ has gradually established the principle of "criminal procedure prior to the civil procedure" through the formulation of judicial interpretation. However, due to the problems that the scope of cross cases is improper expanded or narrowed in judicial practice, the rationality of the judicial principle of "criminal procedure prior to the civil procedure" has been repeatedly questioned. This paper believes that the basicity of the cross case should be taken as the important criterion for the cross-criminal case of the civil penalty, and the model of the nature of the cross-referential case of the civil penalty should be adhered to by the public inspection law. So the civil procedure and the criminal procedure is coordinated to effectively improve the efficiency of litigation.

Key words: a mix of civil and criminal; criminal procedure prior to the civil procedure; cognizance of the same right

"电子手铐"的实践困境及应对

——以未成年人犯罪适用非羁押性强制措施为视角

门植渊　王加军[*]

【内容摘要】未成年犯罪嫌疑人强制措施的选择适用以非羁押为原则，严格限制适用羁押措施，然而，在非羁押性强制措施的适用过程中，程序运行不畅、保而不管等现象致使未成年人再犯率升高。"电子手铐"作为科学技术创新发展的产物，在平衡控制犯罪和保障未成年人权益之间发挥了积极作用，但由于"电子手铐"设备及其智能监控平台尚处于探索阶段，在法律规定、功能设置、网络安全等方面仍存在诸多不足。因而，在完善和拓展"电子手铐"应用水平的同时构建起社会观护基地，真正实现从源头上预防和减少大量犯罪，化解社会矛盾，消除不安定因素。

【关键词】未成年人案件　非羁押性措施　电子手铐　大数据

我国对于未成年人犯罪案件的办理一直以来秉承保护性司法理念。2012年修正的《刑事诉讼法》新增了未成年人刑事案件诉讼程序，其中第266条规定，"对犯罪的未成年人实行教育、感化、挽救的方针，坚持教育为主、惩罚为辅的原则"；第269条第1款规定："对未成年犯罪嫌疑人、被告人应当严格限制适用逮捕措施。"可见，未成年人刑事案件的羁押对象范围较窄，这是出于对未成年人的特殊保护，旨在通过思想教育和引导感化使涉罪未成年人回归社会。

随着信息技术的快速发展，检察机关开始尝试运用大数据和云计算等科技手段来完善处于非羁押状态下涉罪未成年人的监管问题，"电子手铐"

---

[*] 门植渊，北京市东城区人民检察院检察官助理；王加军，山东省青岛市黄岛区人民检察院检务保障部主任。

应运而生。但是在实践中发现,"电子手铐"设备及其智能监控平台的设置、运行等诸多方面还有待完善,"则如何在控制犯罪和保障人权、社会治理和保护未成年人利益之间实现平衡仍需我们在司法实践中不断探索。

一、问题的提出

"大数据时代的到来,影响了整个社会的格局,给行进中的司法改革也带来巨大影响。信息科技应用的广度和深度,直接关系到检察机关的综合实力和工作水平",① 要把握智慧检务建设的良好机遇,充分发挥智慧检务在未检工作中的运用,加强对未成年人犯罪预防和权益保护大数据的分析运用,推动完善未成年人保护的机制、制度和政策。因而,应大力推进大数据等现代科技在未成年人检察工作中的应用,加快形成新的理念、新的系统、新的技术和新的手段,真正实现科技革命与司法公正、高效的有机融合。

当未成年人违法后,因秉承严格限制适用羁押措施的原则,又考虑到其年龄、心智成熟度等情况,大多数情况下对涉罪未成年人不采取限制人身自由的方式。然而,随着城市化进程的不断推进,以"非羁押为原则,羁押为例外"的做法暴露出一些问题。一是刑事诉讼程序运行不畅。"我国未成年人中有很多处于留守或者流动状态,这个群体中涉嫌违法、犯罪和受到不法侵害的比例都相对较高",② 在庭审前为逃避刑事责任而隐匿、潜逃、串供等情况屡屡发生,非羁押性强制措施无法保证涉罪未成年人及时到案配合讯问和调查。二是保而不管致使重新犯罪率升高。对涉罪未成年人采取非羁押性强制措施,意味着家庭要在监管、教育方面发挥积极作用。然而目前,家庭对于涉罪未成年人的监管、教育质量并不理想,尤其是处于无监护人、无固定住所、无经济来源的外来未成年犯罪嫌疑人或者未成年人在本地而其父母在外打工,无人监管的状态下,涉罪未成年人是否遵守规定、履行义务,是否能认识到其行为的严重性、结果的危害性、意识的错误性等都不得而知。加之,负责教育、监管工作的专业化社会支持体系尚未健全,涉罪未成年人无法得到及时、有效的帮扶和引导,易重

---

① 黄磊:《智慧检务颇值期许》,载《民主与法制时报》2017年第二版,第1页。

② 孙谦:《关于建立中国少年司法制度的思考》,载《国家检察官学院学报》2017年第4期,第6页。

新走上犯罪的道路。

随着信息技术的快速发展，检察机关开始尝试运用大数据和云计算等科技手段来完善处于非羁押状态下涉罪未成年人的监管问题，"电子手铐"应运而生。考虑到要保护未成年人的隐私和权益，"电子手铐"的外观与普通智能手表一样，但这块"手表"一旦戴上就无法自行打开，其通过定位技术对佩戴它的不在押的涉罪未成年人进行监控。此种方法使非羁押性强制措施发挥与羁押性强制措施相同的效能，杜绝一放了事、保而不管现象的发生。倘若要将"电子手铐"在司法实践中进行全面推广，仍有诸多问题亟须解决。

二、"电子手铐"应用于未成年人案件的实践困境

手表式"电子手铐"，监控方式灵活，是将电子技术和互联网定位技术相结合，让涉罪未成年人随身佩戴的定位装置。"电子手铐"智能监控平台具有跟踪定位、轨迹显示、自动报警等功能，可保障诉讼程序顺利进行，但该设备及其监控平台的使用是否能够在社会治理和保护未成年人利益之间实现平衡还有待商榷。

（一）电子监控方式的法律规定不足

目前，关于采取非羁押性强制措施时可以使用电子监控方式的法律依据为2012年修正的《刑事诉讼法》第76条[①]，该法条规定对于被监视居住的犯罪嫌疑人、被告人可使用电子监控的手段。2016年9月1日最高人民检察院发布的《"十三五"时期检察工作发展规划纲要》中指出，要积极推动"电子监控"运用的立法进程，充分发挥取保候审等非羁押性强制措施的制度功效。电子监控主要分为两种：一种是"将监控设备固定在某一部位，利用其旋转或伸缩性对一定范围的空间进行视频摄录"，[②] 但这种方式对于被监控人及其家庭成员的隐私暴露程度较高。另一种是"电子手

[①] 《刑事诉讼法》第76条："执行机关对被监视居住的犯罪嫌疑人、被告人，可以采取电子监控、不定期检查等监视方法对其遵守监视居住规定的情况进行监督；在侦查期间，可以对被监视居住的犯罪嫌疑人的通信进行监控。"

[②] 高一飞、刘博楠：《限制由强制措施中的电子监控》，载《南通大学学报·社会科学版》2014年第1期，第42页。

铐",其只是对被监控人的行为地点进行定位和追踪,成本相对较低,实际应用性较强。

然而,同样作为非羁押性强制措施之一的取保候审却找不到类似的法律规定。即使在司法实践中,取保候审的适用频率远高于监视居住,但法律规定方面的不足会极大地影响取保候审过程中辅之以电子监控的方式来完成,故法律依据的缺失使得电子监控方式的设立初衷无法充分实现。未成年人作为需保护的特殊群体,在"电子手铐"的适用方面应具有比成年人更为完备的法律加以保护和规制,然而目前都未实现。此外,我国对于违反取保候审、监视居住的行为尚未制定操作性强的预防、处罚措施。因此,案件办理人员在选择是否适用非羁押性强制措施时,以上情况都有可能成为其优先考虑适用羁押性强制措施的原因,目的在于保障诉讼程序的顺利进行。

(二)"电子手铐"易被发现

目前检察机关所使用的手表式"电子手铐",对于涉罪未成年人而言,只具有显示时间的功能,且经办案人员设置后戴上便无法自行取下。起初,涉罪未成年人可能不会介意自己的手上多了一个"手表",但校园环境有其特殊性,即一群相同的孩子天天处于一个相同的环境中,且孩子通常具有较强的好奇心,故而会产生一系列问题。如学校要求考试期间不允许佩戴电子手表,但涉罪未成年人的"手表"无法摘下时,如何进行解释;涉罪未成年人面对其他同学对自己的"手表"进行询问或评价而不知如何回答时,这块"手表"就不再仅仅是发挥威慑力、降低再次犯罪可能性的作用了,无疑会给涉罪未成年人带来巨大的心理压力。然而,一旦周边的同学知道了"手表"的真相,则相对封闭的校园环境、周围同学的目光眼神很可能会使涉罪未成年人失去继续上学读书的勇气和信心。

(三)智能监控平台的运行中存在问题

当检察机关决定对被采取非羁押性强制措施的未成年人适用"电子手铐"时,该名未成年人的信息会被录入"电子手铐"智能监控平台,经过设置,检察人员可根据涉罪未成年人佩戴的手表式"电子手铐"及时掌握其行踪,确定被监控的涉罪未成年人所在的位置。

目前使用的"电子手铐"智能监控平台,"其内容包括被采取非羁押性强制措施的未成年人的基本信息、跟踪定位、轨迹显示、报警信息、界限设置、解锁等，但该系统相对独立，没有沟通共享的渠道，案件基本情况不全造成关联案件信息碎片化现象时有发生"[1]。且"电子手铐"智能监控平台只能完成监管的要求，对于采取非羁押性强制措施以期实现对涉罪未成年人教育的目的尚无法保证，还需辅助其他措施才能予以实现。

"电子手铐"智能监控平台尚处于探索研发阶段，系统设置不完善、内容更新存在一定的滞后性，因而对于涉罪未成年人的监管仍需检察人员进行核实、跟进。如平台的自动报警功能，当被监控的未成年人强行破坏"手表"时，智能监控平台会自动生成"破坏报警"记录，但是"电子手铐"设备内置的普通SIM卡可能因跨区、传销电话短信骚扰等不稳定因素短时间内无法正常使用，则会导致当涉罪未成年人已出划定区域而未报告时，自动报警功能却未进行报警的情况等。因而在司法实践中，案件承办人需定期查看涉罪未成年人的行为轨迹，并形成相应的表现分析、异常情况说明等材料，作为后期量刑的参考依据，但是司法资源的有限性是当前面临的突出问题，故跟进不及时的情况无法避免。

（四）存在泄露个人信息的风险

"电子手铐"是利用基站定位和北斗定位导航技术对被采取非羁押性强制措施的未成年人进行具体化跟踪，每一个"电子手铐"的信号都会汇总到智能监控平台上，智能监控平台对获取的信号进行算法分析并加以应用。但是，运行在互联网环境下的智能监控平台存在着大量漏洞：第一，智能监控平台的运营者可以轻易看到佩戴"电子手铐"的未成年人的位置数据。第二，智能监控平台容易遭到黑客的数据库注入、布置木马程序、口令破解等攻击，一旦入侵成功，所有平台上存储的未成年人信息都将泄露，所在位置也会被黑客实时查看。第三，黑客可以利用"伪基站"等技术截获"电子手铐"信号，来获取个人信息，并可将截获的信号进行篡改，然后发送至智能监控平台，造成监管失效，无法正确获取未成年人的位置信息等。这些网络安全隐患都将对被采取非羁押性强制措施的未成年人造成不利的影响。

---

[1] 门植渊、王加军：《明确程序标准，提升"电子手铐"运用质效》，载《检察日报》2018年第三版，第1页。

此外,"电子手铐"设备及其智能监控平台处于使用初期,应用范围有限,若全面推广使用,还将面临海量数据下如何进行有效统一监管,后期的损坏修复、定期保养、持续更新等问题,显然,社会经济成本也是是否全面推行"电子手铐"需考虑的因素之一。

三、"电子手铐"应用于非羁押性强制措施的建议

"我国秉承宽严相济的刑事政策,即兼顾法、理、情,体现刑法谦抑性和司法的宽容精神。在案件办理过程中,要对不同年龄、不同情况的未成年人,实行区别对待,注重宽与严的有机统一,做到该宽则宽、当严则严、宽严相济、罚当其罪。"对涉罪未成年人适用非羁押性强制措施,旨在保护未成年人的权益,避免未成年人在羁押场所交叉感染,"电子手铐"的应用能够解决刑事诉讼程序运行不畅的问题,社会观护基地的构建可发挥教育的功能,"从源头上预防和减少大量犯罪,进而解决未成年人问题背后的深层次社会问题,化解社会矛盾,消除不安定因素"。①

(一)明确涉罪未成年人适用"电子手铐"的标准和程序

通过对司法办案中"电子手铐"应用的实际情况进行归纳总结、分析论证,可先以试点工作实施办法等文件形式对被采取非羁押性强制措施的未成年人适用"电子手铐"的条件予以明确,为今后全国办理此类案件、适用"电子手铐"提供统一的标准。笔者认为,法律规定的有效性和可操作性直接关系到法律实施的质量,应积极推动"电子监控"运用的立法进程,使电子监控措施运用于取保候审过程合法化、明确化。就涉罪未成年人而言,家庭在监管和教育方面发挥作用的大小是决定是否采取非羁押性强制措施的重要参考之一,鉴于对未成年人的隐私保护、心理承受力等诸多因素的考虑,"电子手铐"的适用对象可以先适用于被采取非羁押性强制措施中无监护人、无固定住所、无经济来源的外来未成年犯罪嫌疑人或者未成年人在本地而其父母在外打工且无人监管的状态,适用范围为人身危险性小的犯罪,并根据涉罪未成年人的年龄、与父母的接触情况等作进一

---

① 孙谦:《关于建立中国少年司法制度的思考》,载《国家检察官学院学报》2017年第4期,第6页。

步的细化规定，明确"电子手铐"具体的监管方式、适用期限、适用过程中的注意事项等。后根据司法实践的运行情况逐步完善并扩大"电子手铐"的适用范围，同时对依职权或依申请的启动程序、电子监控发生错误时的救济方式等内容加以规定说明，真正发挥电子监控的实效和功能。

（二）完善"电子手铐"设备及其智能监控平台

"电子手铐"的产生和发展是科学技术创新发展的产物，运用"电子手铐"设备进行定位跟踪，智能监控平台进行管控，可避免脱管、漏管现象的发生，实现对违法违规行为的预防，阻止重新犯罪，真正做到管得住、管得好。在完善"电子手铐"设备方面，可使用物联网 SIM 卡，并利用基于基站定位、WIFI 定位和北斗定位等多种定位技术相结合的方式，增强手表式"电子手铐"信号的稳定性，建议在待机时间的延长方面增加投入，以弥补电量不足导致的无法定位等问题，同时要在"电子手铐"外观的亲和性等方面做进一步提升。

在完善"电子手铐"智能监控平台方面，下一步需完善和拓展相关功能。"如在自动报警的基础上增设双向短信提示功能，当被取保候审的未成年人从事违反取保候审期间义务的行为时，'电子手铐'智能监控平台会自动发出警报，同时不仅要给案件承办人发送提示信息，也要给涉罪未成年人的监护人、保证人发送信息，作为提示性警告。由此双方均可快速获知被取保候审人的情况，采取相应措施。"[①]

非羁押性强制措施的适用还应注重运用信息化手段，加强综合分析研判，着力在数据分析的深度上下功夫，揭示数据变化背后的深层次矛盾和规律，及时有效解决问题。"电子手铐"智能监控平台应在数据汇集、统计分析、预警研判等方面进行完善，实现对数据流进行精确梳理、筛选，可定期作出阶段性分析，也可与上一年度同一时间段进行比较，运用发散性思维发现"类问题"或"潜信息"，分析未成年人犯罪出现的规律、特点、原因等，为趋势预测和风险防控提供参考数据，以便调整未成年人犯罪预防工作的重点。之后要进一步优化智能监控平台，使其能够与全国检察机关统一业务应用系统实现对接，不断强化对司法办案活动的集中统一管

[①] 门植渊，王加军：《明确程序标准 提升"电子手铐"运用质效》，载《检察日报》2018年4月第三版，第2页。

理,真正用网络监管替代人工监管。

(三)提升"电子手铐"的网络安全度

为有效杜绝可能出现的网络风险,笔者建议,第一,应当使用身份认证和全程留痕技术,确保运营者在平台上的每一项操作都能实名存储记录,并且建立适合运营者不同身份的权限划分机制,限制其越权访问。第二,应当建立一条3G/4G无线VPDN专网,VPDN采用专用的网络安全和通信协议,可以使监管单位在公共网络上建立相对安全的虚拟专网。"电子手铐"的信号可以经过公共网络,通过虚拟的安全通道传至智能监控平台,而公共网络上的其他用户则无法穿过虚拟通道访问智能监控平台,从而有效地防止了黑客的恶意攻击。第三,为防止黑客截取信号并进行信息欺骗,应当对信息进行加密传输,在智能监控平台后端安装加密机,并在"电子手铐"植入加解密芯片,利用综合算法对通讯信息进行高度加密以保护用户的信息不被包括黑客在内的第三方窃听,有效地保障信息传输安全,①防止信息的泄露。

(四)构建社会观护基地

"电子手铐"尚无法具备高度的智能性,只能发挥监管作用,而非羁押性强制措施效能的发挥、刑事诉讼程序的顺利进行不能仅靠司法机关实施监管,更应充分发挥社会的力量,解决涉罪未成年人的教育问题。"社会观护基地的建立是借助社会力量在非羁押的状态下对涉罪未成年人进行监管,实现心理疏导、行为矫正。在符合条件的社区、企业、社会福利机构等单位中择优选择成立基地,充当保护人的角色,为非羁押性强制措施的选择适用提供保障。此外,基地正逐步给涉罪未成年人安排文化知识、劳动技能等多方面的学习,定期进行心理辅导等,实现接受监督的同时真心悔悟。"②"社区矫正部门和司法社工应当加入到对非羁押的未成年犯罪人

---

① 门植渊、王加军:《明确程序标准 提升"电子手铐"运用质效》,载《检察日报》2018年第三版,第2页。

② 门植渊:《未成年人刑事案件如何准确适用强制措施》,载《检察日报》2017年第三版,第2页。

进行监管帮教的行列"，①利用自身的资源优势和专业优势，制订监督考察方案和帮教矫正计划，承担起行为矫治、心理疏导等一系列监管帮扶工作。应不断提高法律、教育、心理学等方面的专业知识，逐步"建立未成年人刑事司法服务供求信息共享平台，跨机构、跨区域协作及资源链接机制"，②保障监管帮扶工作达到预期效果。社会观护基地的构建"有利于推动实现未成年人家庭保护、学校保护、社会保护和司法保护的有序衔接，建立完善未成年人保护工作机制和服务体系"。③

以"电子手铐"为技术保障的非羁押性强制措施不仅减少了刑事诉讼环节所耗费的人力、物力和财政开支，缓解了司法资源有限性的压力，避免司法资源上的浪费，提高了诉讼效率，而且有效降低了未成年犯罪嫌疑人、被告人二次回归社会的成本，有利于整个社会的和谐稳定。

（五）加强信息平台建设，建立信息共享机制

过去，相关数据存储在不同领域、不同单位的系统中，没有沟通共享的渠道，形成了众多"信息孤岛"等困局。未成年人犯罪的治理是涉及多个部门的综合性工作，为了切实发挥检察机关惩治和预防犯罪、对诉讼活动进行监督等职责，应当打破壁垒，在相关单位部门间搭建信息共享网络，建立信息共享机制。检察机关一方面要"积极与公安、法院、司法行政等部门的沟通配合，在评价标准、社会调查、逮捕必要性证据收集与移送等制度上达成共识，形成未成年人司法保护工作合力"④。可实现公检法司四机关之间部分法律文书、"电子手铐"数据资料的网上传输、信息共享，通过信息共享平台可查看涉罪未成年人在不同诉讼阶段的行为表现，包括是否正常上学、是否进入禁止出入的区域、类似的犯罪行为是否再次发生等，为下一阶段处理结论的作出提供参考依据。另一方面要加强与综治、共青团、学校、社区、企业等方面的联系配合，"积极促进党委领导、

---

① 张桂霞：《涉罪未成年人非羁押性强制措施风险评估与控制》，载《铁道警察学院学报》2015年第5期，第77页。

② 宋志军：《论未成年人刑事司法的社会支持体系》，载《法律科学》2016年第5期，第100页。

③ 孙谦：《关于建立中国少年司法制度的思考》，载《国家检察官学院学报》2017年第4期，第13页。

④ 孙谦：《切实加强未成年人检察工作》，载《检察日报》2016年第三版，第3页。

政府支持、社会协同、公众参与的未成年人犯罪帮教社会化体系建设",①并"逐步建立未成年人刑事司法服务供求信息共享平台,跨机构、跨区域协作及资源链接机制",②共同做好涉罪未成年人帮教考察和犯罪预防工作。在明确信息共享平台各成员单位的责任、信息共享范围的基础上,建立健全信息录入、案件查询、个案预警、安全防范等管理机制,促进信息共享平台管理应用的日常化和规范化。

---

① 孙谦:《切实加强未成年人检察工作》,载《检察日报》2016年第三版,第3页。
② 宋志军:《论未成年人刑事司法的社会支持体系》,载《法律科学》2016年第5期,第100页。

The Practical Dilemma and Response of "Electronic Handcuffs"

——From the Perspective of Non-custodial Compulsory Measures for Juvenile Delinquency

Zhiyuan Men, Jiajun Wang

Abstract: The selection of compulsory measures for juvenile criminal suspects is based on the principle of non-custody, which is strictly restricted. As the product of scientific and technological innovation and development, "electronic handcuffs" has played a positive role in balancing crime control and protecting the rights and interests of minors. However, as the "electronic handcuffs" equipment and its intelligent monitoring platform are still in the exploratory stage, there are still many deficiencies in legal provisions, functional Settings, network security and other aspects. Therefore, while improving and expanding the application level of "electronic handcuffs", a social observation base was built to prevent and reduce a large number of crimes from the source, resolve social contradictions and eliminate factors of instability.

Keywords: Cases of Minors; Non-custodial Measures; Electronic Handcuffs; Big data

地方环境立法后评估调研报告

——检视青海省实施《中华人民共和国环境保护法》办法

宋青霞[*]

【内容摘要】 地方环境立法要充分反映地方环保特色，立足于地方环境和生态理念，解决地方性的环境问题，这是地方环境立法后评估实证研究的中心。本文通过田野调查、实地调研走访、座谈会讨论，收集基层环保人员的环境执法汇报，获取地方环境执法根据上位法规定的具体实施和适用的价值极高的经验和建议，论证分析青海办法有限的实效性和严重的滞后性。调研总结，青海省实施环境保护法办法在青海省环保事业的一定历史时期发挥了其应有的法治保障作用。但，目前来看，青海省实施环境保护法办法基本上是一部"僵尸法"，其滞后性明显。青海办法与我省生态文明建设和生态环境保护的社会发展不一致，与上位法不一致，与同位法不协调。基层环保执法工作人员直言不讳，参加环保工作近十几年，没有听说过这部办法，执法中适用的是新环保法。对于新环保法的适用，政府及其执法部门、司法部门适用情况各异，存在问题各异。调研工作获取了很多环保实证资料，对于青海办法修改完善的思考研究有着极优的参考价值。本文对搜集到的相关地方生态文明和生态环境保护的实证资料，进行严谨客观地实务论证、个案分析，总结归纳青海办法推倒重新制定的相关重点问题，为后期拟定地方环境立法的新法律文本奠定了基础。

【关键词】 环境保护法　地方环境立法　立法后评估

---

[*] 作者简介：青海民族大学法学院副教授，清华大学法学博士；研究方向：知识产权法学、侵权法学。

一、前言

深入推进科学、民主的地方环境立法，提高地方环境立法的质量和公信力。为青海省生态文明建设和生态环境保护提供有力的法治保障，对现有地方环境立法的实施效果进行客观、中立的评估。调研组以习近平新时代中国特色社会主义法治思想为指导和思想遵循，结合青海省生态文明建设和生态环境保护的现实状况，梳理青海省地方环境立法存在的问题，分析成因。调研组在科学评估的基础上，在实地调查后，经过反复理论研究和客观论证，为修改并进一步完善具有符合宪法精神，反映人民意愿，符合人民利益的，科学的、民主的、依法的，尤其是具有地方环保特色的、地方传统生态理念的，地方性的地方环境立法提出专业性建议。

带着问题去调研。《青海省实施〈中华人民共和国环境保护法〉办法》（下文统一简称为"青海办法"）法规文本质量和实施效果；结合2015年实施的《中华人民共和国环境保护法》（下文统一简称为"新环保法"）的适用情况，青海办法修改与完善的环保实证对策。

2018年8月15日至8月31日，青海民族大学评估调研组一行先后赴青海省国土资源厅、青海省人民检察院、青海省环保厅、三江源国家公园管理局、西宁市环保局召开座谈会，与环保第一线的执法人员和司法人员就青海办法存在的问题，新环保法实施中的问题、执法过程中各职能部门分工上存在的不协调等问题进行了交流和沟通，听取他们对青海办法修改完善的建议。赴玉树藏族自治州、果洛藏族自治州、海西蒙古族藏族自治州，与政府及其执法部门代表、司法部门代表、环保公益组织代表召开座谈会，交流沟通，认真听取他们的意见和建议。走访地处果洛州玛沁县大武乡境内的青海威斯特铜业有限责任公司，实地考察尾矿库区域，实地调查企业环保现状；实地走访玛沁县东倾沟乡，实地走访玛沁县大武镇污水处理厂，实地走访果洛州医疗废物集中处理中心，考察生态建设和生态环境保护的实际情况。

调研总结，青海办法在我省环保事业的一定历史时期发挥了其应有的法治保障作用。但目前来看，青海办法基本上是一部"僵尸法"，其滞后性明显。青海办法与我省生态文明建设和生态环境保护的社会发展不一致，与上位法不一致，与同位法不协调。基层环保执法工作人员直言不讳，参加环保工作近10年，没有听说过这部办法，执法中适用的是新环保法。对于新环保法的适用，政府及其执法部门、司法部门适用情况各异，存在问题各异。调研工作获取了很多环保实证资料，对于青海办法修改完善的思考研究有着极优的参考价值。

二、检视青海办法

青海办法有一定的历史成效性。基于地方生态文明建设和生态环境保护的大背景，从法律文本和内容要素中找出青海办法具体存在的不足和缺漏。运用立法评估的方法，对青海办法从形式（法律文本）和实质（内容要素）两个方面进行实证分析，总结青海办法的滞后和缺陷。

比照新环保法11个方面的新，青海办法表现出严重的滞后性。根据评估组实地调查，与环保一线工作人员召开座谈会交流沟通，青海办法在政府及其执法部门的实施、司法部门的适用中存在问题突出，表现出与青海省的生态文明建设、生态环境保护的不一致。简言之，青海办法与我省生态文明建设和生态环境保护的社会发展不一致、与上位法不一致、与同位法不协调。

（一）青海办法实施的成效

青海办法于1994年8月1日起施行，1998年5月和2001年3月分别进行了两次修正。在大的原则性的方面，青海办法与新环保法并不存在冲突。历史的来看，在一些特定时期青海办法起到了大的作用，比如，草场的生态环境保护方面。西宁市环保局的工作人员认为，青海办法对改善西宁市生态环境质量提供了法治保障。[①] 调研中，有很多环保基层工作人员坦承，没有听说过青海办法，环保工作执法主要是依照中华人民共和国环境法。青海省环保厅的工作人员在调研组召开的座谈中表示，青海办法，起到了一定的作用，但很短暂。一两年后，就基本上没有发挥过作用，基本上都在适用国家法。

调研过程中也发现，有些政府职能部门对调研问题中青海办法的认识

---

① 见西宁市环境保护局贯彻落实《青海省实施〈中华人民共和国环境保护法〉办法》情况汇报，西宁市环境保护局，2018年8月31日。

存在肯定的声音。比如，玉树市环境保护和林业局关于《青海省实施〈中华人民共和国〉办法》立法后评估调研提纲的工作报告中，第15个问题，新环保法颁布后，青海办法是否仍然适应当前的环保执法环境？适应，回答是肯定的；第17个问题，青海办法中涉及的环境监督管理规定是否符合当前实际，存在哪些问题？符合，回答依然肯定的。① 为什么会存在书面汇报材料与座谈会具体工作人员回答不一致的现象，这是个比较有趣的问题。我国目前地方政府及其职能部门运作形态下，需要社会学与政治学研究的运作，非环境法学能够解释的。

青海省是一个生态大省，生态文明建设和生态环境保护也是复杂而非单一的。这就需要在提供环境法治保障时，面对复杂的现实环境，环境保护执法机制理应更加顺应地方特色加以精细化，切忌一刀切。

（二）青海办法的滞后性

1. 青海办法与上位法的不一致

新环保法进一步明确了政府对环境保护监督管理职责，完善了生态保护红线等环境保护基本制度，强化了企业污染防治责任，加大了对环境违法行为的法律制裁，增强了法律的可执行性和可操作性。"史上最严"的环保法。新环保法的"新"主要体现在以下11个方面，② 这都是青海办法没有涉及的内容。

（1）生态文明建设和可持续发展的理念。法律明确要推进生态文明建设，促进经济社会可持续发展，要使经济社会发展与环境保护相协调。这体现了环境保护的新理念。

（2）明确了保护环境的基本国策和基本原则。进一步强化环境保护的战略地位，增加规定"保护环境是国家的基本国策"，并明确"环境保护坚持保护优先、预防为主、综合治理、公众参与、污染者担责的原则"。

（3）完善了环境管理基本制度。完善了环境监测制度，新法17条规定：建立环境信息共享机制，要求有关行业、专业等各类环境质量监测站（点）的设置应当符合法律法规的规定和监测范围；明确了监察机构应当

---

① 《青海省实施〈中华人民共和国环境保护法〉办法》，玉树市环境保护局和林业局关于立法后评估调研提纲的工作报告，2018年8月。
② 《中华人民共和国环境保护法》，中华人民共和国生态环境部网，http://zfs.mee.gov.cn/fl/201404/t20140425_271040.shtml，登录时间：2018年8月31日。

使用符合国家标准的监测设备，遵守监测规范；监测机构及其负责人对监测数据的真实性和准确性负责。完善了环境影响评价制度，加大了未批先建的违法责任，没有进行环评的项目不得开工。新法19条增加观点：为依法进行环境影响评价的建设项目，不得开工建设。并规定了相应的法律责任：建设单位为依法提交建设项目环境影响评价文件或者环境影响评价文件未经批准，擅自开工建设的，由负责审批建设项目环境影响评价文件的部门责令停止建设，处以罚款，并可责令恢复原状。完善了跨行政区污染防治制度，新法20条：国家建立跨行政区的重点区域、流域环境污染和生态破坏联合防治协调机制。强化了联合防治机制，实行统一规划、统一标准、统一检测、统一的防治措施。完善了防治污染设施"三同时"制度和重点污染物排放总量控制制度和区域限批制度，补充了总量控制制度。明确污染许可管理制度，新法63条：企事业单位和其他生产经营者，违反法律规定，未取得污染许可证排放污染物，被责令停止排污，拒不执行，且不构成犯罪的，除依照有关法律法规规定予以处罚外，对直接负责的主管人员和其他直接责任人员给予行政拘留。增加生态保护红线规定，新法29条：国家在重点生态功能区、生态环境敏感区和脆弱区等区域划定生态保护红线，实行严格保护，明确了生态保护红线的范围。

（4）突出强调政府监督管理责任。新环保法突出强调政府责任、监督和法律责任。新法在上级政府机关对下级政府机关的监督方面，加强了地方政府对环境质量的责任。同时，增加规定了环境保护目标责任制和考核评价制度，并规定了上级政府及主管部门对下级部门或工作人员工作监督的责任。规定了地方各级人民政府应当对本行政区域的环境质量负责，促使地方政府平衡经济发展和环境保护的关系。要求县级以上人民政府应当将环境保护目标完成情况纳入对本级人民政府环境保护具有监管职责的部门及其负责人和下级人民政府及其负责人的考核内容，作为对其考核评价的重要依据。

（5）设信息公开和公众参与专章，涵盖了整个第五章的内容。

（6）规定了公民的环境权利和环保义务。增加规定公民应当遵守环境保护法律法规，配合实施环境保护措施，按照规定对生活废弃物进行分类放置，减少日常生活对环境造成的损害。

（7）强化了主管部门和相关部门的责任。编制本行政区域环保规划、制定环境质量和污染物排放标准、现场检查、查封、扣押等。

（8）强化了企事业单位和其他生产经营者的环保责任。实施清洁生产、减少环境污染和危害、按照排污标准和总量排放、安装使用监测设备、建立环境保护制度、缴纳排污费、以及制定环境事件应急预案等。

（9）完善了环境经济政策。鼓励投保环境污染责任保险。

（10）加强农村环境保护。新法33条规定，各级人民政府应当"促进农业环境保护新技术的使用，加强对农业污染源的监测预警，统筹有关部门采取措施"，保护农村环境；规定，"县、乡级人民政府应当提高农村环境保护公共服务水平，推动农村环境综合整治"。新法49条规定，施用农药、化肥等农业投入品及进行灌溉，应当采取措施，防止重金属及其有毒有害物质污染环境，增加规定，县级政府负责组织农村生活废弃物的处置工作。

（11）加大了违法排污的责任。解决了违法成本低的问题，加大了处罚力度。一是规定了按日计罚制度。"按日计罚"，就是按照违法的天数计算罚款，不再是一次性罚金，同时罚款总额上不封顶，且建立"黑名单"制度，将环境违法信息记入社会诚信档案并向社会公布，提高了企业的违法成本。二是责令停业、关闭。新环保法60条规定，企事业单位和其他生产经营者超过或者超过重点污染物排放总量控制指标的县以上环境保护行政主管部门可以责令其采取闲置生产、停产整治等措施，情节严重的，报经有批准权的人民政府批准，责令停业、关闭。三是规定了行政拘留。新法63条。

2. 青海办法实施现状的透视

根据评估组实地调查，与环保一线工作人员召开座谈会交流沟通，青海办法在政府及其执法部门的实施、司法部门的适用中存在问题突出，表现出与青海省的生态文明建设、生态环境保护的不一致；地方特色不明显；可操作性差；强调管理相对人的责任和义务，忽视行政管理部门的责任和义务。

调研中发现的问题，具体包括：(1) 80%的内容与国家现行法不相适应；(2) 青海省环保厅监察总队的工作人员谈到，青海办法在环保执法中基本上不用，忽略不考虑，处于闲置状态；(3) 青海省人民检察院的工作人员提到，青海办法滞后，应该早就修改了；(4) 玉树州交通局的工作人员说，青海办法过时了，真的有必要修改。(5) 青海办法应根据新环保法和我省省情做出相应调整；加之国家机构改革，青海办法中规定的政府及其相关部门的环保职责需要做出调整，建议重新划定职责职权。①

调研中也发现，一些被访的政府部门，对青海办法的相关调研问题避而不谈，直接就新环保法的实施情况作了详细的汇报，并就进一步的地方环境立法的完善给出了极具价值的建议。②在调研组与被访单位召开的座谈会中，有工作人员直言不讳，"青海办法，我来环保局近十年了，真没听说过这个办法。我们适用的基本上是国家法"。调研走访的司法部门，玉树州中级人民法院，虽未对青海办法的适用现状只字未提，但该法院提供给调研组的《环境资源司法实践工作情况的汇报》，对于地方环境立法的完善极具参考价值。③

青海省环保公益组织的代表，青海省三江源生态保护协会会长扎西多杰，热心环保，扎根基层，务实严谨的环保理念和环保行动，给本文作者极深的印象。④调研座谈会中，扎西多杰提出的地方环境立法完善中需要考量的问题，比如，适度放牧的有益性，三江源的生态文化理念，国家公园的概念如何与传统的地方生态文化和理念相协调，社区保护地的概念，动态的、从下到上、从环保实践中走出来的环保理念和生态观念等，上述极具参考价值的内容，都是能够体现地方环境立法的地方性特色的重要的一部分。

调研中存在的问题，一些被访的政府部门，对调研提纲中的问题，即青海办法的实施，结合新环保法的实施如何完善青海办法等，没有给出回答，王顾左右而言他。仅针对其政府工作，即环保工作作出了详细的汇报。非常典型的单位，是三江源国家公园管理局。⑤这样一来，调研目的就落空了，对于青海办法的检视少了一个政府环保执法主体的客观认识。

---

① 海西州发展和改革委员会，发言材料。
② 海西州环境环保局，20登录8年8月27日，工作汇报。
③ 玉树州中级人民法院办公室关于印发《玉树州中级人民法院关于进一步加强环境资源审判工作若干意见》的通知，玉中法〈2016〉92日。
玉树州中级人民法院关于环境资源司法实践工作情况的汇报。
《玉树法院充分发挥审判职能作用筑牢三江源生态环境保护的最后一道屏障》，玉树州中级人民法院办公室编，2017年6月。
④ 青海省三江源生态保护协会介绍。扎西多杰的务实的环保行动，令人感动。本文作者调研中的最大感触，就是这些籍籍者，不图名不图利，只是为自己热爱的故土的生态文明和生态环保做着努力，在不断地行动着。青海有着这样的人，这样的人多起来，青海的生态文明建设和生态环保工作注定成功。
⑤ 三江源国家公园体制试点情况、三江源生态环境保护情况、三江源国家公园湿地保护情况，三江源国家公园管理局，2018年8月17日。

三、青海办法的修改与完善

发展地方环境立法，对于环境问题的应对和治理有着格外重要的推动力和保障力。地方环境立法应遵循当地经济社会发展规律，遵循地方自然生态规律，减少"中央立法主导，地方立法照搬"的现象，力行"中央统一立法，地方多元并存"的环境立法模式。青海办法需要推倒，重新制定。欲达致的最简洁明了的目的，即在于提高地方环境立法的质量和公信力，为青海省生态文明建设和生态环境保护提供有力的法治保障。

立足于环境和环境问题所呈现的我省的区域性特征，强化我省地方环境立法。将国家层面的环境保护法律与我省的自然环境状况、环境保护状况和经济社会发展形势紧密结合，制定接地气、操作性强、有针对性的地方性环境法规。

结合青海省生态文明建设和生态环境保护的地方问题和地方特色（实务研究，调研中存在的具体问题），契合青海省环境和环境问题的区域性特征，青海省环境保护规范性文件的规定，以及环保公共政策理念，青海办法的修改和完善存在两个方面的路径。

（一）法律解释层面

地方环境立法的功能在于执行和补充国家环境立法，如此，地方环境立法的地方性和地方特色，对于实现国家的制度安排的目的至关重要。[①]

在法律解释与适用的角度，新环保法的原则性条款欲得到有效实施，就需对一些环保基本原则和管理制度的内涵与外延进行清晰的界定，地方环境立法就需要在法律解释层面对环保原则性条款和环保基本管理制度进行法律解释与论证。

我省地方环境立法要达到的主要任务之一，即是将新环保法的规定具体化，使其在具体的实施过程中更加具有操作性和实践性。新环保法的原则性条款，比如生态红线制度（生态功能）、环境标准制度（环境质量）、污染物排放总量控制制度（环境质量）等，不可能依靠环境基本法的"统

---

① 吕忠梅:《地方环境立法中的专家角色初探——以〈珠海市环境保护条例〉修订为例》，载《中国地质大学学报（社会科学版）》2009年11月第9卷第6期，第25—27页。

领"作用自动实现，必定需要制定切实可行的地方性法规和其他规范性文件促使原则性的环保统领制度"落地开花"。① 这是一种自上而下的实施性地方环境立法。

（二）法律实现层面

我省地方环境立法要达到的主要任务之二，即为对于新环保法没有规定、空白或模糊之处，考量青海省的实际省情，结合青海省环境治理经验和环境问题的个性化特征，不违反上位法的情况下，进行创造性立法。这是一种自下而上的创造性地方环境立法。

法律实现层面对环保原则性条款和环保基本管理制度如何切实地在地方实施和适用，进行分析；结合地方经济和环保文化特色，在法律实现层面，地方环境立法要体现我省的经济发展水平、地域或地理环境特色、历史生态文化传统、人文背景和当地生态环境风俗习惯。强化地方环境立法的实效性、操作性。

1. 在法律实现层面对新环保法的原则性条款、环保管理制度如何"落地开花"展开研究；青海办法（地方性法规）围绕新环保法，在法律实现层面，通过制定地方性法规、规范性文件、发布相关法律文件等方式积极推进并落实环境保护的基本国策和基本原则，环境管理基本制度（比如生态保护红线、防治污染设施"三同时"制度）。

2. 在法律实现层面，结合青海地方特色，融合民族地区传统生态环保文化，② 通过地方环境立法具体条款的细化，或者创制性地地方环境立法，实现地方环境立法的可操作性、强化地方环境立法的实效性。

青海办法应该推倒重新制定。在符合宪法精神、符合立法法的规定，反映人民意愿，符合我省人民利益的，以科学、民主的精神的基本之上，重新制定环保法的青海实施的地方性法规。结合地方特色、民族特色，考量我省经济发展的基本情况，制定环保地方性法规，制定具有操作性，针对性和协调性的，一部务实管用的地方性法规。结合青海省生态保护和经济发展的实际情况，根据我省生态文明建设与生态环境保护运动中的身体

---

① 陈海嵩：《"生态保护红线"的法定解释及其法律实现》，载《哈尔滨工业大学学报（社会科学版）》第19卷第4期，第29—30页。

② 南文渊：《论藏区自然禁忌及其对生态环境的保护作用》，载《西北民族研究》2001年第3期，第26页。

力行的伟大的基层践行者们的建议，地方性法规的修改和完善方面，本文作者总结的重点，具体包括：

（1）自然保护区禁止任何的人为行动与我省经济发展的矛盾，以及与我省扶贫工作的冲突。

（2）传统社会中的宗教习俗与生态文明建设，以及环保型宗教产品（优质生态产品）的制作、流通的问题。

（3）细化或以创制的方式确保公民环境权利的实现。

（4）地方特色与我省生态文明建设、生态环境保护。

适度放牧对环保的有益性，三江源的生态文化的问题（国家公园这类的生态文化概念与传统的地方特色的生态理念的协调），建议实行社区保护地概念，将老百姓的环保实践和环保理念，以及传统生态环保文化通过地方立法来固定。

（5）环境公益诉讼与生态环境损害赔偿制度的并行，让环境违法企业埋单。

环境公益诉讼，针对污染环境、破坏生态、损害社会公共利益的行为，主要由公众或社会组织，以及检察机关两大主体通过环境公益诉讼的方式救济涉及环境的社会公共利益。环境权的实现途径。

生态环境损害赔偿制度：今年1月1日，中共中央办公厅、国务院办公厅印发的《生态环境损害赔偿制度改革方案》赋予了省市两级政府作为辖区内生态环境、自然资源权力人的职能和职责，在生态环境损害发生时，可代表辖区内的自然资源权利人去进行有关损害赔偿的磋商或诉讼。

生态环境损害赔偿该制度的有效性体现在，从公共资源的配置效率角度，政府掌握大量违法案件的信息、数据，提供证据可以更加便利；从履行环保职责方面，政府有义务通过惩戒环境违法企业保护环境，有义务核实公众或环保组织提供的企业违法信息，并据此启动生态损害赔偿索赔等惩戒措施，更易获得充分的惩罚性赔偿，有助于筹集经费修复环境损害，有助于克服长期存在的企业环境违法成本偏低的问题。

这里存在一个需要思考的问题，不同的主体起诉会触发不同的诉讼机制，诉讼主体起诉顺位和各类相关诉讼衔接机制的问题，能否在地方性法规中厘清？

四、结　语

　　地方环境立法的最终目的，是在我国统一立法的体制下，充分发挥我省的主动性和积极性，为了我省能够更好地贯彻和实施新环保法，管理好地方生态文明和生态环境保护事务。地方环境立法要解决的一个重要问题，就是充分反映地方性和地方特色，解决地方性的环境问题。地方环境立法要满足地方的环境保护需求，解决地方性的生态文明建设和生态环境保护问题，这也就本课题组实地考察、召开调研座谈会的重中之重。青海民族大学立法评估调研组在历时半个多月的时间内，马不停蹄实地走访，连续召开座谈会，记录了全省内政府及其执法部门、司法实务部门、环保公益组织、企业等代表和基层环保实务工作人员就我省的生态文明建设和生态环境保护运动中的值得高度关注的生态环保实践经验。收集到青海办法的实施情况的汇报，了解了青海办法的实效性和滞后性，获取了地方环境立法围绕上位法——新环保法的具体实施和适用的大量价值极高的经验和建议。为课题组的进一步研究和地方环境立法后评估报告的顺利完成打下了坚实的基础。更进一步，在调查、实地走访和座谈中，对获取的我省生态文明和生态环境保护的实证资料，经过严谨地客观论证、分析，归结出青海办法推倒重新制定的相关重点问题，为后期的拟定地方环境立法的新法律文本奠定了基础。

　　就在本文写作完成之际，青海省人大在本课题组给出的立法后评估书面汇报的基础上，论证、审议、废止了《青海办法》。本课题组在给出评估报告的同时一并向青海省人大递交了青海省环境保护地方条例建议稿。

Field Research on Local Environmental Legislation Post-Evaluation

——Reviewing the Measures for the Implementation of the People's Republic of China Environmental Protection Law in Qinghai

Qingxia Song

Abstracts: The key to local legislation on environment lies in the evolution of the character of the ensemble of local social ethics, public policies and solving the local problems, which is the importance of empirical research on local environmental legislation. According to this survey, the implementation in Qinghai province of the Environmental Protection Law has played its due role. However, at present, this implementation in Qinghai province is the law not in action, is inconsistent with the ecological construction, and with the development of environmental protection, and is not in harmony with the Environmental Protection Law. This paper analyses current issues, concerns and strategies in respect of environmental legal practice at the local levels in the way of field research, which structure how the local legislation and empirical research on local environmental legislation post-evaluation interact with the environment.

Key Words: Environmental Protection Law local environmental legislation; post-evaluation on legislation

2018年刑事诉讼法修改辨析

彭海青　任　峰[*]

【内容摘要】 2018年刑事诉讼法的修改主要涉及完善认罪认罚从宽制度和增设速裁程序、完善刑事诉讼法与监察法的衔接规范、增设缺席审判程序，对于贯彻宽严相济刑事政策，实现诉讼程序上的繁简分流；深化国家监察体制改革，实现人民检察院有效履行法律监督职权；加强国际追逃追赃力度，有效惩治腐败犯罪等具有积极意义。然而，2018年刑事诉讼法的修改也存在局限性，未来刑事诉讼法的修改在修改方式方面，可以兼采全国人大全面修改和其常委会部分修改的方式，从而可以既及时又全面地推动刑事诉讼法的修改；在修改内容方面，应当充分考虑司法改革成果、法律内部与法律之间的协调性以及新法的新增规定应当明确并具有可实施性；在法律实施方面，应当在新法公布后留有一定的实施准备时间。

【关键词】 刑事诉讼法修改；认罪认罚从宽；缺席审判；监察法

在2018年10月26日第十三届全国人民代表大会常务委员会第六次会议通过了《关于修改〈中华人民共和国刑事诉讼法〉的决定》，这是新中国成立以后第一部刑事诉讼法——1979年刑事诉讼法制定以来，继1996年、2012年之后刑事诉讼法第三次修改。这次修改被认为是"进一步完善中国特色刑事诉讼制度，深化司法体制改革，推进国家治理体系和治理能力现代化，是对我国刑事诉讼法的一次重大修改"[①]。并且，此次刑事诉讼法修改距前次刑事诉讼法修改只有6年之隔，较前两次刑事诉讼法修改间隔16年相比，时间明显缩短，从而破除了一直以来有关"刑事诉讼法修改

---

[*] 作者简介：彭海青，北京理工大学法学院诉讼法所研究所所长，教授；任峰，北京理工大学法学院法学硕士研究生。

[①] 王爱立主编：《中华人民共和国刑事诉讼法释义》，北京：法律出版社2018年12月版，第1页。

难"的断语，也为未来刑事诉讼法修改多方面开拓了更多的可能性。本文拟对本次刑事诉讼法修改的进步性与局限性进行辨析，并对未来刑事诉讼法修改提出谏言，希望对刑事诉讼立法的发展有所助益。

一、2018年刑事诉讼法修改的主要内容及进步性

（一）主要内容

1. 完善认罪认罚从宽制度和增设速裁程序。认罪认罚从宽制度是十八届四中全会《中共中央关于全面推进依法治国若干重大问题的决定》中的明确要求。为落实这一要求，2016年9月3日第十二届全国人民代表大会常务委员会第二十二次会议通过了《关于授权最高人民法院、最高人民检察院在部分地区开展刑事案件认罪认罚从宽制度试点工作的决定》，2016年11月16日，最高人民法院、最高人民检察院、公安部、国家安全部、司法部于2016年11月印发《关于在部分地区开展刑事案件认罪认罚从宽制度试点工作的办法》。"试点以来的情况和我国长期的司法实践都表明，完善认罪认罚从宽制度，有利于合理配置司法资源，确保无罪的人不受刑事追究，维护当事人的合法权益，促进司法公正。"① 因此，2018年刑事诉讼法吸收了这一改革的成果，将其纳入立法。

2018年修订后的《刑事诉讼法》关于认罪认罚从宽制度的规定主要包含以下内容：首先，将认罪认罚从宽作为一项刑诉法的原则。即刑事诉讼法第15条规定："犯罪嫌疑人、被告人自愿如实供述自己的罪行，对指控的犯罪事实没有异议，愿意接受处罚的，可以依法从宽处理。"其次，进一步完善刑事案件认罪认罚从宽的相关程序。主要体现在人民检察院在审查起诉阶段就案件处理听取意见、犯罪嫌疑人签署认罪认罚具结书、人民检察院提出量刑建议、人民法院审查认罪认罚自愿性和具结书真实性合法性、对认罪认罚案件判决的规范等。再次，增加了刑事速裁程序，速裁程序适用的案件主要为基层人民法院管辖的、可能判处三年有期徒刑以下刑罚的、被告人认罪认罚并且民事赔偿问题已经解决的案件。最后，加强对当事人的权利保障。对诉讼权利告知、建立值班律师制度、明确将认罪认

---

① 王爱立主编：《中华人民共和国刑事诉讼法释义》，北京：法律出版社2018年12月版，第25页。

罚作为采取强制措施时判断社会危险性的考虑因素等作出规定。

2. 完善刑事诉讼法与监察法的衔接规范。2018年3月，十三届全国人大一次会议审议通过了宪法修正案和监察法。自此，国家监察体制改革得到了宪法、法律层面的认可，因此刑事诉讼法需要对相关规定进行调整以适应宪法和监察法的规定。具体而言，2018年刑事诉讼法有关这方面的修改主要体现在：

其一，调整人民检察院的受案范围。根据《监察法》第11条第二款的规定，监察委员会对涉嫌贪污贿赂、滥用职权、玩忽职守、权力寻租、利益输送、徇私舞弊以及浪费国家资财等职务违法和职务犯罪进行调查。这就需要刑事诉讼法调整人民检察院的受案范围。2018年《刑事诉讼法》第19条第二款明确了人民检察院目前的受案范围主要包括两方面内容：一是"在对诉讼活动实行法律监督中发现的司法工作人员利用职权实施的非法拘禁、刑讯逼供、非法搜查等侵犯公民权利、损害司法公正的犯罪，可以由人民检察院立案侦查"；二是"对于公安机关管辖的国家机关工作人员利用职权实施的重大犯罪案件，需要由人民检察院直接受理的时候，经省级以上人民检察院决定，可以由人民检察院立案侦查"。

基于人民检察院受案范围的修改，人民检察院的侦查权限也作了相应调整：一是人民检察院技术侦查措施的适用。2018年刑事诉讼法第150条第2款删除了人民检察院可以对于重大的贪污、贿赂犯罪案件进行技术侦查的权力，规定"人民检察院在立案后，对于利用职权实施的严重侵犯公民人身权利的重大犯罪案件，根据侦查犯罪的需要，经过严格的批准手续，可以采取技术侦查措施，按照规定交有关机关执行。"二是侦查阶段会见犯罪嫌疑人的限制。2018年刑事诉讼法在规定侦查阶段会见犯罪嫌疑人限制时，删除了2012年刑事诉讼法中的"特别重大贿赂犯罪案件"的字样，在第39条第二款规定"危害国家安全犯罪、恐怖活动犯罪案件，在侦查期间辩护律师会见在押的犯罪嫌疑人，应当经侦查机关许可。"三是指定监视居住的适用范围。2018年刑事诉讼法在规定指定监视居住的适用范围时，删除了2012年刑事诉讼法中的"特别重大贿赂犯罪"的字样，在第75条第一款规定："对于涉嫌危害国家安全犯罪、恐怖活动犯罪，在住处执行可能有碍侦查的，经上一级公安机关批准，也可以在指定的居所执行。"

其二，明确了人民检察院与监察委员会在审查起诉环节的衔接规范。这些规范主要包括：一是人民检察院退回补充侦查。根据《监察法》第45

条的规定,对涉嫌职务犯罪的案件,监察机关调查认为事实清楚,证据确实、充分的应当移送检察机关审查起诉。2018年《刑事诉讼法》第170条规定人民检察院对于监察委员会移送起诉的案件具有退回补充调查和自行补充侦查的权力。二是强制措施与留置的衔接。即"人民检察院对于监察机关移送起诉的案件,依照本法和监察法的有关规定进行审查。人民检察院经审查,认为需要补充核实的,应当退回监察机关补充调查,必要时可以自行补充侦查。对于监察机关移送起诉的已采取留置措施的案件,人民检察院应当对犯罪嫌疑人先行拘留,留置措施自动解除。人民检察院应当在拘留后的十日以内作出是否逮捕、取保候审或者监视居住的决定。在特殊情况下,决定的时间可以延长一日至四日。人民检察院决定采取强制措施的期间不计入审查起诉期限"。

此外,鉴于《监察法》中赋予监察委员会以调查权,2018年刑事诉讼法对于"侦查"的含意进行界定时,删除了2012年刑事诉讼法中界定"侦查"时,所使用的"专门调查"的字样,在第108条第一款规定:"'侦查',是指公安机关、人民检察院对于刑事案件,依照法律进行的收集证据、查明案情的工作和有关的强制性措施。"

3. 增设缺席审判程序。2014年,中央反腐败协调小组会议提出了建立刑事缺席审判制度的任务。2016年7月,全国人大常委会法工委提出了关于建立刑事缺席审判制度的研究报告。2018年刑事诉讼法从立法层面确立了缺席审判制度,对切实加大反腐败斗争的力度、维护国家安全、树立司法权威、提高诉讼效率都具有十分重要的意义。2018年《刑事诉讼法》在第五编增加一"缺席审判程序"作为第三章,包括第291条至297条共7个全新条文。其主要包含以下内容:一是明确缺席审判适用的对象。缺席审判适用于以下三种情形:第一种情形是"贪污贿赂犯罪案件,以及需要及时进行审判,经最高人民检察院核准的严重的危害国家安全犯罪、恐怖活动犯罪案件,犯罪嫌疑人、被告人潜逃境外,监察机关、公安机关移送起诉,人民检察院认为犯罪事实已经查清,证据确实、充分,依法应当追究刑事责任的";第二种情形是"由于被告人患有严重疾病,无法出庭的原因中止审理超过六个月,被告人仍无法出庭,被告人及其法定代理人申请或者同意恢复审理的";第三种情形是"被告人死亡的,人民法院应当裁定终止审理;但有证据证明被告人无罪"以及"人民法院按照审判监督程序重新审判的案件,被告人死亡的"也可以缺席审判。二是明确了犯罪嫌疑人、被告人潜逃境外的缺席审判的具体程序。主要包括管辖、送达、判决、涉案财产处理、交付执行刑罚等。三是明确了权利保障规定。主要是对委托辩护和提供法律援助作出规定，并赋予被告人近亲属上诉权以及罪犯异议权。

（二）进步性

1. 有助于贯彻宽严相济刑事政策，实现诉讼程序上的繁简分流。如前文所述，本次《刑事诉讼法》修改将认罪认罚从宽制度作为一项原则确立下来，还进一步通过相关程序性条文的修改和完善，使这一项制度更加充分地发挥其作用。该制度的确立和完善，一方面进一步落实了宽严相济的刑事政策，完善了刑事诉讼程序，确保无罪的人不受刑事追究，有罪的人受到公正惩罚，维护当事人的合法权益，促进司法公正。另一方面，该制度的确立有助于促进司法资源的合理配置，提高办理刑事案件的质量与效率，实现诉讼程序上的繁简分流。

2. 有助于深化国家监察体制改革，实现人民检察院有效履行法律监督职权。2018年3月，十三届全国人大一次会议审议通过了《宪法修正案》和《监察法》，这是对国家监察体制改革成果的立法确认和肯定，标志着我国新的监察体制基本确立，国家监察体制改革进入了新的发展阶段，国家监察体制改革的重要内容，是将检察机关的职务犯罪侦查职能和机构转给监察委员会，本次《刑事诉讼法》的修改，是顺应我国监察体制改革的趋势，对《监察法》与《刑事诉讼法》之间有关管辖内容、强制措施、审查起诉等方面的衔接作出了详细规定，明确了检察机关与监察机关的工作权限与区分，实现人民检察院有效履行其法律监察职权。

3. 有助于加强国际追逃追赃力度，有效惩治腐败犯罪。2018年以来，宪法的修订与监察法的颁布重新定义了反腐败工作的格局。但是，在反腐败法律法规的执行和落实方面，还存在许多问题，一定程度上影响了反腐败斗争的深入发展，这对于反腐败国际追逃追赃工作而言无疑成为一大缺憾。2018年《刑事诉讼法》针对目前我国反腐工作的现状，增设缺席审判制度，为反腐工作提供强有力的司法保障，尤其是针对海外追逃追赃工作中仍存在的一些制度性的不足和缺陷，通过立法均加以完善，符合以习近平同志为核心的党中央对反腐败国际追逃追赃工作作出重大战略部署的内容，有助于有效惩治腐败犯罪。

二、2018年刑事诉讼法修改的局限性

（一）未充分吸收司法改革成果

1. 未充分体现非法证据排除规则。2012年刑事诉讼法实施以来，其中有关非法证据排除规则的实践效果并不乐观，不仅对规定本身存在理论争议，实务中真正有效适用的案件也颇为有限。为此，2017年4月18日，中央全面深化改革领导小组第三十四次会议审议通过的《关于办理刑事案件严格排除非法证据若干问题的规定》，对我国非法证据排除规则实施中的现实问题作出了有针对性的正面回应，多处规定"严格"力度较大[①]，包括进一步界定了非法言词证据的范围、重视对过程证据的收集和运用、进一步明确了重复自白的排除机制、如何发挥庭前会议中证据收集合法性审查的作用等等。此后2017年11月最高人民法院还专门将《人民法院办理刑事案件排除非法证据规程（试行）》作为"三项规程"之一，对其进行程序细化，并在全国范围内试行。然而，2018年《刑事诉讼法》的修改并未涉及非法证据排除规则内容。

2. 未充分体现以审判为中心的刑事诉讼制度改革的相关成果。2014年10月中国共产党十八届四中全会通过了《中共中央关于全面推进依法治国若干重大问题的决定》，其中明确要求"推进以审判为中心的诉讼制度改革"，随后为贯彻落实该《决定》的有关要求，推进以审判为中心的刑事诉讼制度改革，依据宪法法律规定，最高人民法院、最高人民检察院、公安部、国家安全部、司法部于2016年10月11日发布并实施了《关于推进以审判为中心的刑事诉讼制度改革的意见》，推进以审判为中心的刑事诉讼制度改革的根本目的是使各办案部门重视庭审的决定性作用，严格证据标准，落实规则要求，确保案件质量，从而有效避免冤假错案的发生，对我国刑事诉讼发展进程影响深远、意义重大，但是2018年刑事诉讼法的修订未涉及这项内容。

3. 死刑复核听取律师意见的规定。最高人民法院在2015年1月29颁布的《关于办理死刑复核案件听取律师意见的办法》，其明确规定了律师

[①] 卞建林，谢澍：《我国非法证据排除规则的重大发展——以〈严格排除非法证据规定〉之颁布为视角》，载《浙江工商大学学报》2017年第5期，第23页。

在死刑复核期间的会见、阅卷、提交意见的权利,并对律师提交法律意见的程序进行了详细规范,对于保障死刑复核案件中律师权利方面走出了重要一步,但是2018年《刑事诉讼法》修改并未涉及此项内容。

4. 未充分吸纳电子数据取证及采信规范。2012年《刑事诉讼法》修改,将电子数据增设为法定证据种类,进一步丰富了证据的外延。随着信息技术的不断发展,网络犯罪呈现出了逐年上升的趋势,电子取证应运而生,其最大特点在于能够快速收集有效的电子信息。然而,这种技术给我们提供便利的同时,也使得一些不法分子利用计算机实施犯罪活动,在一定程度上,不仅阻碍了我国电子数据前进的步伐,而且对于电子取证也提出了新的挑战。为此,2014年5月4日最高人民法院、最高人民检察院、公安部联合发布《关于办理网络犯罪案件适用刑事诉讼程序若干问题的意见》,其中第五部分明确了电子数据的取证与审查问题,力图解决对缺乏电子数据的提取、固定、出示、辨认、质证等相关规定的问题①。然而,修订后的2018年《刑事诉讼法》在电子数据的取证及采信等领域未作出相应的完善和细化。

(二)新程序与原有程序存在冲突未理顺

1. 缺席审判程序与犯罪嫌疑人、被告人逃匿、死亡案件违法所得的没收程序存在冲突。2018年《刑事诉讼法》确立了刑事缺席审判程序。然而,这一程序的引入,使犯罪嫌疑人、被告人逃匿、死亡案件违法所得的没收程序适用出现了新的问题,即在某些情况下,刑事缺席审判程序与没收程序之间的差异性导致两者之间很难在保持独立性的前提之下,又使两者相互兼容。究其原因,主要有以下几点:第一,案件类型不同。《监察法》规定,监察机关启动违法所得没收程序的罪名为贪污贿赂、失职渎职等职务犯罪。2018《刑事诉讼法》将缺席审判适用范围具体为贪污贿赂犯罪、危害国家安全犯罪、恐怖活动犯罪,排除了监察机关管辖的61个失职渎职等罪名。②第二,适用条件不同。监察机关启动没收程序条件有三项:在监察调查过程中的;被调查人逃匿或死亡,有必要继续调查,经省

---

① 最高人民检察院法律政策研究室:《关于办理网络犯罪案件适用刑事诉讼程序若干问题的意见的理解与适用》,载《人民检察》2014年第14期,第25页。

② 齐建萍:《职务犯罪违法所得没收和缺席审判程序辨析》,载《人民法院》2018年12月第6版。

级以上监察机关批准，应当继续调查的；通缉一年后不能到案，或者死亡的。缺席审判的条件则为境外潜逃。第三，证明标准不同。2017年最高人民检察院、最高人民法院发布《关于适用犯罪嫌疑人、被告人逃匿、死亡案件违法所得没收程序若干问题的规定》对违法所得没收程序的证明标准进行了细化规定，对涉嫌犯罪的证据审查采用"有证据证明有犯罪事实"的标准，对申请没收财产与犯罪的关联性采用"高度可能性"标准。而缺席审判是真正的刑事审判活动，证明标准与普通刑事诉讼程序一致，对犯罪的审查和涉案财产性质的审查同步进行，均需要达到"证据确实、充分"标准。第四，境外文书送达形式不同。违法所得特别没收程序境外送达形势比较灵活，其法定、必经程序是公告，一经公告即默认保障了外逃人员程序知情权。而与没收程序送达不同的是，文书送达到具体特定人则是缺席审判的必备条件，送达方式有三：司法协助、外交送达、受送达人所在地法律允许的其他方式送达。

2. 新法与监察法的规定衔接不到位。《监察法》第4条规定："监察机关办理职务违法和职务犯罪案件，应当与审判机关、检察机关、执法部门互相配合，互相制约。"然而，2018年刑事诉讼法修改时对2012年刑事诉讼法中的三机关分工负责、互相配合、互相制约原则并未修改。

（三）新法内容的明确性与可实施性

在本次修改中，新增的缺席审判制度缺席审判制度对于外潜逃的贪污贿赂犯罪案件、严重的危害国家安全犯罪、恐怖活动犯罪案件的审理程序作了明确和可实施性的规定，而对于患有严重病或者死亡的被告人的审理程序则语焉不详，显然会给其实施带来困难。

（四）修改后未预留实施准备时间

新中国成立后第一部刑事诉讼法的制定以及后来1996年、2012年两次修改决定公布与新法实施都相距5至9个月时间。比如新中国成立后第一部刑事诉讼法于1979年7月1日由第五届全国人大第二次会议审议通过，7月7日公布，自1980年1月1日起实施。1996年3月17日，第八届全国人大第四次会议审议并正式通过了《关于修改〈中华人民共和国刑事诉讼法〉的决定》，修改后的《刑事诉讼法》自1997年1月1日起施行。2012年3月14日第十一届全国人民代表大会第五次会议通过《关于修改〈中华人民共和国刑事诉讼法〉的决定》，自2013年1月1日起施行。新法的公布与实施有一定时间间隔，是给司法实务人员认知、熟悉、理解、适用新法以准备时间，从而有助于新法的顺利实施。而本次刑事诉讼法的修改于2018年10月26日通过，公布之日起施行。这种立法公布之日起施行的做法在刑事诉讼法立法史上尚属首次，难免会给新法的实施带来不便。

三、未来刑事诉讼法修改的展望

（一）修改方式

"刑事诉讼法属于基本法律，于1979年制定，后分别于1996年和2012年两次较大的修改，都是由全国人民代表大会审议通过的。经研究，这次修改，指向明确、内容特定、幅度有限，不涉及对刑事诉讼法基本原则的修改，根据宪法和立法法有关规定，拟参照以往修改民事诉讼法、行政诉讼法的做法，由全国人大常委会对刑事诉讼法进行部分补充和修改，不需提请全国人民代表大会审议。"[①]2018年刑事诉讼法修改所采取的这种修改方式是否可取在学界存在不同看法。比如有学者认为刑事诉讼法于2012年刚刚进行了较大修改，几年内再次通过全国人大进行较大幅度修改显然不太现实，同时也有学者认为以修正案的形式修订法律不可避免地会存在局限性的问题，即只能"应急小改"，不能"大刀阔斧"。[②] 在笔者看来，可以权衡利弊进行分析。从优势而言，这种修改方式凸显了修法的"及时性"。全国人民代表大会常务委员会是中华人民共和国最高国家权力机关——全国人民代表大会的常设机构，其职责之一就是在全国人民代表大会闭会期间，对全国人民代表大会的制定的法律进行部分补充和修改，但是不得同该法律的基本原则相抵触。社会发展飞速前行，由全国人大常委会来进行法律的修订，在一定程度上能解决因全国人大处于闭会期间而无法及时顺应社会现实导致法律修订不及时的困境。正如卞建林教授所指出的"2018年3月召开的十三届全国人民代表大会第一次会议任务较多、较重，先后审议通过了宪法修正案和监察法，因此刑事诉讼法修改并未排上日程。但由于涉及与宪法精神的契合，且与监察法有效衔接，此次刑事诉

---

① 沈春耀:《关于〈中华人民共和国刑事诉讼法（修正案）〉的说明——2018年4月25日在第十三届全国人民代表大会常务委员会第二次会议上》，北京：法律出版社2018年版，第748页。

② 王敏远:《刑事诉讼法修改重点问题探讨》，载《法治研究》2019年第2期，第4页。

讼法修改刻不容缓,因而选择由全国人民代表大会常务委员会进行修改,即采用'修正案模式'。"① 从劣势方面而言,不周全性也比较明显。全国人大常委会毕竟是全国人大的常设机构,工作职权和能力有限,加之准备时间短,因此其对法律的补充和修改注定具有应急性质而难以全面。因此,在笔者看来,未来刑事诉讼法的修改可以兼采全国人大全面修改和其常委会部分修改的方式,从而可以既及时又全面地推动刑事诉讼法的修改。

(二)修改内容

1. 充分考虑司法改革成果。党的十八大以来,以习近平同志为核心的党中央对全面依法治国、全面深化司法体制改革作出重大部署,具有"四梁八柱"性质的改革主体框架已基本确立。司法机关处于实践最前沿,最先感受到实践的需要和立法的不足,刑事司法领域的改革不断推陈出新,"司法先行,立法跟进"的刑事法治建设现象将在相当长的时间内存在。因此,未来刑事诉讼法的修改应当充分关注司法改革的成果,对于行之有效的司法改革经验及时进行梳理与总结,吸纳进立法中。比如前文所述的以审判为中心、非法证据排除规则等改革都应当尽快纳入立法。

2. 充分考虑法律内部与法律之间的协调性。从立法的科学性角度而言,刑事诉讼法自身所涉及的原则、制度、程序之间应当具有逻辑自洽性,刑事诉讼法与其他法律作为我国法律体系的一部分,也不能互相矛盾。如果立法中存在这种矛盾现象,毋庸置疑将会对立法实施形成阻碍。比如,前文所述的缺席审判程序与没收程序的冲突、刑诉法三机关关系原则与监察法中三机关关系原则的差异等,在未来刑事诉讼法修改时务必应当理顺,以保证刑事诉讼法能够按照立法原意得以实施。

3. 新法的新增规定应当明确并具有可实施性。新法的修改通常包括增、改、废等内容,其中新增内容更是集中体现了司法实践的呼声,对于解决司法实践中的问题尤其具有迫切性,这些规定也将在新法实施过程中成为关注与实践重点。如果这些新增规定不明确、实施性不强,显然会影响新法整体的实施效果。因而未来刑事诉讼法再修改时,新法的新增规定

---

① 卞建林:《刑事诉讼法再修改、解读与反思》,载《中共中央党校学报》2018年12月第6期,第83页。

应当明确并具有可实施性。

（三）新法的实施准备

刑事诉讼法修改颁布之后，应当预留适当的准备时间。新法公布与实施之日起留有准备时间，一方面给实务部门制定适用刑事诉讼法的解释留有时间，实践表明，公安部、最高人民法院、最高人民检察院适用刑诉法的解释通常在新法实施之前或实施之时同时发布。另一方面给实务人员学习了解新法内容留有时间，因为新法刚刚出台需要学习才能掌握其内容，而教辅资料的编辑出版、培训班的组织都需要时间。

四、结语

刑事诉讼法自1979年颁布以来，至今已经经历了三次修订，每次修订后都引起学界广泛关注。2018年《刑事诉讼法》自去年10月26日的颁布实施颠覆了以往刑事诉讼法修改所形成的规律，不论是修改和出台的速度，还是修改的内容范围都呈现出独特之处，对其本身及成因的分析与反思对于未来刑事诉讼法的修改无疑具有重要意义。无论如何，我们坚信，随着时代的发展和社会主义法治建设的深度推进，未来刑事诉讼法的修改在科学性、民主性方面都将会取得更大的进步。

Dialectical Analysis of the Amendment to the Criminal Procedure Law in 2018

Haiqing Peng, Feng Ren

Abstract: The Amendment to the Criminal Procedure Law in 2018 mainly involves perfecting program of the system for Leniency Based on Admission of Guilty and Acceptance of Punishment, increasing the procedure of fast-track sentencing, perfecting the convergence norm between the Criminal procedure law and the supervisory law, and adding the procedure for trial in absentia. These have positive implications for the proceedings.Such as the implementation of a criminal policy of lenient and strict; implementing the diversion of complex situations and simple situations in the proceedings; deepening the reform of the state's supervisory system; realizing the people's procuratorate's effective performance of legal supervision and power; strengthening international efforts to pursuit and recover booty and effectively punishing corruption crimes. However, there are limitations in the amendment of the Criminal Procedure Law in 2018. In the future, the amendment of the Criminal Procedure Law can adopt both the comprehensive amendment of the National People's Congress and the partial amendment of its Standing Committee, so as to promote the amendment of the Criminal Procedure Law in a timely and comprehensive manner. In terms of the amendment content, the judicial reform results and coordination between laws should be fully considered. New regulations for the new law should be clear and enforceable. In the aspect of law implementation, there should be a certain time for implementation preparation after the promulgation of the new law.

Key words: Amendment to the Criminal Procedure Law; Leniency Based on Admission of Guilty and Acceptance of Punishment; Procedure for Trial in Absentia; Supervision Law of the People's Republic of China

刑事政策视野的选择

孙本雄[*]

【内容提要】 刑事政策视野的选择，决定着人们研究和思考问题的范围与进路。刑事政策视野，就是在学术研究过程中，将刑事政策的内涵与特性贯彻到问题思考的全过程。刑事政策是在准确观察犯罪现象的基础上，通过确立合理的犯罪治理目标并组织包括国家和民间社会在内的多方力量，选择依托于刑事司法和日常犯罪治理的路径和方法所构建起来的犯罪治理之道。相应地，刑事政策视野主要包括刑事法学的刑事政策化、合理组织对犯罪的反应、反思现行刑事法律制度、建言完善刑事法律制度四个方面。选择在刑事政策视野下探讨问题，是因为刑事政策具有批判性、建构性、综合性、公共性与国家主导性等特点。借助这些特性，我们能系统考察论题的理论基础与解决方案。将刑事政策的特性贯彻到问题思考的全过程，要求基于刑事政策的综合性，合理组织对犯罪的反应；基于刑事政策的批判性，软化刑法刚性、保证刑法社会适应性的同时，促进刑法的发展完善；基于刑事政策的建构性，为刑事法律的发展指明方向；基于刑事政策的综合性，调动社会各方力量抗制犯罪；基于刑事政策的公共性，积极追求犯罪预防的目标；基于刑事政策的国家主导性，确保犯罪治理的权威性。刑事政策的视野与政策代替法律的做法有本质的区别。

【关键词】 刑事政策　研究视野　研究方法　批判刑法学

刑事政策视野的选择，决定着人们研究和思考问题的范围与进路。在思考刑事法学问题时，学者们常从刑事政策的视野出发，对相关论题展开深入研究。但究竟什么是刑事政策视野，为何选择刑事政策视野，从刑事政策视野研究和思考问题有何优势？对这些问题，学者们鲜有关注。基于

---

[*] 北京理工大学法学院博士后研究人员。

此，本文从刑事政策的概念入手，对刑事政策视野的内涵，选择刑事政策视野的缘由及刑事政策与政策代替法律的关系等问题予以深入研讨，以期助益于刑事法学的研究。

一、刑事政策的内涵

刑事政策（criminal policy）一词起源于德国，但在德国何时由何人最先使用，学者间存在不同意见。根据希伯尔（Hippel）考证，刑事政策（德文：Kriminal politik）最早于1800年由费尔巴哈（P. J. A. Von Feuerbach，1775—1833））[①]首次使用；[②]米海依尔·戴尔玛斯–马蒂（Mireille Delmas-Marty）教授认为，刑事政策一词于1803年由费尔巴哈首次使用；[③]卢建平教授认为，刑事政策一词最早出现在18世纪末19世纪初德国法学教授克兰斯洛德（Kleinschord）和费尔巴哈的著作中；[④]而萨拉达那（saldana）认为，刑事政策一词究竟由何人首先使用，目前尚未明朗。[⑤]可以看出，多数学者认为刑事政策一词由费尔巴哈提出，且1803年刑事政策一词已经独立存在，为学术界所公认。[⑥]

克兰斯洛德和费尔巴哈1803年合著的《刑法教科书》(*Lehrbuch*)[⑦]指出，刑事政策是国家据以与犯罪作斗争的惩罚措施的总和，是立法国家的智慧。[⑧]此时，刑事政策虽然已被费尔巴哈看作立法国家的智慧，但因主体仅限于立法国家，且仅在惩罚措施的意义上理解刑事政策的内涵，限制了刑事政策的内容与地位。此后，刑事政策概念沉寂了相当长的时间，20世纪初冯·李斯特（Von Liszt）将该概念予以复兴，并赋予其更为丰富的

---

① 此费尔巴哈全名是保罗·约翰·安塞姆·冯·费尔巴哈（Paul Johann Anselm Von Feuerbach，1775—1833），是德国哲学家路德维希·安德列斯·费尔巴哈（Ludwig Andreas Feuerbach，1804年7月28日—1872年9月13日）的父亲。

② Hippel, Deutsches Strafrecht, Bd,1925,s.535.转引自谢瑞智：《犯罪学与刑事政策》，台湾：台北文笙书局2002年版，第127页。

③ [法]米海依尔·戴尔玛斯–马蒂：《刑事政策的主要体系》，卢建平译，北京：法律出版社2000年版，第1页。

④ 同上。

⑤ 许福生：《刑事政策学》，北京：中国民主法制出版社2006年版，第2页。

⑥ 谢瑞智：《犯罪学与刑事政策》，台湾：台北文笙书局2002年版，第127页。

⑦ 卢建平：《刑事政策与刑法变革》，北京：中国人民公安大学出版社2011年版，第46页。

⑧ 卢建平：《刑事政策的概念与方法》，载陈兴良，梁根林：《润物无声：北京大学法学院百年院庆文存之刑事一体化与刑事政策》，北京：法律出版社2005年版，第165页。

内涵。① 李斯特认为，刑事政策的概念可从三个层面理解：一是最广义说，认为刑事政策是以研究犯罪原因及刑罚之作用为基础的各种原则，国家依据这些原则通过刑罚及类似制度对犯罪展开斗争。② 即将刑事政策界定为国家借助刑罚及与之相关的机构来与犯罪作斗争的，建立在以对犯罪的原因及刑罚效果进行科学研究基础上的原则的整体（总称）。③ 在这种意义上，刑事政策不仅包括对犯罪原因、刑罚作用的研究，也包括对犯罪对策及社会政策的研究。④ 二是广义说，认为刑事政策是国家以刑罚及类似刑罚之各种制度（教育设备、感化制度、劳役场所等）为手段，而与犯罪展开斗争的各种原则之整体。⑤ 即将刑事政策界定为国家借助刑罚及与之相关的机构（教育和矫正机构、劳动教养所及类似机构），同犯罪作斗争的基本原则的总称。⑥ 三是狭义说，该说将刑事政策与社会政策相区分，认为刑事政策并非针对社会关系，而是对个人发生作用，以具体的犯罪为对象，不是达成既定目的的唯一手段，而是以个人之改善教育为任务的所有措施的总和。⑦

李斯特对刑事政策内涵的理解，得到了学术界的广泛关注，尤其是最广义的刑事政策概念。在此基础上，很多学者也相继发表了自己对刑事政策概念的看法。最具影响力的是法国著名法学家马克·安赛尔（Marc Ancel）对刑事政策的理解，他指出："刑事政策是由社会，实际上也就是说是由立法者与法官在认定法律所惩罚的犯罪、保护'高尚公民'（更确切一点说）时所做的选择。"⑧ 与此同时，安赛尔先生将刑事政策视为"观

---

① ［法］米海依尔·戴尔玛斯–马蒂：《刑事政策的主要体系》，卢建平译，北京：法律出版社2000年版，第1页。
② Liszt, Strafrechtliche Aufsatze und Vortrage, I. Bd, 1905, S.292. 转引自谢瑞智：《犯罪学与刑事政策》，台湾：台北文笙书局2002年版，第127页。
③ ［德］冯·李斯特：《论犯罪、刑罚与刑事政策》，北京：北京大学出版社2016年版，第212—213页。
④ 谢瑞智：《犯罪学与刑事政策》，台湾：台北文笙书局2002年版，第127—128页。
⑤ Liszt, a. a. O. S. 291. 转引自谢瑞智：《犯罪学与刑事政策》，台湾：台北文笙书局2002年版，第128页。
⑥ ［德］冯·李斯特：《论犯罪、刑罚与刑事政策》，北京：北京大学出版社2016年版，第212页。
⑦ 谢瑞智：《犯罪学与刑事政策》，台湾：台北文笙书局2002年版，第128页。
⑧ ［法］马克·安赛尔：《新刑法理论》，卢建平译，香港：香港天地图书有限公司1988年版，第1页。

察的科学"和"组织反犯罪斗争的艺术与战略"。①此后,最广义的刑事政策观念得到进一步发展,并被现代的刑事政策学者所广泛接受。如米海依尔·戴尔玛斯-马蒂教授在吸纳最广义之刑事政策概念的同时,重启并扩展了费尔巴哈有关刑事政策定义的格式,指出"刑事政策是社会整体据以组织对犯罪现象的反应方法的总和,因而是不同社会控制形式的理论与实践"②。值得指出的是,虽然最广义的刑事政策观念得到了越来越多学者的认可,但不同的学者主张不同的刑事政策概念的现象依然十分明显。但无论如何,刑事政策都应该是在准确观察犯罪现象的基础上,通过确立合理的犯罪治理目标并组织包括国家和民间社会在内的多方力量,选择依托于刑事司法和日常犯罪治理的路径和方法所构建起来的犯罪治理之道。

二、刑事政策视野的具体内容

刑事政策的视野,就是在学术研究的过程中,将刑事政策的内涵与特性贯彻到问题思考的全过程。其首先要求重视刑事政策的内涵,将刑事政策的观念贯彻到刑事法律的研究过程中;其次是基于刑事政策的综合性,合理组织对犯罪的反应;再次是基于刑事政策的批判性,反思和完善现行的刑事法律制度。具体而言,刑事政策的视野主要包括如下方面的内容:

(1)刑事法学的刑事政策化。

刑事政策视野下的刑事法研究,要求将刑事政策的观念融入到所需要具体研究的刑事法问题中,也即主张刑事法的刑事政策化。这里首先出现的一个问题就是刑事政策化的对象是什么?有的学者认为刑事政策化的对象包括刑(事)法学,如林纪东教授认为,刑法的刑事政策化,即刑事学由注意抽象的犯罪构成要件方面转向注意如何防治犯罪、预防再犯;③而有的学者认为刑(事)法刑事政策化中的刑法仅指实体意义上的刑法而不包括刑法学。④笔者认为,刑事法刑事政策化的对象,不仅包括实体性的刑事法规范,也包括涵盖刑法学在内的刑事法学。主张刑法刑事政策化的

---

① 卢建平:《刑事政策学的基本问题》,载《法学》2004年第2期,第100页。
② [法]米海依尔·戴尔玛斯-马蒂:《刑事政策的主要体系》,卢建平译,北京:法律出版社2000年版,第1页。
③ 林纪东:《刑事政策学》,台湾:台北中正书局2000年版,第1页。
④ 柳忠卫:《刑事政策与刑法关系论》,北京:法律出版社2015年版,第237页。

对象只包括实体意义上之刑法的学者认为刑法制定和适用要考虑刑事政策的要求，而刑法学的研究则未必，且刑事政策学从刑法学中分离出来十分不易，认为刑法刑事政策化会模糊刑法学与刑事政策学之间的界限，不利于刑法学和刑事政策学各自的发展。[①] 但这种担忧不仅没有必要，也不具有合理性。一方面，既然刑事法的制定和适用要考虑刑事政策的要求，那么作为为刑事法的适用提供观念借鉴与解释路径参照的刑事法学，自然也不可能纯粹不受刑事政策观念的影响，这种纯粹的理论界分也只是学者们的一厢情愿；另一方面，刑事法学的刑事政策化以刑事政策学和其他包括刑法学在内的刑事法学的区分为前提。没有犯罪学对犯罪现象、犯罪原因的描述与呈现，刑事政策学就失去了决策的基础；没有刑法学对定罪量刑规律的研究，刑事政策学就失去了治理犯罪的最有力武器；没有刑事诉讼法学对刑事诉讼进程的规范，刑事政策学的作用形式将受到局限。也就是说，虽然刑事政策学与其他刑事法学在研究对象上会有交叉，但刑事政策学作为一门决策的科学，超越了作为事实科学的犯罪学，也超越了作为规范科学的刑法学和刑事诉讼法学，是一门建立在犯罪学基础之上，关心合理运用以刑法为核心的犯罪治理措施，选择依托于刑事诉讼和日常的犯罪治理路径和方法所构建起来的综合性决策科学，其以犯罪学、刑法学、刑事诉讼法学等相关刑事科学的区分为前提和基础，作用始终贯穿于这些相关学科的研究过程中，主张刑事法学的刑事政策化恰恰是对刑事政策学的强化而不是削弱，不会导致刑事政策学的模糊化。

刑事法学的刑事政策化包括三个方面的内容：首先，刑事法学的刑事政策化要求积极推动刑事法律吸纳刑事政策的观念，通过刑事政策的工具理性，削弱刑事法律的价值理性，促进刑事法律在自由与秩序、公正与效率之间求得平衡。价值理性与工具理性这一对范畴由德国著名社会学家马克思·韦伯（Max Weber）最先使用。韦伯认为，价值理性决定于对某种包含在特定行为方式中之价值的自觉信仰，无论这种价值是伦理、美学、宗教抑或是其他什么方面，对于这种行为本身的追求不以结果的最终实现为目标；与此相对，工具理性决定于对客体在环境和他人表现中的预期，

---

① 柳忠卫、郭琳：《"刑法的刑事政策化"的理论解读》，载《政法论丛》2015年第4期，第5—6页。

行动者以这种预期为条件或手段，实现自身的理性追求和特定目标。① 刑事法律及以刑事法律为主要研究对象的规范刑事法学注重刑事法律本身的价值，如刑法注重追求罪刑法定原则所要求的罪之法定与严格依法惩罚犯罪，故刑事法律及规范意义上的刑事法学偏向于追求价值理性，更倾向于刑事法律所追求的秩序、（形式）公正；刑事政策注重目的的合理性，讲求方法的灵活性，而偏向于追求工具理性，主张根据特定的时空，运用灵活的方法，以实现特定的目的，更加注意追求效率、自由（实质公正）。刑事法学的刑事政策化，即是主张将刑事政策的合目的性、方法的灵活性融入到刑事法律及以刑事法律为主要研究对象的规范刑事法学的研究与运用中，在坚持刑事法律形式公正与秩序要求的同时，将实质公正与效率的观念逐渐融入其中，以求得上述价值的动态平衡。其次，刑事法学的刑事政策化要求刑事法律的解释与适用不能脱离刑事政策的指导，应当通过刑事政策的柔性，软化刑事法律的刚性，确保刑事法律的社会适应性。刑事法律囿于其稳定性与权威性的要求、局限于语词文字的限制、受制于社会生活的纷繁复杂与变动不居，又因为法治原则的要求，刑事法律呈现出刚性与滞后性，故在刑事法律的具体适用中免不了需要得出扩大、缩小及平义解释之结论，在刑事法律的扩大、缩小抑或平义解释之间，刑事政策的考量至关重要，其不仅能够尽最大努力地克服刑事法律的刚性，还能尽可能地增强刑事法律的社会适应性。最后，刑事法学的刑事政策化能够在界分刑事政策学与其他刑事法学的基础上，通过它们的相互作用，促进各刑事法学科的发展。刑事法学的刑事政策化首先以刑事政策学及相关刑事法学科的分离为基础，在学科分离的基础上，刑事政策学充分发挥其观察、批判及建构的特性，在犯罪学所主要关注之犯罪现象的基础上，反思过往的犯罪治理实践，总结犯罪治理经验，调整和完善相关的刑事法律制度、完善相关刑事法学科，这个过程中，通过刑事政策的批判与建构作用，各刑事法律科学都在相互影响的同时得到了发展。

（2）合理组织对犯罪的反应。

合理组织对犯罪的反应指的是在国家和社会各方在观察犯罪现象的基础上，通过确立合理的犯罪治理目标，运用合理的策略与措施，组织多方

---

① [德]马克思·韦伯：《经济与社会（第一卷）》，阎克文译，上海：上海人民出版社2009年版，第114页。

力量，实现预防和控制犯罪任务的同时，治理引发犯罪的各种社会问题，最终实现治理犯罪的犯罪治理之道，其是新社会防卫学派提出的一个重要论断。合理组织对犯罪的反应，要做到：

第一，确立刑法处于犯罪治理的最核心区的观念。以菲利普·格拉马提卡（Filippo Gramatica；意大利律师，后成为教授）为代表的激进的社会防卫思想主张抛弃犯罪、罪犯、刑罚及刑法等概念，用"反社会性"替代犯罪行为，用社会防卫法取代刑法（而不是把社会防卫法糅合到刑法中），用"反社会的指标及其程度"取代传统的"责任"概念，用社会防卫处分取代刑罚，用以调查人格为主的"社会防卫程序"取代传统的刑事诉讼程序，并主张让社会防卫单独成为法学的分支，并实行主观主义的社会防卫。① 这种观点在主张变革传统刑法，反对传统的报应刑，强调以改善个人为目的的社会防卫处分，呼吁保障人权、改善个人并使个人回归社会等方面具有借鉴意义，但这种观点只强调抽象的人权观，夸大个别预防的作用，完全否定客观危害对定罪量刑的影响，完全陷入主观主义的泥潭，并否认自由意志、罪责均衡而否定传统的刑事责任观与刑法观，进而否定整个刑法体系，属于过激派的社会防卫运动，为司法中的主观归罪预留可乘之机。② 两次世界大战期间法西斯主义对全人类的巨大损害，与刑法、刑事政策的此种偏差不无关系。③ 鉴于此，以安赛尔先生为代表的新社会防卫思想成为西方国家的刑事政策主流，该思想坚决主张保留刑法体系，坚守罪刑法定原则，既不反对传统的报复性刑罚，建构超越刑法的犯罪控制和反应措施，也不否定个人权利，积极主张尊重个人的权利与自由，强调犯罪人的社会复归。④ 犯罪是蔑视社会秩序最极端的现象，理应组织包括和平时期最严厉的刑罚在内的措施来予以应对，因而我们应当坚持安赛尔先生以犯罪人复归社会为归依的刑事政策观念，不仅不摒弃刑法，且坚持刑法是犯罪治理的最高压区、最重要的核心和最亮点的观点。

第二，确立犯罪是我们的行为的观念。理论上对犯过罪的人多谓之为犯罪分（fēn）子，《刑法》中有70处使用"犯罪分子"的表述，甚至作为

---

① 卢建平：《刑事政策与刑法》，北京：中国人民公安大学出版社2004年版，第42—44页。
② 马克昌：《近代西方刑法学说史》，北京：中国人民公安大学出版社2008年版，第476—484页。
③ 卢建平：《刑事政策与刑法完善》，北京：北京师范大学出版社2014年版，第186页。
④ 卢建平：《风险社会的刑事政策与刑法》，载《法学论坛》2011第4期，第23页。

人权宪章的《宪法》和作为小宪法的《刑事诉讼法》中均有"犯罪分子"的表述，这可窥见我国官方话语中也在试图划清我们与实施了危害社会行为之人的界限。实际上，分子源于分母，二者之间仅一线相隔，不仅源流相关，且本性相同；[①] 包括作为社会治理机构的国家，在国际法视野中也属于犯罪的主体。犯罪的产生是由个人、社会等因素综合作用的产物，实施危害社会行为的人（包括犯罪人）也是一般人，不是特殊的人，更不是我们的敌人，[②] 即犯罪是我们的行为，不是他们的行为。

第三，确立犯罪具有相对性的观念。何为犯罪的相对性，存在不同看法，比如，认为犯罪的相对性指犯罪概念的相对性和犯罪功能的多样性。[③] 笔者认为，犯罪现象的存在与消亡是一对跨时空的概念，犯罪何时产生、何时消亡是一个说不清道不明的问题，且难以通过实证研究的方式予以证实，所能做的仅是理论假设，但均面临说服力有限的诘问，为我所不取。犯罪概念的相对性指的是犯罪的内涵与刑法表现随着社会的变化（主要表现为社会危害性与刑事违法性的变化）而变化；犯罪功能的多样性指的是犯罪在对社会造成危害的同时，也对社会的发展具有某些积极的影响。[④] 值得注意的是，犯罪的这种相对性也是相对的，有的犯罪如故意杀人罪在社会的文明进程中，无论如何也难说其会随着社会的发展而被合法化，但这并不能否认犯罪的相对性，而一味地追求消灭犯罪、镇压犯罪及控制犯罪，而是应当确立犯罪治理的目标，通过合理的策略与措施，在预防犯罪、控制犯罪的同时，治理引发犯罪的各种社会问题，进而实现犯罪治理的目标。

第四，确立刑罚相对性的观念。刑罚的相对性包括如下含义：一是刑罚仅是众多犯罪治理措施中的一种，尽管是最为重要的措施，但仍然要被其他社会治理措施所包围着才能充分发挥作用；二是刑罚的严厉性随着犯罪的严重性而变化；三是因为犯罪功能的多样性，刑罚的适用应当保持谦抑性。合理组织对犯罪的反应时，应该注意刑罚的相对性观念，在保持刑

---

① 周建军：《分子还是分母：犯罪主体地位的提倡》，载何家弘：《法学家茶座》，济南：山东人民出版社2014年版，第84—88页。
② 刘广三：《犯罪现象论》，北京：北京大学出版社1996年版，第37—44页。
③ 赵秉志：《刑法基础理论探索（第1卷）》，北京：法律出版社2003年版，第206—209页。
④ 张建军：《论犯罪的相对性——从绝对理性到相对理性》，载《法商研究》2008年第1期，第108页。

罚谦抑性的同时，注意贯彻罪责刑相适应原则，力求达致刑罚个别化：首先，应当认识到犯罪是社会的正常现象，而刑罚是应对犯罪的有力措施但不是唯一措施，且刑罚的副作用十分明显，在刑罚太昂贵、可替代、无效果的情况下尽量不使用刑罚。其次，因为犯罪具有相对性，其社会危害性随着社会的发展变迁呈现出变化，此时刑罚也应相应地予以变化。如随着《刑法》的修改，有的犯罪的法定刑发生了变化，仍然执行依照修订前较为严厉的法定刑幅度判处刑罚，虽然有助于确认判决的权威性，实现刑罚报应，但实质上这种做法不仅容易造成实质不公正的结果，如主犯因较晚抓获且因《刑法》的修改而被判处比从犯更为轻缓的刑罚，也影响刑罚教育改造功能的发挥。① 因而，此时应当通过适当的制度与措施，如减刑、假释及赦免等制度，确保刑罚相对性的实现。最后，犯罪功能具有多样性，有的行为具有严重社会危害性的同时，也与代表善的道德、法律秩序构成了社会发展的动力之一，在危害社会的同时，促进生产力的发展、促进社会的新陈代谢、激励和促进道德净化和守法习惯的养成。② 对于这样的行为，在适用刑罚的过程中，应当保持刑罚的克制性，本着教育矫正犯罪人、防卫社会为主，惩罚为辅的观念，判处刑罚，实现刑罚的个别化。

第五，注意关注被害人的利益。被害人在刑法中的地位经历了从操控者到局外人、由无责者到责任人、由被遗忘者到被保护人的变迁，整个过程中，被害人的地位逐渐得到认可，被害人的权利与责任得到全面考虑。③ 在合理组织对犯罪的反应过程中，应当注重对被害人权益的恢复，毕竟犯罪行为不仅是冒犯了国家、侵犯了国家的利益的行为，更为重要的是，其侵犯了特定被害人的合法权益。故犯罪人最为重要的是欠下了对被害人、社区的债务，其次才是对国家的债务。而且，仅仅接受刑罚处罚所表现出来的责任不仅对初犯、偶犯、过失犯等很多犯罪人而言是不必要的痛苦，对受到犯罪行为直接侵害的被害人和社区而言也没有实际意义。④ 因为被害人与社区并没有从犯罪人所经历的刑罚痛苦中获得实际利益。因

---

① 阴建峰、贾长森：《"刑变罚恒"的价值背离及其重塑》，载《法学杂志》2016年第2期，第39页。
② 许发民、于志刚：《论犯罪的价值及其刑事政策意义》，载《中国人民大学学报》1999年第5期，第89页。
③ 冷必元：《论刑事被害人刑法地位变迁》，载《法治研究》2011年第10期，第38页。
④ 王平：《总序》，载[比利时]洛德·沃尔格雷夫：《法与恢复性司法》，郝方昉、王洁译，北京：中国人民公安大学出版社2011年版，第8页。

而，最为直接和有效的犯罪反应方式应当是由犯罪人在社区中直接面对被害人和社区，了解自己的犯罪行为对被害人和社区所造成的影响，向被害人道歉并提供赔偿，通过实施提供社区服务等方式，以请求社区成员原谅，修复被犯罪行为所侵犯的社会关系。值得指出的是，此处强调关注被害人的地位，主要局限于有直接被害人的犯罪。

第六，转换刑事政策模式。刑事政策的模式有两类六种，两类即刑事政策的国家模式与刑事政策的社会模式，六种即刑事政策国家模式中的极权国家模式、专制国家模式与自由社会国家模式和刑事政策社会模式中的自主社会模式、自由社会模式与社会医疗社会国家模式（见表1）。国家模式中突出表现为犯罪（I）与国家（Re）的刑法联系很强（I-Re+），表现为以国家为核心来应对和治理犯罪；社会模式表现为排斥国家对犯罪和越轨行为的反应，首要特征表现为社会对犯罪的反应（I-Rs+）。具体而言，专制国家模式（E1）中，国家对犯罪行为（I）和越轨行为（D）的反应是一样的，都以国家为主导，但该模式下区分犯罪行为与越轨行为，即在对犯罪行为的反应上，国家的压力会存在中断；极权国家模式（E2）对犯罪行为与越轨行为不加区分，使整个国家对犯罪现象（越轨现象，ID）的反应是不间断的；自主社会模式（S1）中保留了犯罪行为与越轨行为的区分，法律对犯罪行为和越轨行为做了区分，社会对犯罪行为和越轨行为的反应占主导地位；自由社会模式（S2）中不区分犯罪行为与越轨行为，社会中每一个人对他人的监督与控制即构成对犯罪行为（越轨行为）的持久反应；自由社会国家模式（ES1）中国家并不对所有的反犯罪反应予以监督和指导，而是将其中一部分交给市民社会，即这种模式中犯罪由国家来干预，而越轨行为则交给市民社会；社会医疗社会国家（ES2）模式中，在区分犯罪行为与越轨行为的同时，国家不管犯罪行为而专注于越轨行为。这六种刑事政策模式中，社会医疗社会国家模式中国家不关注犯罪行为，而关注越轨行为，这与国家的角色定位相反，即国家不可能不管犯罪而专注于越轨行为，故此种刑事政策模式仅有理论意义而不具有实践价值；极权国家模式中国家不加区分地企图控制犯罪行为与越轨行为，强调行政权的优先性，国家全面出击治理犯罪，市民社会参与犯罪治理的空间十分有限；专制国家模式中虽然区分犯罪行为与越轨行为，但国家依然垄断了对犯罪行为和越轨行为的监视与控制，行政机关的权利不断扩大，市民社会在犯罪治理中的作用依然很弱；自由社会模式中，不但不区分犯罪行为与越轨行为,且国家在犯罪治理中无所作为,主要是市民社会发挥作用,且对待越轨行为(犯罪)的反应是连绵不绝的,一个人注意所有人,所有人也注意一个人,但这种模式就像梦一样,是"希望将国家忘却的人们做的梦"[①];自主社会模式中,对犯罪和越轨行为的反应均由社会承担,其主要的特征是对犯罪行为的社会反应,其代表了社会中组织程度较高的部分,他们自行制定了与其活动相关联的专门规范,并期望与国家保持相对独立性的同时实现自我管理;自由社会国家模式中强调国家对犯罪行为的反应、社会对越轨行为的反应,这种模式既注重通过刑事网络对犯罪的反应,也注意通过民事的、行政的及调解的等其他制裁网络对越轨行为的反应。

表1:不同刑事政策模式中国家、社会对犯罪、越轨行为的反应关系表

专制国家模式(E1)	自主社会模式(S1)	自由社会国家模式(ES1)	社会医疗社会国家模式(ES2)	极权国家模式(E2)	自由社会模式(S2)
I–Re+	I–Re–	I–Re+	I–Re–		
I–Rs–	I–Rs+	I–Rs–	I–Rs+	ID–Re+	ID–Re–
D–Re+	D–Re–	D–Re–	D–Re+	ID–Rs–	ID–Rs+
D–Rs–	D–Rs+	D–Rs+	D–Rs–		

合理组织对犯罪的反应,不应选择或主要选择以国家为绝对主导的刑事政策模式,而是应当逐渐重视市民社会在犯罪治理中的作用,选择刑事政策的社模式。在犯罪形势严峻,犯罪治理成本高昂且成效低下的当下,应更加注意充分发挥市民社会在对犯罪反应中的作用,即应当选择自由社会国家模式为主的模式来合理组织对犯罪的反应。

第七,通过刑事司法为主的模式来组织对犯罪的反应。之所以要通过刑事司法为主的模式来组织对犯罪的反应,主要有如下方面的考虑:一是刑法处于犯罪治理的最核心区,是犯罪治理的最高压区与最亮点,而刑法的适用(主要是适用刑罚)涉及剥夺公民最基本的权利,只有通过最为严格的刑事诉讼程序,才能有效地限制国家公权,保障公民的私权;二是行政权具有天然的扩展性,不仅运行具有主动性、态度倾向于政府、注重结果而轻视程序、追求效率,且因为行政权的行政隶属性,在实践运作中具有侵犯刑事诉讼参与人(主要是犯罪嫌疑人、被告人)合法权益的高度危

---

① 卢建平:《刑事政策与刑法完善》,北京:北京师范大学出版社2014年版,第187页。

险;三是司法权因为具有被动性、中立性、稳定性、独立性、专属性、形式性、过程性、公平优先性及终结性等特点[①]而具有权威性,有利于保障犯罪嫌疑人、被告人的合法权益。就我国目前的犯罪治理而言,《刑法》第13条对犯罪概念的规定,不仅规定了具有社会危害性的定性要求,也规定了情节严重的定量要求,相对于的立法模式而言,犯罪门槛较高。[②] 这种较高的犯罪门槛,将具有相同本质的社会危害行为根据危害程度的不同区分为刑事犯罪与行政违法的同时,也将剥夺、限制公民基本权益的措施人为分割成刑事与行政两块,为行政权侵犯公民基本权益留下了隐患。合理地组织对犯罪的反应应当注意调整目前立法既定性又定量的模式,降低犯罪门槛,将更多的危害社会行为纳入刑事法治的框架内解决,以进一步保障公民尤其是犯罪嫌疑人、被告人的合法权益。

第八,讲究犯罪治理的经济性。犯罪治理的经济性,主要在于考察犯罪治理的效益与效率。效益(benefit)与效率(efficiency)是两个既有联系,又有明显区别的概念。[③] 效益即有益之效果,其追求的是有用性,因为犯罪治理是一项追求特定目的的活动,故犯罪治理的效益指的就是实施犯罪治理之行为所产生的有益效果——犯罪数量得到很好的预防和控制、引发犯罪的问题得到很好的解决;效率指效益与成本(产出与投入)之间的比值,其所表达的是追求有益效果之过程的经济性,毕竟有效果不代表有效率。

合理组织对犯罪的反应要求高效率地追求犯罪治理的结果,即用较少的社会投入,获取较大的犯罪治理成效。这就要求在犯罪治理的过程中,应当改变传统刑事诉讼程序一家独大而自诉程序、调解程序羸弱的现状,通过简化部分犯罪的刑事诉讼程序,在有效追求刑事诉讼效益的同时,提升刑事诉讼的效率,如进一步构建、完善审前刑事案件的诉讼分流程序、简易程序、速裁程序,扩大简易程序、速裁程序的适用范围,保证减程序不减权利的同时,提升刑事诉讼效率。

[①] 孙笑侠:《司法权的本质是判断权——司法权与行政权的十大区别》,载《法学》1998年第8期,第35页。

[②] 卢建平:《犯罪门槛下降及其对刑法体系的挑战》,载《法学评论》2014年第6期,第73页。

[③] 郭道晖:《立法的效益与效率》,载《法学研究》1996年第2期,第57页。

（3）反思现行刑事法律制度。

反思就是思想以自身为对象反过来而思之,是"对思想的思想"(noesis noeseos)。[①] 反思现行刑事法律制度,就是把现行刑事法律制度作为对象而予以思考,该种思考主要从理论与实践两个维度展开。理论维度的刑事法律制度的反思主要在于考察该制度的正当性与自洽性；实践维度的刑事法律制度的反思主要在于考察刑事法律制度的现实有效性与可操作性。

正当性（legitimacy）又称合法性与正统性,是现代政治学的核心概念,所要解决的是什么政治权力具有可接受性的问题。韦伯认为,某一政治系统的正当性就是人们愿意服从该政治系统的统治,并根据该政治系统所发布的命令来行动的可能性。他将历史上的正当性类型分为传统型、个人魅力型和理性规则型；与此同时,他也注意到现代社会中的魅力型政治、形式理性的法制和传统型政治统治之间呈现出相互融合的趋势,单一的正当性来源已不复存在。反思刑事法律的正当性,不仅应当反思刑事法律制定的历史传统、权威性,更需要反思刑事法律的工具理性与价值理性。反思刑事法律制定的历史传统是为了分析该种规则或制度的设立是否符合我国的历史传统及社会公众的思维习性,以保证该制度可能在实践中得到具体落实；反思刑事法律制定的权威性,就是从刑事法律的制定主体、制定程序等方面全面考察该法律的制定是否遵从了社会公众的预期,遵守了人们共同制定的规则,以便从来源是保证该法律具备人们遵守和服从的基础；反思刑事法律的工具理性与价值理性,是为了从刑事法律所追求的目标及实现目标的手段两方面来考察刑事法律的内容能否实现犯罪治理的目标,是否存在侵犯社会公众基本权益的可能,以便确证该刑事法律的价值正当性。

自洽性（self-consistent）指事物在体系内无矛盾,具有一致性。刑事法律的自洽性指的是刑事法律规定的内容与其他法律（尤其是宪法）保持和谐统一,各刑事法律条文及其所规定的内容之间和谐一致。这就要求,一方面各部门法所规定的具体内容不能相互矛盾,另一方面不同部门法所规定的内容不能存在冲突。探寻部门法的内容是否存在冲突,可以采用体系解释与系统解释的方法,将各部门法规定的内容看作一个整体,置于刑

[①] 孙正聿:《反思:哲学的思维方式》,载《社会科学战线》2001年第1期,第46页。

事法律体系甚至整个法律体系框架内予以审视。值得指出的是，任何原则都存在例外，且原则通常由例外发展而来，追求刑事法律的和谐统一不能忽视具有特殊性的情形，如不能认为对认罪认罚的贪污贿赂犯罪嫌疑人采取从宽处理的做法与适用刑法平等原则存在冲突。反思现行刑事法律制度的自洽性，就是要借助合适的法律解释方法探寻刑事法律中存在的矛盾与冲突，以便修改和完善现行的刑事法律，保持刑事法律体系的和谐统一。

刑事法律制度的现实有效性一方面要求刑事法律规范在实践中具有适用效力，没有因为在事实上被非犯罪化或因长期未适用而成为具文；另一方面要求刑事法律规范具有社会适应性。事实上的非犯罪化又称取缔上的非犯罪化，指刑法规范虽然存在，但因调查机关及取缔机关不适用该刑法规范，事实上不作为定罪量刑依据的情形。① 刑法规范因被取缔而事实上丧失有效性的主要原因包括：（1）刑法规范违情悖理而得不到社会公众的普遍认同，如嫖宿幼女罪；（2）因为地区差异，刑法规范的适用会产生严重的地区罪刑不均衡，如《刑法修正案（九）》颁布前的贪污贿赂犯罪的明确数额标准的设置；（3）因为社会生活的变动，而导致刑法规范所规制的行为方式的处罚必要性消失，而刑法规范尚未被废止，如1992年之后1997年之前的投机倒把罪。刑事法律规范的生命在于实施，如果刑事法律规范，尤其是刑事诉讼规范长期未能得到使用，丧失了适用的可能性，则这些规范的现时有效性就值得仔细考量。刑事法律规范的社会适应性指的是相对固定和有限的刑事法律规范如何满足变动不居的社会生活需要。② 刑事法律规范以明确性、稳定性、确定性为其特征而具有滞后性，而社会生活纷繁复杂而具有较大的变动性，刑事法律规范的适用即是要在二者之间找到合理的衔接点，保证刑事法律规范的形式法治意义与实质法治意义得到同时满足。反思刑事法律制度的现时有效性，就是要反思刑事法律制度是否存在被取缔、事实上被非犯罪化或事实上成为具文，反思刑事法律制度的社会适应性，以便通过语言技术、规范构造技术和法典体系技术的综合运用，③ 修改和完善现行的刑事法律制度，保证刑事法律制度的现时

---

① ［日］大谷实：《刑事政策学（新版）》，中国人民大学出版社2009年版，第101页。
② 周少华：《刑法之适应性及其法治意义》，载《法学》2009年第4期，第103页；周少华：《刑法之适应性：刑事法治的实践逻辑》，北京：法律出版社2012年版，第10页。
③ 周少华：《立法技术与刑法之适应性》，载《国家检察官学院学报》2011年第3期，第65页。

有效性。

刑事法律的可操作性要求刑事法律能够具体适用到社会实践中，而不仅仅只是华丽的理性设置。随着风险社会的来临和社会的碎片化（Fragmentation）[①]，民众对刑法寄予厚望，希望通过刑法积极、广泛地介入当前严重社会问题的治理之中，而表现出偏好于运用模糊的语言描绘普遍法益，倾向于采取抽象危险犯性质的立法、制定一些象征性的刑法规范等。[②] 然而，将世俗生活建立在理性之上，主张法律与道德，尤其是刑法与道德、宗教的分离，以理性介入伦理生活，让道德和包括刑法在内的行为规范变成外部强加的教条，通过对社会成员道德的内部理性培植和外部理性强制来实现社会整合的方式被证明是难以成功的，因为没有一种通过理性设置的权威性规则能够强大到为我们提供我们所追求的信任。[③] 因此，反思刑事法律制度时，可操作性必然成为我们仔细考量的内容。

（4）建言完善刑事法律制度。

1997年刑法颁布以来，我国的刑法结构发生了明显的改变，刑事法网逐渐严密，刑罚严厉程度逐渐降低，刑罚社会化初现端倪；相应地，刑事诉讼制度也做出了调整。然而，对未来刑法制度如何改革、刑事诉讼制度如何完善，都是刑事政策所重点关注的内容。在刑事政策视野中考察未来刑事法律制度的改革方向，必然以我国反思我国现行的刑事法律制度为前提与基础，但落脚点应在建言完善现行的刑事法律制度上。通常而言，刑事法律制度的完善，虽然涉及许多具体内容，但总体来看，主要包括完善刑法结构和刑事纠纷解决机制两个方面。

刑法结构形式上是刑法总则与分则的组合，实际上是罪与刑的组合，是犯罪圈与刑罚量的配置。犯罪圈体现为刑事法网的严密程度，刑罚量体现为刑罚的严厉性。从二者的组合关系看，刑法结构包括不严不厉、又严

[①] 碎片化原指完整的事物被分散成诸多零块。社会碎片化是随着社会从传统向现代的转型过程中原有的社会关系、市场结构及社会观念的统一性，包括精神家园、信用体系、话语方式及消费模式等逐渐被瓦解，社会的空间结构、利益结构及权力结构被碎片化分割而呈现出异质性。
李强、葛天任：《社区的碎片化——Y市社区建设与城市社会治理的实证研究》，载《学术界》2013年第12期，第40—45页；
杨跃锋、徐晴：《社会碎片化视角下的政府社会管理体制建设》，载《华南师范大学学报（社会科学版）》2013年第3期，第3—4页。

[②] 陈金林：《积极一般预防理论研究》，武汉：武汉大学出版社2013年版，第32—34页。

[③] 张成岗：《鲍曼论"后现代伦理危机"及"后现代伦理学"》，载《哲学研究》2005年第2期，第54页。

又厉、严而不厉及厉而不严四种。① 我国《刑法》采取了既定性又定量的立法模式，不仅从正面规定了犯罪的形式特征——一切危害社会的应受刑罚处罚行为，都是犯罪；又从反面通过但书对情节显著轻微、危害不大的行为从实质上予以非犯罪化，而不作为犯罪处理，这一正一反的规定，提升了我国的犯罪门槛，使我国的刑事法网粗疏而犯罪圈相对较小；与此相对应，我国《刑法》有46个罪名规定有死刑，占全部罪名比例的9.8%，因为死刑罪名的存在，整体提升了我国刑罚的严厉程度，使我国刑法呈现为严厉的刑罚结构。也就是说，虽然随着《刑法修正案（八）、（九）》的修改，我国《刑法》出现了3个法定最高刑仅为拘役的罪名（危险驾驶罪，代替考试罪，使用虚假身份证件、盗用身份证件罪），并将死刑罪名由2011年以前的68个，减少到现在的46个，使刑法结构有所改变，但因为《刑法》中定量因素和死刑罪名的存在，我国的刑法结构整体偏向于厉而不严，即刑事法网粗疏而刑罚严厉。这样的刑法结构导致最高司法机关的司法解释权膨胀、地方司法机关自由裁量权萎缩，且不利于控制和预防犯罪，② 实现社会防卫和犯罪治理的目标。因而，从优化刑法结构，实现犯罪治理目标的角度，应当结合我国的历史文化传统和社会发展水平，积极建言完善我国的刑法结构和刑事法律制度。

刑事纠纷解决机制指一个社会中各种功能和形式的刑事纠纷解决方式相互协调互补共同构成的刑事纠纷解决和社会治理系统。③ 其反对绝对通过刑事诉讼程序解决纠纷，而是主张鼓励民间社会参与到刑事纠纷的解决过程中，通过多种途径确认刑事案件的加害事实、利益相关方的权利义务，调动和发挥刑事案件各利益相关方的主观能动性，消弭被害人与加害人之间的不和谐、不协调因素的同时，解决引发刑事纠纷的各种社会问题，最终实现犯罪预防与社会防卫的目标。这样的刑事纠纷解决机制有如下特点：第一，要求改变现行国家——被告人为中心的一元化刑事纠纷解决方式；第二，支持被害人及受到犯罪行为影响的社会公众参与到犯罪问

---

① 储槐植、宗建文、杨书文、付立庆：《刑法机制》，北京：法律出版社2004年版，第4—8页。

② 储槐植、汪永乐：《再论我国刑法中犯罪概念的定量因素》，载《法学研究》2000年第2期，第41—42页。

③ 范愉等：《多元化纠纷解决机制与和谐社会的构建》，北京：经济科学出版社2011年版，第35页。

题的解决过程中；第三，主张通过多种途径和方式，化解刑事案件各利益相关人之间的矛盾；第四，实现刑事纠纷解决的同时，解决引发犯罪的各种社会问题，实现预防犯罪和防卫社会的目的。建言完善刑事纠纷解决的机制，就是要从刑事法律制度的层面，建议建立以刑事纠纷解决为最终目标与期许，民间社会有效参与、各种刑事纠纷解决方式相互协调互补共同构成的刑事纠纷解决机制和社会治理系统。

三、选择刑事政策视野的依据

选择在刑事政策视野下探讨问题，是因为刑事政策具有诸多特性，借助这些特性，我们能系统考察论题的理论基础与解决方案。刑事政策的特性体现为批判性、建构性、综合性、公共性与国家主导性。

（1）刑事政策的批判性。

刑事政策作为"观察的科学"和"组织反犯罪斗争的战略与艺术"，主要从两个层面发挥作用：一是认识的层面，二是决策的层面。① 在认识层面，刑事政策对犯罪现象及组织反犯罪斗争的策略、措施进行综合的观察与分析，以便对犯罪发生的原因、发展趋势、犯罪抗制的策略措施之优劣及犯罪治理的成效等做出评价；在决层层面，刑事政策的决策者根据认识层面观察研究的结论，对组织反犯罪斗争的策略与措施予以重新配置和优化，提出旨在治理犯罪的战略、艺术与对策。无论是在认识层面还是决策层面，刑事政策都表现出极强的批判特性。

首先，从刑事政策的历史发展看，刑事政策具有批判性的历史传统。最初的刑事政策并不是一门科学的学科，而仅是一种社会学现象，因为人类社会最初对待犯罪的反应是本能而未加分析的，时而服从某种神学的需要，时而服从某种神权政治的需要或服从赎罪的需要，启蒙运动反犯罪斗争逐渐理性化之后，真正的刑事政策才得以产生。② 启蒙运动后人类不再借助超自然的力量来认识和理解犯罪，而是从人们自身的因素来解释犯罪行为。在这之后刑事古典学派逐渐兴起，人们从理性思辨的角度，针对封

---

① 卢建平等：《刑事政策与刑法完善》，北京：北京师范大学出版社，2014年第40页。
② [法]马克·安赛尔：《新刑法理论》，卢建平译，香港：香港天地图书有限公司1988年版，第39页。

建刑法身份性、干涉性、恣意性、残酷性,①树立了功利主义、合理主义的犯罪观与刑罚观,主张通过罪刑法定原则、罪刑相适应原则、刑罚人道主义原则,②消除不人道的犯罪人处遇措施。但随着19世纪中叶欧洲大陆,尤其是德国从农业国转变为工业国、原自由竞争联合体进入垄断主义、帝国主义阶段后,出现了各种社会问题,犯罪率大幅上升,累犯特别是常习犯、少年犯大幅增加,传统理性观念主导下的刑法对新的犯罪现象未能作出考虑,而在新的犯罪现象面前表现得无能为力;③基于此,刑事实证学派在科学认识犯罪现象的基础上,探寻包括刑罚在内的各种措施以期实现抗制犯罪的目标。但刑事实证学派的刑事政策思想存在着法治和人权保障方面的致命缺陷,如第二次世界大战期间希特勒对刑事实证学派的刑事政策"恶意利用",为法西斯统治大开方便之门,具有刑事实证学派特征的词汇如"危险性""劣性"等成为专制和种族杀戮的借口;④第二次世界大战后,新社会防卫学派从人道主义的角度,反对教条主义,基于预防犯罪、治理犯罪的目的,把刑事政策提升到社会政策的高度予以认识,推动了新一轮的刑法和监狱改革。可以看出,刑事政策从诞生之初即肩负着反思和批判刑法制度、探索刑法改革,实现良好犯罪治理愿望的使命。

其次,刑事政策观察和优化组织反犯罪斗争的战略与对策之过程,是一个明显的事实评价与价值判断过程,涉及价值的选择,表现出批判性。价值是事物对于人的意义,产生于人按照自己的价值尺度去认识世界、改造世界的现实活动,是客体属性同人的主体尺度之间的一种统一。⑤事实评价与价值判断,即用主体的价值尺度去衡量和选择客体(事实、价值)之价值属性,这其中涉及价值的摒弃与平衡。刑事政策在观察和评价犯罪原因、犯罪现象、犯罪治理绩效,优化犯罪治理对策的过程中,摒弃不合理的犯罪原因论、犯罪对策观,使犯罪原因论呈现出犯罪人类学派、犯罪社会学派与德国学派的学派纷呈,犯罪对策观念呈现为从镇压犯罪到打击犯罪,预防和控制犯罪到犯罪治理的变迁,使犯罪治理越来越摒弃刑

---

① [日]平野龙一:《刑法总论》,有斐阁1972年版,第5页,转引自张明楷:《刑法的基本立场》,北京:中国法制出版社2002年版,第1页。
② 卢建平:《刑事政策学》,北京:中国人民大学出版社2013年版,第28页。
③ 张明楷:《刑法的基本立场》,北京:中国法制出版社2002年版,第10—11页。
④ 卢建平:《刑事政策学》,北京:中国人民大学出版社2013年版,第28页。
⑤ 李德顺:《价值论:一种主体性的研究(第3版)》,北京:中国人民大学出版社2013年版,第27—29页。

罚血淋淋的"刀把子"形象，而更加强调社会公众的参与性，这种在观察基础上所作出的调整，无疑是批判旧制度的结果，展现了刑事政策的批判特性。

再次，通过刑事政策批判作用的发挥，能够软化刑法的刚性，保证刑法的社会适应性。随着社会的发展，犯罪呈现出新的表现形式，作为治恶学问的刑法与刑事政策也需要与时俱进，以保证犯罪治理的有效性。但囿于刑法稳定性、语言文字的滞后性等特点，刑法在治理犯罪的过程中表现出很强的刚性，而刑事政策因为表达载体多为政策文件，内容能够随着社会的发展变化而推陈出新，具有较强的社会适应性。刑法适用、犯罪治理的过程是刑事政策与刑法交互作用的过程，刑事政策通过其与时俱进的柔性，软化刑法墨守成规的刚性，保证刑法社会适应性的同时，有效治理犯罪及犯罪引发的社会问题。这种软化刑法刚性的过程，就是刑事政策批判特性发挥作用的过程。

最后，刑事政策关注犯罪治理的成败得失，为追求良好的犯罪治理效果，必然用历史和现实的眼光去分析和批判刑法规定的某些制度，探讨刑法改革的新途径。刑事政策学作为观察的科学，必然对犯罪的治理绩效予以重点关注，以便合理和有效地组织反犯罪斗争；刑法作为反犯罪斗争的最重要的核心、最高压区和最亮点，必然是治理犯罪的最重要"武器"。在观察和反思犯罪治理绩效的过程中，一方面需要对刑法及保证刑法正确实施的相关刑事法律制度从历史、现实和发展的角度予以仔细审视，以发现它们的优势与不足；另一方面，因为刑事政策关注犯罪治理实践的过程，不仅需要考察滞后于现实发展水平的刑事司法实践，也需要考察超越于现实发展水平的刑事司法实践，但本质上都在考虑刑事法律制度的供给问题，在社会转型的变革时代，刑事法律制度的供给需求仍将十分旺盛，这即需要对刑事司法实践中的有益做法予以分析总结，适时为刑事法律的修改完善提供有益参照。值得注意的是，刑事政策在对刑事法律制度予以反思的过程中，也对自身的内容与形式进行自我批判，以保证自身的社会适应性。

（2）刑事政策的建构性。

刑事法律规范的建构以社会生活的需求为前提，刑事政策的建构性即是从社会的需求出发，为刑事法律的修改完善指明方向。即通过观察、解读犯罪治理制度、措施，分析犯罪治理绩效，在充分发挥刑事政策批判作用的基础上，为刑事法律的修改完善提供指导。这种指导作用通常包括宏观、中观和微观三个方面：

宏观方面的指导表现为刑事政策将自己的基本价值观念用于限定刑事法律的边界与内容。刑事政策的基本价值观念主要体现为刑事政策的基本原则，即贯穿于刑事政策活动全过程中，具有指导和制约全部刑事政策活动并体现刑事政策终极目标和现代法治基本精神的准则，包括法治原则、谦抑原则、人道原则、科学原则与教育改善原则。[①] 法治原则要求国家对待犯罪的反应都必须在法治的框架内进行，严格遵循法无明文规定不为罪、法无明文规定不处罚的罪刑法定原则，其对于刑事法律建构的指导作用在于促进立法机关制定明确、罪刑均衡、刑罚相对确定、公正、高效且不溯及既往的刑事法律；谦抑原则要求刑事法律的制定和适用必须讲究刑事资源投入的必要性、经济性与有效性，注意刑事诉讼程序、刑罚权发动的合理性；人道原则核心在于理解人、尊重人与关心人，注意科学把握犯罪人犯罪的原因、合理确定犯罪人的刑事责任，尊重包括犯罪嫌疑人、被告人及罪犯在内的所有人的基本权益，关心社会秩序维护的同时，关注犯罪人的社会复归，其对于刑事法律建构的指导作用在于促进刑事法律关注行为人的因素，从有利于社会关系修复、犯罪人复归社会的角度完善刑事法律制度；科学原则要求科学认识犯罪现象、犯罪原因及刑事司法、刑罚的作用与局限，从促使立法者树立正确犯罪观，制定繁简适当的刑事案件处理机制，讲求犯罪的治理而不是单纯的镇压抑或打击，适时关注犯罪治理绩效的评估之后，及时修正和完善刑事法律；改善教育原则要求从矫正犯罪人，有利于刑罚个别化、社会化的角度来设置和完善刑事法律制度。

中观方面的指导表现为通过基本刑事政策为刑事法律的发展指明总的方向。理论上通常认为，宽严相济刑事政策是我国的基本刑事政策，[②] 其对于指导我国的刑事立法、刑事司法及刑罚执行均具有普遍的指导意义。从本文的主题出发，宽严相济刑事政策对刑事立法建构性的影响主要体现在对刑法和刑事诉讼法立法的影响。就刑法立法而言，宽严相济刑事政策要求刑法立法应该宽则宽、该严则严，宽中有严、严中有宽，宽严有度、

[①] 梁根林：《刑事政策：立场与范畴》，北京：法律出版社2005年版，第96—122页。
[②] 仍有个别学者认为宽严相济刑事政策应该回归为刑事司法政策，孙万怀：《宽严相济刑事政策应回归为司法政策》，载《法学研究》2014年第4期，第175页。

宽严审时，① 也即刑法立法应当根据宽严相济刑事政策的内涵设置合理的制度。如在贯彻从严惩治累犯、主犯的同时，也应当为实施危害行为后有悔改表现、积极认罪认罚的犯罪嫌疑人及从犯、胁从犯设置较为宽缓的刑罚；对严重危害国家安全、社会安宁的犯罪行为人采取配置较为严厉刑罚的同时，也应当对实施此类行为后有认罪、悔罪表现的行为人予以从宽处罚；对于实施刑法中法定最低刑为三年以上有期徒刑之重罪的行为人，通常情况下都应当按照刑事诉讼程序的要求予以定罪量刑，而不能一味对有悔罪表现的行为人都主张刑事和解予以不起诉或出罪、出刑。就刑事诉讼法的立法而言，宽严相济刑事政策要求建立和完善多样性的刑事诉讼程序和刑事案件分流机制，将绝大多数案件通过简易程序和审前程序予以分流，保证重大疑难复杂的案件能够得到充分的审理，实现庭审的实质化，真正做到以审判为中心；就审前阶段而言，对于认罪认罚的犯罪嫌疑人，应当适用较为轻缓的刑事强制措施，尽量采取非对抗性的刑事诉讼方式，如任意侦查②。

微观层面的指导表现为通过刑事政策为具体之刑事法律制度的设计指明方向。刑事政策从纵向上（层次结构上）可以分为基本的刑事政策与具体的刑事政策，③ 具体的刑事政策又可以从调整对象的视角，区分为针对不同犯罪人的刑事政策和针对不同犯罪类型的刑事政策。因此，刑事政策也可以从不同的犯罪主体和犯罪类型的角度指导刑事法律的建构。就主体而言，刑事政策针对不同的犯罪人，具有不同的刑事政策倾向，如针对累犯通常采取较为严厉的刑事政策，针对未成年犯罪人则采取教育为主，惩罚为辅的刑事政策；从犯罪类型的角度而言，对于严重侵害和威胁重大国计民生的犯罪类型，如危害国家安全犯罪、恐怖活动犯罪、危害食品安全犯罪及毒品犯罪等，应采取较为严厉的刑事政策，一方面要求严密刑事法网，另一方面也要求采取相对较为严厉的刑事制度。落实到具体的刑事法律制度建构上，表现为根据不同类型的刑事政策之要求，完善相应的刑事法律制度，如对于累犯等人身危险性严重的犯罪人，应当增设更多较之监

---

① 马克昌：《宽严相济刑事政策研究》，北京：清华大学出版社2012年版，第75页。
② 有关任意侦查的详细探讨，可参见马方：《任意侦查研究》，西南政法大学2006年博士学位论文，2006年。
③ 杨春洗：《刑事政策论》，北京：北京大学出版社1994年版，第16—24页；谢望原、卢建平：《中国刑事政策研究》，北京：中国人民大学出版社2006年版，第236—237页。

禁刑更有助于矫正累犯犯罪心理和行为陋习的措施；针对未成年犯罪嫌疑人应当本着教育、感化、挽救的方针，扩大附条件不起诉制度的适用范围，以督促未成年犯罪人革除犯罪心理与行为陋习。

（3）刑事政策的综合性。

刑事政策是社会整体据以组织对犯罪现象进行反应之方法的总和，是不同社会控制形式的理论与实践。在刑事政策领域，刑法实践并不是一枝独秀，而是被其他的社会控制实践所包围着。[①] 因而，刑事政策的综合性不仅指政策内容的综合性，也指刑事政策主体的多元性和犯罪治理措施的综合性。

第一，刑事政策的内容是综合性的。刑事政策是一个系统的整体，由要素、目标及措施等有机组成，是具有宏观性的战略。这种战略首先是分层的，具有共时性，其并不拘泥于刑法教条，而是综合法律的各个部门如宪法、民法及治安管理处罚法和与法律具有类似作用的规范如党纪处分条例和各部委规章等。同时，这种战略也是历时性的，其不仅探讨某一特定时期的刑事政策运动，还要从整体性的角度来把握刑事政策在不同时期的变化，如犯罪化与非犯罪化的历史发展，刑事化与非刑事化的历史变革等。

第二，刑事政策的主体具有多元性。刑事政策的主体不仅包括政治国家，也包括民间社会。从价值的角度看，民间社会能够有效修正国家在犯罪治理过程中排挤其他犯罪治理措施，企图仅凭借国家法律，甚至仅凭借刑事法律来治理犯罪的观念与做法，通过发挥民间社会在犯罪治理中的作用，补强国家这一单一主体在犯罪治理过程中功能的不足、减少国家在犯罪治理过程中的负面影响，调动社会各方的积极性，将民间社会这一市场经济和和谐社会发展的必然产物纳入犯罪治理的过程中，以实现危害社会治安问题的社会共治。[②]

第三，刑事政策的治理措施具有多元性。刑事政策概念存在广义与狭义之分，狭义的刑事政策概念认为刑事政策是运用刑法及有关制度与犯罪作斗争的策略、方针、原则与措施。[③] 这种刑事政策概念视野较为局限，

---

① [法]米海依尔·戴尔玛斯-马蒂：《刑事政策的主要体系》，卢建平译，北京：法律出版社2000年版，第1页。
② 莫晓宇：《刑事政策体系中的民间社会》，成都：四川出版社2010年版，第139—157页。
③ 卢建平：《中国刑事政策研究综述》，北京：中国检察出版社2009年版，第49页。

认为刑事政策的治理措施是刑罚及具有类似性质的制度，如缓刑、假释及保安处分等，但这些措施仍然属于刑法（罚）的范畴，依然可以统称为刑事法手段。广义的刑事政策概念中，国家和社会对犯罪（越轨行为）的反应方式具有多元性，是一个有着复杂层次结构的危害社会行为防控体系，其反应方式不仅包括刑事法律规范，也包括民事、行政等法律规范，还包括道德规范、村规民约等非法律规范。犯罪属于严重危害社会治安秩序的行为，由多种因素相互作用后产生，故应当组织社会各方力量以合理抗制引起犯罪产生的原因。因而，广义的刑事政策概念更契合犯罪原因的多样性的特点，更有助于指导犯罪的公共治理。

（4）刑事政策的公共性。

刑事政策是组织反犯罪斗争的艺术，其必然随着犯罪现象的变化而变化，针对不同的犯罪现象，采取不同的斗争艺术。即刑事政策的公共性源于犯罪的公共性。犯罪的公共性表现为其对社会的危害，不仅动摇了刑法规范的权威性，也严重危害了国家的统治秩序、治安秩序。针对犯罪这一社会公共问题，刑事政策的公共性主要体现在如下方面：

第一，刑事政策的公共性可以作为描述现代政府犯罪治理活动的分析工具而存在。犯罪是蔑视社会秩序最极端的表现，严重侵害、威胁着社会秩序和公民的基本权益，作为人民权力授予者和委托权力执行者的政府，应按照社会的共同利益和人民的现实要求，从保证公民权益和利益的基本点出发，制定和执行应对犯罪这一公共问题的刑事政策，从理念和行动上着眼于治理影响社会长期发展稳定的犯罪问题。因而衡量现代政府是否切实实施了有效的犯罪治理活动的标准之一，就在于政府刑事政策的制定和执行是否有利于维护社会治安秩序，是否有利于维护公民的基本权益，是否反映了人民的意志等。

第二，刑事政策的公共性要求犯罪治理力求公正。公正是现代公共行政的公共精神之一，其承认社会公民享受平等的权利且不受公共权力的侵害。[1]刑事政策在犯罪治理过程中所力争实现的公正，一方面表现为刑法适用平等原则的贯彻，另一方面表现为对罪责刑相适应原则的体现。刑法适用平等原则是宪法规定的法律面前人人平等原则在刑法上的具体化，因

---

[1] 王乐夫、陈干全：《公共性：公共管理研究的基础与核心》，载《社会科学》2003年第4期，第70页。

为刑法涉及对公民基本权益的限制与剥夺，故在刑法中加以强调，①其意味着在对犯罪的人适用刑法的时候，应当平等对待，禁止任何犯罪的人有超越刑法的特权，不仅定罪上要平等、量刑上要平等，行刑上也要平等。罪责刑相适应原则要求刑罚的确定要与行为人行为的客观危害性、行为人的主观恶性和再次犯罪的危险性大小相适应。②

第三，刑事政策的公共性要求刑事司法行为的民主性。民主即人民当家做主，其是人民让渡权力的基础，因而公共政策应当体现民主性的要求，刑事政策亦然。刑事政策的民主性体现在两个方面，一是刑事司法应当适度反映民意；二是刑事司法程序本身符合民主性的要求。刑事司法适度反映民意并不代表刑事诉讼由民意来主导，更不代表用民意审判代替司法审判，而是应当在刑事法治的框架内考量民意对刑事司法裁判的影响。③刑事司法程序的民主性主要体现为司法独立、当事人的有效参与和诉讼人权保障、程序公开、程序法定与司法审查。④

第四，刑事政策的公共性要求犯罪治理是为了追求公共利益，而非私人或部门利益。刑事政策作为治恶的学问，目的在于预防和减少犯罪，保障公民合法权益的同时维护社会秩序，实现公共利益的最大化。但因为公共利益是针对某一共同体内的少数人而言的，⑤法律为了防止公共利益缺少主张者或防止个人对公共利益的认识与大多数人的认识不同，而将公共利益予以确认，以保证公共利益在具有客观性的同时得到促进和实现。因而，刑事政策公共性追求公共利益的过程，表现为刑事政策促进刑法的有效执行与贯彻的过程。

第五，刑事政策的公共性支持公民社会对犯罪治理活动予以监督。刑事政策的制定与适用是公权力的行使过程，而权力的滥用属于权力与生俱来的特性，要保证刑事政策能够有效地运行，实现公众利益的最大化，必须让刑事政策制定、适用与评估处于社会公众的监督之下，毕竟阳光是最

---

① 黎宏：《刑法学总论（第二版）》，北京：法律出版社2016年版，第25页。
② 阮齐林：《刑法学》，北京：中国政法大学出版社2008年版，第22页。
③ 贾凌、孙本雄：《刑事裁判中的舆论考量》，载赵秉志：《当代刑事法学新思潮：高铭暄教授、王作富教授八十五华诞暨联袂执教六十周年恭贺文集（上卷）》，北京：北京大学出版社2013年版，第674—683页。
④ 胡铭：《刑事司法民主论》，北京：中国人民公安大学出版社2007年版，第18—19页。
⑤ 胡锦光、王锴：《论我国宪法中"公共利益"的界定》，载《中国法学》2005年第1期，第20页。

好的防腐剂。犯罪治理活动是刑事政策发挥作用的重要方面，是以国家为主导的相关制度发挥作用的过程，涉及权力的运用，当然也应当受到有效的监督。但如果一味强调监督，可能束缚司法权之手脚，妨害司法权作用的充分发挥；相反，如果过于放纵司法权，又容易暴露司法权的权力本性而导致司法权的滥用。因此，监督犯罪治理实践，发挥刑事政策的公共性，应当在司法监督与司法独立之间求得平衡，一方面要保证社会公众积极参与到犯罪治理的实践中，确保犯罪治理过程能够得到监督而不至于出现不顾公共利益和社会利益，盲目打击犯罪的现象；另一方面，也应当防止民意绑架司法，造成犯罪治理的乌托邦化。

（5）刑事政策的国家主导性。

刑事政策的国家主导性表现为犯罪治理过程中国家的充分介入，主要体现在如下方面：

首先，刑法处于犯罪治理的核心，具有国家主导性。20世纪初，以意大利律师（后成为教授）格拉马提卡为代表的社会防卫学派主张抛弃犯罪、刑法等一整套词汇，用社会防卫法来取代刑法，实行主观主义的社会防卫，让社会防卫法成为法学的一个分支，而不是把社会防卫法揉到刑法里，以期改善包括罪犯、反社会倾向的人、不适应社会的人，但这样的主张尤其是"反社会性"这一概念既空泛又漫无边际，很容易被专制政治所利用，威胁公民的基本权利。[①] 因此，以安赛尔先生为代表的新社会防卫学派提出了新社会防卫的思想，其不主张抛弃刑法、否认刑事责任的概念，而是主张在刑法科学里发展道德化、法律化的人道主义，在批判刑法制度的同时，积极寻求既能保护社会秩序，又能有效保护公民基本权利与自由、致力于治理犯罪问题的战略。这种思想扛起了人道主义的大旗，遵循法治原则的同时，力求在个人权益保障与社会保护之间求得平衡而具有相当的合理性，得到了世界各国学者的认可。

其次，刑事司法作用的发挥主要以刑事司法的形式展开，具有国家主导性。因为刑法处于犯罪治理的最核心区，主要依托刑事诉讼程序推进犯罪治理工作，国家权力机关在犯罪治理过程中的作用不可替代，犯罪的侦查、审查起诉、审判及刑罚的执行，包括证据的收集与固定、强制措施的

[①] 谢望原、卢建平等：《中国刑事政策研究》，北京：中国人民大学出版社2006年版，第57—59页。

选择与执行、刑事案件的审查起诉和审判、刑罚及非刑罚措施的执行和监督等，无疑都主要由国家权力机关主持和推进，具有明显的国家主导性。

最后，犯罪属于社会公共事务问题，涉及社会的方方面面，国家为了保证刑法规范的实现，动员了所有平时最具强制性的力量。[①] 刑事案件一旦发生，就已成为历史，刑事司法所要做的工作即是通过法定程序，还原刑事案件发生的经过，查清案件事实、收集犯罪证据，这无异于考古，具有相当大的难度，加上犯罪嫌疑人为了隐藏犯罪证据、逃避司法机关的追诉，千方百计毁灭犯罪证据、影响证人作证，又增加了刑事案件事实还原的难度。国家为了保证这种追溯活动的高效与权威，不惜动用各种强制力量、充分发动群众，这也反过来证明了犯罪治理活动的国家主导性。

四、刑事政策视野与政策代替法律截然不同

新中国成立前夕的1949年2月，中共中央发布《关于废除国民党的六法全书与确定解放区的司法原则的指示》，正式宣布废除国民党的六法全书，并指出："人民的司法工作，不能再以国民党的六法全书为依据，而应该以人民的新的法律作依据。在人民新的法律还没有系统颁布以前，应该以共产党政策以及人民政府与人民解放军已发布的各种纲领、法律、条例、决议作依据。"从此新中国开启了很长一段时间都依靠政策打击犯罪的历程，直到1979年颁布刑法和刑事诉讼法，我国打击犯罪才有了相对系统和明确的法律依据。这期间，我国通过若干具有政策法特征的单行刑法（如1950年的《关于镇压反革命活动的指示》，1951年的《妨害国家货币治罪暂行条例》，1952年的《管制反革命暂行办法》）以保卫新生政权，但因为我国的司法制度成长于革命根据地，更善于发动群众而不是运用法律，这也"助长了人们轻视一切法制的心理"[②]，刑法在国家犯罪惩治活动中没有占据应有的地位，执政党政策实际上代替了刑事法律。随着《刑法》和《刑事诉讼法》的颁布实施，政策代替法律、依据政策惩治犯罪的现状得到了改善。也就是说，新中国成立之后，我国具有依照政策镇压和打击犯罪的历史，这一时期，执政党的政策代替刑事法律直接指导犯罪的镇压

[①] 陈忠林：《刑法散得集》，北京：法律出版社2003年版，第120页。
[②] 董必武：《不重视和不遵守法制的根源》，载《董必武法学文集》，北京：法律处出版社2001年版，第350页。

与打击。刑事政策的视野与此种政策代替法律的做法有本质的区别：刑事政策视野始终主张在法治的框架内探讨刑事政策与刑事法律的相互关系。

第一，刑事政策视野明确主张区分刑事政策与刑事法律。真正的刑事政策起源于对刑法制度的反思与批判，致力于使反犯罪斗争的理性化而摒弃反法治的空泛概念，主张刑法处于反犯罪斗争的最核心区的同时，在刑法科学里努力发展道德化、法律化的人道主义。也就是说，刑事政策对于刑事法律的制定与适用所发挥的是指导和制约作用，力求在人道主义的大旗下发展刑事法律，认为刑事法律是众多社会调整方式中的一类而不是唯一的犯罪调整方式。可见，刑事政策视野的出发点首先是区分刑事政策与刑事法律，并在更为广阔的视野下指导刑事法律的具体实施与发展完善。

第二，刑事政策视野首先必须是法治的视野。刑事政策视野主张在人道主义的旗帜下公正、合理地组织对犯罪的反应，这就需要一种毫无偏私的权衡，而法律恰恰就是这样一个中道的权衡。[①] 但"在所有正义从未被诉求的地方，在所有于实定法制定过程中有意否认构成正义之核心之平等的地方，法律不仅是'不正当法'，而且尤其缺乏法律本性"[②]。因而，刑事政策视野一定是法治的视野，其要求，已成立的法律获得普遍的服从，而大家所服从的法律又应该本身是制定得良好的法律。

第三，刑事政策视野主张在宏观上刑事政策优位于刑事法律。主张刑事政策优位于刑事法律，并不是认为刑事政策的效力或位阶高于刑事法律，毕竟政策本身不是法律；也不是认为重返我国建国初期的政策治国实践，主张政策代替（取代）法律，因为这是反法治的，不符合法治的本质要求；而是说刑事政策作为决策的科学，其学科地位高于刑事法律，刑事法律的制定与适用应当受到刑事政策的指导和制约，刑事法律的立、改、废以社会生活的需要和变化为先导，以刑事政策为指针。

第四，刑事政策与刑事法律各就各位，不能相互替代。刑事政策与刑事法律在制定主体、制定程序、表现形式与内容、实施方式、调整范围、稳定程度等方面均存在明显的区别。它们各有各的发展轨迹，前者属于政治范畴，主要研究国家和社会惩治犯罪现象之权力来源的正当性、配置的科学性、行使的合法性与目的的合理性；后者属于规范的范畴，主要研究

[①] [古希腊]亚里士多德:《政治学》，吴寿彭译，北京：商务印书馆1965年版（2013年重印），第173页。

[②] [德]G·拉德布鲁赫:《法哲学》，王朴译，北京：法律出版社2005年版，第233页。

定罪量刑的一般规律（刑法的任务）和揭露、调查、证实、惩罚犯罪的具体程序及刑事诉讼参与人的相关权利义务（刑事诉讼法的任务）。即刑事政策对于刑事法律的制定与具体实施具有全方位的指导作用，刑事法律规范是刑事司法实践的具体遵循，为刑事政策介入刑事司法活动划定界限。

第五，刑事政策视野要求刑事政策与刑事法律相互制约，协调发展。首先，刑事政策对刑事法律的制约作用主要体现在对刑事法律任务之实现的指引上。刑事法律的任务总的而言，包括惩治犯罪与保障人权，但在具体实现该任务的过程中，都会有所倾向或取舍，如何取舍主要考虑刑事政策的制约或指导作用。如对于严重危害国家和社会稳定的恐怖活动犯罪，通常采取较为严厉的刑事政策，对这些犯罪，在实现刑事法律的任务时通常更偏向于惩治犯罪；而对于普通的刑事犯罪，在惩治犯罪与保障人权之间，刑事政策更倾向于保障人权。其次，在刑事法律对刑事政策的制约方面，主要是通过刑事法律的刚性约束刑事政策的柔性，以确保刑事政策在法治（罪刑法定原则）的框架内发挥作用。但值得指出的是，刑事政策与刑事法律之间的相互制约作用，目的在于促进二者功能的充分发挥，以实现犯罪治理之效果的最大化。

第六，刑事政策视野要求刑事政策与刑事法律相互推动，共同进步。刑事政策对刑事法律的推动作用一方面体现为促进刑事法律效果的实现，另一方面体现为推动刑事法律的发展完善。当刑事法律因为语言文字的模糊性而出现难以直接适用的时候，刑事政策通过恰当的法律解释方法，以确保刑事法律的社会适应性；当刑事法律因为社会生活的变迁而呈现出滞后性时，刑事政策通过批判现行刑事法律制度，推动刑事法律的发展。刑事法律对刑事政策的推动作用主要在于推动刑事政策的法律化与制度化。刑事法律通过践行刑事政策的价值观念，促进将实践中法律效果和社会效果较为良好的刑事政策通过特定的刑事立法程序而予以法律化；同时，刑事法律也能促进刑事政策的精细化，并积极将更为精细化之刑事政策所体现的制度予以法定化，以推动刑事政策的制度化。如将宽严相济基本刑事政策予以精细化而分解出认罪认罚从宽的刑事政策，并通过完善刑事法律中的坦白从宽制度、悔罪退赃从宽制度及认罪退赔从宽制度等，将认罪认罚从宽刑事政策所体现的精神予以制度化。

The Choice of Criminal Policy Perspective

Benxiong Sun

Abstract: The choice of criminal policy perspective determines the scope and approaches of people's research. The perspective of criminal policy is to carry out the connotation and characteristics of criminal policy into the whole process of problem thinking in the process of academic research. Criminal policy which is based on the accurate observation of crime phenomenon, by establishing reasonable targets of crime governance and organizing various forces including the state and civil society, than choose the path and method of crime governance based on criminal justice and crime governance experience. Accordingly, the perspective of criminal policy mainly includes four aspects: combine criminal law with criminal policy, rational responses to crimes, reflection on the current criminal legal system, and suggestion to improve the criminal legal system. The reason why we choose to discuss the problem from the perspective of criminal policy is that criminal policy has these characters: critical, constructive, comprehensive, public and state-dominated. With these characteristics, we can systematically investigate the theoretical basis and solutions of the thesis. The characteristics of criminal policy should be carried out in the whole process of problem thinking. Based on the critical character, the rigidity of criminal law can be softened, the social adaptability of criminal law can be guaranteed, and the criminal law can fit to society; based on the construction character, we can find out the direction for the development of criminal law; based on the comprehensive character, we can mobilize all social forces to fight crime; based on the publicity of criminal policy, the goal of crime prevention can be pursued; based on the national leading character, the result of crime governance can be accepted. There is an essential difference between the perspective of criminal policy and the practice of policy replacing law.

Keywords: criminal policy; research perspective; research method; rethinking criminal law

以案说法
Cases Expaination

合同编代位权的立法理念、司法实践和制度创新

曹守晔[*]

【内容摘要】 合同编（草案二审稿）正确沿用了合同法制订时的基本思路，规定了债权人代位权制度，同时不乏在吸收司法解释代位权效力基础上创新的亮点：一是人民法院认定代位权成立的，由债务人的相对人向债权人履行义务，债权人接受履行后，债权人与债务人、债务人与其相对人之间相应的权利义务终止（草案二审稿第三百二十六条），二是加大法律实施债权实现力度，借鉴外国立法例，简化程序，推陈出新。正在起草中的合同编有许多法律问题仍需进一步探究，本文在对代位权的立法理念进行剖析的同时，分析了代位权创新的司法效果，包括对执行难问题的解决、提高债权实现的效率、使悬空的债权得以实现等。与此同时，本文从三个案例入手，针对当前我国司法实践中无一例代位权纠纷案件的诉讼请求是唤醒债务人、请求债权财产"入库"的情况，进行了对债权平等性、公正性、制度正义和价值取向的思考、对"合同保全"章名和对代位权提前行使及同时行使的思考，这对于合同编的制定、修改和完善意义重大。

【关键词】 合同编　代位权　债权人　债务人

引　言

新中国成立 70 年以来，先后制定了土地改革法、婚姻法、继承法、民

---

[*] 中国政法大学、西南政法大学、北京理工大学、大连海事大学等高校兼职教授，博士研究生导师。最高人民法院审判员（正局级），中国审判理论研究会常务理事，民事专委会副主任。本文是作者 2019 年 3 月 1 日在北京理工大学法学院演讲的整理稿。

法通则、收养法、土地管理法、城市房地产管理法、担保法、合同法、物权法、侵权责任法等一系列民事法律，先后5次制定民法典。第一次是1954—1956年，第二次是1962—1964年，第三次是1979—1982年，第四次是在2002年，第五次是2015—2020年。

2015年党的十八届四中全会决定编纂民法典。任务是对现行民事法律规范进行系统、全面整合，编纂一部内容协调一致、结构严谨科学的法典。目前第一步制定民法总则的任务已经完成，第二步编纂民法分编正在紧锣密鼓进行。

如何编好民法典各分编，是立法、司法和法学界高度关注和需要协力完成的伟大工程。民法典各分编涉及的问题很多，特别是合同编，其中不少问题的理论性和实践性都特别强。譬如合同编中代位权效力如何、债权如何实现，虽然在立法、司法层面早已形成共识，但是民法学界至今仍然有极少数学者对不切合我国实际的所谓"入库规则"思恋不已。对代位权问题积极思考执着坚持的精神对于一个学者而言固然可嘉，但是如果缺乏中国国情意识、缺乏法律实施意识、缺乏以人民为中心为民立法的意识、缺乏对债权平等的科学辩证理解，很容易使其研究或者陷于固执己见概念法学的泥沼，或者误入歧途成为科学立法道路上的障碍、民法实施体系过程中发自象牙之塔的噪音。

民法典体系是按照一定逻辑科学排列的，这个体系包括形式体系即规则体系和实质体系即价值体系。① 我国民法典各分编草案以民事权利为中心，采用六编制的体例，即由物权、合同债权、人格权、婚姻家庭（亲属权）、继承权，以及侵权责任等六编所构成。这些民事权利不应当仅仅是立法宣言，更应当是在民法实施中权利的实现。

民法典合同分编的代位权，既要坚持立足本国国情，总结巩固我国合同法代位权实施20年的经验，又积极吸收国外先进的立法经验，处理好立足本国国情和借鉴吸收国外经验的关系。一方面应当注意借鉴历史上、国际上先进的法治经验，为我所用，另一方面，应当注意洋为中用、古为今用、与时俱进，不可机械搬用、照抄照搬，不可削足适履、故步自封，尤其是不能被少数学者未见得概括准确的国外立法例"入库"规则所绑架。

---

① 魁北克民法典出于保障债权实现的需要而单独设立了"优先权和抵押权"一编，体现的是维护债权人合法权益的价值追求。

一、代位权的立法理念

(一)我国合同法代位权的规定及其理念

我国现行合同法第73条规定了代位权:因债务人怠于行使其到期债权,对债权人造成损害的,债权人可以向人民法院请求以自己的名义代位行使债务人的债权,但该债权专属于债务人自身的除外。代位权的行使范围以债权人的债权为限。债权人行使代位权的必要费用,由债务人负担。

代位权制度是民事法律制度。要正确理解我国合同法代位权制度,仅仅靠朦胧的民法意识是不够的,抱残守缺、刚愎自用、崇洋媚外是不行的,必须具有正确的民法理念,[①] 具有创新、协调、绿色、开放、共享的发展理念,等等。民法理念与民法意识不同。民法意识是人们自发、零散的关于民法现象的思想、观点、知识和心理的总称,民法理念是机构、组织和个人对运用民法齐家维权、治国理政、经邦济世比较系统完整的思想、观点、理论、理想、价值和信念的总和。民法理念的内涵结构包括民法的认知(知识、智力)、民法的感情(态度)、民法的意志(意愿)、民法的信念和理想,民法理念的外延体系包括民法法律体系、法律实施体系、法律理论体系、法律监守体系中蕴含的立法理念、行政理念、司法理念和守法理念。在全面依法治国、建设法治中国的背景下,完善民法体系、发展民法理论,实行良法善治,本质要求是平等、自由、公正、美丽、文明。

我国合同法规定代位权制度是有社会基础和时代背景的。合同法从20世纪90年代中国实际出发,总结中国经验,解决中国的现实问题。问题是时代的声音,合同法直面中国的借钱容易还债难问题,回应广大人民群众高度关注的债权难以实现、判决难以执行的现实问题。合同法制定时大量存在的三角债,多年以来一直存在的民事判决"执行难",都是国家立法机关确立代位权、撤销权制度的社会基础。

(二)外国代位权的立法例及其理念

我国合同法规定代位权制度是有国外立法例借鉴的,但不是机械搬

---

① 曹守晔:《中国民法典编纂的理念》,载《人民法治》2016年第1期,第11页。

用。代位权制度源于罗马法和古日耳曼法,确立成文于1804年的《法国民法典》。《法国民法典》① 第1166条关于"债权人得行使其债务人的一切权利和诉权,但专与人身相关的权利除外"的规定使其成文化。意大利民法典第2900条强调了代位权的清偿性:"为保障债权人的债权实现或者保持其权利,债权人得行使其债务人对第三人享有的权利和诉权,但是以这些权利和诉权包括财产内容并且不涉及根据权利的性质或法律的规定只能由权利人行使的权利或诉权为限。"② 从条文可以看出,意大利民法典规定代位权的目的,首先是保障债权人的债权实现,其次是保持债权人的权利,而不像有的学者所理解的仅仅是保全债权。日本民法典第423条规定了债权人代位权:"(一)债权人为保全自己的债权,可以行使属于其债务人的权利。但是,专属于债务人本身的权利,不在此限。(二)债权人于其债权期限未届至间,除非依裁判上的代位,不得行使前款权利。但保存行为,不在此限。"③《澳门民法典》在"债之一般担保"之"财产担保之保全"中用五条即第601—604条对代位权制度作了规定,内容涉及代位行使之权利、拥有附停止条件或期间之债权之人、债务人之传唤、代位权之效力。④ 我国台湾地区民法典第242、243条等民法继受并完善了代位权理论,跟日本一样强制执行制度和债权人代位权制度并存。其第242条规定:"债务人怠于行使其权利时,债权人因保全债权,得以自己之名义,行使其权利。但专属于债务人本人,不在此限。"第243条规定:"前条债权人之权利,非于债务人负迟延责任,不得行使。但专为保存债务人权利之行为,不在此限。"我国《大清民律草案》《中华民国民律草案》均有代位权的条文。⑤

(三)代位权与撤销权之异同

"合同债权人的代位权和撤销权,是保障合同债权人债权实现的法律

---

① 《法国民法典》,罗结珍译,北京:中国法制出版社1999年10月版,第293页。本条"专与人身相关的权利"是指代位权不能涉及债务人的人身权,其中尤其是包括名誉权在内的人格权、人身自由权。
② 《意大利民法典》,费安玲、丁玫译,北京:中国政法大学出版社1997年6月版,第24页。
③ 《日本民法》,曹为、王书江译,北京:法律出版社1986年8月版,第12页。
④ 《澳门民法典》第604条代位权之效力规定:"债权人中一人行使代位权,亦惠及其他债权人。"这一款是少有的比较典型的"入库规则"。
⑤ 梁慧星等:《中国民法典草案建议稿附理由——债权总则编》,北京:法律出版社2013年11月版,第200—204页。

制度，即保全债权的法律制度。"① 代位权和撤销权理论上合称合同的责任财产保全，简称合同保全。合同保全，指债权人行使代位权和撤销权，防止债务人的责任财产应当增加而不增加或者不当减少，以确保无特别担保的一般债权得以清偿。② 代位权和撤销权，既可以分别单独行使，也可以在符合条件的情况下同时行使。这里名为"保全"，但是并非诉讼程序意义上的保全，而是包括有实体权利价值的债权清偿权。从保全责任财产的角度，保全属于一般担保的手段。保全责任财产，最终使债权得以保障，从这个意义上来说，保全又为债权的保全。债务人以其财产承担债务责任为一般担保，作为一般担保的债务人的财产亦称为责任财产，责任财产的增减与一般债权能否实现攸关。

代位权和撤销权理论上统称合同保全，都是合同对第三人的效力，但是实际上重点不同：代位权重在清偿，在性质上是形成权，③ 撤销权重在保全，在性质上兼具请求权和形成权。④ 早在合同法制定以前，就有学者⑤朦胧预见了代位权的债权实现功能，比较正确地区别了债权人的代位权和撤销权：债权人行使代位权是因为债务人怠于行使属于自己的财产权利，以不作为的方式使自己的财产减少，债权人行使撤销权是因为债务人滥施自己的财产权利，以作为的方式使自己的财产减少；债权人行使代位权是以自己的名义行使债务人的权利，债权人行使撤销权不能直接支配债务人的权利。

"代位权指债务人怠于行使权利，债权人为保全债权，以自己的名义向第三人行使债务人现有债权的权利。代位权虽有代位诉权、间接诉权之称，然其仍属债权人的实体权利。因代位权是债权人的权利，故代位权与代理权全然不同。"⑥ 同理，代位权也不同于股东诉讼代表权。

---

① 谢怀栻、王家福等：《合同法原理》，北京：法律出版社2000年1月版，第170页。
② 胡康生：《中华人民共和国合同法释义》，网络名程2019年5月20日登录。http://www.npc.gov.cn/npc/flsyywd/minshang/node_2196.htm。
③ 王家福主编：《中国民法学 民法债权》，第178页，转引自刘心稳主编：《中国民法学研究述评》，北京：中国政法大学出版社1996年11月版，第491页。
④ 王家福主编：《中国民法学 民法债权》，北京：法律出版社1999年版，第183页。姚辉：《论债权人撤销权》，载《法律科学》1990年第3期，第61页。
⑤ 史浩明：《论债权人代位权制度》，载《社会科学家》1994年第1期，第93—96页。
⑥ 胡康生：《中华人民共和国合同法释义》，网络名程http://www.npc.gov.cn/npc/flsyywd/minshang/node_2196.htm，登录时间：2019年5月20日。

(四)司法解释及其理由

合同法颁布之后,最高人民法院先后制定合同法解释(一)和(二)。对此,著名民法专家王利明教授给予高度评价:"合同的保全涉及的问题比较多,我们注意到,两个司法解释都对合同的保全做了进一步的完善,而且这个完善的规则很好,将来有必要把它吸纳到合同法里面来。"[1]

根据合同法第73条的规定,为了确保代位权制度实施,确保代位权的实现即债权的实现,最高人民法院对代位权成立以后是否"入库"这个在立法中有争议的问题作出了明确的司法解释。最高人民法院关于适用《中华人民共和国合同法》若干问题的解释(一)(以下简称《合同法解释》)第20条规定:"债权人向次债务人提起的代位权诉讼经人民法院审理后认定代位权成立的,由次债务人向债权人履行清偿义务,债权人与债务人、债务人与次债务人之间相应的债权债务关系即予消灭。"债权人代位权制度是合同法律中的一项重要制度。在适用代位权制度时,是选择传统民法的入库规则,还是选择代位受偿规则即行使代位权的债权人直接受偿规则,涉及代位权制度基本的价值冲突的协调。我国合同法及其司法解释采纳"直接受偿规则"。

第一,代位权的直接受偿效力[2]。债权人可否直接受偿问题,是代位权行使的效力问题,是理论争点的核心。根据《合同法解释》第20条的规定,代位权成立的,由次债务人向债权人履行清偿义务。换言之,债权人有权直接受领通过代位权诉讼取得的财产。司法解释当初主要基于以下四点理由:

1. 代位权。又称代位诉权、间接诉权,尽管债权人与次债务人之间不存在直接的权利义务关系,但法律赋予债权人直接追索次债务人的权利,应当认为不仅具有程序意义,而且具有实体意义,即在债权人与次债务人之间创设了新的有直接后果的权利义务关系,一旦提起代位权诉讼,则可越过债务人而将次债务人视为债权人的债务人。

2. 符合立法精神。依照传统民法的理论和有些国家的立法例,代位权诉讼的效力只能及于债务人与次债务人,而不能及于债权人,即代位权

---

[1] 王利明:《民法典合同编的修改与完善》第458期民商法前沿论坛,2017年12月。
[2] 曹守晔:《代位权的解释与适用》,载《法律适用》1999年版,第16—17页。作者时任最高人民法院合同法解释起草小组组长、主笔起草人。

行使的效果直接归于债务人,而不能由债权人直接受领,即使在债务人怠于受领的情况下债权人虽可代为受领,但其受领后,债务人仍可请求债权人向其交付受领的财产。这一原则被称为代位权诉讼的"入库规则"。合同法试拟稿规定:代位权行使的效果归于债务人,征求意见稿规定:行使代位权取得的财产,归债务人后再清偿债权。这样规定虽然有理论依据,但是不切合实际,不具有可操作性,不仅不利于发挥代位权制度的作用,而且有可能使代位权制度形同虚设。立法机关最终删去了这一内容,在最后颁布的合同法中放弃了"入库规则"。

代位权诉讼不同于债务人清算程序或者破产程序。代位权制度旨在保护债权人的实现其债权利益,清算程序或者破产程序旨在众多债权人的公平受偿。如果规定债权人不能直接受领通过代位权诉讼取得的财产,代位权诉讼取得的财产只能由债务人受领,会使得债权人丧失提起代位权诉讼的积极性,债务人坐享其成,其他债权人坐享其成,进而使代位权制度的设立失去意义。

3. 符合诉讼经济原则。如果规定债权人不能直接受领代位权诉讼的财产,代位权诉讼取得的财产只能先归于债务人,债权人再以债务人为被告提起诉讼,则会徒增当事人的讼累,浪费司法资源,不符合诉讼经济原则,甚至还可能会产生人民法院对本诉和代位权诉讼因为时间不同、审判人员不同作出相互冲突判决的情形。

4. 符合"不告不理"原则。"不告不理"是民事诉讼法的原则,既然作为原告的债权人已主张权利,债务人的其他债权人未主张权利,则保护已提起诉讼的债权人的利益并无不当,其他债权人不仅事前机会平等有权主张,事后仍可向其主张权利,况且债务人并未破产,代位权诉讼属于个案的普通诉讼,有别于破产程序,故并不存在对其他债权人不公平之虞。债务人的其他债权人未主张,人民法院就难以保护。

5. 符合公平原则。一是符合法定条件的债权人都可以依法提起代位权诉讼;二是两个或者两个以上债权人以同一次债务人为被告提起代位权诉讼的,人民法院可以合并审理,财产不足的,依据各自债权数额的大小按照比例分配;三是在代位权诉讼中,每一个债权人行使代位权的范围都以其债权(包含行使代位权的必要费用)为限,请求数额超过债务人对其所负债务额或者超过次债务人对债务人所负债务额的,对超出部分人民法院不予支持。

根据代位权20年来的实践，现在我们则可以增加新的理由：符合供给侧改革政策，有利于配合人民法院执行工作缓解执行难，有利于经济稳中求进、稳预期、防风险，有利于清理三角债、债务链，有利于市场出清，配合运用破产法处理僵尸企业。

第二，代位权的清偿债务效力。合同法解释对代位权的效力予以明确："……代位权成立的，由次债务人向债权人履行清偿义务，债权人与债务人、债务人与次债务人之间相应的债权债务关系即予消灭。"

债权人行使代位权，对第三人、债务人和债权人本人都会产生法律效力。[①] 1. 对第三人的效力。债权人行使代位权，是代债务人向第三人行使权利，因此第三人对债务人的抗辩，譬如不安抗辩、同时履行抗辩、后履行抗辩、时效届满的抗辩、虚假表示可撤销的抗辩等，均可以对抗债权人。2. 对债务人的效力。债权人行使代位权且通知债务人后，债务人的权利并未丧失，其仍可行使自己的权利，只是债务人处分权的行使应受限制，即在不损害债权人利益的情况下可以行使其权利。倘若妨害债权人行使代位权，如免除第三人的债务，债务人则不得行使，否则代位制度形同虚设。债权人行使代位权，提起代位诉讼，人民法院的判决对债务人及其他债权人是否发生效力？如果债务人作为具有独立请求权的第三人参加诉讼，人民法院的判决自然对其发生效力。即使债务人未参加诉讼，人民法院判决的效力亦及于债务人。3. 对债权人的效力。按照有的学者对外国立法例进行理论概括的"入库规则"，债权人行使代位权，为的是增加债务人的责任财产，充实债务人一般担保的实力，第三人偿还的财产为全体债权人的共同担保物，故行使代位权的债权人不能因此获得优先受偿债权，而与其他债权人处于同等地位受偿。显然，这种重保全不重清偿的"入库规则"在中国当前的社会状态下因其不服水土而难以适用。否则，代位权条款必然成为僵尸条款，代位权制度必然称为僵尸制度。因此，最高人民法院本着从中国国情出发，从市场发育不熟、诚信缺失、当前合同债权难以实现的实际，从法院判决执行难现状出发，在立法确立代位权制度突破合同相对性的基础上，遵从立法精神，为了确保债权低成本高效率——这是市场经济的内在要求——的实现，勇于打破陈规推陈出新，变间接清偿的"入库规则"为直接清偿的一步到位债权实现原则。这既是代

[①] 胡康生主编：《中华人民共和国合同法释义》，北京：法律出版社2013年版。

位权制度创新,也是代位权理论创新,历经20个春秋方兴未艾,具有强大的生命力。

对于债务人的没有提起代位权诉讼但事先已经拿到对次债务人胜诉判决的债权人的效力。有学者认为,代位权优先行使的效力问题,是值得讨论的。"如果债务人欠了很多人的债,某些债权人可能会向法院起诉债务人并要求强制执行其财产;当人民法院已经做出生效判决、准备执行债务人财产时,如果另有债权人以代位权人的身份跳出来主张代位权,根据司法解释的规定,其可以通过行使代位权获得全部财产;这对于申请强制执行的人和其他债权人是不公平的。"首先需要阐明的是,无论是合同法还是合同法解释,只是规定了代位权直接受偿,都没有泛泛规定代位权优先于谁行使问题,因此这个假定的前提是模糊不明的,假定的代位权人向谁主张代位权也是模糊不明的,字面上是向债务人主张,但既不合法也不合逻辑。其次,如果存在例举的上述情况,则一是个案的执行申请不能阻却代位权诉讼的正常进行,二是如果代位权人胜诉也拿到了可作为执行依据的裁决书,则代位权人与其他申请强制执行的人在执行程序中是平等的,最高人民法院早在1991年在适用民事诉讼法若干问题的意见司法解释第300条就对参与执行分配制度作了规定,在执行工作若干问题的规定(试行)第61条做了规定[①],在民事诉讼法解释第501条、第508条做了规定。[②] 三是如果次债务人达到破产界限宣告破产的,则其所有的债权人,无论有无诉讼,无论普通诉讼还是代位权诉讼,无论有无申请执行依据,无论是否债权数额大小,一律依照破产程序按照比例清偿,这对于申请强制执行的人和其他债权人不存在不公平的问题。再次,如果是代位权人向次债务人主张代位权,普通个案诉讼已经取得执行依据的债权人申请执行债务人的

---

① 最高人民法院关于人民法院执行工作若干问题的规定(试行)61:被执行人不能清偿债务,但对本案以外的第三人享有到期债权的,人民法院可以依申请执行人或被执行人的申请,向第三人发出履行到期债务的通知(以下简称履行通知)。履行通知必须直接送达第三人。

② 《最高人民法院关于适用〈中华人民共和国民事诉讼法〉的解释》第五百零一条 人民法院执行被执行人对他人的到期债权,可以作出冻结债权的裁定,并通知该他人向申请执行人履行。该他人对到期债权有异议,申请执行人请求对异议部分强制执行的,人民法院不予支持。利害关系人对到期债权有异议的,人民法院应当按照民事诉讼法第二百二十七条规定处理。对生效法律文书确定的到期债权,该他人予以否认的,人民法院不予支持。第五百零八条 被执行人为公民或者其他组织,在执行程序开始后,被执行人的其他已经取得执行依据的债权人发现被执行人的财产不能清偿所有债权的,可以向人民法院申请参与分配。对人民法院查封、扣押、冻结的财产有优先权、担保物权的债权人,可以直接申请参与分配,主张优先受偿权。

财产，则桥归桥路归路，大路朝天各走一边，执行申请人作为债权人在可以行使代位权的情况下没有行使代位权，而选择要求强制执行债务人，而代位权人是以次债务人为被告提起的诉讼，胜诉之后的被执行人是次债务人，执行对象不同，救济路径不同，法律程序不同程序，皆因债权人选择的救济路径不同。财产最后归代位权人，还是执行申请人，要根据不同的路径、不同的程序区别对待，具体案件具体分析。

因此，合同法解释代位权的直接清偿规定在实践中操作起来简便易行，特别是可激活代位权制度，启动代位权程序，可激励债权人行使代位权，最有利于保护债权人利益，实现债权。如果既看到了合同法代位权解释，也看到了民事诉讼执行程序中执行分配，还看到了破产程序，就很难得出它违反了"债权平等主义"的结论了，因为代位权直接受偿奉行的是条件相同则机会平等，条件不同各就其位各行其道，犹如就医可急诊、可普通门诊、可专家问诊一样。所谓"导致对其他债权人的不公平，特别是对要求强制执行甚至已经获得胜诉判决的债权人"，只是学者并不周延的逻辑推演和脱离实际的主观臆断。毋庸置疑，债权平等是债的核心理念，债权平等保护是公正司法的核心理念，不能被突破，不应被突破。但是，这里的平等不是绝对的，而是相对的。事实上，代位权尽管本质上还是债权，不是物权，不具有物权的优先效力，只是基于债权产生的效力，基于合同法特别的规定使这种债权产生了对次债务人的约束力。可是我们能否因此就可以混淆自然债权和有执行依据的债权、有担保的债权和无担保的债权、个案执行债权与执行分配债权、代位权债权与破产债权，不加区别地让他们吃平均主义大锅饭？让他们不分青红皂白地享受债权平等主义？窃以为基于上述假定的问题考虑"入库原则"，理由和依据似乎都难以服人，恐怕还需要专家准备新的论据新的理由。进入强制执行程序的申请强制执行人当然应当得到保护，关键是在什么程序中保护，以什么方式保护。如果已经有对次债务人胜诉判决并申请强制执行人，提起代位权诉讼的债权人因代位权诉讼而应当获得清偿的财产，在次债务人财产不足以清偿所欠前述数宗债务，则可以在胜诉的代位权人和其他申请强制执行次债务人财产的债权人之间分配次债务人的财产；如果没有，则应归代位权人。这难道还不平等、不公平吗？

合同法解释（一）施行以来，在确保代位权实现、驱动合同法代位权制度有效实施而避免沦落为僵尸条款发挥了无可替代的积极作用，取得了政治效果、法律效果和社会效果三个效果高度统一，实现了合同立法的初衷。著名民法学者王利明教授认为："合同的保全涉及的问题比较多，我们注意到，两个司法解释都对合同的保全做了进一步的完善，而且这个完善的规则很好，将来有必要把它吸纳到合同法里面来。"[①] 合同法的代位权及其司法解释，实践中除了极少数书生不时吐槽以外，得到了债权人的普遍欢迎，得到了法律人的高度首肯，[②] 经受住了20年历史和实践考验，取得了预期的圆满效果，实现了立法的初衷和司法解释的初心，确保了合同法代位权制度的落地实施，维护了法律的权威，提高了司法公信，达到了法律效果和社会效果的统一。

（五）"入库规则"及其理念

所谓"入库规则"，是指依传统的债权人代位权法理，行使代位权取得的财产应先归入债务人的一般责任财产，再由债权人依据债的清偿规则从债务人那里接受清偿。传统意义上的债权人代位权，强调保全债务人的财产以期确保各个债权人平等受偿。也就是说，代位权实行的效果，并不是为了满足代位权人债权的实现，而是准备所有债权人债权的实现，因而也称之为强制执行的预备功能。由此，当代位债权人在保持住债务人财产后，他自己不能立即接受清偿，而应把行使代位权诉讼所取得的财产先"入库"，即归属于债务人，然后债务人向债权人进行平等清偿，这就是债权人代位权实行效果上的"入库规则"。

代位权诉讼胜诉后的利益归属问题，一直是民法理论界十分关注的一个问题，其中既有民法顶级大咖，也有小鱼小虾。这是整个代位权制度能否得到实施的关键，同时也是司法实践必须面对和解决的问题，也是我作为代位权制度孕育的亲历者、经手人、司法解释的起草人今天要特别专题讲解的意义所在。它涉及债权能否真正得以保全得以实现从而维护债权人清偿利益。那么债权人代位权诉讼胜诉的，债权人、债务人谁有权受领次债务人给付的财产呢？合同法立法过程中学术界争议较大，以债权人"代位受偿规则"和由债务人受领"入库规则"为两个主要的观点，还有个别学者认为应先由法院保管，再由债权人提出申请强制执行。合同法最终没

---

① 王利明：《民法典合同编的修改与完善》第458期民商法前沿论坛，2017年12月。
② 施永宝律师：《代位权是指什么，债权人代位权有哪些功能？》，https://www.fabao365.com/zhaiwu/38371/，登录时间：2019年5月10日。

有采纳"不切实际"（立法说明用语）的"入库规则"，仅在第73条第二款规定代位权的行使范围以债权人的债权为限，债权人行使代位权的必要费用，由债务人负担；而合同法解释第20条采纳的是第一种观点即"直接受偿规则"。这种基于实践基础上的理论创新观点，呼应了合同法立法说明，呼应了体现了立法宗旨，呼应了合同法关于代位权的行使范围以债权人的债权为限而不能超越原告个人债权的规定，激活了代位权制度，得到了广大法官广泛认同和立法机关的认可。

学界则一度是仁者见仁，智者见者。例如，有学者一方面清醒地认识到"入库原则"的不足：首先，由于"入库原则"是代位权诉讼取得的财产只能先归于债务人，会使债权人丧失代位权诉讼的积极性。其次，在只有一个债权人或债务人有足够的清偿能力时，而且债权人的债权与债务人的债权相等的情况下，如果代位权行使的效果归债务人后，债权人再以债务人为被告，提起诉讼，也增加了当事人诉讼的成本，徒增当事人的诉累，不符合诉讼经济原则，甚至可能会产生人民法院对本诉和代位权诉讼作出不同判决的情形。另一方面，有的文章作者或者把外国立法的目的"人为安装"到我国合同法上，曲解我国立法原意和立法宗旨："代位权的目的是保全债权而不是实现债权，是对全体债权人的保护而不是对提起代位权的债权人的特殊照顾。"或者盲人摸象一般以偏概全："代位权的直接目的是解决债务人'沉睡于权利之上'的问题。"或者以作者的主观意愿代替代位权人的求偿动机："债权人行使代位权的动机是增加债务人应增加的责任财产，使债务人有资力清偿债务，而不是直接从中受偿。"试问作者：我国合同法第几条说过代位权行使要保护全体债权人？诉讼请求是全体债权人的债权吗？合同编抄袭搬用澳门民法典中好看不好用"代位权惠及全体债权人"的条款了吗？你用什么调查方法，调查了几个提起代位权诉讼的原告从而得出这个结论的？① 王硕一针见血地指出，我国法律的债权人代位权制度在具体实行效果方面，虽然构成了对传统"入库规则"的悖离，但其对"债权平等"原则的恪守亦不容置疑。债权人代位权制度的功能已不仅局限于保全债权，而且已拓展至债权行使方式领域。同时，有学者（付琴，《华中科技大学》2005年）认为我国采用了"优先受偿说"，

---

① 刘迎松：《债权人代位求偿权行使的法律效果》，网络名称http://www.maxlaw.cn/l/20150902/827457744793.shtml，登录时间：2019年3月1日。

而否认了传统的"入库规则说",使得这一制度完全脱离原有债的保全轨迹,沿着债的实现方向前进。作者虽然避免了前一位作者刻舟求剑的愚蠢、盲人摸象的思维,敏锐察觉到问题的实质,但仍然脱离不了先入为主"入库原则"的窠臼并以此为准据衡量中国的代位权制度。只是"看"入库原则"的平等性"犹如只是觉得外国的月亮圆。外国的月亮圆并不能够解决中国的问题。石佳友教授认为,很难理解为何行使代位权的效果(直接受偿),比行使撤销权(入库)更为有利。代位权针对的是债务人消极的懈怠、不积极行使权利的行为(如法国民法典第1341—1条),而撤销权针对的是债务人恶意的诈害、积极减少其责任资产的行为(如法国民法典第1341—2条),债权人行使撤销权往往需要证明债务人与第三人之间的欺诈通谋(法国民法典第1341—2条规定,债权人如撤销债务人与第三人之间的有偿行为,还需证明第三人知情债务人的欺诈意图)。[①] 窃以为石佳友教授引经据典独立思考的探索精神可嘉可佩,只是这里如果不用对谁更有利的利益衡量思维,而改用请求权思维,站立在请求权理论基础上就很容易豁然开朗,抛开那概括得未见得多准确多科学的西方法理,从中国的实际出发,就很容易理解。梁旭、王惠玲从代位权的价值衡平追求以及实务操作两方面考虑,认为不应完全否定"入库规则",同时,更应充分肯定优先受偿的合理性和操作性,即在实践中将二者融合,体现法理和实践的统一。韩银兰、杜晓智认为,基于经济发展的实际需要,债权人代位权制度在具体实行效果上出现了对"入库规则"的背离,其功能已不仅局限于保全债权,而向债权行使方式的方向发展;认为债权平等的终极价值在于追求机会平等,而不是绝对平均主义的结果平等,从而重释了"债权平等"在代位权理论中的意义。卞保田认为,合同法对债权人代位权制度的规定,填补了我国民事立法上的一项空白,对解决经济生活中出现的"三角债""执行难"等问题具有积极的现实意义。

(六)合同编代位权及其理念

民法典合同编(草案二审稿)在第五章"合同的保全"部分规定:

第三百二十四条就代位权行使的条件、范围作了规定:"因债务人怠于

[①] 《石佳友评民法典合同编二审稿(草案):我们需要一部什么样的合同法?》,中国法律评论网,https://xw.qq.com/amphtml/20190103B0HO4O00,登录时间:2019年1月3日。

行使其权利,影响债权人的到期债权实现的,债权人可以向人民法院请求以自己的名义代位行使债务人对相对人的权利,但是该权利专属于债务人自身的除外。代位权的行使范围以债权人的到期债权为限。债权人行使代位权的必要费用,由债务人负担。相对人对债务人的抗辩,可以向债权人主张。"第三百二十五条就代位权的提前行使作了规定:"债权人的债权到期前,债务人的权利可能因诉讼时效期间届满或者未及时申报破产债权等情形难以实现的,债权人可以代位向债务人的相对人请求履行、向破产管理人申报或者作出其他必要的行为。"第三百二十六条吸收合同法解释就代位权行使的效力作了规定:"人民法院认定代位权成立的,由债务人的相对人向债权人履行义务,债权人接受履行后,债权人与债务人、债务人与其相对人之间相应的权利义务终止。"第三百三十一条吸收合同法解释就撤销权行使的效力作了规定:"债务人损害债权人利益的行为被人民法院撤销的,该行为自始没有法律约束力。债权人请求人民法院撤销债务人行为的,可同时依法以自己的名义代位行使债务人在其行为被撤销后对相对人所享有的权利。"

从民法典合同编(草案二审稿)在第五章"合同的保全"的内容看,民法典立法工作机构秉持科学立法的原则,既立足当前高度重视法条表述准确的精益求精,譬如删除了原法条第324条中僵尸概念"仲裁机构",债权限定于"到期",债务人的权利限定于"对相对人",又着眼长远高度重视法律的实施,注重法律规则的确定性、可预期性,在认真总结合同法代位权实施经验基础上,专章列出充实加强,合理吸收经过实践证明行之有效的部分司法解释的内容,譬如第324条第三款"相对人对债务人的抗辩,可以向债权人主张",增加第326条代位权行使的效力和第331条撤销权行使的效力的内容,是值得嘉许和肯定的。合同编代位权既固守了原合同法直接受偿债权实现的科学理念,又针对实践中发现的问题勇于担当创新,譬如根据司法实践增加了第325条代位权的提前行使。

这一章关于代位权和撤销权的规定,是民法典编纂研究小组和立法机关工作部门在深入调查合同代位权司法实践、认真总结合同法实施20年来合同运用经验的基础上,广泛吸取民智听取民意、深入研究司法实践中的问题之后吸纳合同法司法解释进一步完善的明智选择。

二、代位权的司法实践

(一) 从三个代位权个案看代位权创新的司法效果

1. 债权人代位权纠纷

客观效果：代位权成立，原告胜诉，其债权得以完全实现，解决了执行难。代位权债权实现是有数额限制的，一是诉讼请求不得超过原告债权的数额，二是诉讼请求不得超过债务人所享有债权的数额，并非有的学者所理解的"全部"归债权人，三是诉讼请求不是唤醒"入库"。

江苏省建工集团有限公司、武汉钢铁集团轧辊有限责任公司债权人代位权纠纷二审民事判决书（2017）最高法民终976号，2018年05月23日。

一审法院认为，建工公司履行生效民事调解书所确认的调解协议的义务，向重冶公司的债权人农行江岸支行支付2.35亿元，承担了保证责任，从而依调解协议取得对重冶公司、钱菊生、闫露的追偿权。在依生效调解书行使追偿权的执行过程中，建工公司认为重冶公司怠于行使对轧辊公司的到期债权312984270.6元，提起本案诉讼，要求轧辊公司直接向建工公司支付2.35亿元，故本案案由为债权人代位权纠纷。《中华人民共和国合同法》（以下简称《合同法》）第七十三条规定："因债务人怠于行使其到期债权，对债权人造成损害的，债权人可以向人民法院请求以自己的名义代位行使债务人的债权，但该债权专属于债务人自身的除外。代位权的行使范围以债权人的债权为限。债权人行使代位权的必要费用，由债务人负担。"《合同法司法解释一》第十一条规定："债权人依照合同法第七十三条的规定提起代位权诉讼，应当符合下列条件：（一）债权人对债务人的债权合法；（二）债务人怠于行使其到期债权，对债权人造成损害；（三）债务人的债权已到期；（四）债务人的债权不是专属于债务人自身的债权。"

二审法院认为，本案为代位权诉讼，根据《合同法》第七十三条以及《合同法司法解释一》第十一条之规定，首先应当查明的事实是，重冶公司是否对轧辊公司享有到期债权，此亦为本案二审当事人争议的焦点问题。另外，根据轧辊公司的答辩意见，建工公司就其代偿的2.35亿元已向反担保人重冶阳逻公司诉讼追偿之后，又向轧辊公司提起本案诉讼，是否构成重复起诉，亦是本案二审需要解决的问题。根据本案事实及证据，二审法院对上述问题分析认定如下：一、重冶公司对轧辊公司享有到期债权，现有证据不足以证实该到期债权已经清偿，对于轧辊公司提出的已清偿重冶公司到期债权的抗辩，本院不予采纳。建工公司上诉提出重冶公司对轧辊公司享有到期债权并怠于行使的主张，本院予以支持。二、建工公司提起本案不构成重复起诉，但受偿范围应是另案反担保诉讼执行不足2.35亿元部分。建工公司就重冶公司所欠农行江岸支行的债务承担担保责任2.35亿元之后，基于其与重冶阳逻公司签订的《保证反担保合同》，对重冶阳逻公司提起了反担保追偿之诉，该案已经调解结案，目前正处于执行阶段，建工公司尚未实际受偿。同时，建工公司又基于重冶公司怠于行使对次债务人轧辊公司享有的到期债权之事实，向轧辊公司提起代位权诉讼。本案与另案相比较，虽然诉讼标的相同，建工公司作为原告的主体身份相同，但其他当事人不同，法律关系亦不同，因此不属于《最高人民法院关于适用的解释》第二百四十七条规定的重复起诉。但鉴于两案诉讼标的均为建工公司代重冶公司清偿的2.35亿元款项，建工公司虽有权提起本案诉讼，但其通过两案受偿的债权总额不应超过其代偿数额即2.35亿元。因另案目前正在执行过程中，建工公司能否全额受偿尚不得知，故建工公司在本案中的受偿数额现在亦不能确定，应当在另案执行终结后以实际受偿不足2.35亿元部分为限。

综上，建工公司的部分上诉请求有事实和法律依据，本院予以支持；依照《中华人民共和国合同法》第七十三条、《最高人民法院关于适用〈中华人民共和国合同法〉若干问题的解释（一）》第十一条以及《中华人民共和国民事诉讼法》第一百七十条第一款第二项规定，判决如下：江苏省建工集团有限公司依据江苏省高级人民法院（2015）苏商初字第00037号民事调解书受偿总额不足2.35亿元部分，由武汉钢铁集团轧辊有限责任公司于该案执行完毕后十五日内向江苏省建工集团有限公司支付。如果未按判决指定期间履行给付金钱义务，应当依照《中华人民共和国民事诉讼法》第二百五十三条之规定，加倍支付延期履行期间的债务利息。

2. 债权人代位权纠纷

客观效果：代位权成立，原告胜诉，其悬空的债权得以实现，诉讼请求不是唤醒"入库"。

成都市国土资源局武侯分局与招商（蛇口）成都房地产开发有限责任公司、成都港招实业开发有限责任公司、海南民丰科技实业开发总公司债权人代位权纠纷案，最高人民法院（2011）民提字第210号，2011年11月

30日。

本案的诉讼焦点是：武侯国土局能否对招商房地产公司行使代位权。

法院认为，根据合同法第七十三条关于"因债务人怠于行使其到期债权，对债权人造成损害的，债权人可以向人民法院请求以自己的名义代位行使债务人的债权，但该债权专属于债务人自身的除外"之规定，债权人代位权是债权人为了保全其债权不受损害而以自己的名义代债务人行使权利。本案中，武侯国土局因土地征地费问题与招商局公司、四川港招公司签订《债权债务转移合同》以及武侯国土局与四川港招公司签订的《交款合同》已为人民法院生效法律文书确认为有效，武侯国土局对四川港招公司的债权合法确定，因此四川港招公司是武侯国土局的债务人。成都港招公司因在开办四川港招公司过程中出资不实而被生效的裁判文书认定应在注册资金不实的21441941元范围内对武侯国土局承担责任，故成都港招公司亦是武侯国土局的债务人，武侯国土局对成都港招公司的债权亦属合法且已确定。成都港招公司与招商局公司于1998年4月12日签订《债权债务清算协议书》，约定招商局公司应将其泰丰国际商贸中心项目用地土地使用权以评估价34441941元抵偿其所欠成都港招公司的3481.55万元的债务。该协议书系双方当事人真实意思表示，不违反法律、行政法规强制性规定，应属有效。根据该协议，招商局公司对成都港招公司负有3481.55万元的金钱债务，招商局公司对成都港招公司负有给付泰丰国际商贸中心项目用地土地使用权的义务。本院认为，成都港招公司与招商局公司双方协议以土地作价清偿的约定构成了代物清偿法律关系。依据民法基本原理，代物清偿作为清偿债务的方法之一，是以他种给付代替原定给付的清偿，以债权人等有受领权的人现实地受领给付为生效条件，在新债务未履行前，原债务并不消灭，当新债务履行后，原债务同时消灭。本案中，成都港招公司与招商局公司虽然签订了《债权债务清算协议书》并约定"以地抵债"的代物清偿方式了结双方债务，但由于该代物清偿协议并未实际履行，因此双方原来的3481.55万元的金钱债务并未消灭，招商局公司仍对成都港招公司负有3481.55万元的金钱债务。据此，招商局公司是成都港招公司的债务人，进而是武侯国土局的次债务人。根据合同法第七十三条以及本院《合同法解释（一）》第十一条、第十三条之规定，因为成都港招公司既未向武侯国土局承担注册资金不实的赔偿责任，又未以诉讼或者仲裁方式向招商局公司主张已到期债权，致使债权人武侯国土局的债权未能实现；已经构成合同法第七十三条规定的"债务人怠于行使其到期债权，对债权人造成损害"，因此，武侯国土局有权代位行使成都港招公司基于《债权债务清算协议书》而对招商局公司享有的合法金钱债权，但该代位权的行使范围应以其对成都港招公司的债权即注册资金不实的21441941元范围为限。

武侯国土局将招商房地产公司作为次债务人，要求其承担原招商局公司所欠成都港招公司的债务，不仅符合合同法第七十三条和本院《合同法解释（一）》关于债权人代位权制度及其构成要件之规定，而且符合最高法院《关于审理与企业改制相关的民事纠纷案件若干问题的规定》的原则和规定。法院认为，武侯国土局对成都港招公司所享有的债权合法有效，成都港招公司对原招商局公司所享的债权亦经生效法律文书所确定，合法有效并已到期；成都港招公司既未向武侯国土局承担注册资金不实的赔偿责任，又怠于行使其对招商局公司或者改制后的招商房地产公司的到期债权，致使武侯国土局的债权未能实现，故武侯国土局关于要求招商房地产公司承担原招商局公司所欠成都港招公司债务的再审请求和理由成立，本院予以支持。

3. 债权人代位权纠纷

客观效果：代位权成立，原告胜诉，债权实现的效率、效益大大提高；三是诉讼请求不是唤醒"入库"。结束了旷日持久长达10多年的诉讼。本案如果按照极少数学者所谓"平等"的"入库规则"，到了猴年马月债权也难以实现，徒增一个执行难的典型。

中国银行股份有限公司汕头分行与广东发展银行股份有限公司韶关分行、第三人珠海经济特区安然实业（集团）公司代位权纠纷案，最高人民法院（2011）民提字第7号，2011年06月09日。

申请再审人中国银行股份有限公司汕头分行（以下简称"中行汕头分行"）为与被申请人广东发展银行股份有限公司韶关分行（原名为广东发展银行韶关分行，以下简称"广发行韶关分行"）、原审第三人珠海经济特区安然实业（集团）公司（以下简称"安然公司"）代位权纠纷一案。

本案再审的主要争议焦点是：中行汕头分行提起的本案代位权诉讼是否超过了诉讼时效期间。本院《关于适用合同法若干问题的解释（一）》第十一条规定：债权人依照合同法第七十三条的规定提起代位权诉讼，应当符合下列条件：（一）债权人对债务人的债权合法；（二）债务人怠于行使其到期债权，对债权人造成损害；（三）债务人的债权已到期；（四）债务人的债权不是专属债务人自身的债权。依据上述规定，债权人提起代位权诉讼，应以主债权和次债权的成立为条件。而"债权成立"不仅指债权的内容不违反法律、法规的规定，而且要求债权的数额亦应当确定。这种确定既可以表现为债务人、次债务人对债权的认可，也可经人民法院判决或仲裁机构的裁决加以确认。因此，债权人中行汕头分行在提起本案代位权诉讼之前，以向人民法院提起诉讼的方式确认其对债务人享有合法的债权，表明其并未放弃自己的权利。本院2008年8月21日发布并于同年9月1日施行的《关于审理民事案件适用诉讼时效制度若干问题的规定》第十八条规定：债权人提起代位权诉讼的，应当认定对债权人的债权和债务人的债权均发生诉讼时效中断的效力。该规定亦表明，债权人提起代位权诉讼，同时引起两个债权的诉讼时效中断，即债权人对债务人的债权和债务人对次债务人的债权，两个债权均应属于受人民法院保护的诉讼时效期间内的债权。

综上，本案代位权诉讼所涉及的主债权和次债权均未超过法定的诉讼时效期间，且债权债务关系清楚、债权数额确定。因安然公司已无法主张到期债权，中行汕头分行关于"广发行韶关分行应代安然公司向中行汕头分行履行1500万元债务给付义务"的申请再审理由成立，本院予以支持。该项给付义务实际履行时，其总的给付金额应以中行汕头分行对安然公司享有的债权总额为限。

广东省高级人民法院（2001）粤高法经一终字第172号生效民事判决已经查明关于1500万元是否属于安然公司支付给广发行曲江支行的款项的事实，并确认安然公司支付给广发行曲江支行的1500万元款项是其履行双方签订的《合作权转让协议》的行为。广东省高级人民法院二审判决关于"《合作权转让协议》无效、广发行韶关分行应将原广发行曲江支行收取的1500万元购地款本金及利息返还给安然公司、安然公司怠于行使该项到期债权损害了债权人中行汕头分行的利益"的认定，证据充分，适用法律并无不当。

广东省珠海市中级人民法院（2005）珠中法民二初字第35号民事判决认定，安然公司返还中行汕头分行借款人民币2764.4万元及利息（自1995年8月18日至款项还清之日止按中国人民银行规定的同期贷款利率计算）。该判决已发生法律效力，安然公司至今未履行判决义务，且下落不明。

2007年1月26日，中行汕头分行向广东省韶关市中级人民法院提起诉讼，请求：1. 确认广发行曲江支行与安然公司订立的《合作权转让协议》无效；2. 判令广发行韶关分行返还购地款人民币1500万元，并按照中国人民银行同期贷款利率给付利息，用于清偿安然公司所欠中行汕头分行债务；3. 判令广发行韶关分行承担本案诉讼费用。

广东省韶关市中级人民法院审理认为，安然公司付给广发行曲江支行房地产部1500万元，用途是购横琴岛土地也是事实，有广东省高级人民法院（2001）粤高法经一终字第172号生效民事判决的认定；但广发行韶关分行是否欠安然公司的债务，目前不能认定，中行汕头分行以自己的名义代位行使安然公司要求广发行韶关分行偿还债权，不符合法律规定代位权的条件，其要求广发行韶关分行返还购地款人民币1500万元，并按照中国人民银行同期贷款利率给付利息，用于清偿安然公司所欠中行汕头分行债务的诉求没有事实和法律依据。

上诉后，广东省高院二审本案争议的焦点是安然公司是否对广发行韶关分行享有到期的、非专属安然公司自身的债权；安然公司是否怠于行使其到期债权并对中行汕头分行造成了损害；广发行韶关分行对中行汕头分行的抗辩是否成立等问题。二审法院认为，中行汕头分行该项请求具有法律依据，依法予以支持。中行汕头分行作为利害关系人，有权以提起诉讼的方式请求人民法院确认广发行曲江支行与安然公司签订的上述《合作权转让协议》无效。

安然公司对广发行韶关分行享有到期的、非专属于安然公司自身的债权的事实足以认定。关于安然公司是否怠于行使其到期债权并对中行汕头分行造成损害的问题。根据最高人民法院《关于适用合同法若干问题的解释（一）》第十三条的规定，债务人怠于行使其到期债权，对债权人造成损害，是指债务人不履行其对债权人的到期债务，又不以诉讼方式或者仲裁方式向其债务人主张其享有具有金钱给付内容的到期债权，致使债权人到期债权未能实现。本案中，安然公司在与广发行曲江支行签订《合作权转让协议》并向其支付1500万元"购横琴岛地款"后，未以诉讼方式或者仲裁方式向广发行韶关分行主张过1500万元的债权，且下落不明。而根据广东省珠海市中级人民法院（2005）珠中法民二初字第35号生效民事判决的认定，安然公司应返还中行汕头分行借款人民币2764.4万元并支付相应的利息。安然公司至今未履行判决义务。因此，安然公司怠于行使对广发行韶关分行的到期债权，损害了中行汕头分行的利益的事实足以认定。中行汕头分行主张其对安然公司提起的确认主债权的诉讼构成其向广发行韶关分行主张代位权的诉讼时效中断的理由，缺乏法律依据。即使中行汕头分行于2004年1月5日向广东省汕头市人民检察院提交的《关于要求检察机关及时采取措施为我行追缴被诈骗资金的报告》构成其向广发行韶关分行主张代位权的诉讼时效中断的理由，至2007年1月26日其向原审法院提起本案代位权诉讼，也已经超过了二年的诉讼时效。

三、当前全国法院代位权纠纷司法概况

（一）整体情况分析

事实胜于雄辩。现有案例没有一个代位权纠纷案件的诉讼请求是唤醒债务人、请求债权财产"入库"的事实。

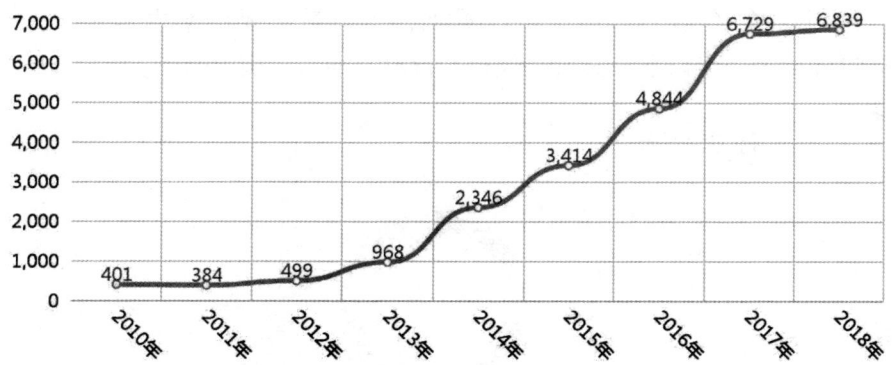

从上方的年份分布可以看到当前条件下案例数量的变化趋势。

（二）案由分布

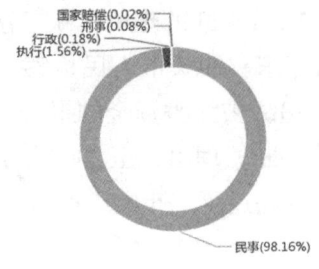

- 民事（26552件）
- 执行（423件）
- 行政（49件）
- 刑事（22件）
- 国家赔偿（5件）

从上面的案由分类情况可以看到，当前最主要的案由是民事，有26552件，占一半以上，其次是执行，行政，刑事，国家赔偿。

（三）行业分布

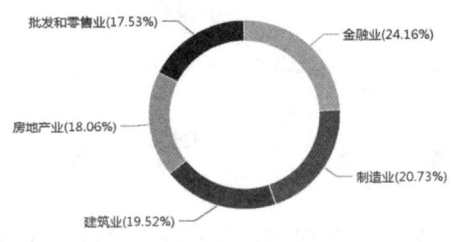

- 金融业（5241件）
- 制造业（4497件）
- 建筑业（4235件）
- 房地产业（3917件）
- 批发和零售业（3804件）

当前的行业分布主要集中在金融业，制造业，建筑业，房地产业，批发和零售业。

（四）程序分类

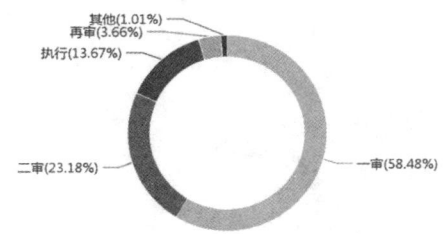

当前的审理程序分布状况。

（五）裁判结果

一审裁判结果

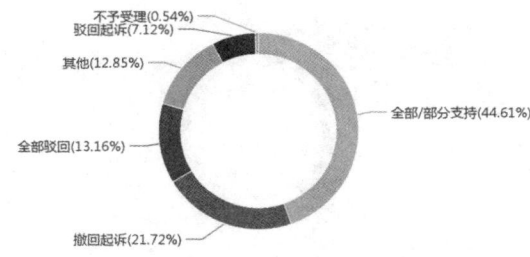

当前条件下全部/部分支持的有7051件，占比为45%；撤回起诉的有3434件，占比为22%；全部驳回的有2080件，占比为13%。

二审裁判结果

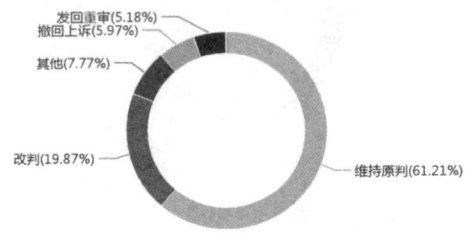

- 维持原判 (3837件)
- 改判 (1246件)
- 其他 (487件)
- 撤回上诉 (374件)
- 发回重审 (325件)

当前条件下维持原判的有3837件，占比为61%；改判的有1246件，占比为20%；其他的有487件，占比为8%。

（六）标的额可视化

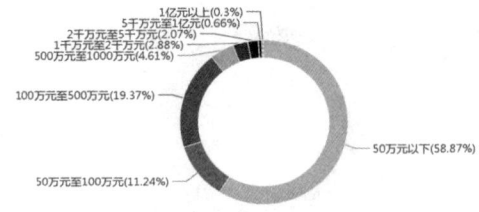

- 50万元以下 (9309件)
- 50万元至100万元 (1777件)
- 100万元至500万元 (3063件)
- 500万元至1000万元 (729件)
- 1千万元至2千万元 (455件)
- 2千万元至5千万元 (328件)
- 5千万元至1亿元 (104件)
- 1亿元以上 (48件)

标的额为50万元以下的案件数量最多,有9309件,100万—500万元的案件有3063件,50万—100万元的案件有1777件,500万—1000万元的案件有729件,1千万—2千万元的案件有455件。

（七）审理期限可视化

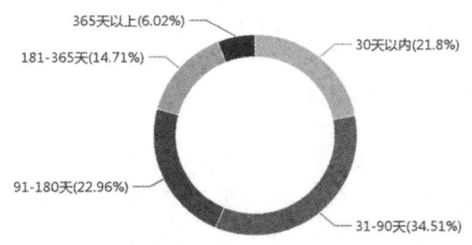

当前条件下的审理时间更多处在31—90天的区间内,平均时间为132天。

（八）高频法条

高频实体法条见下表:

序号	法规名称	条目数	引用频次
1	中华人民共和国合同法	第七十三条	7781
2	最高人民法院关于适用《中华人民共和国合同法》若干问题的解释（一）	第十一条	3296
3	最高人民法院关于适用《中华人民共和国合同法》若干问题的解释（一）	第十三条	1556
4	最高人民法院关于适用《中华人民共和国合同法》若干问题的解释（一）	第二十条	1115
5	最高人民法院关于适用《中华人民共和国合同法》若干问题的解释（一）	第十九条	1003

四、立法建议

（一）问题

有学者认为，在债权人行使代位权后，可能使其他债权人利益无法获得满足，从逻辑上看这一制度有违债的平等性。

（二）对债权平等性的思考

债权平等固然重要，但不是绝对的、无条件的。债权平等原则的前提基础值得讨论。提起诉讼的与不提起诉讼不主张权利的，当然是前者的诉讼请求常常可以得到优先满足，犹如有担保的债权与无担保的债权相比，当然是有担保可在先优先受偿，但这一点并不违背债权平等原则。人人都有劳动的权利，机会平等，但是有的勤劳致富，有的懒惰致穷，这种结果上的差异并非不平等之过。合同法解释规定的行使代位权的债权人可直接受偿，反映着基于请求权理论对债权实现实质平等、公平与正义的不懈追求理念。

（三）对公正性的思考

公正性的价值判断。民法合同编要强化对契约正义和实质公正的保护，在目前市场经济条件下债权人常常是弱势群体，甚至拿到的胜诉生效法律文书成为一纸空文，这就不能不加强债权实现的制度设计，不能不加强对债权人利益的保护。文明社会，公平正义的价值居于首位，即程序公正与实体公正的统一、形式正义与实质内容正义的统一。形式正义要求尊重成文法、尊重法条，强调有法必依、执法必严、严肃执法，强调法律的权威性、严肃性和统一性，确保法律统一实施，确保法条正确适用；实质内容正义要求符合一定的正当性、合理性和道德性。合同法代位权制度的确立及其司法解释就体现了上述统一。代位权人直接受偿债权直接实现，符合私法自治原则、符合诚实信用原则，而所谓的"入库规则"与此是背离的。民法典合同编包括合同编代位权的规定，将社会主义核心价值观纳入其中，贯彻公平正义理念，涉及合同债权的条文规定适当的程序完善的形式，从立法上体现对于公平正义的真实追求。

(四)对制度正义的思考

个案正义与制度正义的统一。在设计、实施代位权制度时,必须坚持法制的安定性与个案正义的统一,社会的正义性与个体正义的统一。债权绝对平等过犹不及,如果过分强调个案正义、个体正义,制度悬空,法条成为僵尸条款,容易失去法制的安定性、预期性、确定性,侵犯私法自治原则、民事处分原则、诚实信用原则的领域,混淆了代位权诉讼、执行参与分配程序与破产程序在法律适用方面的畛域,破坏法律规范的系统性、整体性,势必难以实现平等,而且最终无法实现法律制度正义整体正义的价值。

(五)对价值取向的思考

合法性与平等性的统一。在法治国家法治体系中,合法性的价值判断、法律实施的合法性居于重要地位。最高法院合同法解释关于代位权实现的程序和途径体现了法律解释合法性与合目的性的完美统一。在法治中国语境下,平等性的价值判断,既有宪法依据,也是民法基本原则的要求。债权平等能否上升为"主义"姑且不论,债权平等原则的射程远近、效用界限是值得讨论的。债权平等原则的适用,有自己的范围和界限。债权人的代位权行使过程中置债权平等原则于何种地位,值得思考的是:在面对有争议的价值判断问题时,我们在何种维度上把债权平等原则当作不可突破的藩篱,我们在何种层面上把债权平等原则当作价值判断的前提?更进一步的问题是,即使在债权人之间存在不同法律事实的时候,是否也将这一原则当作价值判断的前提,即使在债权人之间存在利害冲突的时候,是否也将这一原则当作价值判断的准据?中国今天的合同立法和司法解释、司法实践已经作出了不一样的回答。在很多情形下,不同债权人因其在交易中所处的地位和阶段不同,其债权被我们赋予了不同的地位——这时可能并无债权平等原则的用武之地。我赞赏王轶教授的观点:债权平等原则作为我们回应价值判断问题的价值前提,必定有自己的界限,这一原则不会在所有出现债权人利益竞争的情形下都被作为价值取向,以发挥判断标准的功能。

正当性与平等性的统一。《澳门民法典》在"债之一般担保"之"财产担保之保全"中第600条对"债权之正当性"规定:"就债务人在设定债权前或后所作之行为，债权人只要可从宣告无效中获益，即具有主张该行为无效之正当性，而不论该行为会否引致或加重债务人之无偿还能力。"用五条即第601—604条对代位权制度作了规定，内容涉及代位行使之权利、拥有附停止条件或期间之债权之人、债务人之传唤、代位权之效力。

（六）对"合同保全"章名的思考

"合同的保全"（草案二审稿第一分编第五章）而言，二审稿草案仍然继承了此前一审稿等草案的规定，值得肯定。民法典合同编（草案二审稿）在第五章"合同的保全"部分规定了代位权和撤销权，内容进一步丰富，完全必要。

立法建议

现在公开征求意见的二审稿也并非完美无缺（截至目前这个世界上还没有十全十美的法典。正如拿破仑1808年所说："没有一部法律是完美的，法典也是一样，虽然已经如此出色，却仍远不完美。"），譬如章节安排上，丰富内容充实加强，独立成章自有道理，但是章名为"合同保全"容易引起歧义甚至误解为仅仅是保全，如果宣传解释为不限于"保全"，则又有名不副实之虞。故建议修改名称直呼其名"代位权、撤销权的效力"。

立法例

法国民法典第三编契约或约定之债的一般规定，第三章债的效果，第六节契约对第三人的效果：1166代位权，1167对债务人侵害债权人权利的行为提出攻击权。

意大利民法典第六编权利的保护，第五节财产担保的保护方法，第一分节代位诉权，第2900条"条件、形式、效力"，第二分节要求撤销之诉第2901条"条件"，第2902条"效力"："在宣告债务人的处分行为无效后，债权人得就被起诉行为涉及的财产对第三受让人提起执行之诉，或者假扣押之诉。"

（七）对代位权提前行使和同时行使的思考

立法建议：

增加："拥有附停止条件的债权人在条件成就前行使代位权对实现其债权有利的，可以提前行使代位权。"

立法例

《澳门民法典》在"债之一般担保"之"财产担保之保全"中第602条"拥有附停止条件或期间之债权人"。

第三百二十六条 人民法院认定代位权成立的，由债务人的相对人向债权人履行义务，债权人接受履行后，债权人与债务人、债务人与其相对人之间相应的权利义务终止。

合同编草案二审稿

第三百三十一条 债务人损害债权人利益的行为被人民法院撤销的，该行为自始没有法律约束力。

债权人请求人民法院撤销债务人行为的，可同时依法以自己的名义代位行使债务人在其行为被撤销后对相对人所享有的权利。

立法例

意大利民法典第2902条。

五、结　语

真理无止境，完美无穷期。正在起草中的合同编，如何坚守正确的而不被误导，如何与既有的法律有机融合，又能符合中国国情、体现时代精神，尚有许多法律问题有待进一步研究，尚需付出更大努力。民法尚未问世，同志仍须努力！

Judicial Practice of Contractual Subrogation's Legislative Concept and Institutional Innovation

Shouye Cao

Abstract: The contract compilation (the second draft) correctly follows the basic ideas in the formulation of the contract law, stipulates the creditor subrogation system, and at the same time, there are many highlights on the basis of absorbing the effectiveness of judicial interpretation of subrogation rights: First, the people's court determines that the subrogation rights were established. The debtor's counterpart shall perform the obligation to the creditor. After the creditor accepts the performance, the corresponding rights and obligations between the creditor and the debtor, the debtor and its counterpart shall be terminated (Article 326 of the draft of the second draft). Second, learning from foreign legislation, the implementation of creditor's rights in law is increased, and the procedures are simplified. There are many legal issues in the contract compilation that still need to be further explored. This paper analyzes the judicial effect of subrogation right while analyzing the legislative concept of subrogation right, including solving the difficult problem of implementation, improving the efficiency of creditor realization and to enable the vacant claims to be realized. At the same time, this paper starts from three cases, and the litigation request for the case of no subrogation dispute in the current judicial practice in China is to awaken the debtor and request the "incoming" of the creditor's property, and to carry out the equality and fairness of the creditor's rights. Thinking about institutional justice and value orientation, the name of "contract preservation" and the thinking on the exercise and simultaneous exercise of subrogation rights are of great significance for the formulation, modification and improvement of contract compilation.

Key Words: the contract compilation; the creditor subrogation system; the creditor; the debtor

集资参与人及利害关系人的诉讼地位

——以一起非法集资案为分析样本

吴小军 万 兵[*]

【内容摘要】 与普通刑事案件相比，非法集资案件因涉案人数多、牵涉利益面广，法律关系错综复杂，传统的刑事司法架构已难以应对，审判程序面临着正当性质疑。本文以一起典型的非法集资案为分析样本，聚焦集资参与人及利害关系人的诉讼地位、诉讼权利及程序保障等问题，从契合法治原则和满足现实需求的角度出发，提出在现有法律规范和司法政策的基础上，结合司法实际赋予集资参与人被害人诉讼地位，同时按照正当程序的要求，对利害关系人参与庭审、提出异议等问题进行程序设计。

【关键词】 集资参与人　利害关系人　诉讼地位　诉讼权利　程序保障

一、一则非法集资案引发的法律问题

（一）据以研究的案例

1. 基本案情

2015年10月至2017年9月间，被告人徐某以其控制的中投嘉瑞（北京）投资管理有限公司（以下简称"中投嘉瑞公司"）等公司名义，在北京市朝阳区双井汉督国际等地组织人员通过发放传单等方式，向社会公开宣传投资宽城旭生养殖有限公司位于河北省承德市宽城满族自治县东汤道

---

[*] 作者简介：中国政法大学博士研究生，北京市高级人民法院法官，北京市朝阳区人民法院法官。

河村的养猪场、内蒙古滦河源国家森林公园建设第一期等项目，可获24%左右的年化收益率为名，与集资参与人签订借款合同，募集资金，所募资金主要用于兑付集资参与人本息、支付业务提成和归还徐某个人借款等。现经查，共有171名集资参与人报案，总投资金额人民币3039万元，返款共计人民币254万余元，造成经济损失人民币2784万余元。2016年9月始，徐某在朝阳区东方梅地亚中心等地，开始组织人员以北京金合展讯投资管理有限公司（以下简称"金合展讯公司"）名义，通过发放传单等方式向社会公开宣传投资河北燕泉啤酒厂项目，可获24~36%的年化收益率为名，与集资参与人签订借款合同，募集资金，所募资金主要用于兑付集资参与人本息和支付业务提成等。现经查，共有55名集资参与人报案，总投资金额人民币816.45万元，返款共计140万余元，造成经济损失人民币676万余元。2017年12月10日，徐某被公安机关抓获归案。宽城东汤道河村养猪场机器设备等被查封在案。

2. 诉讼过程

2018年7月，公诉机关以被告人徐某犯非法吸收公众存款罪向法院依法提起公诉。在审理期间，集资参与人纷纷向法院表达诉求，提出公诉机关指控罪名不当，应认定徐某的行为构成集资诈骗罪，并要求以被害人的身份参与案件审理。宽城东汤道河村养猪场实际经营人杨某也向法院提出要参加庭审，当庭表达解封查扣养猪场机器设备的要求，表示其是通过合法手续从徐某手中承租的养猪场，所有生产设备均是其自有资金购买，该养猪场的生产经营活动与徐某无关，其按时向徐某缴纳租金，公安机关查封养猪场机器设备于法无据。徐某对公诉机关指控的罪名没有异议，表示认罪，认可养猪场实际经营人杨某所主张的事实。辩护人发表罪轻辩护意见。在审理过程中，法院未同意集资参与人参与庭审的要求，但允许集资参与人委托数名代表旁听案件审理；同意杨某以利害关系人的身份参与法庭调查，并当庭就查封措施的合法性发表意见，要求公诉机关当庭就查封行为的法律和事实依据发表意见，就杨某所主张的事实听取被告人徐某的意见。

3. 审判结果

2018年12月，一审法院判决认定被告人徐某犯集资诈骗罪，判处有期徒刑十三年，并处罚金人民币四十万元，剥夺政治权利二年，并责令徐某退赔被害人的经济损失，在案查封的宽城东汤道河村养猪场机器设备，无证据证明与徐某非法集资的行为有关,退回公诉机关处理。一审宣判后,公诉机关未抗诉;被告人徐某不服提出上诉;集资参与人对法院的裁判结果表示满意,但是就庭审程序的正当性提出异议,认为法院未能允许其参与庭审并当庭发表意见,剥夺了其参与庭审的权利,程序严重不当;案外人杨某对裁判结果没有意见。二审驳回徐某的上诉,维持一审裁判结果。

(二)本案引发的法律问题

受经济下行和金融环境影响,近年来非法集资问题日益突出,案件高位攀升,大案要案频发。[①] 从罪名分布来看,非法集资案件主要包括集资诈骗罪、非法吸收公众存款罪和组织、领导传销活动罪等,其中集资诈骗罪、非法吸收公众存款罪是主要犯罪类型,约占案件总数的90%左右。据统计,近三年来全国法院审理非法吸收公众存款一审案件年均增长率达10%以上,2018年案件总数近9000件。从地域分布来看,受非法集资手段线上、线下相融合的趋势影响,非法集资案件已从中东部地区开始向西北等欠发达省份及三、四线中小城市蔓延。非法集资已经成为诱发金融风险,影响我国金融安全的重大隐患。[②]

金融安全是国家安全的重要组成部分,金融与经济之间保持良性互促是社会经济健康发展的重要保障。党的十九大提出要坚决打好防范化解重大风险等三大攻坚战。打好防范化解重大风险攻坚战,重点是防控金融风险,而司法领域金融风险防控的重点是防范和处置非法集资,依法打击违法违规金融活动。与普通刑事案件相比,非法集资案件因涉及人数多、牵涉利益面广,法律关系错综复杂,传统的刑事司法架构已难以应对,审判

---

① 据公安部的数据显示,近年来涉案金额亿元以上的案件持续高发,近三年全国公安机关共立案侦查涉案金额超亿元的案件就达上百起,部分案件涉案金额甚至高达百亿元以上,例如"e租宝案"涉案金额高达762亿余元,集资参与人达115万余人,涉及全国31个省份;"泛亚案"涉案金额高达430亿余元,集资参与人22万余人,涉及全国20多个省份,几乎每一起大案要案均牵涉全国绝大部分省份。

② 根据最高院、最高检、央行、银监会等15家国家机关组成的处置非法集资部际联席会年度工作会披露的数据显示,2015年我国非法集资案发量达到历年最高峰值,新发案数量、涉案金额、参与集资人数同比分别上升71%、57%、120%,跨省、集资人数上千人、集资金额超亿元案件同比分别增长73%、78%、44%;2016年、2017年虽然新发案数、涉案金额开始呈下降趋势,其中2016年全国非法集资新发案件数5197起,涉案金额2511亿元,同比分别下降14.48%、0.11%,2017年新发案件数5052起,涉案金额1795.5亿元,同比分别下降2.8%、28.5%,但是案件总量仍在高位运行,形势依然严峻,非法集资新发案件几乎遍布所有行业,呈现"遍地开花"的态势。数据均来源于防范和处置非法集资部际联席会年度会议公布。

程序面临着正当性质疑。本案所反映出的集资参与人能否参加庭审，如何参加庭审以及案外人要求当庭表达诉求、提出异议的程序如何处理等问题，在非法集资案件中非常普遍。根据现行刑事诉讼法及相关司法解释、规范性文件，非法集资案中集资参与人及利害关系人的诉讼地位不明确，权利保障不到位，制度设计不完善，使得司法裁判尺度不统一。为确保案件依法审理，实现程序公正与实体公正的有机统一，本文以徐某非法集资案为分析样本，就非法集资案中集资参与人及利害关系人的诉讼地位、诉讼权利和程序保障等问题进行初步探讨。

二、集资参与人的诉讼地位和诉讼权利

（一）集资参与人的规范表述

我国刑法和刑事诉讼法并未出现"集资参与人"的表述或概念，"集资参与人"一词在刑事规范层面最早出现于2014年3月25日最高法、最高检、公安部联合出台的《关于办理非法集资刑事案件适用法律若干问题的意见》（以下简称《2014意见》）。该意见第五部分"关于涉案财物的追缴和处置问题"及第六部分"关于证据收集问题"均出现了"集资参与人"的表述，[①] 但对集资参与人的概念和范围未作界定，亦未明确其诉讼地位。在此之前的司法解释或者规范性文件，均根据具体罪名的不同采取与构成要件要素相一致的表述，如非法吸收公众存款罪中表述为"存款人"，[②] 集资诈骗罪中表述为"被害人"。《2014意见》首次在规范性文件层面对非法集资的行为对象进行统一表述。就词语的表述方式和所含的感情色彩而言，"集资参与人"更多是从实体法层面对非法集资行为对象的事实表述

---

① 具体内容为：……以吸收的资金向集资参与人支付的利息、分红等回报，以及向帮助吸收资金人员支付的代理费、好处费、返点费、佣金、提成等费用，应当依法追缴。集资参与人本金尚未归还的，所支付的回报可予折抵本金。……查封、扣押、冻结的涉案财物，一般应在诉讼终结后，返还集资参与人。涉案财物不足全部返还的，按照集资参与人的集资额比例返还。办理非法集资刑事案件中，确因客观条件的限制无法逐一收集集资参与人的言辞证据的，可结合已收集的集资参与人的言辞证据和依法收集并查证属实的书面合同、银行账户交易记录、会计凭证及会计账簿、资金收付凭证、审计报告、互联网电子数据等证据，综合认定非法集资对象人数和吸收资金数额等犯罪事实。

② 在《2014意见》之前，最高人民法院就非法集资问题出台的司法解释或规范性文件共有2部，分别为2001年《全国法院审理金融犯罪案件工作座谈会纪要》和2010年《关于审理非法集资刑事案件具体应用法律若干问题的解释》（法释【2010】18日）。

和客观描述，但从程序法层面其在刑事诉讼中的法律地位未予明确，这使得司法实践中较少参照《2014意见》的规定在法律文书中表述"集资参与人"，仍使用证人、被害人、投资人等不同表述，甚至在同一份裁判文书中表述都不一致，如在证据部分表述为证人，在判决主文部分则表述为被害人或者投资人。①之所以出现上述现象：一是因刑事诉讼层面法律依据不足，集资参与人在法律上缺乏相应的诉讼地位；二是因裁判结果关涉利益重大，是否应保障非法吸收公众存款行为对象的经济损失，认识存在争议。三是因现有制度设计不完善，刑事诉讼法没有像民事诉讼法一样设置诉讼代表人制度，如果在刑事诉讼中赋予集资参与人被害人地位，司法机关或将不堪重负，不具备接待和回应群体诉求的能力。

非法集资案主要包括非法吸收公众存款、集资诈骗。集资诈骗罪中财产受损一方认定为被害人是应有之义，不存在争议。但就非法吸收公众存款罪而言，早期实务观点认为该罪名所保护的法益是金融管理秩序，并不是个体的经济利益，参与非法吸收公众存款的人应当知晓其行为可能存在的高风险，一旦遭受经济损失，理应自行承担责任。近年来非法集资问题愈演愈烈，所带来的社会矛盾和维稳风险日益突出，大多数法院基于社会需求的压力，开始重新审视该问题，出现了"保障经济损失"的观点。裁判结果中对财产的处理意味着实际上赋予集资参与人被害人的身份，但集资参与人能否在审判过程中享有与其相匹配的诉讼权利，仍不无疑问。因为该类案件涉及的集资参与人往往成千上万，多的甚至高达数百万人，涉及区域分布广泛，这给人民法院妥善处理涉案财产以及涉诉信访问题带来巨大的挑战，稍有不慎可能会引发群体性事件。

（二）集资参与人的实然地位

个案法律问题一旦不能妥善解决，有可能演化为社会问题。审判实践中有的法院赋予非法吸收公众存款案参与人"半被害人"诉讼地位，保障其享有实体性权利，但不承认其程序性权利，即不享有参与庭审、委托诉讼代理人、阅卷、领取诉讼文书以及申请检察机关抗诉等权利，但保障其

---

① 实证研究显示，集资参与人诉讼地位和权利全国标准并不统一。在北京地区，集资参与人不能被视为被害人；但在统计的其他30个省区市中，从2015年到2017年，超过55%的判决将集资参与人视为被害人，参见彭飞：《非法集资案"投资人"诉讼地位有待释明》，载《法人》2017年第8期。

通过非庭审程序享有诉讼知情权,包括知悉案件审理流程和进度,委托若干代表旁听案件审理。司法机关在法律规定阙如的情况下,基于解决现实问题的需要试图在实体公正与程序公正之间寻求平衡。非法吸收公众存款案的参与人有的接受此非正式制度安排,虽然权利有限,但毕竟有了知悉案件诉讼进度、有限参与审判的渠道;有的参与人仍在寻求法定身份或诉讼地位,其也认识到法律制度存在不足,进而主张案件定性成为可能的突破口,指控非法吸收公众存款罪不当,应认定为集资诈骗罪,一旦认定集资诈骗罪,即具有被害人身份,可依法行使被害人的诉讼权利。

(三)集资参与人的诉讼地位

2019年1月最高法、最高检、司法部《关于办理非法集资刑事案件若干问题的意见》(以下简称《2019意见》)出台之前,办理非法吸收公众存款案在实践中基本呈现出上述司法样态。徐某案即是运用平衡思维解决具体问题的体现。《2019意见》首次明确了集资参与人的概念和权利保障问题:"集资参与人,是指向非法集资活动投入资金的单位和个人,为非法集资活动提供帮助并获取经济利益的单位和个人除外。人民法院、人民检察院、公安机关应当通过及时公布案件进展、涉案资产处置情况等方式,依法保障集资参与人的合法权利。集资参与人可以推选代表人向人民法院提出相关意见和建议;推选不出代表人的,人民法院可以指定代表人。人民法院可以视案件情况决定集资参与人代表人参加或者旁听庭审,对集资参与人提起附带民事诉讼等请求不予受理。"

立法不足,司法解释完善;司法解释缺陷,规范性文件填补,这基本勾勒了当下我国刑事立法向刑事司法迈进的实然运作场景。《2019意见》具有准司法解释的效力,司法机关在办理非法集资刑事案件时需参照执行。与《2014意见》相比,《2019意见》出现了新的变化:一是在《2014意见》的基础上,将非法集资的行为对象再次明确界定为集资参与人。二是首次在规范性文件中确定集资参与人的诉讼权利,大体可概括为诉讼知情权和有限的参审权。诉讼知情权是指集资参与人有权了解案情和诉讼进展,具体行使方式在不同的诉讼阶段各有不同:在侦查、审查起诉阶段,主要依靠公安机关和检察机关的主动作为,及时向集资参与人通报相关情况;在审判阶段,集资参与人可通过推选代表人询问或者参与旁听庭审的方式了解案情。有限的参审权是指集资参与人可以申请参加或旁听庭审,但决定权在法院，法院根据案件情况作出决定。从实践来看，可以做以下划分：集资诈骗罪案件属于法定可以参审的案件，非法吸收公众存款罪可能根据查明案情的需要因案而已。三是只能通过推选代表人的方式参审，这里的代表人不同于民事集团诉讼中的诉讼代表人，其诉讼权利有限。

就集资参与人的法律定位和诉讼权利问题，《2019意见》实际上是将现实中的经验做法提炼上升为制度规范，使其具备规范属性。《2019意见》相当于赋予集资参与人在诉讼程序中享有"半被害人"的诉讼权利，就阅卷、委托诉讼代理人、申请抗诉等问题，依然没有直接回应，而这也将继续成为集资参与人与司法机关争议的焦点。笔者认为，在非法吸收公众存款罪案件中，法院经审查发现有必要安排集资参与人推选代表人参与庭审的，可以允许集资参与人委托的诉讼代理人阅卷，赋予其完整的被害人诉讼地位；对于经审查没有必要安排集资参与人推选代表人参加庭审的，可通知集资参与人推选代表人旁听案件审判。

（四）变更指控罪名对集资参与人诉讼地位的影响

最高法《关于适用〈中华人民共和国刑事诉讼法〉的解释》第二百四十一条规定，对第一审公诉案件，人民法院审理后，应当按照下列情形分别做出判决、裁定：……（二）起诉指控的事实清楚，证据确实、充分，指控的罪名与审理认定的罪名不一致的，应当按照审理认定的罪名做出有罪判决"；……具有前款第二项规定情形的，人民法院应当在判决前听取控辩双方的意见，保障被告人、辩护人充分行使辩护权。必要时，可以重新开庭，组织控辩双方围绕被告人的行为构成何罪进行辩论。这主要涉及检察机关指控轻罪，审判机关改判重罪的程序保障问题。[①] 徐某案即属于如此，法院将非法吸收公众存款罪（轻罪）改判为集资诈骗罪（重罪），集资参与人的诉讼权利如何保障。随着诉讼程序的推进，集资参与人的诉讼地位可能会发生变化，在最终判决前处于待定状态。法院一旦认定构成集资诈骗罪，则集资参与人当然具有被害人身份。在诉讼过程中集资参与人诉讼地位发生变化的，如何保障其诉讼权利？《2019意见》对此没有明确规定，我们认为这一问题细分为两种模式处理：

---

① 吴小军：《法院变更指控罪名之程序》，载《人民司法·案例》2018年第29期，第39—41页。

1. 集资参与人主张认定集资诈骗罪。《2019意见》赋予集资参与人有限的参审权。集资参与人之所以要求参审：一是借此机会参与审判过程，作为利益攸关者依法表达诉求，寻求司法机关的正式回应；二是就案件实体定性，不同意侦控意见，认为应当指控重罪，其在经济损失无法挽回的情况下，追求严惩的结果有利于抚慰心理。集资参与人主张认定集资诈骗罪，法院判决予以确认，最终结果与集资参与人的心理预期一致，审判结果集资参与人积极追求。在此情况下，如果法院在之前的审理过程中未同意集资参与人推选代表人参与庭审，维护了集资参与人的实体权利，基于诉讼经济、节约审判资源考量，在组织控辩双方就集资诈骗罪进行法庭辩论后，不再重新开庭，直接宣判认定集资诈骗罪并没有损害集资参与人的权益。如果考虑重新开庭，则应当通知集资参与人推选诉讼代表人参与庭审。在徐某案审理中，法院即是在组织控辩双方就集资诈骗罪进行法庭辩论后，宣告徐某的行为构成集资诈骗罪，未再重新组织开庭。集资参与人只是推选代表人旁听庭审，而没有参与庭审，在程序上并无不当。

2. 集资参与人未主张认定集资诈骗罪。如果集资参与人没有主张案件认定为集资诈骗罪，其能否推举代表人参加庭审，取决于法院审理案件的需要，一般情形下只是旁听案件。因此，如果法院在不需要重新开庭的情况下，集资参与人未能推选代表人参与庭审，而法院改判集资诈骗的，集资参与人的程序权利和实体权利均没有受到侵犯。如果法院需要组织重新开庭，则应当通知集资参与人推选代表人参与庭审。

三、集资参与人诉讼权利的程序保障

（一）集资参与人的代表人之推选

《2019意见》出台之前，针对刑事诉讼中代表人推选问题，通常由集资参与人自行商定，司法机关仅确定代表人数，不介入推选过程。出于对裁判结果的关切，实践中大多数案件的集资参与人参选代表人意愿强烈，有的存在当选代表人权益保障优先或者具有一定话语权等错误认识，也有的以为群体服务之名收取一定费用从中获利。基于上述原因，多数案件中集资参与人难以在规定时间内推选出适合的代表人，或者对当选人员提出异议。司法机关一般遵循先报名先确定的原则，根据时间顺序先行报送给代表人名单即为本案集资参与人的代表人名单。

集资参与人的代表人的推选难度与集资参与人的数量之间呈正相关关系。尽早及时确定代表人有利于推动诉讼进程提高诉讼效率。非法集资案件不属于刑事附带民事范畴，集资参与人推选代表人参与庭审，是保障集资参与人诉讼权利的体现。非法集资案由检察机关代表国家对犯罪行为进行公诉，就案件定性与量刑发表专业性意见；集资参与人作为涉案者，在举证能力和法律的理解与适用方面，显然不如检察机关专业，对检察机关指控所起的补充作用亦不明显。特别是该类案件客观性证据较多，被告人与集资参与人之间往往间夹有多个层级和人员，相互之间不直接接触，双方信息不对称，集资参与人所表达的内容更多带有侦查导向功能，如在立案侦查阶段，集资参与人可以就非法集资的行为模式向侦查机关提供信息，有利于侦查机关收集固定证据，全面追赃挽损。从司法实践情况来看，集资参与人推选的代表人出庭，更多是当庭再次展示原有报案信息，证据碎片化特征突出，且夹杂有集资参与人自身推测的内容，具有一定的主观性。集资参与人推选代表人参审的最大意义在于以所谓"自己人"身份，在法庭与集资参与人之间直接传递信息，增强信息传播和接收的可信度。在条件具备的情况下可探索摇号的方式确定集资参与人的代表人，在尚不具备摇号的情况下仍宜由集资参与人自行商定，法院通常只限于在集资参与人人数众多、自行推选确有困难情形，从地域平衡和方便诉讼的角度指定代表人。随着司法公开力度的不断加大，①庭审直播比例将大幅提升，集资参与人可以通过庭审直播了解案件审判的有关情况，在一定程度上可以弱化参选代表人的积极性，有助于缓解推选难的问题。

（二）对裁判结果的救济权

集资参与人对司法裁判结果的救济权问题，主要集中在非法吸收公众存款案中。集资诈骗罪与非法吸收公众存款罪的法定刑幅度存在很大差异，前者最高可判处无期徒刑，后者最高只能判处有期徒刑十年。根据《2011解释》的规定，个人非法吸收公众存款数额在100万元以上的，应当在有期徒刑三年以上十年以下量刑，数额上不封顶。实践中非法吸收公

---

① 2018年11月20日，最高人民法院出台关于《关于进一步深化司法公开的意见》，提出主动、依法、及时、全面、实质公开原则；《人民法院第五个改革纲要（2019—2023）》提出，深化庭审活动公开，健全庭审公开的范围、流程和保障机制，完善中国庭审公开网功能，扩大庭审公开范围……实现庭审公开常态化。

众存款案涉案金额千万元甚至亿元以上较为常见。在非法占有目的认定标准不一、争议较大的情况下，集资诈骗罪的认定率不高。很多非法集资案件对犯罪分子判处刑罚不重，犯罪司法成本不高，刑罚惩治效果不佳。相当一部分非法吸收公众存款案件，一审宣判后，集资参与人质疑法院的裁判结果，认为适用罪名不当、量刑过轻，但因其不具有被害人身份，亦无法向检察机关申请抗诉。这涉及是否有必要赋予集资参与人程序上的救济权。《2019意见》虽对此问题没有直接回应，但其正视现实问题，突破性赋予集资参与人部分诉讼权利，符合法治原则和保障诉权的要求。遵循这一思路，在实体上已赋予集资参与人被害人身份的情况下，在程序上也可赋予集资参与人有权以被害人身份向检察机关申请抗诉的权利。该权利的行使与检察机关审查监督法院裁判结果的职能相吻合，客观上不会增加诉讼负担，具有现实可操作性。

四、利害关系人的诉讼权利和程序保障

涉案财产众多，法律关系复杂，涉案财产处置难是当前非法集资案的突出特点。侦查机关承担着追赃挽损的职责，在查封、扣押、冻结财产时存在忽视财产与案件的关联性，沾边就保全的现象，使得涉案财产相关权利人在诉讼过程中向司法机关提出异议，主张财产合法权利。涉案财产状况系非法集资案事实的重要组成部分，证明其来源、性质、用途及价值的责任在控方。受传统执法理念和思维定式的影响，司法实践中"重对人的处理、轻对物的处置"的问题较为突出。最高院《关于适用〈中华人民共和国刑事诉讼法〉的解释》第三百六十四条规定"法庭审理过程中，对查封、扣押、冻结的财物及其孳息，应当调查其权属情况，是否属于违法所得或者依法应当追缴的其他涉案财物。案外人对查封、扣押、冻结的财物及其孳息提出权属异议的，人民法院应当审查并依法处理。经审查，不能确认查封、扣押、冻结的财物及其孳息属于违法所得或者依法应当追缴的其他涉案财物的，不得没收。"《2019意见》规定办案机关应当及时查明涉案财物，明确其来源、去向、用途、流转情况。刑事诉讼法司法解释确立了案外人对查封、扣押、冻结的财物及其孳息的权属异议权，但由于立法对涉案财产属于第三人（包括公共财产）和共同财产的情况如何处理未作

出明确,使得案外人的异议权行使失去了司法可操作性和预测性基础。①

如何在诉讼过程中便于利害关系人提出异议,确保涉案财产处置得当?目前的做法大体有两种:一是允许利害关系人依申请参加庭审,提出异议,其诉讼地位相当于证人还是作为新的诉讼参与人,意见不一。二是采取庭外调查的方式审查判断侦查机关所保全资产与案件的关联度。相比而言,第一种模式更为可取,即建立相对独立的涉案财物庭审程序。对与自己的人身、财产等权利相关的事项,利害关系人有知悉权和发表意见权,国家有义务保障其程序参与权,这是刑事诉讼法的程序参与原则。②审理徐某案采取的是第一种做法,通过当庭听取利害关系人异议主张和控辩双方的意见,综合审查保全措施事实和法律依据的正当性。就操作层面而言,如何有效地构建刑事诉讼利害关系人异议制度,需要厘清以下问题:

1. 异议告知和核查。侦查机关在采取查冻扣措施时,应当向财产所有人、占有人送达保全手续,告知其享有提出异议的权利,明确主张异议的方式,做好送达记录,保存相关材料,随案流转至下一诉讼环节。

2. 异议主张。利害关系人应书面向司法机关提出异议主张,并附交相关证据材料。对于已经提出异议,但不配合司法机关调查,或经通知出庭,无正当理由不出庭的,视为放弃异议。

3. 异议核实。侦查机关应就异议情况进行初步调查。检察机关、审判法院在接收随案移送的查冻扣财产时,应当审查有无移交保全异议材料。检察机关就利害关系人所提交的保全异议材料,应当进行核实,必要时可自行调查或者退回公安机关调查。不论是否认定异议成立,均应向人民法院移交相关材料。

4. 异议审查。司法机关应当注重审查保全财产与案件的关联程度,

---

① 朱艳萍:《刑事涉案财产裁判程序的缺失及司法规制》,载《人民司法(应用)》2018年第10期,第81页。

② 胡学相:《我国赃款赃物处理中存在的问题、原因及处置原则初探》,载《学术研究》2011年第3期。

对于确属涉案财产，应当依法提出具体处置意见。① 法院经审查发现利害关系人所提异议正当，并有一定证据证明，无论利害关系人是否直接向法院提出异议，均应通知利害关系人参加法庭调查。具体庭审程序可参照证人出庭作证流程进行。裁判文书表述中应注明异议审查、具体理由及裁判结果。对于利害关系人未提异议，但检察机关所移送的财产权属不清的，应当退回检察机关。

5. 异议救济。检察机关认为一审法院就涉案财产异议处置不当的，可依法提起抗诉。二审法院在审理上、抗诉案件过程中应将利害关系人异议审查纳入全面审查的内容。对于应通知利害关系人出庭但未通知的，应认定程序违法，可能影响公正审判的，可发回原审法院重审。对于结果处置不当的，可依法予以改判。对于利害关系人确因客观原因未能参与庭审调查的，可在案件生效后执行阶段提出执行异议，经审查确属处置不当的，应当通过审判监督程序。②

---

① 2019年4月9日两高两部出台的《关于办理黑恶势力刑事案件中财产处置若干问题的意见》首次明确规定，公安机关、人民检察院应当加强对在案财产审查甄别。在移送审查起诉、提起公诉时，一般应当对采取措施的涉案财产提出处理意见建议，并将采取措施的涉案财产及其清单随案移送。人民检察院经审查，除对随案移送的涉案财产提出处理意见外，还需要对继续追缴的尚未被足额查封、扣押的其他违法所得提出处理意见建议。

② 执行中利害关系人对刑事涉案财物主张权利的，有权提请通过审判监督程序解决。此观点在司法实践中有广泛的认同基础。乔宇：《执行中利害关系人对刑事涉案财物主张权利的处理》，载《人民司法（案例）》2017年第20期，第103页。

The litigation status of fundraising participants and stakeholders

——Taking a case of illegal fundraising as an analysis sample

Xiaojun Wu, Bing Wan

Abstract: Compared with ordinary criminal cases, illegal fundraising cases are difficult to cope with because of the large number of cases involved, the wide range of interests involved and the complex legal relationship. The judicial procedure is confronted with doubts about its legitimacy. Taking a typical case of illegal fund-raising as an analysis sample, this paper focuses on the litigation status, litigation rights and procedural protection of fund-raising participants and stakeholders. From the point of view of the principle of legality and meeting the needs of reality, it puts forward that, on the basis of existing legal norms and judicial policies, it should be given litigation status to victims of fund-raising participants in accordance with the judicial reality, and at the same time, it should be in accordance with the rectification. When the requirements of the procedure, the stakeholders participate in the trial, raise objections and other issues are programmed.

Key words: Fundraising participant stakeholders; Litigation status; Litigation right; Procedure guarantee

外法译介

Translation and Introduction of Laws Abroad

对第一修正案和反恐战争的一些观察*

[美]奥弗·瑞班著，韩阳 译**

在历史上，言论自由在战争时期总是会面临挑战，反恐之战也不例外：自"9·11"事件以来，宪法规定的言论和出版自由已然遭遇了巨大的压力。正如本文所要表述的，这些压力来自联邦政府的所有三类分支机构：立法、司法、行政。这其中包括：不断强化的、执行现行立法的行政权；针对恐怖主义相关言论的新立法；以及司法机关明显表现出的，对强力维护被现行宪法所保护的权利的不情愿。当下，反恐之战没有任何减弱的趋势，而且随着唐纳德·特朗普（Donald Trump）入主白宫，现在是时候对最近的反恐趋势给言论及出版自由造成的影响作出评估了。

导　论

美国历史上每一次重要冲突——包括美国内战，两次世界大战，对朝鲜战争，对越战争，以及"冷战"——都伴随着对言论自由和国家安全关系的再调整的各种尝试。① 当下的反恐之战，包括与之相关的在伊朗和阿富汗的战争，也不例外。自"9·11"事件以来，要求执行现行对言论自由进行限制的立法的热情高涨，针对恐怖言论的新立法也不断出台，而司

---

* 本文是2016年在乔治·华盛顿大学"基于法律和政策维度的网络安全会议"上所提交论文的扩展版（Interdisciplinary Legal and Policy Dimensions of Cybersecurity Conference at George Washington University）。原文刊发于《塔尔萨法律评论》（*Tulsa Law Review*）2018年春季刊（53 Tulsa L. Rev. 141）。

** 作者简介：奥弗·瑞班（Ofer Raban）:俄勒冈大学法学院教授，埃尔默·萨尔斯特罗姆高级研究员（Elmer Sahlstrom Senior Fellow），牛津大学哲学博士，哈佛大学法学院J.D.。译者简介：韩阳：北京第二外国语学院国际法学院教授，主要研究领域：刑事诉讼法、刑法、证据法学。

① *See generally* GEOFFREY STONE, PERILOUS TIMES: FREE SPEECH IN WARTIME FROM THE SEDITION ACT OF 1798 TO THE WAR ON TERRORISM (2004).

法则对阐释言论自由保护了无兴趣。综合而言，这些政府行为对言论自由产生了实质性的影响。

一、政府泄密者与新闻记者

目前大家已经形成共识的是："奥巴马政府起诉的泄密者比之前所有政府起诉的泄密者的总和还要多。①（8人，相比之前政府起诉总和的3人而言。②）所有这些起诉都涉及对《间谍法》（Espionage Act）的违反——该法是一部非常严厉的联邦立法，制定于20世纪以前，对泄露保密信息的行为科以很重的刑罚。③ 这些被诉人员包括约翰·基里亚库（John Kiriakou），前中央情报局（CIA）雇员，被控泄露有关中央情报局酷刑项目信息；④ 杰弗里·斯特林（Jeffrey Sterling），另一个前中情局官员，被控泄露有关中

---

① Heidi Kitrosser, *Leak Prosecutions and the First Amendment: New Developments and a Closer Look at the Feasibility of Protecting Leakers*, 56 Wm. & Mary L. Rev. 1221, 1225 (2015). See also Leonard Downie, Jr., Comm. to Protect Journalists, The Obama Administration and the Press: Leak Investigations and Surveillance in Post-9/11 America (2013), https://www.cpj.org/reports/2013/10/obama-and-the-press-us-leaks-surveillance-post-911.php （"自2009年以来，六个政府雇员，外加两个政府合约商，其中包括爱德华·斯诺登（Edward Snowden）遭到重罪起诉，所依据的是1919年的《间谍法》（Espionage Act），指控的内容是将机密信息泄露给媒体。而相比而言，之前历任美国政府总共只有3起这样的起诉。而这并非全部，更多涉及泄密案件的刑事侦查正在进行当中"。）.

② 在奥巴马执政期间被起诉的这8名泄密者分别为：托马斯·德雷克（Thomas Drake）、沙迈·莱博维茨（Shamai Leibowitz）、斯蒂芬·金（Stephen Kim）、切尔西·曼宁（Chelsea Manning）、唐纳德·萨克特本（Donald Sachtleben）、杰弗里·斯特林（Jeffrey Sterling）、约翰·基里亚库（John Kiriakou），以及爱德华·斯诺登（Edward Snowden）。See Peter Sterne, *Obama Used the Espionage Act to Put a Record Number of Reporters' Sources in Jail, and Trump Could Be Even Worse*, Freedom of the Press Found. (June 21, 2017), https://freedom.press/news/obama-used-espionage-act-put-record-number-reporters-sources-jail-and-trump-could-be-even-worse.

③ Elias Groll, *Meet the Seven Men Obama Considers Enemies of the State*, Foreign Pol'y (June 22, 2013, 8:00 PM), http://foreignpolicy.com/2013/06/22/meet-the-seven-men-obama-considers-enemies-of-the-state.

④ Criminal Complaint, United States v. Kiriakou, No. 1:12MJ33 (E.D. Va. Jan. 23, 2012), https://www.justice.gov/archive/opa/documents/kiriakou-complaint.pdf. See also Charlie Savage, *Ex-C.I.A. Officer Charged in Information Leak*, N.Y. Times (Jan. 23, 2012), http://www.nytimes.com/2012/01/24/us/ex-cia-officer-john-kiriakou-accused-in-leak.html.

情局一次失败的针对《纽约时报》(New York Times)记者的行动信息；① 斯蒂芬·金(Stephen Kim)，美国国务院分析家，被控向一名《福克斯新闻》(Fox News)的记者透漏关于朝鲜核项目的机密信息。② 这是近来典型的3起这类起诉：其中两起泄密涉及政府滥用职权及无能，而第三起则仅仅是一种和新闻记者之间的常规信息交换。这三起事件都以判处监禁刑实刑而告终(基里亚库被判处两年半监禁，斯特林被判处三年半监禁，金被判处一年零一个月监禁)；三起诉讼中的两起都是新闻记者接受泄密信息。

在对金的侦查过程中，联邦调查局(FBI)扣押了《福克斯新闻》记者詹姆斯·罗森(James Rosen)的电话记录和电子邮件，金的信息就是传递给罗森的；同时，罗森往来国会的行踪也受到了跟踪。① 为了顺利获得针对罗森的搜查令，美国司法部(DOJ)指称罗森是违反《间谍法》行为中的帮助犯、教唆犯、共谋者。② 换而言之，根据司法部的说法，如果一个记者从泄密者手中接受保密信息，这种接受行为本身就是一种犯罪，其刑罚可以高达十数年的监禁。检察总长埃里克·霍尔德(Eric Holder)亲自签发了针对罗森的搜查令，称其有"逃跑的危险"。③

鉴于公众的强烈抗议，当局放弃了将新闻记者作为违反《间谍法》行为的帮凶或共谋者进行指控的意图；但将这一决定仅仅看作一种行政自由裁量权行使的结果，而非一种法律或者宪法义务。④

需要指出的是，从《间谍法》的字面意思来看，其是可以用以直接起

---

① Indictment, United States v. Sterling, No. 1:10CR485 (E.D. Va. Dec. 22, 2010), https://www.documentcloud.org/documents/323711-sterling-indictment.html. *See also* Greg Miller, *Former CIA Officer Jeffrey A. Sterling Charged in Leak Probe*, WASH. POST (Jan. 6, 2011), http://www.washingtonpost.com/wp-dyn/content/article/2011/01/06/AR2011010604001.html.

② Indictment, United States v. Kim, No. 1:10CR10-25 (D.D.C. Aug. 19, 2010), https://fas.org/sgp/jud/kim/indict.pdf. *See also* Scott Shane, *U.S. Pressing Its Crackdown Against Leaks*, N.Y. TIMES (June 17, 2011), http://www.nytimes.com/2011/06/18/us/politics/18leak.html.

① *See* Affidavit in Support of Application for Search Warrant 19–21, 30–32, No. 10-291-M-01 (D.D.C. Nov. 7, 2011), http://apps.washingtonpost.com/g/page/local/affidavit-for-search-warrant/162.

② *Id.* 40.

③ *See* Michael Isikoff, *DOJ Confirms Holder OK'd Search Warrant for Fox News Reporter's Emails*, NBC NEWS (May 23, 2013, 2:16 PM), http://investigations.nbcnews.com/_news/2013/05/23/18451142-doj-confirms-holder-okd-search-warrant-for-fox-news-reporters-emails.

④ *See* Matt Apuzzo, *Holder Fortifies Protection of News Media's Phone Records, Notes or Emails*, N.Y. Times (Jan. 14, 2015), https://www.nytimes.com/2015/01/15/us/politics/journalists-win-more-protection-from-government-prosecution.html.

诉记者的，而不仅仅是将记者作为帮助犯、教唆犯或者共谋者起诉：在政府泄密者和接受并公布这些泄密信息的记者之间，该法并没有作出区分。在规定的诸多事项当中，该法案针对的可罚性行为如下：

在明知并故意状态下，……以任意一种损害美国国家安全或利益，或为了其他外国政府的利益损害美国的方式公布或使用任何与美国通讯情报行为相关的机密信息的任何人……，①

未经授权而占有……国防信息的任何人，且占有人有理由相信该信息可以被用以危害美国或有利于外国，并故意将该信息对未被授权接受该信息的人进行交流、传递、或传播……；②

任何'故意或有理由相信相关信息可以被用以损害美国，或者使得外国获益'获取……有关国防的任何……文件、文字或笔记的人……③

违反这些条款的都可获最高十年的监禁刑。④

由此，《间谍法》允许政府以重罪主犯的身份指控詹姆斯·罗森及其在《福克斯新闻》的雇员，而不仅仅是以帮助犯、教唆犯或共谋者的方式进行起诉。当然，前提是政府可以证明："有理由相信"这种被公布的信息"可能被用以损害美国"。⑤ 早在多年前，政府就尝试过这种指控：1942年，罗斯福政府就试图根据《间谍法》让大陪审团指控《芝加哥论坛报》（*Chicago Tribune*），理由是其发布国家安全信息。⑥ 但大陪审团拒绝作出这样的指控（原因可能是政府不愿意以暴露更多机密信息的代价实质性地证明其主

---

① 18 U.S.C. § 798(a).
② *Id.* 793(e).
③ *Id.* 793(b).
④ *Id.* 793(f).
⑤ *See* United States v. Morison, 844 F.2d 1057, 1085–86 (1988) (Phillips, J., concurring)（为了避免《间谍法》被转变为一种单纯的"政府秘密行为法"（Government Secrets Act），从而使得国会拒绝立法，政府必须证明：被泄露的机密信息"具有事实上的潜在危害性或者……可利用性"）。
⑥ Editorial, *Breaking the Code on a Chicago Mystery from WWII*, Chicago Trib. (Nov. 21, 2014), http://www.chicagotribune.com/news/opinion/editorials/ct-battle-midway-japanese-grand-jury-press-freedom-edit-20141121-story.html.

张)。① 将依据《间谍法》的指控作为威胁手段的手法还被尼克松总统的检察总长使用过，当时针对的是《纽约时报》(New York Times)和《华盛顿邮报》(Washington Post)公布"五角大楼档案"(Pentagon Papers)的事件。② 最近，乔治·W·布什政府的检察总长阿尔贝托·贡扎尔兹(Alberto Gonzales)声称，《纽约时报》和《华盛顿邮报》因披露国家安全局(National Security Agency-NSA)的秘密监控项目，以及披露中央情报局的秘密监狱(即所谓的"黑色区域"，"black sites")而违反了《间谍法》。③

简而言之，以违反《间谍法》对新闻记者进行起诉的可能性是真实的、实质性的。实际上，维基解密(WikiLeaks)及其创始人朱利安·阿桑奇(Julian Assange)得以逃脱《间谍法》指控的唯一原因(如果有这种原因存在的话④)就是:《纽约时报》这类其他媒体已经公布过大量同类信息了，如果再起诉维基解密必然会使得指控更加复杂化。⑤ 其实，这类起诉的宪

---

① Editorial, *Breaking the Code on a Chicago Mystery from WWII*, Chicago Trib. (Nov. 21, 2014), http://www.chicagotribune.com/news/opinion/editorials/ct-battle-midway-japanese-grand-jury-press-freedom-edit-20141121-story.html.

② David W. Dunlap, *1971: Supreme Court Allows Publication of* Pentagon Papers, N.Y. Times Insider (June 30, 2016), https://www.nytimes.com/2016/06/30/insider/1971-supreme-court-allows-publication-of-pentagon-papers.html. See N.Y. Times Co. v. United States (*Pentagon Papers*), 403 U.S. 713 (1971) (per curiam).

③ See Jeffrey Rosen, *Full Court Press*, New Republic (Nov. 12, 2016), https://newrepublic.com/article/62760/new-york-times-alberto-gonzales-press-cia-valerie-plame.

④ See Michael Hastings, *WikiLeaks Stratfor Emails: A Secret Indictment Against Julian Assange?*, Rolling Stone (Feb. 28, 2012), http://www.rollingstone.com/politics/news/wikileaks-stratfor-emails-a-secret-indictment-against-assange-20120228.

⑤ See Evan Perez et al., *Sources: US Prepares Charges to Seek Arrest of WikiLeaks' Julian Assange*, CNN (Apr. 20, 2017), http://www.cnn.com/2017/04/20/politics/julian-assange-wikileaks-us-charges/index.html.

法依据是备受争议的，联邦最高法院的相关判例也指向了不同的方向。①但这类指控在特朗普政权下依然在进行中。

几乎在对斯蒂芬·金提出指控的同时，司法部在调查有关源于也门的一起失败的基地组织阴谋的涉密信息泄露的过程中，对美联社（Associated Press）进行了广泛的秘密监视。②在侦查过程中（该侦查最后导致了另一起根据《间谍法》的指控），司法部秘密扣押了20条电话线路两个月的通话记录。③总共有100名新闻记者当时在使用这些电话线路，其中很多人专门负责报道政府新闻。④

对杰弗里·斯特林的指控也有这种负面的溢出效益。斯特林对一起失败了的中央情报局与参议员情报委员会（Senate Intelligence Committee）合作的伊朗行动表现出了担忧，随即将该信息泄露给了《纽约时报》的记者詹姆斯·里森（James Risen），后者将该信息公布在其2006年的书《战争之国》（*State of War*）中。⑤在对斯特林的庭审过程中，政府对里森执行了强制传讯，命其开示其秘密信息来源。里森拒绝了，声称第一修正案保护

---

① 在"五角大楼档案"案中，联邦最高法院的大多数法官都认为，尽管有第一修正案的保护，新闻报纸对机密性国家安全文件的发布仍然是具有犯罪可罚性的。See New York Times Co. v. United States, 403 U.S. at 714. 但在30年后的一起不涉及国家安全的案件中，最高法却判决认为：如果广播电台播放了通过非法电子窃听获得的谈话，即使该电台知道或有理由知道这是非法的拦截的谈话，该电台行为仍然受第一修正案保护。Bartnicki v. Vopper, 532 U.S. 514 (2001). See also Near v. Minnesota, 283 U.S. 697 (1931) ("只有政府可以防范其招募新兵过程中的实质性障碍，或者公布军队启程日期或军队的人数或位置，对此任何人不得质疑。"). See, e.g., Devin Dwyer, *Espionage Act Presents Challenges for WikiLeaks Indictment*, ABC News (Dec. 13, 2010), http://abcnews.com/Politics/wikileaks-indictment-us-charge-julian-assange-espionage-act/story?id=12369173; Mary-Rose Papandrea, *Lapdogs, Watchdogs, and Scapegoats: The Press and National Security Information*, 83 Ind. L.J. 233, 249 (2008); Christina E. Wells, *Contextualizing Disclosure's Effects: WikiLeaks, Balancing and the First Amendment*, 97 Iowa L. Rev. Bull. 51 (2012); David McCraw & Stephen Gikow, *The End to an Unspoken Bargain? National Security and Leaks in a Post*-Pentagon Papers World, 48 Harv. C.R.-C.L. L. Rev. 473, 473 (2013).

② Sari Horwitz & William Branigin, *Holder Recused Himself from Leak Investigation, Justice Department Says*, Wash. Post (May 14, 2013), https://www.washingtonpost.com/world/national-security/holder-recused-himself-from-leak-investigation-justice-department-says/2013/05/14/acf24cf8-bcb6-11e2-97d4-a479289a31f9_story.html?hpid=z1&tid=a_inl.

③ Id.

④ Id.

⑤ James Risen, State of War: The Secret History of the CIA and the Bush Administration (2006).

其不受强迫信息开示的约束。① 他当庭对该强制传讯提出抗辩，联邦地方法院认同了该抗辩，并在判决中写道："刑事审判强制传唤并没有给政府抢夺新闻记者笔记的自由通行证。"② 第一修正案只有在如下情况下才允许政府强迫新闻记者揭示其信息来源：即政府能"证明让记者作证具有重大利益，而且没有其他途径能够获得同等证言"③。而法庭认为，在该案中，政府没能证明这一点。④

政府随即上诉至联邦第四巡回法院，上诉审推翻了一审判决，但依据的是1972年最高法院一个争议极大的5比4形成的判决意见。⑤ 这个依据性案件即布兰兹堡诉海耶斯案（*Branzburg v. Hayes*）。在该案中，辩方提出，政府不能强迫记者就其保密信息来源作证，"除非有充分证据显示：该记者拥有的信息不可从其他来源获得，而对该信息的需要是非常迫切的"。上诉法庭否决了这一辩方意见。⑥ 但小刘易斯·F. 鲍威尔（Lewis F. Powell Jr.）法官的附随性意见非常令人迷惑地缓和了这一判决的口吻（其在该案中的投票对于形成多数意见是关键性的），该附随性意见的暗含主旨是：事实上，新闻记者有权受到第一修正案的保护。⑦ 最后，由于各个下级联邦法院也意识到了这一判决不太令人信服，下级法院在审判中常常忽视该案形成的多数意见。⑧ 正如一名联邦法院法官所指出的，自该案判决之后40年，"各级上诉法院的实际做法……更贴近鲍威尔法官的附随性意见

---

① *United States v. Sterling*, 818 F. Supp. 2d 945, 948 (E.D. Va. 2011), *rev'd*, 724 F.3d 482 (4th Cir. 2013).

② *Id*. at 960.

③ *Id*.

④ *Id*.

⑤ United States v. Sterling, 724 F.3d 482, 488 (4th Cir. 2013); *Branzburg v. Hayes*, 408 U.S. 665 (1972).

⑥ *Branzburg*, 408 U.S. at 680.

⑦ *Id*. at 710（鲍威尔法官的[Powell, J.]的附随性意见）（"如果新闻人被要求提供的信息和所调查的目标仅仅存在遥远的、稀薄的关联性，或者该新闻人认为其有理由相信，其证言所涉及的秘密信息来源并非执法的正当需求，其就可以向法庭提出请求，要求不予作证，随之，法庭就可以签发适当的保护性命令。"）.

⑧ *See, e.g., In re* Special Counsel Investigation, 332 F. Supp. 2d 26 (D.D.C. 2004)（"确实，有些法院的确背离了布兰兹堡案的判决意见，转而认为在某些特定的情况下应当适用第一修正案特权。"）. See also United States v. Ahn, 231 F.3d 26 (D.C. Cir. 2000); United States v. LaRouche Campaign, 841 F.2d 1176 (1st Cir. 1988); United States v. Burke, 700 F.2d 70 (2d Cir. 1983); Zerilli v. Smith, 656 F.2d 705 (D.C. Cir. 1981); Carey v. Hume, 492 F.2d 631 (D.C. Cir. 1974); Baker v. F & F Inv., 470 F.2d 778 (2d Cir. 1972); United States v. Hubbard, 493 F. Supp. 202 (D.D.C. 1979).

以及斯图尔特（Stewart）法官的反对意见，也即认可了一个合格记者的特权……"①

但是当里森对强制传唤令提出抗辩的时候，风向变了。"9·11"事件之后，一些联邦法院开始遵循之前被冷落的布兰兹堡案中的多数意见。2005年，《纽约时报》的朱迪思·米勒（Judith Miller）由于不肯披露一个新闻来源而蹲了数月的监狱。②（后来，在披露其信息来源人的身份之后，获释。显然这种披露得到了信息来源人的同意。③）詹姆斯·里森的抗辩请求最终遭遇了类似的命运。第四巡回法院摒弃了对鲍威尔法官附随性意见的传统解释，判决认为里森可以被强迫披露其信息来源，而政府则无须再做更多的证明："鲍威尔法官在布兰兹堡案中的附随性意见并不能解读为对第一修正案记者特权的认可，在刑事诉讼中，政府获取和犯罪行为相关的证据的需求无须再做出任何专门证据展示。记者必须与所有其他公民一样出庭作证。我们不能自行得出相反的结论。"④ 联邦最高法院拒绝对这一判决进行复审。⑤

里森表示，他宁愿坐牢也不愿作证。最终，司法部妥协了。但此案之后，政府强迫新闻记者披露其秘密信息来源的能力却得到了强有力的重塑。

爱德华·斯诺登 和切尔西·曼宁（Chelsea Manning）（以前叫布拉德利，Bradley）是被根据《间谍法》指控的最著名的两个人。斯诺登是美国国家安全局的前承包商，其于2013年被指控盗窃政府资产，连带若干违反

---

① *Sterling*, 724 F.3d at 523（格雷戈里法官[Gregory, J.]的反对意见）。
② *In re* Grand Jury Subpoena, Judith Miller, 438 F.3d 1141, 1144, 1148 (D.C. Cir. 2005).
③ *See* Susan Schmidt & Jim VandeHei, N.Y. Times *Reporter Released from Jail*, Wash. Post (Sept. 30, 2005), http://www.washingtonpost.com/wp-dyn/content/article/2005/10/19/AR2005101900795.html.
④ *Sterling*, 724 F.3d at 496. *See also* Charlie Savage, *Court Tells Reporter to Testify in Case of Leaked C.I.A. Data*, N.Y. Times (July 20, 2013), http://www.nytimes.com/2013/07/20/us/in-major-ruling-court-orders-times-reporter-to-testify.html.
⑤ Adam Liptak, *Supreme Court Rejects Appeal from* Times *Reporter over Refusal to Identify Source*, N.Y. Times (June 2, 2014), https://www.nytimes.com/2014/06/03/us/james-risen-faces-jail-time-for-refusing-to-identify-a-confidential-source.html.

《间谍法》的行为，获30年监禁刑。① 切尔西·曼宁由于向维基解密泄露秘密军事文件被起诉、定罪，并获刑35年。2017年1月，在其服刑7年后，奥巴马总统对曼宁予以减刑。②

曼宁被诉有若干违反《间谍法》的行为，以及"资敌"——触犯该《美国军事司法法典》（U.S. Code of Military Justice）条款的最高量刑是死刑。① 这里的资敌指控的理论基础是曼宁"间接"向敌方提供了情报——通过将文件提供给维基解密，维基解密将文件放在网络上，从而使得地方可以从网上获得这些文件内容。当主审法官向控方发问，问如果该信息被泄露给《纽约时报》，提起同样的指控还合适吗？控方的回答是肯定的。② 此外，当辩方提出辩护意见，认为控方应该证明资敌的主观意图时，主审法官驳回了这一意见。③ 根据该法官的判决，只要对"被泄露的信息可能被敌方所获知"这一点有认知就足以支持该死性犯罪的定罪了。④

尽管对曼宁的这项指控最后以失败告终，但该法官的判决进一步模糊了泄密者和间谍本身之间的界限——本来这一界限已经被《间谍法》弄得很模糊了。⑤ 资敌是《美国军事司法法典》中可以适用于"任何人"，而不仅仅是军事人员，的三项罪名之一。这就意味着，从理论上说，平民也可以遭到这类起诉（从而扫平了对平民适用军事规则的宪法性障碍）。⑥

---

① Peter Finn & Sari Horwitz, *U.S. Charges Snowden with Espionage*, Wash. Post (June 21, 2013), https://www.washingtonpost.com/world/national-security/us-charges-snowden-with-espionage/2013/06/21/507497d8-dab1-11e2-a016-92547bf094cc_story.html. *See also* Criminal Complaint, United States v. Snowden, No. 1:13CR265 (E.D. Va. June 14, 2013), http://apps.washingtonpost.com/g/documents/world/us-vs-edward-j-snowden-criminal-complaint/496.

② Charlie Savage, *Chelsea Manning to Be Released Early as Obama Commutes Sentence*, N.Y. Times (Jan. 17, 2017), https://www.nytimes.com/2017/01/17/us/politics/obama-commutes-bulk-of-chelsea-mannings-sentence.html.

① 10 U.S.C. § 904 (2012).

② Bill Keller, Opinion, *Private Manning's Confidant*, N.Y. Times (Mar. 10, 2013), http://www.nytimes.com/2013/03/11/opinion/keller-private-mannings-confidant.html; Erin Banco, *Judge Upholds Charge Against Manning*, N.Y. Times (July 18, 2013), http://www.nytimes.com/2013/07/19/us/judge-in-manning-case-allows-charge-of-aiding-the-enemy.html.

③ Banco, *supra* note 44.

④ *Id.*

⑤ *See* Ed Pilkington, *Bradley Manning Verdict: Cleared of "Aiding the Enemy" but Guilty of Other Charges*, Guardian (July 31, 2013), https://www.theguardian.com/world/2013/jul/30/bradley-manning-wikileaks-judge-verdict.

⑥ *See* 10 U.S.C. § 904 (2012).

特朗普政府最近宣布了其根据《间谍法》对向媒体泄密者的首次起诉。① 2017年6月，25岁的情报人员里阿利提·利·温尼（Reality Leigh Winner）被控向媒体透漏有关俄罗斯干预美国2016年大选的机密报告。②

简而言之，目前针对向媒体泄露信息的指控数量是前所未有的，而且还在继续源源不断地产生新案。而大多数泄密都涉及政府无能和滥用权力。特朗普总统不断向司法部喊话，要求调查和起诉对媒体的"非法泄密"。③ 2017年8月，联邦检察总长杰夫·塞申斯（Jeff Sessions）宣布，特朗普政府执政期间，泄密调查的数量增长了三倍。④ 被定罪的泄密者都获了实刑，新闻记者也被网罗在侦查和审判之中：媒体人受到监控，被宣布为犯罪嫌疑人，他们的个人记录遭到秘密搜查，并由于拒绝披露信息来源而受到监禁刑的威胁（并时不时真的遭到监禁）。

这些政府指控和侦查的影响是深远的。《纽约时报》记者查理·萨维奇（Charlie Savage）在他的书《权力之战：透视奥巴马政府的"9·11"事件后执政》（*Power Wars: Inside Obama's Post-9/11 Presidency*）中，这样描述这种影响：

"一夜之间，规则就变了。人们正在走向监狱。镇压令整个国家安全机构感到恐惧。结果就是：正常的给予与接受，甚至基于让记者能理解的目的的对背景知识的常规讨论，都变得更为困难了……正常的针对国家安全进行调查的新闻业都被置于了噤若寒蝉的地步。"⑤

值得记住的是：那些在反恐之战中的最大的丑闻——包括美国国家安

---

① Id.

② Charlie Savage, *Intellligence Contractor Is Charged in First Leak Case Under Trump*, N.Y. Times (June 5, 2017), https://www.nytimes.com/2017/06/05/us/politics/reality-winner-contractor-leaking-russia-nsa.html.

③ Charlie Savage & Eric Lichtblau, *Trump Directs Justice Department to Investigate 'Criminal' Leaks,* N.Y. TIMES (Feb. 16, 2017), https://www.nytimes.com/2017/02/16/us/politics/justice-department-leak-investigation-trump.html.

④ Charlie Savage & Eileen Sullivan, *Leak Investigations Triple Under Trump,* N.Y. TIMES (Aug. 4, 2017), https://www.nytimes.com/2017/08/04/us/politics/jeff-sessions-trump-leaks-attorney-general.html.

⑤ CHARLIE SAVAGE, POWER WARS: INSIDE OBAMA'S POST-9/11 PRESIDENCY 359 (2015).

全局横扫一切的秘密监控项目（很多专家认为该项目违宪）；中央情报局使用的酷刑以及其制造的"黑暗区域"——都是由于泄露这些机密信息给媒体的人员才得以曝光的。① 同样值得记住的是，在执行反纰漏法的时候（anti-disclosure laws），政府是选择性执法：对于某些信息泄露一并忽略，而对另一些则表现出了非同寻常的宽宏大量（退休将军大卫·彼得雷乌斯，David Petraeus，对其御用传记作家泄露了高度机密资料，而根据政府与该将军达成的认罪协商，此案仅以轻罪，非监禁处罚结案）。② 毋庸置疑，这种选择性执法本身就引发了人们对第一修正案适用问题的高度关注。③

最后，我要提及的是：网络技术是推动近来这种镇压的一个辅助性因素。司法部不可能没有注意到：泄密者现在可以透露的信息量是令人难以置信的。我们正在真实地置身于一个大胆的新世界之中：回想一下在1971年，丹尼尔·埃尔斯伯格（Daniel Ellsberg）需要花整整一周的时间，逐页对长达3000页的"五角大楼文件"及其4000页支撑性文件拍照。而曼宁只需要按下一个键盘键，成千上万的文件就泄露出去了。而斯诺登泄露的则是数以百万计的情报文件。当然，网络技术也可以增强政府追踪新闻来源的能力。今天的侦查人员可以广泛介入人们的电子通信——从电子邮件到网络搜索记录，再到电话元数据（包括定位和确认对话者身份），再到电子视频片段，几乎可以无限存储来自政府大楼和公共场所的无数摄像机的数据。现代技术使得泄露巨大量的信息变得更加容易，但也使得确认泄密者的身份，收集证据，起诉泄密者变得更加容易。当然，是反恐之战本身创造出了这些犯罪侦查和起诉的政治条件。

---

① See, e.g., *What You Need to Know About the NSA's Surveillance Programs*, ProPublica (Aug. 5, 2013, 3:20 PM), https://www.propublica.org/article/nsa-data-collection-faq（描述了爱德华·斯诺登所泄露的信息是如何揭示国家安全局监控项目所收集的"海量数据"。）.

② See Peter Maass, *Lawyers for CIA Leaker Cite Selective Prosecution After Petraeus Plea Deal*, Intercept (Mar. 20, 2015, 10:52 AM), https://theintercept.com/2015/03/20/lawyer-cia-leaker-cites-selective-prosecution-petraeus-plea. *See also* Evan Perez, *Holder Puts Top Prosecutors on Leak Probe*, Wall St. J. (June 8, 2012, 8:06 PM), https://www.wsj.com/articles/SB10001424052702303296604577455021987875122（该报道认为，奥巴马政府泄露这些秘密信息是为了强化对总统改选的预期。）.

③ See Wayte v. United States, 470 U.S. 598, 613–17 (1985).

二、秘密监控和常规要求

"9·11"事件后不久,国家安全局就启动了一项对电子通讯的秘密监控项目。《纽约时报》2005年曝光了该项目的存在。①(《纽约时报》其实在最终公布该消息之前已经掌握该信息一年之久了,但在得知其一个记者宣布要在一本书中披露该项目的存在之后,该报纸才对这一消息予以曝光。②)布什政府曾威胁要对《纽约时报》提起刑事诉讼,并且组建了一个司法部专案组调查该泄密事件。尽管这一威胁从未被落实,但该专案组已经启动了上述大多数涉案行为的起诉工作。③

秘密监控计划的披露带来了一系列质疑其合法性的诉讼。2006年,某联邦地区法院判决认为该项目违反了若干宪法条款,包括第一修正案——因为监控对受保护的言论产生了寒蝉效应:人们因为担心他们所说或写的所有内容都会被政府查获,从而无法通过电话或电子邮件表达自己。④但在2007年,第六巡回法院推翻了该地区法院的判决,理由是原告所主张的损害完全是推断的,因而其缺乏诉因(standing)。⑤诉因理论的要求是:提起联邦诉讼的原告需表明其受到了实际损害,而不仅仅是一种假想的或明显是推断的损害(主要的理论要点是:如果缺乏切实的损害,司法判决本身就是建立在推测和无根据之上的)。⑥

在律师,社会活动家和记者提起的另一起诉讼中,秘密监控计划违反言论自由和新闻自由的问题被再次提及。他们声称监视他们的国际电子通

---

① James Risen & Eric Lichtblau, *Bush Lets U.S. Spy on Callers Without Courts*, N.Y. Times (Dec. 16, 2005), http://www.nytimes.com/2005/12/16/politics/bush-lets-us-spy-on-callers-without-courts.html.

② 这种延误是因为布什政府声称:公布这些信息将威胁正在进行的恐怖主义侦查。See James Rainey, *Critics Question Timing of Surveillance Story*, L.A. Times (Dec. 5, 2005), http://articles.latimes.com/2005/dec/20/nation/na-media20.

③ See generally Charlie Savage, Power Wars: Inside Obama's Post-9/11 Presidency (2015).

④ ACLU v. Nat'l Sec. Agency, 438 F. Supp. 2d 754, 773–78 (E.D. Mich. 2006), rev'd, 493 F.3d 644 (6th Cir. 2007). 该地方法院同时判决认为:该项目违反了原告受宪法第四修正案保护的对隐私权的合理期待,也违反了分权理论。Id. at 774–778.

⑤ ACLU, 493 F.3d at 648.

⑥ See generally Cass R. Sunstein, *What's Standing After Lujan? Of Citizen Suits, "Injuries," and Article III*, 91 MICH. L. REV. 163 (1992).

讯妨碍了他们收集和报道新闻的能力。① 但这一诉讼同样因为缺乏诉因而被驳回，只不过这一次是被联邦最高法院驳回的。② 最高法以5票对4票的结果对该案做出判决，认为由于原告没有表明发生了切实损害——因为原告无法证明他们切实受到了监控，从而驳回诉讼。③ 但原告是否确实被监视一直是个未知问题：政府并未否认其在监视原告，但也拒绝做出肯定性回答。然而，最高法并未将这种不表态用作对政府不利的解释，反而用以作为对质疑该项目者的不利解释。

在该案中持反对意见的法官们认为，政府"高度可能"拦截了原告的通信，"我们只需假设政府正在履行其职责"。④ 但多数法官反对这种意见，然后案件就被驳回了——即推翻了第二巡回法院的判决，第二巡回法院的判决本来认为：在涉及表达自由的案件中，应当适用更为宽宥的诉因要求，由此认定该案的原告有合理诉因。⑤ 就像之前第六巡回法院判决的案件一样，该案使得大量监控项目免受审查，而如果接受审查，这些项目原本是违法若干立法和宪法条款的。

2013年6月，就在联邦最高法院驳回上述记者们的诉讼之后，爱德华·斯诺登所泄露的文件显示，国家安全局确实高度可能在窃取这些原告的电子通讯，因为根据这些文件，国家安全局高度可能在窃取所有人的电子通讯。2015年5月，在对针对国家安全局的诉讼进行判决的过程中，第

---

① Amnesty Int'l USA v. McConnell, 646 F. Supp. 2d 633 (S.D.N.Y. 2009), *vacated, rev'd sub nom*. Amnesty Int'l USA v. Clapper, 638 F.3d 118 (2d Cir. 2011), *rev'd*, 568 U.S. 398 (2013) [简称为"大赦国际美国"（*Amnesty Int'l USA*）]. 该诉讼最终打到了联邦最高法院，对2008年《外国情报监视法修正案》（FISA Amendments Act of 2008, 50 U.S.C. § 1801）的合宪性提出了质疑，该法试图将《外国情报监视法》对监控的法典授权扩展适用到现有项目上。

② *Amnesty Int'l USA*, 568 U.S. at 408.

③ *Amnesty Int'l USA*, 568 U.S. at 402.

④ *Id.* at 427, 431 [布雷耶（Breyer），法官的反对意见].

⑤ *See Amnesty Int'l USA*, 638 F.3d 118, 135 (2d Cir. 2011), *rev'd*, 568 U.S. 398 (2013) (政府辩称，除非原告能证明他们已经受到了监控，或者"有效地确定"他们将被监控，否则就没有诉因。根据政府方的观点，原告没有达到这个证明标准，因为他们"只是简单地推测，根据2008年《外国情报监视法修正案》，他们会受到政府监控。"但是，对于与近期的未来损害相关的当下的损害何时能够支持诉因这一问题，政府夸大了判断标准。原告已经表明其受到了事实上的当下的损害——具体的经济和职业伤害，这些损害都可以正当地追诉到美国联邦航空管理局（FAA），而且这些损害都可以通过一个有利于原告的判决得到补救。原告并不需要证明他们已经受到监控或确定地将要受到监控。实际上，即使原告声称的损害仅仅基于预期的政府行为，他们也只需要证明存在"直接损害"的"现实危险"；而当他们主张其第一修正案权利会受到预期损害时，也只需要证明对这种损害的"切实的、有充分理由的恐惧，这可能是一个较低的证明标准。"）。

二巡回法院维持了联邦地区法院的判决：斯诺登的泄密使得原告在质疑该监控项目合法性的时候具有了诉因。① 但是迄今为止，我们还没有再看见这么富有戏剧性的、认定该项目违宪的另一个判决，而该项目还处于运转当中。② 这个争议性问题不会就这样算了，就在本文写作的过程中，国会正打算将本来已经很宽泛的法律监控授权扩展适用到这个秘密监控项目上，与此同时，隐私权倡导者所主张的保护措施却很鲜见。③

三、"圣战"宣传与"煽动"的定义

言论自由问题中最重要，也是最具争议性的一个问题源自反恐之战中对"圣战"宣传进行散播的考量。很多国家直接禁止这种类型的言论。比如，在2005年伦敦爆炸事件之后，英国制定了《2006年恐怖主义法》（2006 Terrorism Act），将过失或故意发布"可能会被理解为……鼓励或者引诱参与恐怖主义行为的实施、准备或煽动的言论"规定为一种犯罪，包

---

① ACLU v. Clapper, 959 F. Supp. 2d 724, 733, 738 (S.D.N.Y. 2013), aff'd in part and vacated in part, 785 F.3d 787 (2d Cir. 2015) [此后简称为 Clapper]（"2013年6月5日，《卫报》（The Guardian）发布了当时分类为[根据外国情报监视法庭（Foreign Intelligence Surveillance Court）的分类]'二级指令'的信息，指示 Verizon 商业网络服务每天向国家安全局……提供自2013年4月25日至2013年7月19日期间其网络上所有电话的详细记录或'电话元数据'…… 在这里，对政府收集与 ACLU 电话有关的电话元数据这一事实是毫无争议的。因此，诉因要求得以满足。"). See also Obama v. Klayman, 800 F.3d 559, 563-4 (D.C. Cir. 2015)（布朗[Brown]法官的附随性意见）（"Clapper 案中的原告没有切实认识到政府 执行 § 1881a 条款的目标对象，他们甚至也不可能证明他们所质疑的监控项目切实存在……相比之下，在这里，原告已经提出了具体的证据，表明政府运营的是大量电话元数据计划，该计划从国内电信提供商处收集用户信息。"）。而这些"具体证据"正是爱德华·斯诺登所泄露的。See Klayman v. Obama, 957 F. Supp. 2d 1, 26-29 (D.D.C. 2013), 宣布原判决无效并发回重审, 800 F.3d 559, (D.C. Cir. 2015)（该案认可诉因存在，并基于爱德华·斯诺登所泄露的文件而将该案区别于 Clapper 案。）。

② 不过，第二巡回法院确实判决认为：国家安全局监控项目的某些方面超越了立法授权。Clapper, 785 F.3d at 821.

③ See Karoun Demirjian & Josh Dawsey, Congress advances bill to renew NSA surveillance program, Wash. Post (Jan 11, 2018), https://www.washingtonpost.com/politics/trump-backtracks-after-appearing-to-contradict-his-administrations-support-of-fisa/2018/01/11/5d7f7088-f6d1-11e7-91af-31ac729add94_story.html?utm_term=.4884f9f785cf.

括"美化这类行为的实施或准备工作……"的言论……①

然而，这一立法如果在美国会被认定是违宪。在1969年里程碑式的勃兰登堡诉俄亥俄州（Brandenburg v. Ohio）案的判决中，联邦最高法院宣布：

宪法保障言论自由和新闻自由，对于内容为使用武力或违法行为的宣传，政府不得禁止，除非这种宣传旨在煽动或制造迫在眉睫的违法行为，并且很可能煽动或制造这种行为。②

因此，英国的《恐怖主义法》与美国勃兰登堡案的判决是不契合的，因为其对不太可能导致迫在眉睫的暴力行为的言论，或者无心出口的，没有故意引发暴力行为的言论也是予以惩处的。

勃兰登堡案是在美国各级法院长达数十年对涉及关键性政治言论的人员（往往是反战抗议者或社会主义者）予以监禁的实践之后出现的，而这数十年的实践都是美国联邦最高法院所认可的。③ 勃兰登堡案的判决时间是1969年，其背景是美国民权运动和反越战抗议，在这个时期，社会活

---

① 《2006年恐怖主义法》第11章第I部分第（1）节及第（3）节之（a）. Terrorism Act 2006, ch. 11, pt. I, §§ (1), (3)(a) (U.K.).
(1) 该条款适用于可能被所有公众或部分公众理解为直接或间接鼓励或引诱他们参与恐怖主义行为的实施、准备或煽动，或参与公约所列举的犯罪的言论。
(2) 如有如下情节，可以认定为犯罪：
(a) 发表本条款所适用范围内的言论或导致其他人发表这类言论；并且
(b) 在其发表该言论或导致该言论发表的时候，其：
(i) 意图直接或间接通过该言论鼓励或引诱公众参与恐怖主义行为或公约列举的犯罪的实施、准备或煽动；或者
(ii) 不关心公众是否会直接或间接受到这种言论的鼓励或引诱而参与恐怖主义行为或公约列举的犯罪的实施、准备或煽动。
(3) 根据本条款，可能会被公众理解为直接鼓励他们参与恐怖主义行为或公约列举犯罪的实施或准备的言论包括：
(a) 美化这类行为或犯罪的实施或准备（无论是指向过去、未来还是泛泛而言）；并且
(b) 从这类言论中，公众可以理性地被期待可以推导出：被美化的是一种可以被他们在现存环境中效仿的行为。
Id. §§ (1)–(3).
② Brandenburg v. Ohio, 395 U.S. 444, 447 (1969).
③ See, e.g., Dennis v. United States, 341 U.S. 494 (1951); Gitlow v. New York, 268 U.S. 652 (1925); Schenck v. United States, 249 U.S. 47 (1919); Frohwerk v. United States, 249 U.S. 204 (1919); Debs v. United States, 249 U.S. 211 (1919); Abrams v. United States, 250 U.S. 616 (1919).

动家们寻求更进一步的种族平等，结束耗资巨大而又无望的战争，他们的主张往往伴随着非暴力不合作的倡导。勃兰登堡案判决的出台是想为这类很多人认为完全合法的政治言论提供宪法保护。该案现在依然是联邦最高法院的一个权威式判例，涉及对鼓动非法行为之言论进行镇压的合宪性问题，它的存在意味着：如果将圣战言论直接犯罪化，将与现存的宪法理论产生冲突。

不出所料的是，反恐之战可以理解地带来了放松勃兰登堡标准的呼声。① 但对这些呼声也存在着强劲的抵制，尤其是考量到作出该案判决的可悲的历史背景——长达数十年对反面政治言论保护不足的历史。② 相应的，有些人建议，勃兰登堡标准应当仅仅在涉及互联网的时候有所松动，因为网络已经被证明是一个恐怖主义招募成员的有力媒介。③ 但这一主张在1997年联邦最高法院的一个案件中遭到了拒绝，该案涉及的是性暴露材料，最高法在该案中宣称："我们的判例没有为降低对这种媒介的第一修正案的审查标准提供基础"。④（实际上，当该案还在联邦下级法院的审理程序时，一名审理该案的法官就认为，"鉴于互联网是迄今为止最具参与性的大众言论形式，这种媒介应得到免受政府入侵的最高保护"。⑤）当然，恐怖主义言论所带来的危险明显有别于色情言论；但目前看来，各级法院对互联网适用较低保护标准的可能性还是很小。

不过，还是有一些信号表明：勃兰登堡标准正在让步，尽管这些信号

---

① See, e.g., Eric Posner, *ISIS Gives Us No Choice but to Consider Limits on Speech*, Slate (Dec. 15, 2015), http://www.slate.com/articles/news_and_politics/view_from_chicago/2015/12/isis_s_online_radicalization_efforts_present_an_unprecedented_danger.html（"当国家卷入战争时，它应当反对可能招募第五纵队的宣传。这是一个常识。美国以及其他民主国家历史上应对战争的模式，甚至今天的模式都是：在国家紧急状态期间，对言论的某些限制将被容忍。"）. See also Erik Eckholm, *ISIS Influence on Web Prompts Second Thoughts on First Amendment*, N.Y. Times (Dec. 27, 2015), http://www.nytimes.com/2015/12/28/us/isis-influence-on-web-prompts-second-thoughts-on-first-amendment.html. But see Glenn Greenwald, *Those Demanding Free Speech Limits to Fight ISIS Pose a Greater Threat to U.S. Than ISIS*, Intercept (Dec. 29, 2015), https://theintercept.com/2015/12/29/those-demanding-free-speech-limits-to-fight-isis-pose-a-greater-threat-to-u-s-than-isis.

② See David Post, *Protecting the First Amendment in the Internet Age*, Wash. Post (Dec. 21, 2015), https://www.washingtonpost.com/news/volokh-conspiracy/wp/2015/12/21/protecting-the-first-amendment-in-the-internet-age.

③ Posner, *supra* note 73; Eckholm, *supra* note 73.

④ Reno v. ACLU, 521 U.S. 844, 850, 870 (1997).

⑤ ACLU v. Reno, 929 F. Supp. 824, 883 (E.D. Pa. 1996) (Dalzell, J., supporting opinion), *aff'd*, 521 U.S. 844 (1997).

是非正式性的。"9·11"事件袭击之后不久，随着美国入侵阿富汗的意图日益明显，一名叫阿里·阿尔提米米（Ali al-Timimi）的美国穆斯林神职人员告诉一些追随者说，他们应该加入阿富汗的"圣战"，反抗穆斯林的敌人们。其中4名追随者随后飞往巴基斯坦，接受一个恐怖主组织的训练，尽管在巴基斯坦关闭了其与阿富汗的边境之后，这4个人全都放弃了抵抗美国军事力量的计划。① 接下来的侦查导致了对阿尔提米米的起诉，2005年，对其定罪，指控内容主要是唆使他人参与对美之战，建议他人阴谋参与对美战争，试图支持塔利班，建议他人试图支持塔利班，建议他人使用武器及爆炸物促进暴力犯罪。② 阿尔提米米被定罪后的量刑是终身监禁，同时附加因其言论而导致的另外70年监禁刑量刑。③

在庭审过程中，阿尔提米米的律师要求法官指示陪审团适用勃兰登堡案标准，法官指示了（尽管没有多加提及这一标准的重要性）。④ 在陪审团做出有罪判决之后，辩方律师请求法官以违反勃兰登堡案标准，进而违反第一修正案为由推翻该陪审团判决。法官拒绝了这一请求，同时表明："本案不关涉言论……"⑤ 但这确实是一个关涉言论的案件：对阿尔提米米的指控和定罪都基于其号召使用武力对抗美国军队。但也有人认为，事实上，阿尔提米米的号召无法适用勃兰登堡案判例的宪法保护：

没有证据表明阿尔提米米的言论指向煽动迫在眉睫的违法行为。其言论只能等同于号召在不定期的将来从事违法行为……如果小心地适用勃兰登堡案判例，阿尔提米米的言论应当受到保护。但联邦法官拒绝了其言论自由的主张，甚至没有在判决意见中提及这一主张……这个案件至

---

① See United States v. Khan, 309 F. Supp. 2d 789, 811–12 (E.D. Va. 2004)（对于那4名进入巴基斯坦的阿尔提米米的跟随者的指控是：阴谋为基地组织提供实质性支持。）. See also Milton Viorst, *The Education of Ali Al-Timimi*, Atlantic, June 2006, at 69, 77–78.

② Indictment at 4–5, 11–13, United States v. Al-Timimi, No. 1:04cr (E.D. Va. Sept. 23, 2004), https://www.investigativeproject.org/documents/case_docs/72.pdf.

③ Judgment at 3, United States v. Al-Timimi, No. 1:04CR00385-001 (E.D. Va. July 13, 2005), https://www.investigativeproject.org/documents/case_docs/1342.pdf.

④ See Tim Davis, *The Suffocation of Free Speech Due to the "Gravity of Danger" of Terrorism*, Modern American, Fall 2006, at 3, 3（"2005年4月18日，陪审团评议开始，很快就淹没在将近200页的法官对陪审团指示上，这些指示中只有一个段落漫不经心地提及：法律保护勃兰登堡诉俄亥俄州案中规则和范围之下的言论"）.

⑤ Eric Lichtblau, *Scholar Is Given Life Sentence in "Virginia Jihad" Case*, N.Y. Times (July 14, 2005), http://www.nytimes.com/2005/07/14/us/scholar-is-given-life-sentence-in-virginia-jihad-case.html.

少表明：勃兰登堡案判例规则在危机和不安全时期有滑坡的趋势。检控方在整个庭审过程中都在强调对恐怖主义的担忧，将阿尔提米米和奥萨马·本·拉登（Osama bin Laden）进行对比。法官本应当忽视这种论调，关注事实和法律，但如果她屈服于过去七年席卷全国大部分地区的同样担忧，也是不足为奇的。①

至少，法院对阿尔提米米的论点的口头驳斥证明司法不愿意认真对待这个宪法问题；最坏的评估是：它证明司法不愿执行现有的宪法保护。②

四、"圣战"宣传与对恐怖主义的实质性支持（material support）

还有更多的例子可以说明勃兰登堡标准有被弱化的趋势。"9·11"事件之后，美国国会修订了与反恐相关的法律，以便对"故意为外国恐怖组织提供实质性支持或资源"（包括以言论形式提供的支持）的行为可以以重罪进行打击，判处最高15年的监禁刑。③ 在霍德诉人道法项目（Holder v. Humanitarian Law Project）一案中，联邦最高法院的判决支持了这种反第一修正案精神的法律。④

人道法项目案涉及的是一个美国非营利性组织，该组织为恐怖组织 Partiya Karkeran Kurdistan（PKK）（译者注：该组织是一个库尔德人组建的打着马克思列宁主义旗号的恐怖组织，意图在东土耳其建立独立的库尔德国）以及"泰米尔之虎"（Liberation Tigers of Tamil Elam，简称LTTE）提供咨询，其中，"泰米尔之虎"致力于为土耳其的库尔德人和斯里兰卡的泰米尔人建立独立国家的团体。而该非营利组织涉及的咨询内容包括如何通过包括向联合国请愿以及运用国际法这样的和平手段达到他们的目的。PKK 和"泰米尔之虎"均被美国国务卿宣布为"恐怖主义组织"。在颁布

---

① Thomas Healy, Brandenburg *in a Time of Terror*, 84 Notre Dame L. Rev. 655, 679–81 (2009).
② 阿尔提米米案的最近的发展是，第四巡回法院将该案发回联邦地区法院重审，重审涉及的是证据问题。See Jonathan Turley, *Fourth Circuit Remands Al-Timimi Case in Light of New Evidence*, Jonathan Turley Blog (Aug. 4, 2015), https://jonathanturley.org/2015/08/04/fourth-circuit-remands-al-timimi-case-for-second-time.
③ 18 U.S.C. §§ 2339B(a)(1), 2339A(b)(3) (2012).
④ 561 U.S. 1 (2010).

该法律修正案之后，这些非政府组织要求法院作出宣告性判决，明确指出他们的咨询活动是合法的。最高法院确实对这些组织作出了裁决，但认为其咨询活动违反立法，同时明确认定该项立法并未违反第一修正案。①

尽管该立法无条件地限制了政治言论，但最高法院拒绝承认该立法受制于勃兰登堡标准。② 相反，最高法支持了该立法，认为其并没有将单纯政治思想的表达犯罪化，而仅仅是将与外国恐怖组织形成"合作关系"的表达犯罪化。

该法不禁止任何形式的独立宣传或表达……由此，国会并没有试图压制"纯政治言论"形式的思想或言论。相反，国会所禁止的"实质性支持"大多根本不是以言论形式表现出来的。而当这种"实质性支持"确实以言论形式表达出来时，立法也小心翼翼地画了一条线，仅仅打击一个很狭窄种类的言论：即该言论发布者发布的言论是在恐怖组织的指挥下，或者与国外恐怖组织合作做出的。③

反对者则认为这种"在恐怖组织的指挥下，或者与国外恐怖组织合作"的要求并不合适。布雷耶法官在其反对意见中（金斯伯格，Ginsburg，法官和索托马约尔，Sotomayor，法官加入了其反对意见）解释认为：

我不知道有任何可以被描述为"合作"的词语不会具有以下功能：其至少会让我们面前的原告们这类人群噤若寒蝉，不仅如此，还会使得政府本来允许的"独立宣传"也噤若寒蝉。④

两年后，来自马萨诸塞州的案件似乎证明了布雷耶法官的立场。

美国药剂师塔瑞克·迈哈纳（Tarek Mehanna）因"故意为基地组织提供实质性支持，包括将阿拉伯语的圣战材料翻译为英语，并将该翻译置于圣战网站上"而获罪。⑤ 对他的量刑是在联邦监狱服刑17年。⑥

唯一能够证明迈哈纳与恐怖组织有合作关系的证据是：其粘贴在网站

---

① *Id.* at 8.

② *Id.* at 44（布雷耶法官的反对意见）（"原告对这些组织的言论可以根据勃兰登堡原则被当做煽动而禁止，对此无可争辩。"译者注：即无须证明"合作"关系的存在，这种言论本身就因其煽动性而具有违法性质。）.

③ *Id.* at 26.

④ *Id.* at 51–52（布雷耶法官反对意见）.

⑤ Verdict, United States v. Mehanna, No.1:09-cr-10017 (D. Mass. Dec. 20, 2011) (citing 18 U.S.C. § 2339B(a)(1)), *aff'd*, 735 F.3d 32, 41 (1st Cir. 2013), *cert. denied*, 135 S. Ct. 49 (2014).

⑥ Judgment at 3, United States v. Mehanna, No. 1:09-cr-10017 (D. Mass. Apr. 12, 2012).

上的翻译文件也被基地组织用于招募成员；同时，迈哈纳和该网站运营者之间有某种短暂的、不确定性的沟通，而后者随后也被以帮助基地组织为由而定罪。① 迈哈纳的律师认为，这一证据在宪法意义上是不充分的，因为"合作"（这一词汇的存在消弭了勃兰登堡检验标准）必须存在于与某个恐怖组织的"直接关联"当中，或者与某个恐怖组织"直接一起工作"的状态当中，但目前的证据不能证明迈哈纳和基地组织之间有这种直接性的关联。② 但一审法院否决了这一主张，转而指示陪审团：迈哈纳可以被定罪，除非其"行为完全独立于国外恐怖组织"。③ 联邦某上诉法院后来维持了一审陪审团的定罪，并认可了一审法院的认识：没有必要要求任何与国外恐怖组织之间的"直接性关联"。④（由此，政府不必提供任何证据证明这些翻译资料"旨在诱发或制造迫在眉睫的非法行为，或者极有可能诱发或制造这种行为。"⑤）

几乎没有人会对"圣战者"同情者——那些真实地到也门寻找恐怖主义训练营地（但没有找到）的人——洒下眼泪。⑥ 但是，如果仅仅凭借"与外国恐怖组织合作"这样脆弱的证据，政府就可以将政治意识形态的宣传定义为犯罪，并且，如果将"合作"这个问题存在与否的判断留给陪审团，而非法官解决的话——就像迈哈纳案中表现的那样，那么政府就距离惩罚纯粹的"圣战"思想宣传非常近了，尽管勃兰登堡案的理论还是看似完

---

① Petition for Writ of Certiorari at 2–5, Mehanna v. United States, 735 F.3d 32 (No. 13-1125), 2014 WL 1090039.

② *Id.* at 7–16.

③ *See* United States v. Mehanna, 735 F.3d 32, 48 (1st Cir. 2013), *cert. denied*, 135 S. Ct. 49 (2014).

④ *Mehanna*, 735 F.3d at 49–51. 第一巡回法院认定该案中的证据是充分的，理由是迈哈纳的也门之行为陪审团裁判提供了一种替代性理由。即使对于这些翻译是否构成了"间接"合作，证据也是不充分的，但法院认为没有必要对此作出判断。*Id.* at 50–51. 联邦最高法院随之否决了对本案进行重新审查的请求。Mehanna v. United States, 135 S. Ct. 49 (2014) (denying certiorari).

⑤ Brandenburg v. Ohio, 395 U.S. 444, 447 (1969).

⑥ *Mehanna*, 735 F.3d at 41.

整的。①

结 论

战争时期总是伴随着对自由和安全平衡关系的再调整尝试。因此，反恐之战一直伴随着各种对受宪法保护的权利的侵犯，这一点就不足为奇了。这种侵犯中最恶劣的就是在缺乏司法程序的情况下的无限期羁押，以及使用酷刑。言论和出版自由也未能豁免遭受侵犯的命运。我们已经见证了史无前例的对政府保密信息泄露者进行的侦查和追诉；对新闻记者的监控以及指向出版业的刑事责任的威胁；司法判决对那些寻求维护其第一修正案权利的人制造的可疑的程序障碍；指向关涉恐怖言论的新的立法；以及司法不愿意强力执行现有的言论保护措施的态度。这些对言论自由和新闻自由的削减都是在宪法学说没有任何实质性转变的情况下发生的。同时，我们一直在对行政、立法及司法在做微妙的调整，使之适应那些加诸

---

① 需要指出的是：将为恐怖主义提供实质性支持界定为犯罪的立法——这种定罪无须遵循勃兰登堡标准——也可以被用以追诉社交传媒公司以及网络服务提供商，只要其是恐怖主义相关账号的宿主。在这类案件中，所涉及的立法问题是：脸书（Facebook）或者推特（Twitter）是否（间接）卷入了与国外恐怖组织的合作之中，因为它们是"圣战者"的脸书和推特账号的宿主。See 18 U.S.C. § 2339B. 联邦检控人员对"实质性支持"有一套他们自己的标准，这种标准并不限于特定的恐怖组织，也不要求与某一恐怖团体有任何合作关系，只要求这种实质性支持或资源提供是在"明知或故意导致这些支持或资源被用于恐怖主义活动的准备或展开"的认知下做出的。18 U.S.C. § 2339A(a). 这里也是一样，网络服务提供商及社交传媒公司只要"知晓"它们提供的账号被用于恐怖活动的"准备或展开"，就可能上钩。Id. § 2339A(a). 迄今为止，司法部还没有以违反这些立法为由指控任何这类公司。但针对这些社交传媒公司为恐怖言论提供宿主服务而提起的寻求损害赔偿金的民事诉讼已经不在少数。See, e.g., Fields v. Twitter, 217 F. Supp. 3d 1116 (N.D. Cal. 2016); Cohen v. Facebook, No. 16-CV-4453, 2017 WL 2192621, at *12, *13. See also Kathleen Ann Ruane, Cong. Res. Serv., R44626, The Advocacy of Terrorism on the Internet: Freedom of Speech Issues and the Material Support Statutes, at 50 (2016), https://fas.org/sgp/crs/terror/R44626.pdf; Jacob Bogage, *Family of ISIS Paris Attack Victim Sues Google, Facebook, and Twitter*, Wash. Post (June 16, 2016), https://www.washingtonpost.com/news/the-switch/wp/2016/06/16/family-of-isis-paris-attack-victim-sues-google-facebook-and-twitter. 到目前为止，各级法院已经依据《1996年通信规范法》（Communications Decency Act of 1996）第230款的规定驳回了这些诉讼。该条款规定：网络服务提供商发布由他人提供的内容免责。47 U.S.C. § 230(c)(1). See Fields, 217 F. Supp. 3d at 1118. 但毋庸讳言，这些诉讼的合宪性，就像对那些公司提起的刑事追诉的合宪性一样，都还是个未决的问题。See generally Benjamin Wittes & Zoe Bedell, *Tweeting Terrorists, Part II: Does It Violate the Law for Twitter to Let Terrorist Groups Have Accounts?*, Lawfare (Feb. 14, 2016), https://www.lawfareblog.com/tweeting-terrorists-part-ii-does-it-violate-law-twitter-let-terrorist-groups-have-accounts.

在言论上的新的限制。当然，这里的关键问题是：这些微妙的调整是否许可对宪法性自由的实质性削减？我本人的估计是：这是肯定的——那些不动声色的措施似乎给现有的宪法性保护留下了空间，但必定会使宪法性权利大幅度缩水。

这对我而言是本研究的重要一课，同时也是与当下的我们息息相关的重要一课。首先，在战时重新调整自由与安全的基准本不足为奇，但反恐之战的特殊之处在于这场战争似乎遥遥无期，永无终点。其次，这场战争现在正被一位擅长引发恐惧的总统所引发，其尤其擅长对言论自由保护予以抨击。唐纳德·特朗普将新闻媒体称为"美国人民的敌人"，[①] 呼吁对网络言论进行极端限制，[②] 认为指控媒体涉嫌诽谤应该更容易，[③] 声称那些焚烧美国国旗的人应该蹲监狱并被剥夺公民身份，[④] 反复宣布撤销不友好新闻网络的许可证，[⑤] 还有他的律师们对最近批评他的一本书的作者和出版社发出了威胁以及极具违宪可疑性的"停止并终止"信函。[⑥] 这种针对言论自由的惊人态度，加之当下的安全局势，以及对宪法自由的低调限制的可能性，调和成了一种危险的鸡尾酒。

---

　　① Michael M. Grynbaum, *Trump Calls the News Media the Enemy of the American People*, N.Y. Times (Feb. 17, 2017), https://www.nytimes.com/2017/02/17/business/trump-calls-the-news-media-the-enemy-of-the-people.html.

　　② See Nitya Rajan, *Donald Trump Wants Bill Gates to Close That Internet Up*, Huffington Post (Nov. 12, 2015, 10:10 PM), http://www.huffingtonpost.co.uk/2015/12/11/donald-trump-wants-bill-gates-to-close-that-internet-up_n_8780686.html.

　　③ Noah Bierman, *Donald Trump Wants to Make It Easier to Sue the Media*, L.A. Times (Oct. 24, 2016, 4:50 AM), http://www.latimes.com/nation/politics/trailguide/la-na-trailguide-updates-donald-trump-wants-to-make-it-easier-to-1477309063-htmlstory.html.

　　④ Charlie Savage, *Trump Calls for Revoking Flag Burners' Citizenship. Court Rulings Forbid It.*, N.Y. Times (Nov. 29, 2016), https://www.nytimes.com/2016/11/29/us/politics/trump-flag-burners-citizenship-first-amendment.html.

　　⑤ Peter Baker & Cecilia Kang, *Trump Threatens NBC over Nuclear Weapons Report*, N.Y. Times (Oct. 11, 2017), https://www.nytimes.com/2017/10/11/us/politics/trump-nbc-fcc-broadcast-license.html.

　　⑥ Samantha Schmidt, Trump's cease-and-desist letter: A "desperate" attempt to silence Bannon, Wash. Post (Jan. 4, 2018), https://www.washingtonpost.com/news/morning-mix/wp/2018/01/04/trumps-cease-and-desist-letter-a-desperate-attempt-to-silence-bannon/. Zach Schonfeld, *Trump Wants to Block Publication of Michael Wolff's "Fire And Fury." Is That Constitutional?*, Newsweek (Jan. 5, 2018), http://www.newsweek.com/trumps-michael-wolff-fire-fury-block-publication-bannon-constitution-771439; Makini Brice, *Author of Trump book contradicts president, says aides see him as a "child,"* Reuters (Jan. 5, 2018), https://www.reuters.com/article/us-usa-trump-book/author-of-trump-book-contradicts-president-says-aides-see-him-as-a-child-idUSKBN1EU1GM.

体育仲裁法庭（CAS）在制定职业足球运动员身份标准中的作用

[俄]瓦西里耶夫·伊利亚·亚历山德罗维奇著，周鑫译*

国际足球联合会（以下简称"国际足联"，FIFA）作为在全球范围内承担足球发展使命的组织，正在制定共同办法来规范运动员过渡（转会）的身份和秩序，落实俱乐部和足球运动员的相互权利和义务。因此，国际足联关于足球运动员身份和过渡的规则（以下简称《规则》）确定了管理的主要办法（例如，足球运动员可以是职业球员也可以是业余球员）、管理原则（区分职业运动员和业余运动员的两个标准）、国家协会和联合会——国际足联成员的规则制定范围。

有必要考虑到，当规范细节的程度最小时，体育规则的区别在于技术性差距——具体办法是在管辖机构的执法实践过程中创建的，特别是体育仲裁法院（CAS，仲裁法庭）。这一观点在关于确定足球运动员身份的争议中得到充分证实。

该《规则》第2条规定了职业足球运动员和业余足球运动员之间区别的两个标准，但未详细说明其内容。首先，职业球员与俱乐部签订了书面协议。其次，这种球员必须得到其服务的报酬，而不仅是为俱乐部的足球活动实际发生的费用提供补偿。但《规则》并没有规定任何其他标准，这并不妨碍俱乐部和足球运动员在解决争议时错误地反向引证。[①] 这反映了

---

* 作者简介：瓦西里耶夫·伊利亚·亚历山德罗维奇（Васильев Илья Александрович，Ilia Vasilev），圣彼得堡国立大学，国家和法律理论与历史系副教授，博士。译者简介：周鑫，山西省大同市公安局干部。

[①] См., нАпр., Arbitration CAS 2006/A/1177 Aston Villa FC v. B.93 Copenhagen, award of 28 May 2007; Arbitration CAS 2014/A/3659 & 3660 & 3661 KSV Cercle Brugge v. Clube Linda-A-Velha & Club Uniao Desportiva e Recreativa de Alges & Sport Club Praiense, award of 11 May 2015.

FIFA做法的另一面,留下了一个重要的自由裁量权。"了解领土情况"[①]的范围很广,即根据具体情形中体育关系主体的特点,为俱乐部和运动员创造了完全放弃FIFA的方法和原则的诱惑,或者至少忽略了它们。当然,在体育界的执法实践中,这种误解是无法理解的。

因此,CAS作为一个专业的体育仲裁机构,需要根据足球运动员和俱乐部之间的每个具体协议的评估,建立自己的球员身份鉴定办法。这是基于体育纠纷所熟悉的个案基础原则。

一、将合同稳定性保证扩大到业余球员?

众所周知,足球运动员的职业和业余状况之间的差异在于两个具有法律意义的重大后果。首先,如果业余球员将自己的身份改为职业球员,那么对其培训和教育的俱乐部有权获得赔偿,并享受到规则规定的保障。同样,国际足联鼓励俱乐部与业余球员签订协议,并有权获得对其培训和教育投资的进一步补偿。其次,当俱乐部与足球运动员签订书面合同时,由于后者获得了职业人员的地位,合同稳定性原则开始生效,即未经其"雇主"同意,俱乐部都没有权利与这样的球员谈判。

当前《规则》中的一些条款只适用于职业足球运动员的概念。比如:第5条,只有在球员具有职业身份的情况下,俱乐部才有义务向国家注册协会提交与足球运动员签订的合同;第17条规定了计算足球运动员准备和训练补偿金额的原则,适用于签订第一份职业合同的情况,以及职业球员转会直到其合同结束之前;第22条考虑到单方面终止雇用合同的后果,采用了"报酬和其他奖金"的概念,其特点是存在专门的职业合同。

然而,签订书面协议这一事实并不能延伸到合同稳定性的默认保证,也不会剥夺这种保证。这个问题的答案取决于足球运动员的身份,而职业球员根据规则获得合同稳定性的保证。要做到这一点,就必须参考《规则》第2条中规定的足球运动员身份的两个已知特征。

[①] Arbitration CAS 2005/C/976 and 986 Fédération Internationale de Football Association (FIFA) & World Antidoping Agency (WADA), 21 April 2006.

二、俱乐部和球员之间不同类型合同对确定运动员身份的影响？

在体育合同的实践中，正如我们总结的仲裁决定所表明的那样，经常有《学员协议》《运动员培训协议》和其他类似的法律结构。按俱乐部的说法，它们主要被用来处理业余关系，从而阻止承认足球运动员的职业身份。在选择不同的合同选项时，俱乐部可以参考国家法规、其协会的实践和公司惯例。有时也会引发与球员本人身份有关的争论，当他们写了关于他们的身份的信，或者口头宣称。

在 CAS 2006 / A / 1177 Aston Villa FC 诉 B.93 哥本哈根① 的争议中，俱乐部与球员之间没有劳资关系，因为签署学员合同的运动员不是英格兰足球协会英国法律和法规意义上的雇员。② 然而，这一解释没有得到仲裁法庭的充分接受，仲裁法庭强调，雇佣合同的存在并不是确定足球运动员身份的标准。《规则》第2条仅规定了两项合格球员身份的标准。此外，正如 CAS 在本决定中所指出的那样："……有足够的例子表明，足球运动员的报酬不是根据雇佣合同支付的，而是与俱乐部达成的不同协议的结果。"③ 因此，在特定国家的立法和（或）国家体育协会的权利中进行的分类不能与国际足联的规定相抵触，这是合乎逻辑的。同时，《规则》将初步确定身份的权利移交给国家协会，因为这些协会是在足球运动员转会后为俱乐部进行登记的组织。但是，协会必须在其行为中实践国际足联的规定，联邦和 CAS 的管辖机构只能根据《规则》的规定，在确定足球运动员身份方面做出法律上重要的决定。④

因此，俱乐部和球员之间以书面形式签订合同的事实形成了足球运动员职业身份的第一个标志。在这种情况下，当事人之间的协议不一定具有劳动法律性质，也不一定是雇佣合同。例如在 CAS 2006 / A / 1027 Blackpool F.C. v. Club Topp Oss⑤ 一案中，仲裁认为，合同的名称或其形式

---

① Arbitration CAS 2006/A/1177 Aston Villa FC v. B.93 Copenhagen, award of 28 May 2007.
② Ibid, para. 21.
③ Ibid, para. 26.
④ Ibid, para. 28.
⑤ Arbitration CAS 2006/A/1027 Blackpool F.C. v. Club Topp Oss, award of 13 July 2006.

目的性并不重要，但俱乐部执行此类协议所产生的费用很重要：俱乐部对球员的财务义务，超过球员的赔偿金额与俱乐部足球活动有关的费用。① 俱乐部对球员的财务义务问题将在本研究的相关部分详细讨论。

三、利用《实习合同》掩盖球员的实际职业地位。

在案件 CAS 2014 / A / 3659 & 3660 & 3661 KSV Cercle Brugge 诉 Clube Linda-A-Velha & Club Uniao Desportiva e Recreativa de Alges & Sport Club Praiense② 中，足球运动员是全国职业协会注册的，在其与上诉俱乐部之间的《学员合同》有效期内。对这类协议的实际情况以及被告俱乐部认为该协议的某些条件进行分析后，可以发现许多问题。③ 首先，一位22岁的球员在他职业生涯的第四个赛季签下了《学员合同》，这是相当奇怪的。被告的统计数据证实了这一点：足球运动员在俱乐部主力队的41场正式比赛中打了34场比赛。其次，根据合同确定的球员报酬数额，不论产生的费用如何，都证驳了球员的业余身份。此外，在职业联赛中，俱乐部主要球队的足球运动员将独立支付运输、住宿和其他类似费用，这是值得怀疑的。为支持这一立场，应诉俱乐部所作的计算是，在接下来的两个赛季里，足球运动员为俱乐部效力，但已经以职业为基础。但根据该职业协议，向他支付的款项是《实习合同》约定年度金额的五倍。被告俱乐部声称，这一差异是第一年隐藏的工资补偿。④ 如俱乐部所认为的那样，得出的结论也得到了当事人合同关系的一致性的支持：在《学员合同》结束后，双方立即签订了《职业合同》。

尽管被告俱乐部提出了各种论点，但CAS并不支持。如果一名足球运动员处于业余身份，只能得到对其实际花费的补偿，那么俱乐部和球员的

---

① Arbitration CAS 2006/A/1027 Blackpool F.C. v. Club Topp Oss, award of 13 July 2006, para. 26.

② Arbitration CAS 2014/A/3659 & 3660 & 3661 KSV Cercle Brugge v. Clube Linda-A-Velha & Club Uniao Desportiva e Recreativa de Alges & Sport Club Praiense, award of 11 May 2015 // http://jurisprudence.tas-cas.org/Shared%20Documents/3659,%203660,%203661.pdf (дАтА обрАщЕния: 09.03.2019).

③ Arbitration CAS 2014/A/3659 & 3660 & 3661 KSV Cercle Brugge v. Clube Linda-A-Velha & Club Uniao Desportiva e Recreativa de Alges & Sport Club Praiense, para. 21.

④ Ibid, para. 47.

目标是一致的—用职业球员代替业余合同。在这种情况下，更换的条件是显而易见的：足球运动员必须达到或超过俱乐部在业余合同期间的期望，以便双方达成合同，条件是满足《规则》第2条规定的职业足球运动员的要求。① 在业余合同被职业合同取代的情况下，劳动报酬总是相当于在之前与他达成协议期间球员成就的一定程度的补偿。

然而，这并不意味着业余合同期间足球运动员获得了无可争议的职业合同和相应报酬的权利。完全合乎逻辑的是，职业合同下的劳动报酬大大高于双方在业余合同中商定的实际发生的费用。薪金数额的差异与业余足球和职业足球性质有别是相一致的。在业余合同期间，只有职业协议为他们增加工资，费用才能够得到补偿。这些增加的工资可能比薪酬水平高出几倍。②

假设有能够提供相反证明的证据，但是被告俱乐部并未提供——他们没有达到"概率平衡"③的证据标准。

仲裁裁决可以扩大到有关业余合同赔偿额和后续职业合同中的工资水平的其他争议。

四、我们在本研究开始时提到的确定球员身份的第二个标准是指对俱乐部之间协议的财务条款的分析：球员实际补偿的到底是实际发生的费用还是为他们的服务支付的工资？

俱乐部的财务状况允许球员在无论是业余身份还是转变到职业身份的范围内运作。在这种情况下，合同各方确定足球运动员身份的目的性没有法律意义，因为结果是很重要的：球员获得酬金，也就是说，相当大的一笔钱，比他因俱乐部活动而产生的实际费用的赔偿金额更多。然而，俱乐部根据协议分配给球员的支付金额有多重要，是否有可能在实践中找到一个金额作为职业球员和业余球员之间的界限？

在 CAS 2015/A/4148 & 4149 & 4150 Sheffield Wednesday FC v. Louletano Desportos Clube & Internacional Clube de Almancil & Associação Académica

---

① Arbitration CAS 2014/A/3659 & 3660 & 3661 KSV Cercle Brugge v. Clube Linda-A-Velha & Club Uniao Desportiva e Recreativa de Alges & Sport Club Praiense, para. 49.

② Ibid, para. 51.

③ Balance of probabilities.

de Coimbra一案中，正如被告俱乐部所论证的那样，与葡萄牙的既定做法相比，俱乐部每月向不属于争议当事方的足球运动员支付的款项不足以被视为薪酬。① 根据被告俱乐部的立场，在 CAS 2015/A/4148 和 4149&4150 号案件中足球运动员的护照表明，该球员没有注册为 Portu 俱乐部的专业人员，因为没有达到写合同的要求。俱乐部和球员之间签订了《培训协议》，这是典型年轻球员的特征，并不是书面雇佣合同。② 该协议称为《运动训练协议》，指的是"训练有素"的球员，而与职业足球运动员签订的是《与职业运动员签订的劳动合同》。③ 此外，足球运动员宣称的第二份合同，如被告俱乐部所认为的那样，并不存在。因此，当他在注册被告俱乐部时，该球员具有业余身份。

CAS 不认为被告俱乐部提出的不同理由是有说服力的。首先，因为后者没有提供足球运动员与波尔图俱乐部缺乏第二份合同的证据。④ 被告无法解释为什么《体育训练协议》不是规则所要求的书面合同。《规则》第2条没有明确指出对俱乐部和球员作为职业足球运动员身份特征的雇佣关系的性质，只需书面形式并满足球员的服务报酬超过他在体育活动方面的费用补偿的要求。

CAS 有理由认为，《规则》的规定并未表明存在两个主要特征的附加特征的可能性。就 CAS 2015 / A / 4148 & 4149 & 4150 争议而言，谈及的这些是《规则》中未在管理层面修订的附加功能，如被告俱乐部提供的协议性质、合同名称、国家协会对球员地位的确定等。⑤ 如果按照被告的立场，则应根据上面列出的标志，将规则扩展为足球运动员的混合状态。然而，国家协会有义务在其规定中实施《规则》第2条。该条款没有任何修改和补充，表明只存在两种足球运动员状态："职业"和"业余"。⑥ 职业身份的

---

① Arbitration CAS 2015/A/4148 & 4149 & 4150 Sheffield Wednesday FC v. Louletano Desportos Clube & Internacional Clube de Almancil & Associação Académica de Coimbra, award of 17 February 2016, para. 48.

② Ibid, para. 60.

③ Ibid. 70.

④ Ibid. 68.

⑤ Ibid. 73.

⑥ Arbitration CAS 2009/A/1781 FK Siad Most v. Clube Esportivo Bento Gonçalves, award of 12 October 2009, para. 39; Arbitration CAS 2015/A/4148 & 4149 & 4150 Sheffield Wednesday FC v. Louletano Desportos Clube & Internacional Clube de Almancil & Associação Académica de Coimbra, award of 17 February 2016, para. 74.

正式标志——俱乐部与足球运动员之间存在书面合同——出现在案件中，当事人没有质疑。

正如CAS指出的，被告无法提供证据反驳俱乐部与足球运动员雇佣关系的存在特征：球员在俱乐部所在地，没有回家，费用由俱乐部支付，而不是球员。[①] 这些特征来自瑞士的劳动法，并根据俱乐部与足球运动员之间的《体育培训协议》进行了检查，该协议已在调查中公布。另一方面，CAS提请注意球员与Portu俱乐部之间的协议条款，这些协议是从属的：足球运动员承诺不从事体育活动，未经俱乐部同意不进入劳资关系，否则将面临罚款。正如仲裁法庭所指出的，这种设计与足球运动员的业余状态弱相结合，并且是职业合同的特征。[②]

五、业余协议下的固定费用补偿是否是俱乐部掩盖足球运动员实际薪酬的标志？

当事各方可根据俱乐部和足球运动员加入合同关系的实际情况，使用固定的费用补偿额，作为确定后者作为业余爱好者的身份。这样的方案不应该提出关于对足球运动员的业余状态的影响的问题，直到球员的实际费用被覆盖的那一刻，并且补偿金额不会开始就表明薪酬的性质。

采用其他方法，足球运动员需要有凭据地确认自己的所有费用以便补偿，这不仅意味着俱乐部的重大行政复杂性（其并没有大的预算），但也将超出全球业余合同的惯例范围。因此，正如CAS所指出的，如果该工资通常反映了球员的平均费用，则需要允许固定工资来补偿球员足球运动的相关花费，而无须准确计算。[③]

在CAS 2015/A/4214 Nõmme JK Kalju v. FK Olimpic Sarajevo一案中，仲裁的结论是，固定费用赔偿额不构成工资。这意味着，任何业余合同中包含固定数额的足球运动员费用支付被认为是可以接受的，并且与足球运

[①] Arbitration CAS 2015/A/4148 & 4149 & 4150 Sheffield Wednesday FC v. Louletano Desportos Clube & Internacional Clube de Almancil & Associação Académica de Coimbra, award of 17 February 2016, para. 87.

[②] Ibid, para. 92.

[③] Arbitration CAS 2015/A/4214 Nõmme JK Kalju v. FK Olimpic Sarajevo, award of 28 April 2016, para. 85.

动员的业余身份并不矛盾。①

有专家在CAS 2006/A/1177 Aston Villa FC诉B.93 Copenhagen一案中提出的对足球运动员的动态补偿的论据很有意思。根据仲裁的立场，具体业余合同的年度补偿增加是为了满足球员日益增长的成长需求。从表面上看，这是一个令人信服的理由，因为足球运动员除了与俱乐部达成的协议之外，没有其他谋生的收入来源。然而，这种动机可能无法经受费用比较和合同中商定的"补偿"检验。因此，在该案中，仲裁法庭认为，俱乐部向足球运动员支付的款项超出了补偿实际发生的费用的目的，这意味着球员具有职业身份。②

六、结论

1. 通过熟悉CAS的实践做法可以得出结论：俱乐部寻找新的标准来证明球员的业余身份，或者出于转移策略，或者俱乐部对球员实际身份的信息不灵，或者由于对《规则》第2条的规定的无知。

2. CAS没有理由怀疑在《规则》第2条仅提供了足球运动员的两种状态：职业球员和业余选手。因此，没有中间或混合状态，这意味着不能考虑是否需要为从事体育活动的人分配新状态，但同时根据某种协议"准备"为学员或其他类似状态。从CAS的实践来看，即使这样的足球运动员"……在体育运动中不能被称为完全职业或业余的"，③球员的第三种身份不会出现。

3. CAS要求为职业球员签订书面合同，而不限于"雇佣合同"的法律性质。俱乐部和足球运动员签订任何协议（《业余民事合同》《雇佣协议缔结前的初步合同》等）④都不能预先确定足球运动员的身份。合同的书面形式以及实际内容——球员服务的薪酬，作为两个标准施加影响。因此，合同的名称及其法律性质对于确定足球运动员的职业或业余状态没有法律

---

① Arbitration CAS 2015/A/4214 Nõmme JK Kalju v. FK Olimpic Sarajevo, award of 28 April 2016, para. 84.

② Arbitration CAS 2006/A/1177 Aston Villa FC v. B.93 Copenhagen, award of 28 May 2007, para. 31.

③ Ibid, para. 23.

④ Ср. в п. 2 ст. 2 Регламента: «A professional is a player who has a written contract with a club…». Regulations on the Status and Transfer of Players.

意义。

4. 仲裁不认为在业余协议结束时签订职业合同是根据《学员协议》确认隐藏迟延工资存在的证据。此外，如果在后者具备的情况下足球运动员没有表现出自己的能力，他将不会收到签订职业合同的要约。针对被告俱乐部用《学员协议》掩盖事实上职业关系的说法，球员在其有效期内获得专业合同的权利没有任何保证。这使CAS能够得出结论：球员在《学员协议》期间（包含在随后的专业协议中）没有获得报酬。

5. 目前的仲裁实践表明，所谓的注册足球运动员身份的全国协会并不重要。[①]

6. CAS在根据俱乐部和球员之间的协议解决足球运动员身份争议时，明确了规则的内容。这种影响延伸到国家体育协会制定的法规细则，这些协会有义务在国际足联条例的基础上建立其从属管理。即便如此，个别国家协会的法律特点在确定足球运动员地位的标准方面曾显示出其独立性。

[①] Arbitration CAS 2010/A/2069 Galatasaray A.S. v. Aachener TSV Alemannia F.C., award of 16 August 2010.

法国庭前认罪答辩程序：
越来越广泛使用的刑事诉讼程序

[法]罗多尔夫·胡莱　纪晓姆·瓦尼著，雷波译[*]

自2004年成立以来，庭前认罪答辩程序（La comparution sur reconnaissance préalable de culpabilité，简称CRPC）在刑事辩护中占比越来越大，2016年，它涉及约75000名罪犯，占轻罪判决的13%，占简易程序的25%。每两名罪犯中就有一名犯有与道路交通有关的罪行，但自2009年这一比重稳步下降，2009年它占庭前认罪答辩程序的63%，然而这两年以来，毒品犯罪的比例从5%增长到13%。特别是由于法律的发展，庄严的诉讼中的庭前认罪答辩程序比其他诉讼方式进展得更快，这一程序在处理累犯上占有越来越重要的地位。

大约63%的被监禁者在诉讼中主要通过庭前认罪答辩程序宣判，其中判处罚金的占比27%，判处公益劳动通常占7%。这些案件中被监禁者被判处缓刑的情形占案件总量（关押和缓刑）的84%，85%的案件刑罚小于或等于6个月。每两个人中就有一个被判处多种刑罚，90%以上的人是由于违反道路交通法规。

庭前认罪答辩程序成立于2004年，是针对疏通法庭拥堵最新抑或是最简的程序，它比延期处理案件的传统起诉周期要快得多。它主要受到盎格鲁—撒克逊法律关于认罪制度的启发，假定刑事被告承认被指控的事实，在第一次审理期间，检察官提出量刑建议，被告在10天的期限内做出接受的决定，然后将案卷移交大审法院院长，大审法院院长在特别审核后同意

---

[*] 作者简介：罗多尔夫·胡莱（Rodolphe Houllé），纪晓姆·瓦尼（Guillaume Vaney），统计和研究分局总秘书处统计员。译者简介：雷波，北京理工大学法律硕士研究生。原稿刊登于法国司法部官网，http://www.justice.gouv.fr，登录日期：2019年6月1日。

检察官的量刑建议。轻罪只适用于主刑为罚金刑或者5年及5年以下监禁的刑罚，直至2011年12月13日废除这一上限，简单地排除某些特别严重和复杂的诉讼。

庭前认罪答辩程序与刑事处罚令程序（ordonnance pénale）：在轻罪答辩中所占比例越来越高。

直到2009年，庭前认罪答辩程序经历了一次数量上的激增，从成立不到两年的时间稳定在每年近6万人被宣判（图1）。

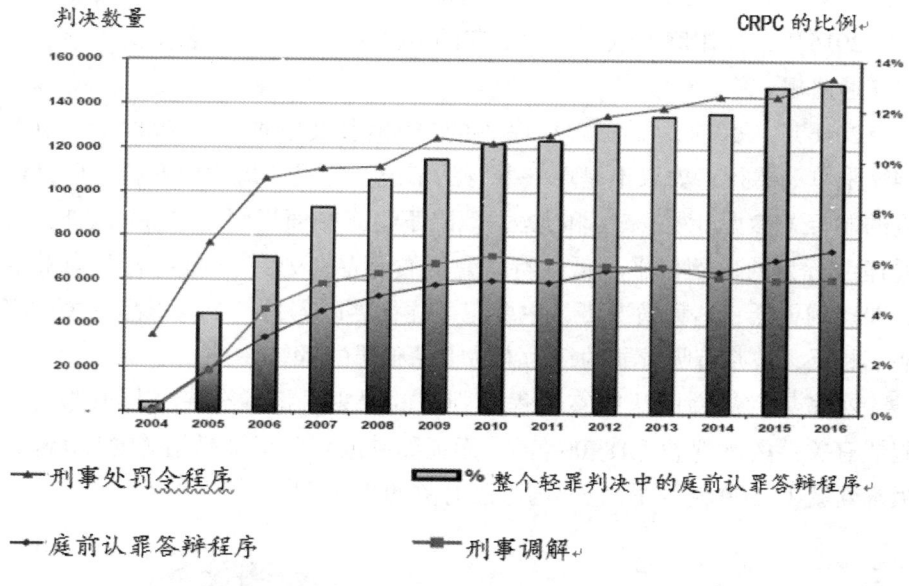

图1：庭前认罪答辩程序在轻罪判决中的变化发展

阅读说明：2016年，刑事处罚令程序中有152000人被定罪，72000人在庭前认罪答辩程序中被判刑，61000人通过刑事调解程序被认定为犯罪。

范围：轻罪法庭最终宣告判决（包括刑事调解）。

来源：司法部，司法部总秘书处（SG）/专门知识和现代化处（SEM）/统计和研究司（SDSE），国家犯罪记录统计和判决信息系统（SID）犯罪数据。

2011年年底，立法的变更立即使庭前认罪答辩程序年度增长数量达到10%的新高度，接着该程序达到每年大约涉及65000名行为人的新平均值。2014年，庭前认罪答辩程序占轻罪判决（审判，刑事处罚令程序，刑事调解）的12%，占简易程序的24%（庭前认罪答辩程序，刑事处罚令程序，刑事调解），这个比例的剧烈变化符合司法权限（在0—55%之间）。它仍然比持续增长的刑事处罚令程序（2014年接近145000当事人）频率低两倍。相反，自2011年以来它首次超越了刑事调解，刑事调解呈现出某些与庭前认罪答辩程序相同的特征，如对事实的认定，行为人同意量刑建议和将判决记录在案的决定。近年来，我们观察到庭前认罪答辩程序的使用有一个显著的新高度，2015年接近70000个判决，2016年达到75000个。2012至2016年年间，其最终特征是庭前认罪答辩程序在简易程序当中数量增加（+2个百分点），尤其是在整个轻罪判决中的数量增加（+4个百分点）。

2016年，使用庭前认罪答辩程序的每两名罪犯就有一名是由于违反道路交通法规。

2016年，庭前认罪答辩程序中的75000名被审理并宣判的罪犯中有54%是单一罪行；如果不是单一罪行的情况，则需考虑主要罪行，即最严重的罪行（参见专栏：来源和方法）。除不遵守交通规则（44%）以外，交通违法行为的比例似乎较低；特别是吸食毒品（9%）以外的毒品有关的犯罪比例更低，这种情况下，主要犯罪往往伴随着另一个与毒品有关的犯罪。相反，被判有吸毒罪的行为人占毒品犯罪的84%。

2016年，被庭前认罪答辩程序判决的罪犯，将近有一半与道路交通犯罪有关：醉酒驾驶（18900名），无证驾驶或驾驶证被吊销（93000名），吸毒驾驶（4800名）（图2）。与毒品有关的犯罪

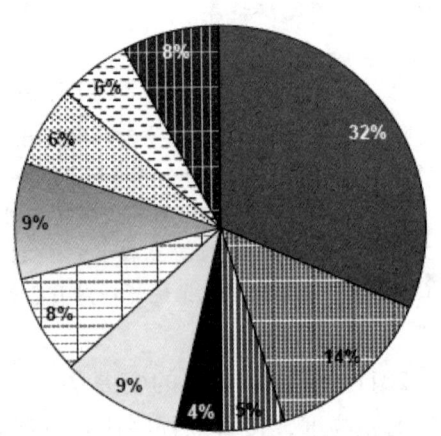

- 违反道路交通法规（32%）
- 驾驶证不合法（14%）
- 其他道路交通犯罪（包括交通事故）（5%）
- 吸食毒品（4%）
- 其他毒品犯罪（9%）
- 侵犯国家权力（8%）
- 暴力犯罪（9%）
- 盗窃和诈骗（6%）
- 盗窃和严重诈骗（6%）
- 其他（8%）

图2：庭前认罪答辩程序中的诉讼判决

领域：2016年庭前认罪答辩程序法律审查的对象

来源：司法部，司法部总秘书处（SG）/专门知识和现代化处(SEM)/统计和研究司（SDSE），判决信息系统（SID）犯罪数据。

成为第二大诉讼案件，接近10000名行为人（2700名吸食毒品和7100名其他毒品犯罪）。这两类案件（道路交通和毒品犯罪）基本上组成了警察局和宪兵队负责的案件，这两类案件的犯罪事实的具体性是难以被质疑的，因此，为庭前认罪答辩程序的应用形成了一个自然的领域。接下来的犯罪类型大有不同，数量排第一的是盗窃罪和窝藏罪（7700名），暴力犯罪（5200名），然后是侵犯国家权利犯罪（特别是暴行和叛乱、盗用身份、拒不执行判决裁定）（3600名），诈骗罪（2500名）。相反，欺诈和伪造、单位犯罪（非法经营、非法管理……），公共卫生运输或公共卫生方面的非麻醉品案件很少以这种庭前认罪答辩程序的方式起诉（每种类型少于100个案件），或许由于技术特征，这可能要求调查，庭前认罪答辩程序的使用范围难以适应。除了被法律禁止的领域外，似乎没有任何领域被完全排除在庭前认罪答辩程序范围之外。还可以指出，在实践中，受害者希望成为民事诉讼当事人并不妨碍庭前认罪答辩程序的实施，尽管这部分人数量少于刑事轻罪的判决案件的人：2016年的法律审核中，34%的受害者是民事诉讼原告，而刑事轻罪法院审理的受害者有45%。

一个越来越重要的领域——毒品相关的犯罪。

与观察到的结构相比，2009年，庭前认罪答辩程序的使用上升阶段完成，最显著的变化是道路交通犯罪的比例下降（−13个百分点），主要是与毒品有关犯罪数量增加（+9个百分点），总数增加了三四倍，判决数量从2800增长到9800（图3）。2012年是突破的一年，2011年12月的法令对于将非法持有毒品并能判处10左右年监禁刑的犯罪纳入庭前认罪答辩程序领域发挥了重要作用，此类型的诉讼中，庭前认罪答辩程序的发展诠释了毒品犯罪记录的增加，单纯吸食毒品的而被起诉的数量保持相对稳定。本法另一条款指出，刑事处罚令程序不再用于累犯的情形，也就机械地将累犯转向传统的轻罪审判或庭前认罪答辩程序处理，因为刑事调解在实践中从未在这种情形下使用过。

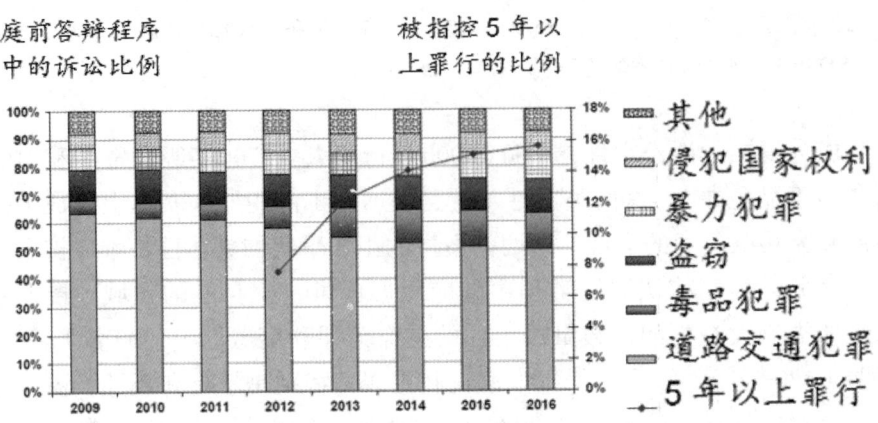

图3 庭前认罪答辩程序诉讼判决的演变

阅读说明：2016年，因道路交通犯罪而被庭前认罪答辩程序定罪的犯罪者占所有被该程序定罪的犯罪者的50%。因罪行严重被判处5年以上监禁的占16%。

范围：庭前认罪答辩程序中被审核的行为人。

来源：司法部，司法部总秘书处（SG）/专门知识和现代化处（SEM）/统计和研究司（SDSE），国家犯罪记录统计和判决信息系统（SID）犯罪数据。

庭前认罪答辩程序在累犯情形中更为常用。

由于双重立法演变过程，整个轻罪判决[①]中毒品犯罪（+21%）和累犯（+13%）的比例都有所增加。同时，由于法院的饱和，这两年里，无论是否属于累犯，轻罪判决的比例将近减少4个百分点，2016年稳定在51.5%

毒品犯罪中累犯比例（+37%）的增长尤为剧烈，导致庭前认罪答辩程序大幅增加，并且改变了庭前认罪答辩程序与轻罪判决的平衡状态（表1）。在2012—2016年年间，此类犯罪在庭前认罪答辩程序中审理的罪犯几乎增加了3倍，从700增加到2000人次，而庭前认罪答辩程序的比例增加了2倍：轻罪审判仍然是处理这类案件的首选途径，虽然在2012年95%的行为人以这种方式被审判，但在四年以后仅占83%的比例。

---

① 刑事判决，庭前认罪答辩程序，刑事处罚令程序和刑事调解。

表 1 轻罪答辩的结构演变

	庭前认罪答辩程序		刑事判决		刑事处罚令全程序		刑事调解		诉讼总量的变化
	2012年(百分比)	2012—2016的变化(百分点)	2012年(百分比)	2012—2016的变化(百分点)	2012年(百分比)	2012—2016的变化(百分点)	2012年(百分比)	2012—2016变化(百分点)	
总数	10	+2	55	-4	22	+3	12	-1	-3
非累犯总数	10	+2	51	-5	25	+4	14	-1	-5 无显著差异
累犯总数	9	+4	90	-4	1	无显著差异	0	无显著差异	无显著差异
道路交通罪非累犯	13	0	27	-4	46	+4	14	-1	-8
道路交通累犯	19	+6	79	-5	2	无显著差异	0	无显著差异	9
毒品犯罪非累犯	9	+4	44	-10	31	+8	17	-2	18
毒品累犯	8	+9	90	-7	1	无显著差异	0	无显著差异	37
其他犯罪非累犯	8	+2	78	-4	2	+3	12	-1	-7
其他累犯	4	+2	96	-2	0	无显著差异	0	无显著差异	10

阅读说明：2012年，19%的道路交通犯罪累犯由庭前认罪答辩程序审判；到2016年，这一比例增加了6个百分点（增至25%）。2012年至2016年期间，道路交通犯罪累犯数量增加了9%。

范围：2012年和2016年，司法部总秘书处（SG）/专门知识和现代化处（SEM）/统计和研究司（SDSE），轻罪判决的所有类型的轻罪审判。

来源：司法部，司法部总秘书处（SG）/专门知识和现代化处（SEM），判决信息系统（SID）犯罪数据。

道路交通犯罪累犯和其他犯罪的累犯也出现了同样的现象，期间变化不是很明显。在2012—2016年年间，道路交通犯罪累犯增加了9%，庭前认罪答辩程序部分在2016年增加了6个百分点达到了25%。关于其他犯罪的累犯（+10%）在庭前认罪答辩程序中同样有所增长，但增长方式更温和（+2个百分点），相关判决在2016年仍然有超过十分之九的罪犯。

2016年，共有10600名累犯成为庭前认罪答辩程序的审核对象，2012年仅有6300人，增加了70%。

不考虑累犯状态，庭前认罪答辩程序与刑事处罚令程序和刑事调解存在一定的竞争关系，这种情形在逻辑上有细微差别。庭前认罪答辩程序在2012—2016年年间只增长了1.5个百分点，它占轻罪审判的12%并涉及64600行为人，但在毒品犯罪这个特殊领域，它的使用经历了一个巨大的增长（+74%），2016年接近7800名行为人是通过庭前认罪答辩程序判决的。毒品犯罪在轻罪判决部分出现了显著的下降（−10%），表明法院司法权限内庭审释放的意愿比起公开庭审辩论似乎更有效。最后，在毒品犯罪和道路交通犯罪以外的非累犯领域，2016年庭前认罪答辩程序增长了2个百分点、涉及25100名罪犯。

总之，可以说自2012年以来，在主要并将继续关注的道路交通犯罪和不太复杂的毒品有关犯罪，庭前认罪答辩程序的使用范围扩大了。

2016年庭前认罪答辩程序受理的案件较2012年罪行更为严重。

诉讼的严重程度可以简单地根据平均监禁期限来衡量。应判处的监禁期是通过每个轻罪判决在理论上应分配的最长刑期来计算的，与犯罪人的主要罪行规定的最高刑期相对应，一般适用（法国）徒刑非合并执行原则。只判处罚金的犯罪不适用这种计算方式，但它们在轻罪法庭只占极少数（2016年大约有5%的人）。

从这个角度来看，庭前认罪答辩程序处于简易程序即刑事调解、刑事处罚令程序和传统诉讼程序的中间状态（图4）。2012年至2016年期间，除了保持稳定的简易程序（+1%），经轻罪法庭判决的罪犯平均每人的刑期达到58到63个月①（+16%），如果这个增长涉及所有传统的追诉方式，那么，庭前认罪答辩程序的增长是最显著的：+21%。2016年，这一领域

---

① 增长可能来自两个因素：两个阶段不同的违法行为（诉讼的总体变化）以及某些特殊的违法行为导致监禁期限的增加（立法变更）。

的被判决者的平均监禁期上升到47个月，仅低于自诉案件1.4个月、低于刑事诉讼4.2个月，而2012年各自差距分别为4.7个月和10.6个月。

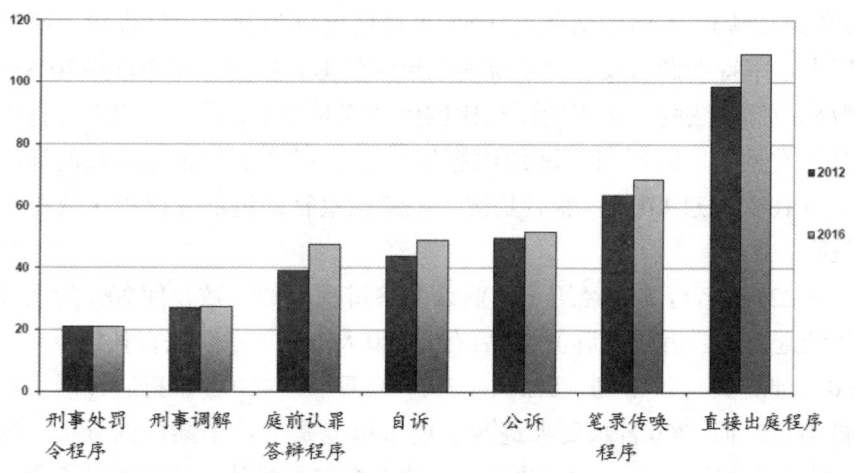

图4：被判刑者平均监禁期的演变

范围：轻罪判决中被判处监禁的罪犯。

来源：司法部，司法部总秘书处（SG）/专门知识和现代化处(SEM)/统计和研究司（SDSE），判决信息系统（SID）犯罪数据。

庭前认罪答辩程序中超过5年监禁的比例越来越大，这显然在庭前认罪答辩程序的增长变化过程中发挥了重要作用，并在2012—2016年期间翻了一番，达到了16%。除了上述非法获取并持有毒品罪以外，其他判处5年以上监禁的犯罪，在必要的时候对其累犯情形会处以双倍监禁刑，这一双倍监禁数量逐步进入庭前认罪答辩程序领域，并有利于2011年的法律改革，这期间的更微妙的是：2016年宣判的2600个判决对应第一种情况（判处5年以上监禁），2300例对应第二种情况（双倍监禁刑）。主要是具有加重情节的盗窃罪，然后是伪造支票罪和使用伪造的支票罪属于第一种情形，轻微的盗窃罪累犯或者具有加重情节的盗窃罪属于第二种情况。

庭前认罪答辩程序大约五次中就有一次是失败的。

对于庭前认罪答辩程序来说失败的概念是固有的，一方面，刑事被告可以自由拒绝检察院的量刑建议；另一方面，即便量刑建议被接受，大审法院院长仍然可以拒绝审核。它也可能是被告没有提出召见代理人因而未能提出有效的辩护，此种情形的案件于诉讼程序开始之前在某种程度上就已经失败了。庭前认罪答辩程序的失败率为23%，涉及22750人。它在地方一级法院的确是一种重要的方式，因为20%的法院的失败率高于35%（最高为63%），20%的法院低于6%（最低比例为1%）。仅排除一些已知的因失败率特别低而没有被系统地记录的数据。然而，即使排除20%已知失败率最低的法院，全国的增长比例仍然相对较小，稳定在27%。被告缺席是最常见的失败原因（每10次超过7次），排在法官拒绝审核的原因之前（每10次超过1次），然后是被告拒绝检察官的量刑建议（次数在每20次就有一次）。

这22750名行为人经历了庭前认罪答辩程序的失败，使90%的案件转向传统起诉（公诉或自诉），最后有15600人被轻罪法院法官独任审判，有4950名罪犯经合议审判，673人（3%）被释放。410名罪犯通过刑事处罚令被追诉，而1700名嫌疑人逃避了刑事追究是受益于案件的分类。这些分类发生在接近一半的案件当中，因为检察院最终认为这些案件不能追诉（犯罪证据明显不足或公诉已经消灭），三分之一的案件对行为人予以法律警告或他们的案件被检察院认为合法，且有五分之一的案件属于追诉不当（无法找到犯罪人或者违法行为显著轻微）。庭前认罪答辩程序的失败率（15%）似乎比其他简易程序中的道路交通犯罪和吸食毒品以外的毒品相关犯罪更低，其他类型的诉失败率高于20%，而简单的盗窃罪和的诈骗罪失败率达到31%。道路交通犯罪大量的转为法官独任审判，而非法获取并持有毒品罪根据法律的强制性规定系统地转向合议庭审判。

庭前认罪答辩程序平均审理期限不到6个月。

庭前认罪答辩程序的平均持续时间为169天，即从向法院提起诉讼之日至最终裁判之日，一半的行为人是在124天内审判的。每10个案件中就有1个至少需要持续333天（表2）。

表2：庭前认罪答辩程序处理案件的期限（天）

	总数	没有正常移转	没有移转的实时处理（TTR）	移转	非累犯	累犯
有效的	75041	52672	20117	2252	59189	15852
平均	169	178	103	567	178	135
案件持续最长的时间…						
…25%的肇事者	68	77	41	297	71	56
…50%的肇事者	124	130	94	427	127	111
…75%的肇事者	194	200	156	682	200	172
…90%的肇事者	333	350	209	1004	356	257
…99%的肇事者	1014	1016	333	1855	1072	703

TTR：实时处理
范围：2016年成为庭前认罪答辩程序审核对象的行为人。
来源：司法部，司法部总秘书处（SG）/专门知识和现代化处(SEM)/统计和研究司（SDSE），判决信息系统（SID）犯罪数据。

涉及工作机密和诈骗有关犯罪的案件持续时间是最长的，平均期限为一年半。两种最常见的犯罪是醉酒驾驶和非法获取并持有毒品罪，它们的平均期限非常接近：132天和136天。

实时处理（TTR）旨在加快刑事诉讼程序，它不同于传统的处理方式，因为案件的方向由警察局和宪兵队直接决定，消除了警方调查结束后到等待检察院指导之间的时间间隔。四分之一的庭前认罪答辩程序是以这种方式处理的，其持续时间相比其他普通方式要节约40%。7%的案件是在一天以内处理的，对应的是执法部门将被告移交给检察院的案件，而不是其他更常见的被传唤的情况。法院非常不均衡地使用延期，因为有一半的人从来没有使用过，而使用最多的五种占差异总数的60%。

处理累犯案件(占总数的21%)的平均时间几乎比其他程序低25%：135天比178天。累犯使用实时处理的次数稍多一些（31%比26%），更重要的是，这些案件的平均非实时处理的时间明显降低（从202天降低到154天）。这种差距在所有诉讼类型中都存在，一般而言，由于累犯在诉讼中所占比例很低，因此时间的节省更为重要。例如，在3种违法行为中，即违反道路交通规则、无证驾驶、吸食毒品，累犯的比例最高（约三分之一），节约的时间适中，在3%到7%之间，而其他道路交通违法行为（肇事逃逸，事故等）节省的时间则达到34%，侵犯国家权力犯罪节约的时间比例为45%,其中被认定为累犯的行为人比例不到5%。

当出现属地管辖的原因导致案件的管辖权撤销（占案件的3%），而不止一个法院要求对案件进行干预的情形，则平均拖延时间增至5.5倍达到567天。

1460起案件（2%）中，庭前认罪答辩程序在另一个程序失败后，使得案件的总处理时间大大增加，这种情况下稳定在590天，最常见的是刑事调解失败；另一公诉替代程序失败后时间达到540天；刑事处罚令程序失败后达到380天。另一特殊情况是，庭前认罪答辩程序被用来在调查之后将犯罪者送交给审判法院：2016年只涉及100名犯罪者，案件的平均延期处理时间上升到超过两年半（950天）。排除特殊处理的案件，平均延期时间从160天到169天。

最后，司法实践中，在检察官的提议做出决定之前，提供给被告请求一段时间考虑的可能性，只存在于不到5%的案件中。

所有类型的诉讼中，判处监禁同时宣告全部缓刑是最常见的刑罚。

虽然刑事处罚令程序和刑事调解不允许监禁，但庭前认罪答辩程序允许判处与轻罪判决相同的刑罚。然而，无论实际监禁的刑期数量是多少，宣判刑不得超过该数量的一年或一半。对于所有可以判处监禁的罪行（98%是通过庭前认罪答辩程序判决的），63%的案件表明了这一点；在27%的案件中，主要判处罚金或按日支付的罚金；7%的案件判处从事公益劳动（图7）。其他类型的刑罚，如禁止令、吊销驾驶证、强制培训甚至刑罚限制，极少被宣布为主要刑罚（2016年2300个判决）。

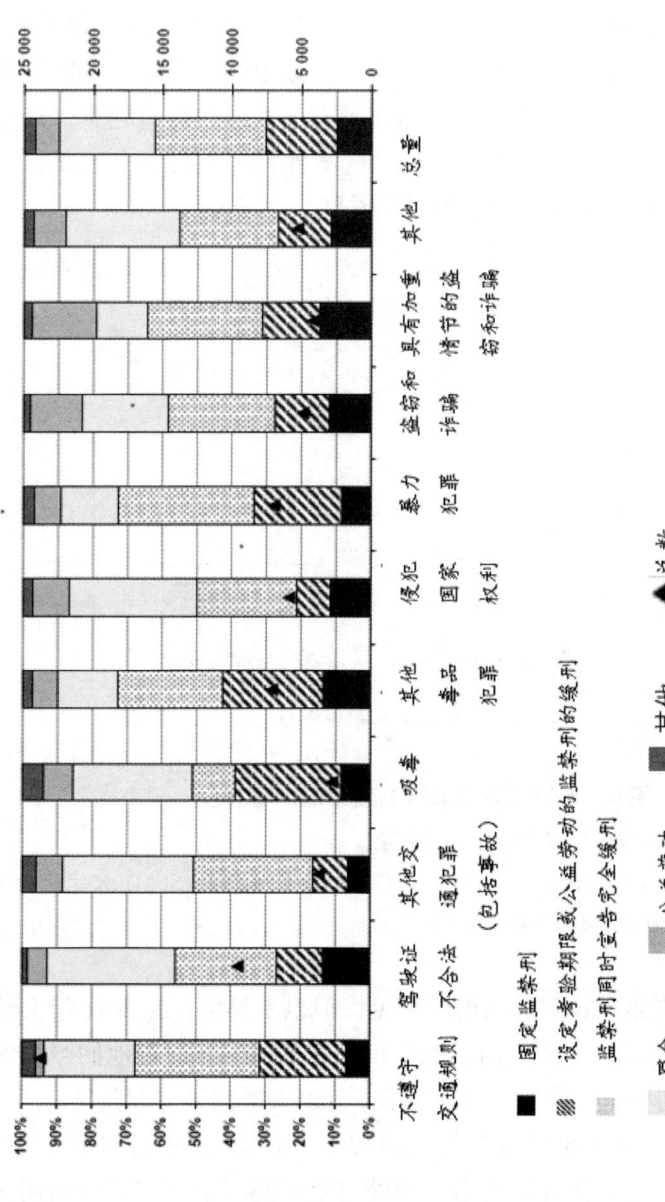

图5：庭前认罪答辩程序审判的主要犯罪

阅读说明：2016年，23691名违反交通规则的罪犯中，由6.8%的人被判处固定的监禁刑。
范围：2016年成为庭前认罪答辩程序中审核对象的行为人。
来源：司法部，司法部总秘书处（SG）/专门知识和现代化处（SEM）统计和研究司（SDSE），判决信息系统（SID）犯罪数据。

在所有类型的诉讼中，监禁刑的至少占比50%，其中比例最高的是暴力犯罪和吸食毒品以外的毒品相关犯罪：占73%。相反，侵犯国家权利犯罪、除无证驾驶和违反交通规则以外的道路交通犯罪（肇事逃逸，抗拒抓捕，交通事故）和吸食毒品犯罪，这三类诉讼判处监禁刑的频率是最低的，涉及二分之一的行为人。多种罪行以及犯罪人是累犯的情形大大增加了被判处监禁刑的可能性：例如，不遵守交通规则有关的道路交通犯罪，只有58%的案件被判处监禁刑；与之相反，83%的案件行为人没有其他罪行并且不属于累犯的，因此没有判处监禁刑（图6）。

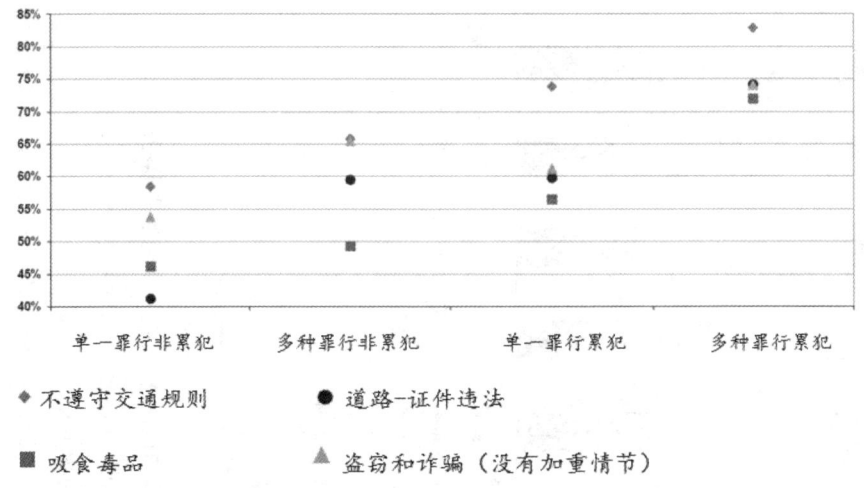

图6　累犯及多种罪行的监禁刑比率

范围：2016年庭前认罪答辩程序监禁刑的判决。

来源：司法部，司法部总秘书处（SG）/专门知识和现代化处(SEM)/统计和研究司（SDSE），判决信息系统（SID）犯罪数据。

有一个固定不变部分的监禁刑仍然罕见，但也不异常；在2016年大约7400名行为人被判处监禁，占庭前认罪答辩程序的10%。对于他们当中的大多数，刑罚将由刑罚执行法官决定。然而，850人被判处立即监禁。

迄今为止，判处监禁刑同时全部宣告缓刑是最常见的，2016年它占到监禁刑的84%。无论何种诉讼类型，判处监禁并同时全部宣告缓刑期比例至少为75%，如果是违反交通规则则上升到90%。简单的全部暂缓执行超过所有缓刑的60%，但毒品犯罪的这一比例明显要低：吸食毒品外的毒品犯罪占50%,吸食毒品占30%。不附加公益劳动外的完全缓刑涉及12000人,附加公益劳动的缓刑涉及3000人。

2016年,庭前认罪答辩程序宣判的46000个监禁刑中有85%的刑期小于或等于6个月(图7)。最常见的是2个月和3个月

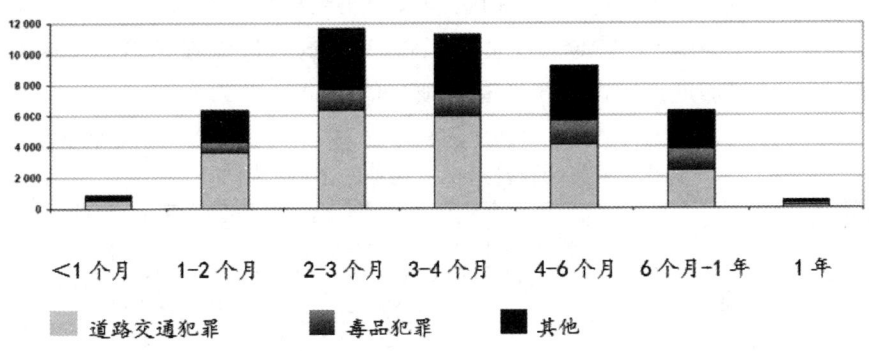

图7 判处监禁刑的总刑期

的总刑期(关押和缓刑),占46000个监禁刑的四分之一。道路交通犯罪占监禁刑的一半,毒品犯罪占14%,但道路交通犯罪监禁刑期的比例随着量刑的增加而下降,而毒品犯罪的这一比例则上升:超短期刑中(严格意义上小于2个月),道路交通犯罪的比重为57%,毒品犯罪的比重为10%;而在长期刑中(大于或等于6个月),它们的比例分别为38%和22%。

罚金(或按日支付的罚金)作为主要刑罚涉及20200名行为人:其平均金额为535欧元,中等金额是400欧元。最常见的是判处300欧元和500欧元,分别占案件的15%和13%。10%的主刑为罚金刑的金额小于或等于135欧元,10%大于或等于1000欧元。道路交通犯罪的平均罚金数额为443欧元,吸食毒品为418欧元,吸食毒品以外的毒品有关犯罪为543欧元。

公益劳动作为主要刑罚涉及5200名犯罪人。很少用于道路交通犯罪(违法交通规则的占2%),侵犯国家权利的犯罪要更多,占比10%,尤其是侵犯财产的犯罪:轻微盗窃和诈骗罪受到这种惩罚的占15%,有加重情节的盗窃和诈骗罪将近占20%。

超过一半的行为人被判处多种刑罚。

关注其他刑罚,可以更全面的了解所宣判的刑罚。主要不同的是,这些刑罚不是刻板的宣判,在某种程度上它们可相互结合。总体而言,通过

庭前认罪答辩程序被判刑的人当中，有53%除主刑以外至少还有一项其他刑罚，但是这一比例以及附加刑的性质因诉讼差异而大不相同。

关于违反交通规则的行为，80%的案件被宣布吊销驾驶证（表3），三种处罚结合定罪占60%以上：监禁和仅吊销驾驶证（23%），监禁、罚金和仅吊销驾驶证（21%），然后罚金和仅吊销驾驶证（17%）。仅监禁只涉及6%的罪犯，仅判处罚金占3%。最后，14%的人接受强制培训（这几乎只作为一种附加刑，因此至少还有一项其他刑罚）。

表3　庭前认罪答辩程序判处的主刑和附加刑

	被定罪数量	判刑的定罪比例						
		监禁	罚金	公益劳动	吊销许可证	强制培训	没收	其他
总数	73821	63	48	12	31	8	8	1
道路—不遵守交通规则	23691	67	57	6	80	14	4	0
道路—无证驾驶	9493	56	65	13	10	6	8	0
道路—其他（包括事故）	3705	51	66	13	44	10	3	1
吸食毒品	2743	51	44	15	4	14	12	1
其他毒品犯罪	7073	73	33	14	8	10	29	0
侵犯国家权利	5854	50	50	16	2	3	10	1
暴力犯罪	6958	73	26	12	2	4	6	2
盗窃和诈骗	4860	59	31	21	1	2	4	1
严重的盗窃和诈骗	4157	65	20	27	0	2	4	1
其他	5260	55	44	14	2	2	8	2

关于"证件"犯罪，多数行为人（52%）没有附加其他的刑罚。吊销或撤销驾驶证仅及于10%的罪犯，而且通常与罚金和（或）监禁结合使用。四种刑罚组合判决占行为人的70%：仅罚金（27%），监禁和仅罚金（20%），仅监禁（19%），公益劳动（5%）。

因吸毒被判刑的，接近有三分之二的案件只判有主刑没有附加刑：最常见的是监禁（28%），然后是罚金（25%）、公益劳动（7%）以及强制培训以加强对毒品的认识（4%），因吸毒被判处强制培训的占行为人的14%。23%被判处监禁的罪犯至少还会伴有另一项处罚：监禁和仅罚金（占所有被定罪者的6%），监禁和仅没收（5%），监禁和仅公益劳动（4%），这些是最常见的组合。

除吸食毒品以外的与毒品有关的犯罪是继违反交通规则之后，在没有附加刑的情况下定罪的比例是最低的（46%）。到目前为止，监禁是最常见的刑罚（29%），尽管没有附加刑的罚金和公益劳动分别占行为人的11%和15%。43%的被定罪者被判处监禁并与其他刑罚相关联，通常是没收，30%的案件是以这种形式宣判的。

仅罚金和仅监禁是侵犯国家权利犯罪两种最常见的刑罚组合。分别占被判刑者的31%和29%，然而第三种最常见的组合是与仅罚金和仅监禁这两种刑罚的结合（没有其他刑罚），涉及十分之一的罪犯。

仅监禁是暴力犯罪最常见的刑罚：占被判刑者的54%。单处罚金占14%、监禁和罚金占7%、单处公益劳动占7%、监禁和没收仅占4%。所有这些刑罚组合涉及的罪犯不到100名。

盗窃和诈骗罪行为人通常被判处单一刑罚：监禁、罚金和公益劳动是最常见的刑罚组合，它们分别占罪犯的44%、23%和14%。公益劳动占罪犯的五分之一，不考虑是否并处其他刑罚。具有加重情节的盗窃和诈骗也使用十分类似处罚方式。监禁和单处公益劳动的更频繁（分别为48%和18%），单处罚金的较少（14%）。公益劳动是最常见的宣告刑：占罪犯的27%。

类似的诉讼，请求判决监禁的频率大大低于传统诉讼。

很难比较轻罪判决与庭前认罪答辩程序，因为无法保证任何一种情况下的案件影响二者的严重性因素具有相同的特征。为了减少这种差异的影响，我们可以自己限定行为人为最初是以庭前认罪答辩程序为导向的，并比较完成这一程序的和那些使用庭前认罪答辩程序失败的人最终以传统诉讼判决的情形。

在所研究的四种诉讼类型中，虽然传统诉讼的处罚似乎相对更严重，但主要是由于更频繁地使用监禁刑。因此，监禁刑在所有处罚中所占有的比例因不遵守交通规则、吸食毒品和暴力犯罪而增加3倍，因盗窃罪增加2.5倍。在所有这些案件中，四分之一的行为人被判处监禁，而这一比例在庭前认罪答辩程序中仅占8%。整个监禁刑（关押或缓刑）同样也有所增长，但这一增长仍然是温和的（根据诉讼的不同在4到10个百分点之间），稳定的增长部分抵消了明显降低的缓刑考验期，而总的缓刑保持稳定。监禁的平均数较之总的缓刑期是非常接近的。

专栏——来源与方法

判决信息系统（SID）刑事统计旨在收集不同刑事司法管理软件的数据。它的第一个版本集成了独特的刑事程序管理软件（Cassiopée），自2013年起部署在所有的检察院和轻罪法院。SID允许案件当事人知悉所有到达检察院的案件的动态信息，他们收到的成为宣告刑的轻罪决定比国家犯罪记录更快。通过这种方式可以研究不同领域的犯罪并计算主要延误。这些决定并非都是决定性的，因为总有上诉可能。N年的决定可在N+1年的4月获得。

国家犯罪记录（CJN）记录有关最终定罪的信息（即考虑到上诉的最终决定）。N年的定罪是在N年宣布并在国家犯罪记录系统登记的最终定罪。N年的最终定罪可在N+2年的9月获得。

2015年至2016年庭前认罪答辩程序的年度演变（可在SID刑事统计中获得）用来估计2016年的最终定罪，以及整理2004到2016年期间的定罪。定罪可处罚一项或多项罪行，并可处以多项刑罚。主要犯罪是最高刑期犯罪的犯罪，主要刑罚是最重的刑罚。除非另有说明，否则本研究中使用上诉主要犯罪和主要刑罚的概念。

庭前认罪答辩程序的失败率是通过对比2016年庭前认罪答辩程序中被告经过法律审核阶段被定罪与案件转向轻罪判决程序或因为案件的原因没有被追诉或者至少跳过庭前认罪答辩程序的情形来估计的。

名著读后

Reflection of Classics

革命、法律与社会进步

——伯尔曼《法律与革命》读后

王志华[*]

【内容摘要】 伯尔曼将欧洲的法律传统归结为十项特征,但从法律文化角度言之,革命本身即为欧洲法律的重要传统,可以说,没有革命便不会有从古希腊罗马延续至今日的欧洲法律体系。欧洲传统法律制度的基础是罗马私法;革命促进了法律演化和社会进步,以自由、平等、民主和法治为革命追求的目标;通过宗教革命形成了政教分离的国家和社会结构;法律在追求秩序价值的同时,也维护公正和自由。

【关键词】 法律传统　法律革命　革命与法律　革命与社会进步

美国法学家伯尔曼的《法律与革命》一书于1993年由中国大百科全书出版社出版中文译本,至今(2019年)已愈25年之久,在中国法学界产生了深远而持久的影响。之后法律出版社(2008然后)还曾再版。

本文不拟对伯尔曼这部著作进行全面解读,仅就书中的主要观点谈些笔者认为并非无关紧要的个人感想。

一、西方的法律传统

伯尔曼这本书有个副标题——"西方法律传统的形成"。从书名可以看出,该书讲的是法律与革命的关系,而且以西方法律传统的形成为考察对象。作者断言:西方法律传统在其历史过程中已经由六次伟大的革命加以改变,这些革命包括俄国革命(1917年)、法国革命(1789年)、美国革

---

[*] 作者简介:王志华,中国政法大学比较法学研究院教授、法学博士。

命（1776—1783年）、英国资产阶级革命（1640—1689年）、16世纪的新教革命以及教皇革命（1075—1122年）。

既然是传统，就应当是西方所独有的并不具有普遍性的东西。那么，伯尔曼这里所说的西方法律传统是什么呢？作者在书中概括出十种特征：（1）法律独立于政治、宗教及其他社会制度和社会学科；（2）法律的职业化和专业化；（3）法律教育的重要意义；（4）法律的独立价值存在；（5）法律是一个完整的体系；（6）法律是不断成长和发展的；（7）法律的发展有其自身的内在逻辑；（8）法律超越于政治而独立发展；（9）法律至上；（10）法律超越革命。[1]

在笔者看来，如果从法律文化的角度，还可以将西方法律传统的基本精神概括为自由、平等、民主、法治原则，这些原则在今天的欧洲文化区域已经得到较为充分的体现，而在其文明发祥伊始和整个发展进程中的各个阶段，体现的程度则各有不同。

将自由、平等、民主、法治作为西方法律传统的基本精神或基本原则，是因为在人类法律文明史上，其他文化区域均流于专制主义。而一旦专制主义占据统治地位，则上述"四项基本原则"均无立足之地。

西方的法律传统最远可以追溯到古希腊罗马时期。以雅典为典型代表的城邦制度是欧洲自由民主制度的基础。雅典城邦在公元前4世纪前后几百年的鼎盛时期里，全体公民参与对国家的管理，并进行制度设计。每个公民都是自由和平等的，他们对城邦的任何事务都有发言权。他们直接行使立法权，对他们认为重要的事项所做出的决议就是法律。他们定期选举执政官，还组织法庭审理各类案件。为了防止曾经出现的僭主制死灰复燃，他们设计了著名的"贝壳放逐法"，将那些可能对民主制度造成威胁的人物放逐出境，让他们在一定时期内远离国内政治。而一些兼具治国能力和高尚情操的政治家，也身体力行，以身作则，功成身退，为后人做出表率。如梭伦在为雅典立法之后便自我放逐，主动离开雅典，不再参与国家政治活动。作为雅典黄金时代的执政官伯利克里更是在各方面强化自我约束，不计私利，将自我牺牲和荣耀作为执掌和行使权力的宗旨和价值目标。

---

[1] ［美］哈罗德·J. 伯尔曼：《法律与革命——西方法律传统的形成》，贺卫方、高鸿钧、张志铭、夏勇译，北京：中国大百科全书出版社1993年版，第21—22页。

延续二千余年的古罗马（前753—1453年）也以城邦制度起家。在罗马共和国末期，声誉日隆、大权独揽的独裁者恺撒被其亲信布鲁图斯于公元前44年密谋刺杀，共和主义者试图以这种极端方式拯救行将就木的共和民主制度。

漫长的中世纪时期，西欧各地的一些自治城市一直保持着城邦的管理模式。在西欧历史上，这种自由民主传统一直未曾中断，犹如暗夜里远方的篝火，时隐时现。

当然，雅典留给后世的最为宝贵的遗产，除了城邦制度之外，还有那些先哲们自由思考留下的智慧产品和人文主义精神。在城邦制衰落和丧失自由之前那一短暂时期，这些智者在远观落日或遥望星空之时对生命和宇宙的无尽思考，对整个人类社会的文明发展弥足珍贵。因为在世界其他各地，人们的思想和行动都受到各种不同程度的限制，没有那一时期希腊人或者说雅典人的充分自由。

当然，西方的早期发展史也有着黑暗的一面，实际上直至近代一直延续着不平等的奴隶制度。而制度的形成和完善正是在古希腊和罗马时期。以制度的形式奴役同类，没有比这更加丑恶的制度。但是，就在奴隶制度产生之时，古希腊的自然法学派即指出其反人类的性质，现实中虽然存在，但却违反人性，最终的废除应是人类最终追求的目标。

西方历史上独特的专偶制婚姻形式——一夫一妻制传统的形成，也是追求平等观念在习俗和社会制度上的一种体现。这一点对于女人独立人格的确立和男女平等乃至整个社会成员的平等，都具有深远的历史意义。

法治就是法律至上，没有谁享有法律之外的特权或不受法律的约束。早在古希腊时期，亚里士多德就对法治有过精辟的阐述："法治应包含两重意义：已成立的法律获得普遍的服从，而大家所服从的法律又应该是制订得良好的法律。"[①] 概括起来这段话有两层含义，即良法与守法。

在西方社会历史发展进程中，君主专制或曾肆虐一时，但在理论和观念上从未凌驾于法律之上。英国国王在即位典礼上的誓词包括这样的承诺："国王将同意遵守王国之法律和习俗，并将运用其权力维护和确认由民众所制定和选择的法律。"[②]

[①] ［古希腊］亚里士多德：《政治学》，吴寿彭译，北京：商务印书馆1965年版，第199页。
[②] ［英］梅特兰：《英格兰宪政史》，李红海译，北京：中国政法大学出版社2010年版，第184页。

西方法律传统的制度基础是罗马法。罗马法中，很早即有了公法与私法的划分。公法涉及公共利益，私法涉及私人利益。① 在现在流传下来的罗马法材料中，主要是私法即民法规范，公法的内容微乎其微。就是公元前551—550年制定颁行的《十二表法》，其内容也是以私法为主。世界上其他文明区域的成文法无不以公法为主，像罗马法这样的私法传统绝无仅有。

西方法律传统的价值取向可以概括为三个方面：秩序、公平和个人自由。"人们都希望法律能够保障社会秩序，但人们同时还希望能够促进公平。即使法律能够减少暴力行为，人们也希望它在公平的基础上得以适用。"另外，"如果一个人认为自己是个自由的人，那么"，他必然会希望"掌握权力的人必须受到法律的制约，并服从于法律的强制力"，以此来保障个人的自由。②

应当承认，任何法律传统均以秩序为首要价值取向。但唯有西方法律传统中加入了另外的因素。这与其民主立法基础有关。如果只有君主享有立法权，自然以维护秩序为第一要务，只有在不影响秩序价值的情况下才会顾及公正，而自由价值则违背立法者的初衷，必然视其为秩序价值的破坏因素而受到排斥。而罗马市大会决议便是法律的主要渊源，其目的除维护秩序之外，必然会寻求公正与自由。

基督教对欧洲法律传统的形成具有重要影响。一神教的基督教，加之世俗化的教阶组织，倾向于对人的精神世界和世俗事务的控制，最后的目标往往会是建立政教合一的国家。在某种程度上，中世纪的欧洲也是如此，起码在天主教鼎盛时期有了这样的发展趋势。但由于古希腊传承下来的自由人文精神，欧洲世界没有如伊斯兰世界一样，而是最终走向了政教分离。这也得益于被伯尔曼称为宗教革命的宗教改革运动。

上述种种法律传统是西方独有的，构成与其他法律文化传统的根本区别。历史上其他区域法律文化都流于集权专制，体现在西方法律文化中的自由、平等、民主、法治基本上未曾出现，或许曾经产生过萌芽，但均未成为社会主导力量并获得社会主流意识认可。在法律制度上则体现为公

---

① ［罗马］查士丁尼：《法学总论——法学阶梯》，张企泰译，北京：商务印书馆1989年版，第5—6页。

② ［英］彼得·斯坦、约翰·香德：《西方社会的法律价值》，王献平译，北京：中国法制出版社2004年版，第2—3页。

法,主权在君而不在民,维护公权力即君主的权力;法律的价值则基本为秩序价值,旨在维护现存秩序和对社会的控制,即集权统治,只有在保障秩序价值实现的前提下才会考虑公平正义,而维护自由价值,则从未有闻。就是隐含着巨大平等价值理念的一夫一妻制,西方也是独一无二的。从上古流传下来的各种古老制度之中,一夫一妻专偶制婚姻制度也许是西方传统法律文化中最为独特之处,其对社会结构发展的重要意义至今尚未为人所深究。在人类社会各文明的传统之中,一夫多妻几乎是普遍现象。唯有欧洲各民族,希腊、罗马、日耳曼、犹太诸民族自古即为一夫一妻家庭。塔西佗在说到尚处于野蛮部落状态的日耳曼民族的婚姻制度时,对其极尽赞扬之能事,称其实行极为严格,他进而写道:在野蛮人中,他们是唯一以一妻为满足的民族——多妻的例子极为罕见,而且这种现象并非情欲所致,而是地位造成的结果。妻子不带嫁妆给丈夫,丈夫却要给妻子聘礼,一匹装配整齐的马,一块盾牌,以及一根长矛和一柄剑,凭借这些礼物的效力以娶得妻子。这些含有购买意义的礼物以前可能是赠给新娘氏族中的亲属的,现在则给新娘本人。①

亨廷顿在《文明的冲突与世界秩序的重建》一书中论证指出:"所有的文明都经历了形成、上升和衰落的类似过程。西方文明与其他文明的不同之处,不在于发展方式的不同,而在于它的价值观和体制的独特性。"欧洲是个人自由、政治民主、法制、人权和文化思想自由的发源地,是唯一的源泉。"这些特性使得西方文明成为独一无二的文明。西方文明的价值不在于它是普遍的,而在于它是独特的。"②

梅因也在其《古代法》一书中,将西方法律文明称为"是一个罕有的例外"。③

二、西方的革命传统与法律

革命意味着改变,根本性的社会变革。当利昂古尔公爵(duke of

---

① [古罗马]塔西佗:《日耳曼尼亚志》,第18章,转引自[美]路易斯·亨利·摩尔根:《古代社会》下册,杨东莼、马雍、马巨译,北京:商务印书馆1997年版,第476页。
② [美]塞缪尔·亨廷顿:《文明的冲突与世界秩序的重建》,北京:新华出版社2002年第三版,第360页。
③ [英]梅因:《古代法》,沈景一译,北京:商务印书馆1959年版,第14页。

Liancourt)在凡尔赛向国王路易十六(King Louis XVI)报告巴士底暴风骤雨的消息时,国王喊叫道:"可那是一场暴乱!"利昂古尔公爵说:"不,陛下,它是一场革命。"①

在伯尔曼看来,革命一词(Revolution)是指西方历史上周期性发生的政治和社会激变,意指一个社会的政治和社会制度领域内的一个根本性的改变,一个迅速的改变,一个剧烈的改变,一个持久的改变,它包括一个民族本身的改变——人们的态度、性格和信仰系统的根本改变。西方历史每次重大革命的一个重要因素是它对未来预言式的幻想。这些革命都是社会全面的革命,因为它们不仅涉及到创设新的政府形式,而且也创造了新的社会和经济关系结构,新的法律结构,新的历史前景以及新的一套普遍价值和信仰。"改造世界"曾是教皇革命的一个口号,而在其他每一次革命中都差不多也有这样的口号。在这些伟大革命中找到表达的是关于正义的救世主理想。重建作为实现正义的更基本的法律,为推翻维护既存秩序的法律提供了合理的根据。

"不过,剧烈革命的周期爆发并无碍于西方法律的历史性,这种革命最终要回到历史的法律传统中去,但同时对这种传统加以改造,并将它导向新的方向。"②西方的历史一直以周期性的激烈动荡为特征,在这种动荡中,先前存在的政治、法律、经济、宗教、文化和其他社会关系,制度信仰、价值和目标被推翻,而由新东西取而代之。每次革命都标志着整个社会体制中的一次基本、迅速、剧烈持久的变化;每次革命都在一种基本的法律、遥远的过去、预示世界最终命运的未来方面寻求合法性;每次革命都历经不止一代人的时间才牢固确立;每次革命最终产生了一种新的法律体系,它体现了革命的某些主要目的,表面上似乎改变了西方的法律传统,但实际上一直保持在该传统之内。

实际上,在西方的历史中,并不仅仅是伯尔曼所指出的上述六次重大革命促进了西方社会的进步,期间的数次不那么激烈的影响不那样大的革命或变革同样不可忽视。而且,革命对西方法律文化传统的形成也绝不仅限于中世纪即将结束的11世纪(伯尔曼所说的教皇革命)以后发生的历次

---

① [美]哈罗德·J. 伯尔曼:《法律与革命·新教改革对西方法律传统的影响》,袁瑜琤、苗文龙译,北京:法律出版社2008年版,第3页。
② [美]哈罗德·J. 伯尔曼:《法律与革命——西方法律传统的形成》,贺卫方、高鸿钧、张志铭、夏勇译,北京:中国大百科全书出版社1993年版,第19页。

革命。如1848年的欧洲革命，可以视为法国大革命在欧洲的继续。19世纪后半叶美国的南北战争，对于美国法律制度的发展意义重大。20世纪初欧洲的女权运动，对人类社会平等原则的确立和法律制度的进步非常重要。欧洲各国的劳工运动，促使政府加快了劳工立法的步伐，改善了劳资关系，并最终改变了劳工的地位。众所周知，文艺复兴及紧随其后的法国启蒙运动对欧洲社会的进步具有重大的促进作用，近代反宗教和世俗专制的重大革命无不发端于此。而其复兴的人文主义精神和理性主义又来源于迄未中断、一脉相承的古希腊文明。在古希腊，梭伦和德摩斯提尼的立法改革虽然比较温和，没有引起社会动荡，但其革命性是显而易见的。据史书记载，罗马十二表法是平民与贵族经过激烈的斗争所取得的成果。更为典型的也许莫过于基督教在罗马乃至整个欧洲的传播，其对西方社会法律制度和法律意识的影响是极为巨大的，决不逊于任何一次发生激烈冲突的革命。

革命是西方的传统。拉德布鲁赫指出，所有伟大的政治变化都是由法哲学来做准备工作的，"开始的时候是法哲学，结果的时候是革命"[①]。只有西方的法哲学，才会最后导致革命。因为，其他文化区域历史上均未发生革命，有的只是暴乱。或者曾经发生过革命，但都没有成功过。

三、革命的法律因果

革命源于旧制度的压迫。旧的法律制度造成社会不公，引起社会不满。不满情绪超过临界点时即可能爆发革命。

托克维尔在反思法国大革命时指出，在14世纪，"无纳税人同意不得征税"这句格言在法国和在英国似乎同样牢固确定下来。人们经常提起这句话：违反它相当于实行暴政，恪守它相当于服从法律。从天性来说，英国贵族比法国贵族更加傲慢，更不善于与所有地位低下的人打成一片；但是贵族处境迫使他们有所收敛。为了维持统治，他们什么都能做。在英国，几个世纪以来，除了有利于贫苦阶级而陆续推行的纳税不平等外，其他捐税不平等已不复存在。不同的政治原则能将如此邻近的两个民族引向了不同的方向。18世纪在英国享有捐税特权的是穷人；在法国则是富人。

---

① ［德］拉德布鲁赫著《法哲学》，王朴译，北京：法律出版社2005年版，第17页。

在英国，贵族承担最沉重的公共负担，以便获准进行统治；在法国，贵族直到灭亡仍保持免税权，作为失掉统治权的补偿。①

为了缓解社会不满情绪，统治者往往采取改革措施。改革成功了，革命自然不会发生。但历史的经验告诉我们，成功的改革寥寥无几。近代以来世界范围内频发的革命便是证明。实际上，没有一次革命前未曾经历过一个改革阶段。因此，也可以说，是不成功的、没有诚意的改革酝酿了革命。清末的从改革到革命如此，俄国的改革和革命之因果也是如此。

历史的经验表明，任何政治改革与社会改革有其不变的内在逻辑，那就是要求既得利益集团放弃或者缩减他们享有的特权。但是，人的贪婪本性使得权贵们很难主动放弃眼前利益。在革命形势逼迫下做出的改革让步，也会耍尽各种把戏，将改革带来的利益收归己有。

亚历山大二世清楚地意识到，如果不实行自上而下的改革，沙皇政权早晚有一天会自下而上被推翻。因此，在克服重重阻力之后于1861年废除农奴制。但改革的不彻底和间断反复，终使革命未能避免。19世纪至20世纪初，俄国的社会问题是农奴身份和土地。农奴制改革使很多昔日农奴获得了人身自由，但他们为此要支付巨额赎金。更为恶劣的是，很多获得了人身自由的农民并未同时取得土地，改革设计者故意将土地留在村社而没有分给农民个人，个人没有权利处分土地。没有自己掌握或可以独立处分的土地，便不能在工业化与城市化的进程中获益而致富，成为稳定社会的中坚力量，形成一个中产阶级。结果是，权贵和工厂主成为少数的富人，农村和城市则充斥着庞大的贫民阶层。在1905—1906年第一次俄国革命之后，沙皇当局意识到了发生革命的关键所在。因此任命斯托雷平为总理大臣采取进一步改革措施，其中最重要的一项改革措施便是强行拆散村社。包括列宁领导的布什维克党在内的激进党派担心改革成功将消解革命形势，便于1911年密谋刺杀了斯托雷平。当然，自19世纪后半叶以来俄国实行的改革以失败告终。而十月革命不仅法律制度为之一变，还有一个后果便是往日的权贵基本上被从肉体上消灭。

有时人们会反思或置疑革命的暴力甚至血腥的合理性。但很少关注发生这种过激暴力之举背后的原因。这些暴力行动当然与激进政党的鼓动有

---

① [法]托克维尔著《旧制度与大革命》，冯棠译、桂裕芳、张芝联校，北京：商务印书馆1992年版，第139页。

关，如法国大革命时期雅格宾派所起的作用。但是，更为重要的也许是权贵阶层日积月累所制造的不公以及这些不公在人们心中埋下的仇恨种子。

托克维尔从一个贵族的角度来反观法国大革命，对法国发生革命颇感困惑：国王路易十六是个仁慈之君；广大农民多数已获得土地，成为自耕农，且享有较为充分的自由；在革命发生之际贵族已无多少特权可言，等等。他无法想象，权贵们所制造的不公对底层民众所造成的伤害，长期压迫之后的反抗如滔滔洪水，以摧枯拉朽之势，毁灭其所遇到的一切。

在革命者看来，破坏也有其积极意义。俄国作家屠格涅夫笔下的虚无主义者是反对一切权威的偶像破坏者，他们只想破坏，无意建设。在小说《父与子》中，阿尔卡狄的父亲尼古拉·彼得罗维奇向巴扎洛夫指出："您否认一切，或者说得更正确一点，您破坏一切……可是您知道，同时也应该建设呢。"巴扎洛夫的回答是，建设不是我们的事，"我们应当先把地面打扫干净"①，以便迎接建设者入场。

当然，革命也需要理论准备和发动者。在大革命期间被送上断头台的法王路易十六将革命的爆发归咎于伏尔泰和卢梭，认为是他们点燃了革命的烈火。英国保守主义政治思想家伯克认为，是卢梭的《社会契约论》制造了法国革命和革命的法律。②伯里在《自由思想史》一书中对卢梭的理论和影响做了如下评价："他通过大胆的社会和政治理论在全世界纵火。他在《社会契约论》中阐述这些理论，该书在日内瓦被焚毁。虽然他的思想原则会一时经不住批判，虽然他的学说由于具有把人变成狂热分子的非凡力量而造成灾祸，"然而他的这些理论使那些特权者声誉扫地，"并建立了国家的宗旨在于保障全体成员的福祉的观点，因而对进步做出贡献。"③

毫无疑问，卢梭极富感召力的思想表达不仅令人相信每个人都享有与生俱来的生命、自由、平等等天赋人权，而且还有组织社会反抗暴政压迫的神圣权利，从而催生了法国革命的爆发。有了革命理论武装头脑，革命者走上街头反抗现行法律秩序的行动便有了正当理由。

实际上，俄国十月革命的理论导师马克思的学说更具鼓动性。他在《〈黑格尔法哲学批判〉导言》中指出："应当让受现实压迫的人意识到压迫，从而使现实的压迫更加沉重；应当公开耻辱，从而使耻辱更加耻辱。应当

---

① ［俄］屠格涅夫：《父与子》，北京：人民文学出版社，缺页码。
② 陈志瑞：《伯克、卢梭与法国大革命》，载《史学月刊》1997年第5期，第76页。
③ ［英］J. B. 伯里：《思想自由史》，周颖如译，北京：商务印书馆2012年版，第99页。

把德国社会的每个领域作为德国社会的羞耻部分加以描述,应当对这些僵化了的关系唱一唱它们自己的曲调,迫使它们跳起舞来!为了激起人民的勇气,必须使他们对自己大吃一惊。"①

当然,革命需要理论家,更需要行动者。法国大革命有一大批行动者,罗伯斯庇尔就是其中之一。他自称是卢梭的学生,曾于卢梭去世前亲自前往寓所登门拜访,亲耳聆听革命教诲。列宁则既是理论家,革命的有力鼓吹者,又是行动者。如果没有他们,革命如何发生,甚至能否发生,都要打个问号。他们的理论以及理论所产生的影响经久不衰。

按照伯尔曼的观点,发生在西方的每次革命都对法律制度发生了持久而深远的影响,而每次革命与其说造成了破坏,不如说促成了转变。每次革命都不得不与过去妥协,但它也成功地产生一种新法律,这种新法律体现革命为之奋斗的许多主要目标。而在发生每一次革命经过一定的时期之后,人们逐渐认识到,法律正在背离历次伟大革命所提出的最终目标和使命。于是,改造世界的目标又重新设计,新的革命又开始孕育。②就具体国家而言,伴随革命胜利而来的是旧法律制度的废除和新法律体系的建立。

法国大革命之后是六法全书体系的完成。俄国十月革命之后则诞生了苏维埃社会主义法律体系。新的法律体系乃是新政权所实施的一系列立法活动的结果。

在立法成果方面,革命之后最具有代表性的立法当属宪法或宪法性文件以及民法典。法国大革命期间所颁布的宪法共有5部(1791年、1793年、1795年、1799年和1801年)。之后法国还颁行过多部宪法,都与革命或激烈变革有关。其中作为宪法序言的《人与公民权利宣言》具有深远的历史意义,对全世界人权事业发展和人类社会进步产生了巨大的影响。

其他国家的革命和宪法也与法国的情形类似,只是没有那么典型而已。如日本的两部宪法,1890年施行的《大日本帝国宪法》是明治维新的产物。而1947年的《日本国宪法》则是在盟军总司令麦克阿瑟主持下在日本强行推进民主自由制度的一部宪法。

俄国十月革命后于1918年颁布了《苏俄宪法》,被称为历史上第一部

---

① 《马克思恩格斯全集》第3卷,北京:人民出版社2002年版,第203页。
② [美]哈罗德·J.伯尔曼:《法律与革命——西方法律传统的形成》,贺卫方、高鸿钧、张志铭、夏勇译,北京:中国大百科全书出版社1993年版,第26页。

社会主义类型的宪法。现行宪法是1993年12月12日通过全民公决通过的《俄罗斯联邦宪法》。20世纪90年代的苏东巨变，虽然形式上较为温和，但其效果却是革命性的，社会制度上的变化可谓"改天换地"。

被许多国家法律人称为"经济宪法"的民法典，是代表革命成就的另一个重要标志性法律文件。最为典型的是1804年的《法国民法典》或称《拿破仑法典》，历史已经证明了其所具有的革命意义。

在《法国民法典》之后的《德国民法典》《日本民法典》《苏俄民法典》等重要国家的民法典，其制定颁行无不与该国政治革命、社会革命和经济制度的根本性变革紧密相关，将政治革命或社会变革的成果以民法典的形式确定下来。20世纪末掀起的新一轮民法典编纂浪潮，仍然以一系列计划经济国家抛弃原政治经济体制而转向市场经济制度为前提条件。

因此，对于一个近现代转型国家来说，民法典固然不是鼓吹革命或时代变革的号角，但它却是革命或变革沉甸甸的果实。改革者或革命者最初设计目标在多大程度上得到了实现以及时代的诸多面向，都会在一部民法典之中展现无遗。①

四、法律革命与社会进步

实际上，在将西方法律传统与其他文化区域进行对比时，我们无法不坚持一种进步史观的立场，否则便无法对其存在的巨大差异做出合理解释。摩尔根在《古代社会》一书中写道："一部分人类早在大约五千年前就已进入文明社会，这必须被视为一个奇迹。严格地说，只有闪族和雅利安族这两支是未假外力独立地达到文明社会的。雅利安人代表人类进步的主流，因为它产生了人类的最高类型，因为它通过逐渐地控制地球而证明了它内在的优越性。"②

尽管摩尔根的上述论断带有明显的西方中心论者的狂妄和自大，但我们也不得不承认，在现今所知的人类历史上，具备前述基本特征的西方法律传统确实是一个特例，具有唯一性。不仅是中华文明，还包括古印度文

---

① 王志华：《论民法典的革命性——制定中国民法典的时代意义》，载《中国政法大学学报》2016年第5期，第97页。
② ［美］路易斯·亨利·摩尔根：《古代社会》下册，杨东莼、马雍、马巨译，北京：商务印书馆1997年版，第557页。

明、古巴比伦文明、古埃及文明以及后起的伊斯兰教文明等，所有其他文明所体现的法律传统都与西方法律传统根本不同。正如梅因爵士所论证的那样，"在人类民族中，静止状态是常规，而进步恰恰是例外。"①

这里需要注意的是，近代以来整个世界都开启了社会进步的进程。与西方不同的是，非西方文化都是在借助于外力或受西方影响而加入这一进程的，只有西方才是依靠自身改造完成的，也就是摩尔根所说的"不假外力"或称"自力"，实际上即是促成社会根本变化和进步的革命。

托克维尔认为，人类希望进步和无限完善的思想，是民主时代所固有的。②

实际上，伯尔曼在书中所考察的西方历史上发生的改变了西方法律传统的六次革命也是一个关于进步的命题。"在科学中，旧的真理可能不得不让位于新的真理。在法律方面，旧的正义也许必须让位于新的正义。"③

由此可见，革命理想并非一蹴而就，上述六次革命都有其不同的发生原因和最后结果。教皇革命也被称为授职权之争，是欧洲天主教会鼎盛时期教皇格列高利于1075年宣布"教皇对教会具有最高权威，基督教教皇独立于并高于世俗权力"所引发的一系列事件及其对欧洲历史产生的重要影响。可以说，教皇革命是天主教会试图凌驾于整个欧洲世俗政权之上的一次努力，如果完全成功，或许可以建立类似于伊斯兰教那样的世俗政权听命于宗教权威的"宗教国家"权力结构。而发生于16世纪初德意志最后波及整个欧洲的宗教革命或改革，则是一场与教皇革命方向完全相反的运动，是将世俗政权从宗教权威之下解救出来的斗争。斗争的结果是基督教的又一次分裂，产生了基督教的又一个重要分支——新教，同时，也促成天主教的内部改革，从而形成了西欧独特的政教分离的权力格局。在精神上，欧洲开始摆脱中世纪长期的宗教教条束缚，创造力得以解放，从而为资本主义在欧洲的迅速发展创造了条件。

英国革命给英国的法律体系带来了一次根本而持久的转型。法官们不再根据君主的意志而去留，而是获得了独立和终身任职。都铎王朝所确立

---

① ［英］梅因:《古代法》，沈景一译，北京：商务印书馆1959年版，第14页。
② ［法］托克维尔:《论美国的民主》下卷，董果良译，北京：商务印书馆1988年版，第596页。
③ ［美］哈罗德·J.伯尔曼:《法律与革命·新教改革对西方法律传统的影响》，袁瑜琤、苗文龙译，北京：法律出版社2008年版，第26页。

的所谓特权法院——其中尤其是星室法院和宗教事务高等法院——被废除了，普通法法院取得了超越衡平法院和海事法院的最高地位。陪审团审判也进行了改革：陪审团不再由法官主导，并确立了证据上的证人证据和规则。

从国家基本制度而言，英国革命的重要成果之一是君主立宪制度的建立，使君主专制在英国成为过去的历史。作为近代开端的英国革命是相对保守的，革命的结果虽然限制了君主的权力，但只有贵族和市民上层取得了较为充分的公民权利，范围还极为有限。其最重要的价值在于对流行千年之久的专制主义的克服。因为任何专制集权最后都会走向一人之治，只要不是一个人专制独裁，权力就会受到制约，不至于任性肆虐危害整个社会，就会存在走向民主的可能性。

英国革命的另一个重要成就是代议制，实际上解决了自古希腊时期开始直到近代一直困扰西方的小国寡民（城邦制）才能实行民主制度的难题。以雅典为核心的希腊民主共和国制度即城邦制，经过几百年的实践，虽然创造过联合抗击强大的波斯帝国的辉煌历史，但最后还是为实行集权君主制的马其顿所征服。古罗马的城邦共和制曾兴盛一时，但随着国家的领土扩张和外邦人的加入，以广场议事为民主表现形式的城邦制客观上已无法实行下去。虽然布鲁图斯以谋杀凯撒的极端方式力图挽救共和国，但还是没有成功阻止独裁制度的建立。罗马帝国以多少不同于东方的专制形式运行，但与国家发祥之初的城邦共和制度渐行渐远，终成遥不可及的记忆。英国革命创造了代议制民主形式，在一个相对"广土众民"的国度实行类似于城邦的民主制度。而脱离英国统治而独立的美国联邦制则以高度地方自治形式更为彻底地贯彻了这一制度设计。

因此，美国革命的意义在于联邦制和建立在欧洲本土几经尝试无法巩固的没有君主的民主共和国。但是，美国革命也是不彻底的，奴隶制的保留为其留下后患，19世纪后半叶不得不打一场南北战争解决这一问题。

任何革命都有其理论思想基础。美国革命的基础源自14世纪以来发生在欧洲的文艺复兴、宗教改革和启蒙运动所形成的国家结构理论，而导源于法国最后波及整个欧洲的启蒙运动，则是受到英国革命的冲击和启迪，知识界探讨人类摆脱蒙昧状态、理性设计国家权力结构的可能性和正当性。在这方面，美国率先进行了尝试，而美国革命直接刺激了法国革命的爆发。

每次革命都有其预定的目标,德国革命强调君主政体和王室的特权,英国革命强调贵族政体和贵族的特权,与此相应,法国革命的推动者则强调民主与公民的权利和自由——用1789年法国的《人与公民的权利宣言》的话来说就是"人的自然而不可消灭的权利"。①

法国革命是启蒙运动理论的进一步实践,尤其是人人平等原则的贯彻,将公民权赋予共和国每个男性公民。人们通常夸大法国革命产生的后果。但毫无疑问,从未有过比法国革命更强劲、更迅猛、更具破坏性、更有创造性的革命。在法国,社会地位已比任何国家更加平等;大革命加强了平等,并把平等的学说载入法律。②但是,令人遗憾的是,体现法国革命最大价值的平等原则却也是不彻底的,比如男女平等原则并未真正实现,尤其是政治权利。这一任务有待于俄国革命来完成。正是在1917年俄国革命实施男女平等原则之后,英美等西方国家才开启了轰轰烈烈的妇女平权运动。

按照当代苏联的官方解释,俄国十月革命可以视为法国大革命的继续,但法国革命是资产阶级的革命,而十月革命则是社会主义革命,两者具有根本不同的性质。因此,俄国革命在苏联被称为"伟大的十月社会主义革命",与法国大革命一样,第一个字母要大写,以彰显其所具有的进步意义。

伯尔曼在著作中总结了苏维埃法律对整个人类社会进步所做出的贡献,指出其很早就确立了公民工作、享受养老金、免费医疗和免费接受高等教育的权利等经济和社会权利。俄罗斯革命所确立的两项法律新举措,即国家强化在社会经济领域的作用和与此呼应的法律之父母养育作用的大大加强,对整个西方和整个世界产生了影响。

五、进步、危机与拯救

综上所述,在人类历史上,西方传统法律文化体现了一种独有的不断"进步"的精神和发展轨迹,这些社会进步是通过一次次世俗与宗教革命

---

① [美]哈罗德·J. 伯尔曼:《法律与革命·新教改革对西方法律传统的影响》,袁瑜琤、苗文龙译,北京:法律出版社2008年版,第12页。

② 《1789年前后法国社会政治状况》,载[法]托克维尔著《旧制度与大革命》附录二,冯棠译、桂裕芳、张芝联校,北京:商务印书馆1992年版,第316页。

得以实现的,并最终由法律将每一次革命所取得的部分成果确定下来,而其他区域的法律文化则均流于专制主义,因而,西方传统法律文化具有唯一性,而在近代以后被其他文化区域广泛接受或受其影响,从全球一体化背景角度言之,西方传统法律亦具有普遍性。以罗马私法为制度基础的西方传统法律文化既体现秩序价值,同时也在不断强调公平与个人自由,这在近代以后逐渐成为全人类认可并共同追求的价值目标。

与生俱来的理性曾经告诉我们,人类社会有无限进步发展的潜力和可能性。历史的经验也雄辩地证明,社会的进步不是依靠集权专制所能够实现,而需要人与人的分工协作。一个合作型的市民社会能够为实现这一目标提供前提条件。在市民社会里,整个社会运行的基础是公民的自我管理,公共权力只在必要的范围内发挥作用。摆脱了统治与被统治紧张关系的市民社会,每个人的创造力都将极大限度地得到发挥。

近代以来,非传统欧洲区域的进步也是显而易见的。亚洲的日本、新加坡、南韩,非洲的南非以及介于欧亚文化之间的独联体各国,都逐渐摆脱了集权统治,走向现代民主。自由、民主、法治原则具有普遍性,对全人类都适用,这应成为我们坚定不移的信念。在非传统欧洲区域,完全可以通过教化和启蒙教育而逐渐实现。

只要知道人类向哪方面前进,就可以谈论历史的进步。19世纪,大多数欧洲人都认为,所谓进步就是迈向民主。可是,活在20世纪的大多数人在这个问题上几无共识。①

因此,与上述进步史观相伴随的是西方法律传统的危机。而且在伯尔曼看来,"西方法律传统的危机不仅仅是法哲学的危机,而且是法律本身的危机。"②

自由民主"可能"形成"人类意识形态进步的终点"与"人类统治的最后形态",也构成"历史的终结"。换言之,以前的统治形态有最后不得不崩溃的重大缺陷和非理性,自由民主也许没有这种基本的内在矛盾。③

---

① [美]弗兰西斯·福山:《历史的终结》,黄胜强、许铭原译,呼和浩特:远方出版社1998年版,第22页。

② [美]哈罗德·J.伯尔曼:《法律与革命——西方法律传统的形成》,贺卫方、高鸿钧、张志铭、夏勇译,北京:中国大百科全书出版社1993年版,第45页。

③ [美]弗兰西斯·福山:《历史的终结》,黄胜强、许铭原译,呼和浩特:远方出版社1998年版,第1页。

但是事实证明，民主制度也存在着另外的矛盾，其复杂程度同样难于解决。目前西方法律传统所面临的危机，既由这一制度内在的矛盾所造成，实际上还要应对来自外部的威胁，即非西方法律传统的挑战。

考察伯尔曼研究的相关领域我们会发现，他对宗教倾注了极大的热情。在世纪之末西方法律传统发生危机之时，他又将目光转向基督教，将重新建立宗教信仰作为新世纪拯救世界的希望。

梅因也非常重视宗教的价值和作用。"这种不问过去只向未来寻求完善典型的倾向，是由基督教带到这世界上来的，古代文学很少或者没有暗示过这样一种信念，即认为社会进步必然地是从坏到好的。"[①] 基督教以否定现世生活的态度肯定未来，让人们在现实的黑暗生活中看到永恒的希望之光，也给了人类以改造现世不如人意的生活的动力。

但是，人们往往夸大基督教在西方历史发展中的作用和力量。在伯尔曼所考察的近代以来的六次革命中，除第一次教皇革命之外，其余每次革命都有反基督教或天主教的内容。实际上，西方传统文化的核心是人文主义。西方人正是根据人文主义理念和人的形象塑造了基督教的上帝。这也就解释了犹太教、基督教和伊斯兰教三教同源，却在信仰问题上表现得如此不同。西方人按照自己的形象创造了上帝，但时刻准备摆脱其控制以获得独立和自由。阿拉伯人也是按照自己的形象创造了上帝安拉，却将自己交给这个唯一的真主，并甘愿受其控制和摆布。

显然，伯尔曼意图通过加强信仰的力量摆脱危机，似乎并不会达到预期目的。应当寻求其他出路。

在这里有一点我们需要有清醒的认识，那就是西方所谓的危机是一种"现代性危机"。对于一个发展中国家来说，可能所面对的会是"前现代危机"。也就是说，西方的法律传统已经受过现代化洗礼，其所面临的危机在性质上属于能否超越现代性问题。

就现代社会而言，无论是中国还是西方，我们正在面对的是一个科技革命时代。进入21世纪以后，后工业时代人工智能、物联网、大数据、云计算等新兴科学技术对人类生活的影响逐渐显现，正在改变着人类社会结构和人们的生活方式，也影响到法律规则体系及其规范社会生活的功能，在可以预见的未来，人工智能和基因生物技术或将从根本上动摇近代以来

---

① ［英］梅因：《古代法》，沈景一译，北京：商务印书馆1959年版，第42页。

由法律理性建构的社会关系。

表面上，新兴科技让人们的日常生活变得极为便利，从历史角度观之，目前人类取得的成就，正是古人曾经的梦想和天堂；但在实质上，整个人类却将面临前所未有的危机。在《人类简史》和《未来简史》的作者赫拉利看来，在过去的一个世纪里，人类已经克服了饥饿、疾病和战争；在新的世纪里，人们将要努力并基本能够实现幸福、长生不死和成为神这三大目标。[①] 而如果赫氏所言非虚，我们这些法律人历经千百年来孜孜矻矻以求为我们这些智人设计的法律规则体系是否能够适用于未来的新型人类？作为"最后智人"的我们又将如何应对未来的"人类转型"？

"未来已来"是当今最具时代感的口号，新时代的曙光已照亮这片人类栖居的过于喧嚣和动荡不安的土地。思想革命曾孕育和引发社会和政治革命，正在发生的科技革命会给人类带来什么，是人类整体的进步吗？

这是一个颇具诱惑力的问题，值得深究。

---

① ［以色列］尤瓦尔·赫拉利：《未来简史》，林俊宏译，北京：中信出版社2017年版，第1—38页。

Revolution, Law and Social Progress

—Berman's "Law and Revolution" Book Review

Zhihua Wang

Abstract: Berman attributed the European legal tradition to ten characteristics, but from the perspective of legal culture, the revolution itself is an important tradition of European law. It can be said that without the revolution, there will be no European legal system that has continued from ancient Greece and Rome. The basis of the traditional European legal system is the Roman private law. The revolution promoted the development of law and social progress, with the goals of freedom, equality, democracy and the rule of law. Through the religious revolution, a national and social structure in which politics and religion are separated was formed. While pursuing the value of order, the law also upholds justice and freedom. If we must adhere to the progressive view of history, then before modern times, the legal culture of other non-Western regions was contrary to the West, and it was authoritarianism, the unity of politics and religion, and the system of public law. The basic value goal pursued by the law was order, safeguarding public power, less cared for justice and freedom. Although there was a "Tang Wu Revolution" in history, but there was no revolution but only riots in ancient China, and this was not related to social improvement. Therefore, China has a revolution only after modern times, and from then on, the process of social progress and legal reform was initiated.

Key words: Legal tradition; legal revolution; revolution and law; revolution and social progress

《院庆文库》书评

Book Review of Anniversary of Law School of BIT

实践出真知

——评赵秀梅著《农村集体土地征收和补偿立法实证研究》

王 雷*

北京理工大学法学院赵秀梅组织撰写的《农村集体土地征收和补偿立法实证研究》近日出版。应她之邀，我仔细阅读，受益颇多，粗浅体会、权作书评。

我曾长期讲授研究生《房地产法专题研究》课程，在备课过程中发现当前我国房地产法律体系中存在城乡二元化结构，立法数量和质量存在城乡不均衡现象，在房地产法律实务上亦然。房地产法律体系的二元结构还表现在房产法和地产法的二元结构之上。房地产法律的规范内容具有综合性，从房地产法律的实质内容上看，房地产法律也存在行政管理法和民事权利法的二元结构。当前我国房地产法律渊源多层次、多部门，大量的房地产法律规范性文件重叠冲突，需要根据《立法法》《物权法》等的相关规定对之做体系协调。我认为，房地产法学应该既要研究城市房地产法律关系，也要研究农村房地产法律关系，关心"居者有其屋"和"耕者有其田"的重大民生问题，并努力将房地产开发、交易、权属、使用乃至保障等领域的社会纠纷法律化。在我个人设计的房地产法课程体系中，房地产征收拆迁是房地产开发建设法律制度的重要内容之一，房地产征收拆迁和农村房地产法律问题也持续成为我课程的重点选题。2016年上半年，我第四次承担这门课程讲授任务时更是将《城乡房屋与土地征收补偿纠纷法律理论与实践》作为11个选题之一。基于此，《农村集体土地征收和补偿立法实证研究》一书选题意义重大，是重要的房地产法专题研究成果。

---

* 作者简介：王雷，中国政法大学民商经济法学院副教授、博士生导师。

我国尚无一部统一的不动产征收补偿法,在我国既有法律体系下,被征收人对集体土地增值收益的分配主要体现为农村集体成员经由农民集体决议对土地补偿费的分配。2011年1月21日起公布施行的《国有土地上房屋征收与补偿条例》仅规范国有土地上房屋征收与补偿活动。农村集体土地征收和补偿专项、细化法律制度付之阙如,对此只能回归《物权法》《土地管理法》《农村土地承包法》《村民委员会组织法》的一般、概括规定。农村集体土地征收和补偿实践远远走在立法之前。借鉴王轶教授对民法事实判断问题的讨论方法,有必要发现梳理在中国农村集体土地征收和补偿社会生活的现实中间究竟存在哪些冲突的利益关系,以往对这些冲突的利益关系采用的协调策略是什么? 在采用这些协调策略的时候,设定要实现的协调目标是什么? 采用这样的协调策略有没有实现最初所设定的目标? 对这一系列事实判断问题运用社会实证分析方法做出符合中国实际的回答,这是能不能制定妥当、合用的农村集体土地征收和补偿制度至关重要的前提。① 《农村集体土地征收和补偿立法实证研究》对西南、华南、东北、华北、西北、华东和华中地区土地征收和补偿地方立法进行了实证研究,并对现行《土地管理法》和《土地管理法实施条例》提供了修改建议。实践出真知,赵秀梅所带领的《农村集体土地征收和补偿立法实证研究》团队进行了扎实的社会调查,形成了一部重要的社会实证分析著作。

在农村集体土地征收决定作出环节,关键要确定是否满足征收构成要件中的公共利益要件。农村集体土地征收包括申请、审核、批准、公告、听取意见、政府裁决、征地补偿登记、领取拆迁补偿费用等程序,其核心是对"公共利益"的确定程序。本着正当程序规则,征收主体不能是"公共利益"的终局确定主体,人民法院方为集体土地征收是否符合公共利益的最终决定者。赵秀梅所带领的《农村集体土地征收和补偿立法实证研究》团队分区调查农村集体土地征收和补偿规范文本、征收目的、征收程序、征收补偿,并形成针对相关规范文本的修改建议,既有规范文本的实证分析,也有案例实证分析。赵秀梅带领团队的相关研究有助于发现实践中对农村集体土地征收对应"公共利益"具体类型的社会共识及其确定程序。梳理"公共利益"的确定主体、确定权限、确定程序,以妥当约束征

---

① 王轶:《当前民法典编纂争议问题的讨论方法》,载《北京航空航天大学学报(社会科学版)》2018年第1期,第10—11页。

收主体的自由裁量权，遵循正当程序规则，使得"公共利益"以"看得见"的方式得到论证和实现。《中华人民共和国土地管理法（修正案）》（征求意见稿）2017年5月23日到6月23日向社会公开征求意见，参考《国有土地上房屋征收与补偿条例》第8条的规定，2017年6月23日我提交书面意见，建议删除《中华人民共和国土地管理法（修正案）》（征求意见稿）第44条第（五）项的规定："为了保障国家安全、促进国民经济和社会发展等公共利益的需要，有下列情形之一，确需征收农民集体所有土地的，可以依法实施征收：……（五）在土地利用总体规划确定的城市建设用地范围内，由政府为实施城市规划而进行开发建设的需要；……"该项对公共利益的界定过于宽泛，混淆了商业协议拆迁与政府公益征收拆迁。如果在土地利用总体规划确定的城市建设用地范围内，由政府为实施城市规划而进行开发建设的需要都作为公共利益需要，会将为实施政府城市规划而进行的商业开发建设也不恰当地纳入，可能激发更多社会矛盾。《农村集体土地征收和补偿立法实证研究》第八章第三节有类似观点。

我国绝大多数征收拆迁纠纷，其实都归因于补偿数额争议。"在中国大多数的拆迁纠纷中，被拆迁人不是不同意拆，而是他表示不能接受拆迁人提出的安置补偿条件。"① 应该坚持将依法补偿作为征收决定的生效要件，先补偿后拆迁。赵秀梅带领团队梳理并反思各地相关规范性文件中土地补偿费、安置补助费、地上附着物补偿费、青苗补偿费的补偿标准、补偿对象等重要价值判断问题，将抽象规定具体化、类型化，既凝视制度现状，又展望理想未来。就征收补偿对象问题，针对《中华人民共和国土地管理法（修正案）》（征求意见稿），我还提过如下书面修改意见：该征求意见稿第46条第3款和第64条第6款分别规定农村集体经济组织作为签订补偿安置协议的一方主体和作为协商回购腾退宅基地的一方主体，这就需要协调该法与《民法总则》第99条、第101条，与《物权法》第58—60条所规定的特别法人制度及农村集体所有权主体制度之间的关系，不宜简单径行只将农村集体经济组织作为一方当事人，还应该顾及到未设立村集体经济组织的村民委员会的协议主体地位。

综上，《农村集体土地征收和补偿立法实证研究》一书选题意义重大、

---

① 王轶：《物权保护与依法行政》，载百名法学家百场报告会组委会办公室编：《法治百家谈——百名法学家纵论中国法治进程》，北京：新华出版社2011年10月第1版，第172—173页。

研究方法得当、研究结论富有启发性。《农村集体土地征收和补偿立法实证研究》是物权法学、房地产法学、土地管理法学等学科交叉领域的一部力作。

问渠哪得清如许，为有源头活水来

——评孟强先生新著《民法疑难问题研究》

张玉东[*]

  孟强是我的博士同学。2007年我们同入人大法学院学习，因秉性相投，遂成为好友至今。因此，其新著《民法疑难问题研究》（以下简称《研究》）甫一出版，便赠送我一册并希望我能为该书写些评论性的文字。对此，我自然不会推辞。然而，于我而言，阅读其新著，更多的是学习。为完成其交托的"任务"，我用了大约三周的时间认真阅读了全书。感受如下：

  其一，文字质朴。论文写作，意在说理。说理是作者和读者之间的一种交流。交流得以实现的前提，自然应是作者以一种可理解的方式表达其意思。因此，作为思想载体的文字表达，在写作中具有重要意义。换言之，一个真正成熟的学者，应是能用最为简单而质朴的文字讲出较为深奥的道理，所谓"深入浅出"。毫无疑问，《研究》一书并未用花哨的语词表达去博人眼球，作者所使用的文字都是简单而质朴的，娓娓道来，但不乏深刻。事实上，这样的表达方式，既体现了作者对其所持观点的自信——自己真的将问题搞清楚了，也体现了作者的真诚。当然，这也是文如其人的真实写照。

  其二，视阈广阔。《研究》一书体现了作者广阔的研究视阈。《研究》为作者多年间所撰写的文章的汇集，体现了其研究的轨迹。这与以某一主题为中心所写的专著有所不同。在这一以民法为题的文集中，作者所关注的问题是广泛的，内容涵盖了民法总则、物权法、人格权法及侵权责任法。其中，不仅有若干基础性问题的探讨，也有若干前沿性问题的阐释；不仅有立法论上的论述，也有解释论上的言说。更为重要的是，作者以更

---

 * 张玉东，烟台大学法学院教授，中欧侵权法研究院执行院长。

为宏观的视野,在民商合一的理念之下,阐述其相关主张。例如,在《经由编纂民法典实现民商合一》一文中,作者旗帜鲜明地指出《商事通则》的立法并不具有可行性,但在民法典的编纂中应当对商法上的一些特殊规则予以吸收,从而更好地满足我国现阶段商事活动的需要。应该说,作者对其民法与商法之间关系的认识贯穿了其研究的始终。就此,《〈民法典物权编〉应允许流质流押》等篇章中的观点可为印证。广阔的研究视阈,必然使得作者对问题的把握更为全面、到位,也更符合人们对民商法作为一个整体的体系化认知。

其三,观点鲜明。观点是否鲜明是评价法学作品的重要标准之一。若具有一定知识背景的读者在认真研读完一部著作或一篇文章后,仍难以知晓作者所持观点,则通常是作者的观点不够鲜明。潜在的原因,可能是作者自己并没有精准定位问题之所在,也可能是作者自身已陷入资料或各种不同主张的泥淖而无从做出准确判断。无论基于何种原因,观点不鲜明的作品,都难以被认定是好的作品。这样的问题,在《研究》一书中是不存在的。按通行观点,法学作品可大致区分为立法论与解释论两种。如此,观点鲜明在立法论中就体现为作者提出明确的立法主张,在解释论中则体现为作者提出明确的法律适用规则。具体到《研究》一书,作者在立法论上明确主张,《商事通则》立法不具有可行性(《经由编纂民法典实现民商合一》),由《不动产登记暂行条例》规定登记机构错误赔偿责任立法层级过低(《论不动产登记机构登记错误的赔偿责任》),未来民法典物权编应设定允许流质流抵的规则(《〈民法典物权编〉应允许流质流抵》),等等。在解释论上,作者明确主张,习惯无法创设新物权(《民法总则中习惯法源的概念厘清与适用原则》),不动产也可以成为侵占罪的对象(《物权法占有制度与侵占罪的认定》),应通过扩张解释《侵权责任法》第55条第二款中的损害将患者知情同意权纳入其保护范围(《论我国〈侵权责任法〉上的患者隐私权》),等等。

其四,论证扎实。但凡佳作,必以问题为始,其后于分析中抽丝剥茧、条分缕析、逐层推进。同时,好的论证也绝非作者自说自话,其间必然要对他者的不同主张有所回应。阅读《研究》一书,这种感受是很强烈的。就此,仅以《民法总则中习惯法源的概念厘清与适用原则》一文为例加以说明。相比于《民法通则》,《民法总则》第10条增设习惯为民事法律渊源。由此,作为法源之习惯在未来应被如何适用,为解释论上的重要问题。这一问题，不仅关涉习惯内涵及功能的界定，也关涉到习惯在法律适用中的具体路径。文义解释，为法律解释的起点。对此，在该文中，作者首先对习惯与习惯法的概念之争进行了分析，指出《民法总则》中的习惯即是学界通说中的习惯法，若学界再陷入二者的概念之争，已无意义。随后，作者对习惯与政策及判例法之间的关系进行了更为具体的说明。事实上，此种说明，是对作为法源之习惯的功能及内涵的进一步阐释。最后，作者对习惯的具体适用进行了论述，即习惯无法创设新物权，对习惯的适用宜留待个案查明而非抽象出一般规则。由上可知，作者在该文的论证上是以习惯的内涵及功能为主线进而探讨其适用问题的，可谓主线清晰。同时，作者在论述中并未满足于正面论述，在相应的部分对与其相异的学界观点，也逐一进行了有力反驳。全文论证有理有据、颇为扎实。

综上，《研究》一书无疑是近年来在我国民商法学界出现的又一部力作，其中凝聚了作者十余年间的心血。尽管书中的观点未必为学者所全部赞同，但其在对相关问题研究的推进上，显然具有重要的意义。

司法改革的镜鉴

——评彭海青著《德国司法危机与改革——中德司法改革比较与相互启示》

刘 玫[*]

中国刑事法学界有个有趣的现象,即刑法学者多师承德日、刑诉法学者则多留学英美。正因如此,对于刑诉法学者而言,多了解包括德国在内的欧洲大陆国家的刑事司法制度,无论对于拓宽研究视野还是破除与刑法之间的学科壁垒,都是大有益处的。但是由于语言方面的原因,直接阅读德文著作并不容易,而由彭海青、吕泽华、彼得·吉勒斯三位教授编著的《德国司法危及与改革——中德司法改革比较与相互启示》一书,正为我们推开了一扇了解德国司法制度和司法改革的窗户。

本书有上下两编,上编介绍德国所面临的司法危机及其采取的改革对策,以对德国学者论著的译文为主,下编则由中国学者对中德两国司法改革进行比较分析。本书的核心内容主要集中于上编,包括五个方面:第一部分聚焦刑事司法,涉及对德国刑事司法基本原则和制度、侦查制度、辩护制度、协商性司法、当事人权利等问题的研究;第二部分以德国民事司法改革为研究对象,涉及民事诉讼与宪法关系、替代性纠纷解决机制、诉讼信息技术、裁判救济、民事执行等内容;第三部分研究德国法学教育制度,涉及必修课程设计、培养全球律师经验、法学教育改革等问题;第四部分以比较的视角分析欧洲法律同化、比较诉讼法的地位等问题。

本书有以下特点:

第一,内容全面、资料翔实。从内容上看,本书既涵盖了刑事司法改革、民事司法改革等制度性问题,也关注制度背后的研究方法、人才培养

---

[*] 刘玫,中国政法大学刑事司法学院刑事诉讼法所所长,教授、博士生导师。

等基础性问题，例如其中对于德国刑事司法所遭遇的困境及其改革有比较充分的研究，从理念、原则到具体制度都有相关的论述。从资料方面看，本书汇集了大量成文法和判例法资料，可以为我们了解和研究德国司法改革提供极有帮助的信息来源。

第二，观点主流、作者权威。本书选取了二十余篇在德国具有相当影响力的论文进行翻译，而这些论文的原作者均系德国一线法学院的知名教授，其论著具有一定的权威性，例如托马斯·魏根特、彼得·吉勒斯等教授是德国著名的学者，在中国也极具影响力。本书以这些学者的论著为基础，能较为客观地反映德国学界的主流观点，对于中国的司法改革具有较大的参考价值。

第三，尝试进行双向的比较借鉴。在以往的比较法研究中，中国学者习惯于通过研究西方法治发达国家的法律制度而提出移植西方经验的意见和建议。然而事实上，中国数十年的司法改革经验亦有颇多可取之处，甚至可以为他国的改革提供借鉴。本书作者即意识到这一点，在进行比较时，"不仅考虑洋为中用，也尝试中为洋用"，通过双向的比较借鉴，既重视德国司法改革对中国的参考价值，也努力将中国经验向德国推介，而这种研究在以往是不多见的。

第四，重视制度构建背后的人才培养问题。司法改革是由立法者、法官、检察官、律师、法学研究者等法律职业共同体所推动的，从某种意义上看，法学教育培养出什么样的法律人，就在一定程度上决定了一个国家司法制度的样貌。因此，在研究司法改革之时，将法学教育和人才培养的问题纳入研究视野，无疑能够更好地理解司法改革背后的理想、观念等问题，从而使得研究深度得到提升。本书恰好做到了这点，在上编中以专篇研究德国法学教育及其对司法改革的影响这一问题。本书作为"北京理工大学法学文库"的一部分，也符合北理工法学院重视法学教育相关制度研究的传统。

第五，关注改革新动向、新问题。近年来以人工智能、大数据运用为代表的司法信息化技术给各国都带来了变革和挑战，历来相对保守的德国也不可避免地受到影响，例如2017年的德国刑事诉讼法修改中就在第100b条规定了运用高科技技术进行搜查的相关制度。本书对于这些新动向、新问题也有充分的关注，例如专门探讨了民事诉讼中的远程技术和"电子诉讼法"以及电子民事法庭程序等相关问题，及时回应了时代变革的需求。

正如 K. 茨威格特和 H. 克茨所言："比较法研究是极有用的，通过比较法研究可以刺激本国法律秩序的不断的批判，这种批判对本国法的发展所作的贡献比局限在本国之内进行的'教条式的议论'要大得多。"在当前中德合作越发紧密、两国司法改革紧锣密鼓地展开的背景下，本书的出版对于两国法学界之间加深了解、互相学习具有重要的意义，特别是对于我国的刑诉法学者而言，本书提供了有益的资料、全新的视角，足以成为研究之镜鉴。

会议综述

Summary of Conferences

阳光下的司法

——庭审直播学术研讨会会议综述

徐 昕 苏劲今[*]

太原姜玉东案、吉林王成忠案等影响性案件的庭审直播后，越来越多的人了解到庭审直播的优势。近年来，中国的庭审直播呈现井喷式发展，成为中国司法创造的世界纪录。世界上任何国家皆没有这么多案件、这么高比例的案件进行庭审直播。按照中央的决策部署，最高人民法院一直力推庭审直播。太原中院、海门法院等走在全国前列，公开庭审以直播为原则，以不直播为例外。庭审直播已成为促进司法公正、提升司法公信的重要保障。

为了总结成绩，研究问题，推动庭审直播的大众化，思考未来如何更好地发挥庭审直播的功能，2019年3月10日下午，由北京理工大学司法研究所、北京理工大学诉讼法学研究所、中国社科院法学所"人民法院庭审公开第三方评估"课题组主办，江苏开炫律师事务所协办的《阳光下的司法——庭审直播学术研讨会》召开。

研讨会采取网络研讨的形式，但完全按照正式会议议程进行，来自四川大学、清华大学、北京大学、西南政法大学、中国社科院、中央财经大学、安徽大学、郑州轻工业大学、江西师范大学、湘潭大学、华南理工大学、广西警察学院、山东理工大学、贵州大学、华东政法大学、西华大学、北京理工大学等28位学者；北京市高级人民法院、北京大兴区人民法院的2位法官；北京市人民检察院、北京市海淀区人民检察院的2位检察官；全国各地32位律师；5位北京理工大学、中国政法大学、安徽大学法

---

[*] 作者简介：徐昕，北京理工大学司法高等研究所所长，教授、博士生导师；苏劲今，北京理工大学法学院硕士研究生。

学院在读研究生；3位媒体工作者，以及多位自由研讨者参与会议，大会涉及三大主题从不同角度探讨庭审直播对律师、法官、检察官的新要求；庭审直播的意义、经验、不足与完善；国内外庭审直播比较；会后参与人员进行积极的自由学术研讨，气氛热烈。

会议致辞

会议伊始，北京理工大学教授徐昕律师首先发言。他以太原姜玉东案、吉林王成忠案引出会议主题，这两起案件让越来越多的人了解到庭审直播的优势。徐教授说，近年来中国的庭审直播呈现井喷式发展，成为中国司法创造的世界纪录，世界上任何国家都没有这么多案件、这么高比例的庭审直播。按照党中央的决策部署，最高人民法院一直力推庭审直播。

北京理工大学法学院院长李寿平教授致开幕词：

"2016年7月1日，最高人民法院宣布所有公开开庭的案件，原则上均通过互联网直播庭审，2016年9月，中国庭审公开网开通，截至昨天，该网累计直播案件将近265万件，累计访问达140亿余次，我国已成为世界上庭审直播和公开机制最成熟的国家之一。

庭审直播作为审判流程公开的重要形式，实际上已成为我国司法公开的重要内容。不仅在督促法官严格遵守诉讼程序、规范司法行为、提高司法水平、改进司法作风、维护庭审秩序方面具有重要的作用，也保障了当事人的诉讼权利，对公众关心的重大案件进行直播，保障了公民的基本权利即知情权。

直播是为了实现'努力让人民群众在每一个司法案件中感受到公平正义'的目标，构建开放、动态、透明、便民的阳光司法机制的重要举措。但庭审直播在促进司法公正的同时也可能引发一些新的法律问题，需要及时关注和研究，进一步完善我国庭审直播制度。"

主旨报告

清华大学法学院教授张建伟、中国社科院法学研究所研究员支振锋、北京才良律师事务所律师朱孝顶分别做了主题发言，论述了庭审直播的价值、在中国各级法院的实践情况、存在的问题和不足等。

张建伟教授指出，庭审直播经历了三个阶段，其上位原则是审判公开，是中国审判公开的新形式，他引用德国法学家拉德布鲁赫的话：司法的公开性不应仅仅为了监督，民众对法律生活的积极参与会产生对法律的信任，对法律的信任同时又是他们主动参与这类活动的前提。张教授说，网络庭审直播的积极意义在于：防止法官和检察官专横；增强法院的威信；改进司法工作；让庭审参加者如实陈述；唤醒舆论的力量。当然，庭审直播也存在一些弊端，如损害被告人的自尊心，是否直播宜征求被告人的意见。

支振锋研究员多年来一直从事和庭审直播相关的课题研究，在2014年前后就开始关注并研究利用微博进行庭审直播的问题，他说：中国庭审公开网向社会公众提供中国各级法院司法审判的现场直播及录像回顾，截至2017年12月31日，该网站已经基本实现全国各级法院的全覆盖接入，其中306家中级人民法院已进行直播，占接入中院的72.1%；2010家基层人民法院已进行直播，占接入基层院的62.8%。

庭审直播是生动的法治公开课，由于整个审判活动全方位向社会公开，无论是审判人员的行为举止、司法活动中当事人及律师的一言一行，及案件所涉及的事实和细节、最终的处理结果，都被置于社会公众的"围观"、见证与监督之下，这对审判人员的职业素养、言行礼仪乃至廉洁公正，都提出了更高的要求。因此，司法公开可以倒逼司法审判人员提高业务水平，抑制司法腐败，从而提升司法公信力。庭审直播将法庭的"说理"过程通过庭审视频传递到社会，能很好地促进人民群众对司法过程的了解与理解，更好地了解和掌握法律知识，以此提高社会公众对法律权威、司法权威的服从与认可，促进社会的理性化进程。

司法公开实际上也是司法机关与社会大众互动的双向过程，司法机关进行庭审活动的同时也在接受社会的监督。人民群众对于司法权运作的知情权、表达权、监督权在这一过程中落到实处，大量观众对庭审直播的观看、评论以及建议，会进一步促进司法水平的提升，增强司法公信力和司法权威，在促进司法公开的同时最大限度地实现正义。

支研究员也指出了当前庭审直播实践工作中存在的一些问题，如不恰当地泄露当事人的隐私信息，仰赖于权力推动，上级法院以类似于行政管理的方式对下级法院的庭审直播工作进行考核等。

朱孝顶律师对全国各地各级法院的庭审直播工作进行了统计，得出结论，全国各地的庭审直播实施程度和经济发展水平没有必然关系。江苏省庭审直播数量居全国首位，但北京、上海、山东等却排名靠后。在直播案件的类型方面，民事案件占到了近八成，刑事案件占16%，行政案件占3%。截至2019年3月5日，全国各级法院庭审直播案件2538701件，民事诉讼的庭审直播占全部庭审直播的78.85%、刑事案件占18.68%、行政诉讼和行政赔偿诉讼案件分别占2.36%和0.11%。

朱律师提出，庭审直播应侧重于刑事案件和行政案件、国家赔偿案件，普通的与公共利益关系不大的民事案件不应作为庭审直播的重点。

对于朱律师的发言，支教授补充道：我们在近五年的庭审公开研究和评估中，的确有很多有意思的发现。比如，庭审直播的开展情况和经济发展状况没有明显的正相关关系，而且每个省省内不同地区差异也极大。比如，在我们的评估中，北京、海南的表现是最差的；湖北全省的情况并不好，但武汉市江汉区却很好；河南全省的情况很一般，但驻马店市做得很好。后来我们做了总结，庭审公开是"一把手工程"，领导重视就能够做好，领导不重视就做不好。发展源于司法机关的强力推动。

除此之外，庭审直播使得法律人、学者、关注案件的普通公民都有机会了解开庭，无论是对于律师学习、借鉴名律师、资深律师的开庭经验，还是对于学者研究司法现状、探讨司法规律都将起到不可替代的积极作用。

专题论坛一：庭审直播对律师、法官、检察官的新要求

北京市高级人民法院吴小军法官强调树立司法自信，审判人员坚持依法独立审判，严把事实关、证据关、程序关和法律适用关，司法公开是宪法法律原则，庭审直播是加强司法公开的集中表现，是检验司法公开的试金石。刑事庭审直播日益成为社会关注的热点，有催生刑事司法由"剧场化"向"广场化"发展之虞。刑事庭审直播对深入推进以审判为中心的诉讼制度改革，落实庭审实质化具有积极作用。庭审直播对法官庭审驾驭能力和法律适用能力提出了新要求、新挑战，需要法官树立司法自信，坚持依法独立审判，严把事实关、证据关、程序关和法律适用关，提高重大敏感案件的识别能力，妥善处理好核心事实和边际事实、依法独立公正审判

与尊重民意、法律效果与社会效果三个关系。

北京市海淀区人民法院黄淘涛法官阐述了庭审直播在实际运作中的一些问题。一是法庭审理专业性较强，民意与司法之间是否会出现冲突？没有接受过法律专业知识学习和训练的普通人，在观看对专业要求很高的疑难复杂案件的庭审直播时，往往仅根据双方提供的证据及自身的判断，可能得出与法官认定的案件事实相冲突的结果。二是司法公开的公共利益，能否优先于当事人合法的个人利益？直播权主要在法院，对当事人的意愿兼顾比较少，并且庭审直播时对当事人的个人隐私信息极少做技术性的处理。三是暴力犯罪等案件的庭审直播是否影响观众的心理不适以及其他问题？如无形中通过网络传播了犯罪手段。

而对法官如何应对常态化的庭审直播？一是法官庭审中应严格遵循法定程序，二是努力提升庭审的驾驭处断能力，庭审的控庭能力，应包含以下几点：把握庭审节奏，避免重复拖沓，充分保障各方参与人权利，及时总结归纳辩点，防止人身攻击以及闹庭情况出现，应对突发情况，注重庭审礼仪，普通话标准等综合能力。大要案件需要做好预案，不断总结，刻意练习，精进业务！只有坚持党的领导，具备司法为民的情怀和扎实专业的审判能力，才能在做好当下的审判事业，赢得人民群众对司法的信任，满足司法的获得感。三是法官要不断探索特色庭审模式。简易案件，复杂案件，根据案件性质，繁简分流，注意节奏，简单案件快速审理，当庭宣判，疑难案件，充分保障被告人的合法权利，程序公正，庭审中查清事实，以便公正判决。不断总结庭审经验，规则统一，交流学习，模拟演练，适应目前庭审直播形成常态化的工作机制。

山东理工大学元华庭审研究中心主任韩振文认为，庭审直播可以保障当事人发问权的行使，使这一权益受到更多关注，倒逼庭审发问的展开。并结合一则代理的民事案件进行详细探讨论述。

杨学林律师认为，庭审直播有利于鞭策督促出庭律师认真敬业，有利于青年律师学习辩护业务，有利于民众选择优秀的或适合自己的律师。杨律师说：

"在2012年参加贵阳小河案辩护时，我获悉当地律师被要求法庭发言时间不超过五分钟，不能作无罪辩护，且要提前向法院提交辩护词。无疑，这就是所谓'形式辩护'。这样的辩护，如何维护当事人的合法权利？

后来，在外地死磕律师敬业精神的感召下，当地参与辩护的律师基本上改变了由有关部门内定的辩护方案，坚守在法庭40多天，为当事人提供了有效的法律服务。可以设想，如果庭审能够网络直播，则没有一个律师会只用五分钟为被指控数个罪名、数十项犯罪事实的当事人进行'辩护'的，更不会出现一个死刑案件的辩护词只有一张纸的情况。

有了庭审直播，无疑给当事人了解律师提供了很大的方便。除了从直播中能够看出辩护律师的敬业精神与执业水平外，还能选择自己需要的某种辩护风格的律师。庭审直播把办案部门的所有活动暴露在众人面前，使得那些妄想继续摸黑办案的人无法得逞。最重要的是把辩护律师的所有辩护行为展示在众人面前，可以让世人评价到底是'闹庭'还是合法辩护。庭审直播有百利而无一害，值得大力推广。我们欣慰地看到，许多法院已将庭审直播作为常规选项，以直播为原则，以不直播为例外。"

李金星律师结合太原姜玉东案，认为庭审直播让原本"高高在上"的法庭骤然拉近了与人民群众的距离。通过庭审直播，公众可以清晰地见证庭审举证、质证、辩论、判决等审判全程，这不仅有效地向大众普及了法庭文化，加强了大众、媒体对司法的监督，更可以有效地从程序公正倒逼实体正义，让法官在阳光下审理，在阳光下判决，避免司法腐败，维护司法公正。中国司法改革，依赖庭审直播；防止冤假错案，庭审直播是不二选择；司法取信于民，庭审直播是不二法门；本轮司改成果，主要看庭审直播"直播率"的提高和巩固，庭审直播符合公检法司律以及社会各界群众的期待，这项改革没有任何阻力，只能成功不能失败。

王飞律师认为：庭审直播是一种最彻底的司法公开手段，让开庭审理这项重要的司法权力在阳光下运行，接受亿万人的检阅、监督，甚至是质疑、挑刺，这种全方位的公开，虽然可能会给审理案件的法官带来一定的心理负担，但最重要的是可以为法官提供一个减压阀和"保护伞"。毋庸置疑，对于一个法官来说，坚守法律，就是对其最大的保护。在实践中，仍然存在司法机关内部上下级打招呼，以及党政领导干部插手案件等因素，成为导致司法不公的巨大隐患。同时对于承担具体司法责任的法官来讲，其不仅要承担双方当事人及律师对案件本身施加的压力，而且还要承担来自于外部干预案件的压力。而庭审直播，是一种最彻底的司法公开手段，让开庭审理这项重要的司法权力在阳光下运行。这不仅是法官的义务，也是对法官的保护。

李仲伟律师倡议：有法治信仰的律师，一定要养成时时分享庭审直播的习惯。

曾庆鸿律师说：庭审直播意味着庭审向世人公开。当事人、潜在的当事人都能通过律师过往的庭审视频了解其能力。现在庭审直播全覆盖，对律师提出了更高、更新的要求。

专题论坛二：庭审直播的意义、经验、不足与完善

贵州大学法学院副教授王春丽认为，庭审直播既能够有效推动法官、检察官和辩护律师实力入局，亦可成为建立外在监督与限权机制的突破口。根据两个案件入手，"直播"促使我们以另外一种全新的视角、经验和智慧去审视庭审，审视既往的审判实践。

所有的制度问题抑或体制问题，归根结底都是人的问题；只要有人为因素存在，就可能发生错误。这是不容置喙的。就法官、检察官、侦查人员乃至律师而言，其在多大程度上能够体现自己的使命和价值，其在多大程度上能够真正受到当事人、诉讼参与人乃至普通民众的尊重，取决于其愿意为自己的所作所为承担多大的风险，这或许可以算作法律人的担当。

作为法律人，应当有接受庭审直播检验的意识和担当，在"庭审直播"的冲击中壮大与成长。唯有如此，才能够督促自己坚持真实、依法办案，不断学习，提升业务技能和水平的同时将法律职业伦理内化于心，并最终型塑为良好的职业习惯和职业信条。于当前司法实践语境下，庭审直播既能够有效推动法官、检察官和辩护律师实力入局，亦可成为建立外在监督与限权机制的突破口。

华东政法大学副教授刘红对庭审直播的意义做了简单陈述：利于树立司法权威和促进中国早日进入法治社会、利于监督审判、利于实现以审判为中心的转型、利于产生有实际价值的政策建议，庭审直播，使庭审的司法经验得以公开，不再被具体的法院作为自己的信息秘密加以垄断，利于学术研究以司法经验为研究对象，从而为司法改革提供可行的政策建议。

刑事审判庭审直播，对解决中国语境下特有问题有着特别重要的现实意义，这是作为走向法治社会的中国与现有的其他法治国家不同的地方。

湘潭大学法学院讲师黄艳好就讨论的主题而言，"庭审直播"是否应该

"大众化"，"大众化"以及庭审直播的边界如何界定，这应该还有不少不同看法。但正如徐老师、高老师之前所讲，由于我国司法公正不足、社会监督乏力等特殊国情，或者说刘红教授刚强调的"中国语境"，应该要最大可能性地推进庭审直播。"庭审直播大众化"就是我们未来期待实现的一个目标，希望能够通过技术性的改变来促进司法公正，改善司法生态。进一步讨论如何更快更好地实现庭审直播大众化的问题。

攀枝花学院讲师王万琼提出了法院设备和技术人员不足、选择性直播等问题。庭审直播这场程序革命正在如火如荼进行，或许还有许多具体行为规范需继续完善，但未来路径无疑是清晰的，司法活动将会愈加公开透明。公开促公正，公正促公信。庭审直播能极大提升司法公信力，彰显司法自信，有助于向社会传递司法正义价值理念，塑造理性的法治思维和观念。最近通过吉林王成忠案、太原姜玉东案等一系列有影响力案件的直播，使得直播的重要性重新回归大众关注，并促成了此次研讨会召开，希望此次研讨会可以有效推动庭审直播的进一步规范与普及。

江西师范大学政法学院副教授罗金寿提出庭审直播的改进的十点建议，其中中国裁判文书网和中国庭审公开网合一可能是重要的发展方向。

邓学平律师前不久张扣扣案辩护词引发了极大的关注，他曾任检察官，而且非常勤奋，出版了两本书。他提出，越是重大、复杂、敏感的案件，越是需要直播。并且在实践中提出规则是一个整体，不允许随意的例外。一个例外就是一个黑洞，会伤害规则的整体有效性，会导致规则的整体溃坝。必须明确凡是公开开庭的案件一律实行庭审直播，除非当事人及辩护律师一致同意不直播。一审应当直播而不予直播的，应当视为重大程序违法，二审可据此发回重审。二审应当直播而不直播的，可据此申请启动再审。

虞仕俊律师针对不同人群分别阐述了庭审直播的意义，总之，庭审直播不论是于国家、社会，还是刑事诉讼中每一个个人，都是意义非凡。在我看来，庭审直播还应当更进一步推进，做到以庭审直播为原则，不直播为例外。除涉及国家秘密、个人隐私的案件外，若法院不庭审直播，则需要进行申请与审批流程。由此，才能推动司法审判程序更加公开化、透明化、公正化，庭审直播的意义才能真正凸显。

王振江律师认为应当对所有公开开庭的案件都要进行庭审直播。将庭审直播与开放旁听相结合，由庭审直播推广至取消对旁听人员的限制，让民众监督法律的实施，确保法庭的审理活动在阳光下运行，让每一个公民都成为案件的陪审员。

来自上海的青年律师程广鑫说：《直播录播庭审规定》规定了刑事案件检察机关庭审直播异议权、民事及行政案件当事人庭审直播异议权。但实践中，庭审直播案件往往仅有内部审批，有时当事人并不知道自己的案件将要在互联网"公之于众"，法院决定不直播时，当事人的异议权如何行使，亦无规定。尤其刑事案件，仅规定检察机关拥有异议权，刑事案件当事人权益保障缺失。最高法院关于庭审直播的规定中明确庭审直播需要审判庭向法院有关部门进行申请，审核后报分管副院长批准。该"有关部门"是什么部门，审核的标准是什么，审核的具体流程是什么均未有明确的规定。基于此，有必要确定一个专门的审核机制来对案件是否应当进行庭审直播进行审核。建议可以由每个业务庭组成一个专门的合议庭进行审核，并由庭审公开审批制转变为不公开审批制。

郑州轻工业大学教授郑世保对网上直播存在的问题及完善发表了自己的观点，网上直播有助于增强司法的透明度，网上直播有助于提升司法的公信力，网上直播有助于促进诉讼公正，网上直播有助于遏止司法腐败，网上直播有助于改变庭审虚化，网上直播有助于司法先例制度的建构。这些都是网上直播的价值优势。

但是网上直播也有缺陷：网上直播可能影响司法公正，网上直播可能影响对案件事实的认定，网上直播可能给证人带来更大的风险，网上直播也可能导致新旧规则之间的冲突。

阳光是最好的防腐剂，在司法公信力尚不足的中国，庭审直播应该大力提倡，实现大众化。

专题论坛三：庭审直播的比较研究

徐昕教授指出从比较法的视角看庭审直播。庭审直播方面，任何国家都没有中国走得快，走得远，当然在对待庭审直播的态度上也相对保守，民众的需求也不太强烈。因为中国在举国型体制下，能够迅速地配备设备和技术，而外国通常要通过议会大额拨款不容易，同时法治国家的司法公正有足够保障，民众更多地期待庭审直播，也更需要通过司法公开促进司法公正、公信。

北京理工大学法学院副教授周建华在法国获得博士学位，她详细介绍了法国庭审直播的发展。法国对于庭审直播是持非常谨慎的态度。虽然允许在少数情形下的录音录像，但这些资料的传播都只能在非常限定的范围内进行，绝对不允许在庭审进行中进行直播，向公众开放，重要理由是担心直播会引发对公正审判的冲击。新闻媒体方面一直在施加压力，要求从公民知情权角度出发推动司法的更加公开和透明化；然而从司法改革报告的解释而言，一直是担心庭审直播的开放会影响司法的公正和庄严性，会侵犯到诉讼中当事人的基本人权。媒体界和司法界两者一直处于博弈之中。因此，寻求到协调和平衡公民知情权和司法公正、人权保障的"合适区域"是法国庭审直播能否放开的关键。

张维玉、彭磊律师分享了国外庭审直播的发展历程、各国对庭审直播的态度等，并与中国的状况进行对比。西方各国并不仰赖庭审直播展现司法公信力，所以他们对庭审直播的态度反而没有中国积极。民意审判、舆论审判都是不值得提倡的，并非大多数人的正义才是正义，推动庭审直播的目的也绝对不是为了让民众、让新闻媒体去代替法官审理案件。即是说，无论是对于制度构建而言，还是对司法实践而言，我们都必须明确庭审直播的目的———种看得见的正义。

专题论坛四：庭审直播如何制度化

西南政法大学教授高一飞说：随着庭审直播的大力推进及常态化，庭审视频直播将会切实地督促法官严格诉讼程序、规范司法行为、维护庭审秩序、提升驾驭庭审的能力和水平，并将切实保障人民群众的知情权、监督权，实现以公开促公正、树公信。在国际上，中国庭审直播的成绩是中国对世界人权事业和司法文明的贡献，其经验值得包括美国在内的域外国家和地区借鉴。随着网络技术的发展，我国法院运用现代网络技术拓宽了司法公开的渠道，网络庭审直播（包括图文、音频、视频直播和录播）越来越普遍。这类直播、录播如果都由高级人民法院审核是不现实的，也会限制和制约这项司法公开举措的发展。所以，最高法院此项规定将网络直播的批准权放到各级法院，由各院主管副院长负责审核。但也保留了一定的灵活性，规定在必要时也可以报上级人民法院审核。电视直播的传播范围和影响程度更大，应当对此给予一定的限制。所以规定通过中央电视台进行庭审直播、录播的，应当经最高人民法院审核；通过省级电视台进行庭审直播、录播的，应当经高级人民法院审核。

北京大学法学院教授陈永生阐述了庭审直播的适用范围，而且提出了分阶段方案，具有可操作性。这个问题解决了，庭审直播的争议就不大了。目前庭审直播的案件范围过窄，侧重于没有争议的案件。庭审直播适用范围的扩大可以考虑分四个阶段推进。第一个阶段：以下两类案件应当进行庭审直播：（1）当事人或者其辩护人、代理人申请直播的案件；（2）具有重大社会影响的案件。第二个阶段：原被告（控辩双方）存在争议的案件。第三个阶段：所有适用普通程序审理的案件。第四个阶段：所有不存在不应当直播事由的案件。

北京市海淀区人民检察院李刚检察官是参会人员中不同观点的代表，需要有不同声音，以便庭审直播走得更理性。他认为应适当限制庭审直播的范围，对于庭审直播可能干扰办案表达了自己的观点。庭审直播对法官、检察官乃至当事人和律师的肖像侵害乃至精神伤害问题。电视中的法治宣传报道一般都给当事人脸上打上马赛克，但在庭审直播中则均不对面部进行处理。所以，我们看到网上有一些帖子对庭审直播中的法官、检察官的表现、表情做PS处理，进行调侃。无论是善意还是恶意的PS、调侃，客观上必然对有关人员造成至少是精神上的困扰，也影响了庭审活动的严肃性和司法的公信力。美国拒绝庭审直播乃至摄像报道，很重要的原因也是法官、检察官和律师们不希望自己在法庭上的某个动作、表情被民众所演绎调侃。那么我们的庭审直播究竟应不应该重视对庭审参与人的肖像和精神权益的保护？这值得思考。

北京理工大学法学院诉讼法所所长彭海青副教授认为庭审直播应当作为刑事案件被告人的权利，点出了研讨会的核心之核心。庭审直播是加载了网络科技的公开审判的现代化表现形式，因此庭审直播在本质上与公开审判的本质应当是一致的。在我国公开审判是作为一项制度规定于刑事诉讼法中的，并未揭示公开审判的本质。而根据《世界人权宣言》《公民权利和政治权利国际公约》的规定，公开审判是被告人的一项诉讼权利，揭示了庭审直播的权利本质。在此认识基础上，法律应当保障这项诉讼权利的顺利行使。对于立法有关庭审直播权利的规定，法院和检察院的司法权不能违反法律进行限制，而只能遵照立法的精神予以保障。

安徽大学法学院教授行江基于切身体验提出了庭审直播权的理论框架。其理论基础以审判公开原则为依托、是诉讼参与人参加诉讼权的应有之意。庭审直播的诉讼价值不仅保障被告人、被害人得到公正的审判也使得法官终身负责制下也是保障审判人权益的重要保障。

华南理工大学法学院讲师叶竹盛主要从启动程序、案件类型的选取、直播的形式、直播后的管理四个方面来分析庭审直播的原则与例外，提出关于庭审直播制度的两点建议是：建立法院新闻发布制度，应对庭审直播引发的社会舆论。对于一些大案要案、社会关注度高、影响范围广的重大案件来说，如何消解直播产生的舆情对案件审理的负面影响非常重要。法院在庭审直播中需要引进舆情监测系统，对网络负面舆情提前监测分析，需及时与审判法庭和主审法官进行交流，在不影响案件公正审判下，及时、主动地公开信息，解释民众质疑，消除网络谣言；另外法院应建立完善的新闻发言人制度，迅速回应舆论释疑，最大程度消解直播舆情对案件审理的负面影响。

广西警察学院副教授伍志锐就庭审直播制度化提出七点想法，要实现以审判为中心，推进庭审实质化，就要确保诉讼证据出示在法庭、案件事实查明在法庭，诉辩意见发表在法庭，裁判结果形成在法庭。通过要求侦查人员出庭接受质询，有助于查明案件事实，提高庭审直播的效果，为庭审直播进行当庭宣判创造条件。

北京理工大学法学院博士后研究人员孙本雄分别从被告人权利、直播权的提出、直播权的原则和例外、直播权制度化、直播权的舆论风险等方面，对庭审直播做了细致的学术分析。

自由研讨

自由讨论和评论问答环节，其他参会人员也进行了积极理性的发言，并各抒己见。会议的主体探讨和专题报告阶段，重点就庭审直播在实践方面面临的问题，制度方面思考，以及促进司法公平展开相关讨论，正义促公开，公开促公正，公正促公信，司法公开不仅有助于实现个案正义，也能够助推司法改革和法治建设。尤其在科技改变生活的互联网时代，庭审直播成为最有力的司法公开手段，将法庭彻底置于阳光之下，成为司法公正和司法公信的重要保障。庭审直播作为一种促进司法正义方式，意义重大。

闭幕演讲

中央财经大学法学院副教授李轩、四川大学法学院教授左卫民进行了闭幕演讲。

李轩副教授说：今天的研讨会具有形式上的创新性，微信研讨既便利又经济，抛开了繁文缛节，大家直抒胸臆、百家争鸣，既展现了与会者各自的智慧，又形成了思想的共鸣。庭审直播作为一种贯彻审判公开原则的技术手段，既有官方的大力倡导和推动，又得到法学界、律师界的一致肯定和支持，在当前司法不公现象还较为常见的时代背景下，庭审直播显然是新一轮司法改革中值得肯定的司法发展方向。庭审直播作为一种贯彻审判公开原则的技术手段，既有官方的大力倡导和推动，又得到法学界、律师界的一致肯定和支持，在当前司法不公现象还较为常见的时代背景下，庭审直播显然是新一轮司法改革中值得肯定的司法发展方向。庭审直播的围观者们虽然不能向当事人代理律师或人民陪审员那样直接参与案件的审判过程并实质性影响判决结果，但是可以通过正在进行的直播评判或者事后的舆论监督，法律专业人士更能明辨司法程序是否存在瑕疵，让司法回归常识，让司法判断趋于民主，让裁判者更加审慎，让权力者不敢随意干预司法，让司法回归常识，让司法判断趋于民主，让裁判者更加审慎，让舆论监督功能更大限度地得以发挥，起到倒逼司法公正的作用。庭审直播的进步意义不妨概括为直播推动法治，围观影响中国。

左卫民教授对庭审直播总体上要充分肯定中国法院近年来在推动庭审直播上的巨大努力及其对司法公正的积极提升，这是中国司法对当代法治发展的中国式努力与贡献。但是与此同时，也指出其中可能存在的问题，表达了审慎的态度。在极少数情况之下，特别是案件在前期尤其是诉讼以前社会便公知与充分报道，社会往往已经形成形成了强烈的倾向性意见，而司法过程中的信息、证据及据此做出的裁判可能与此大相径庭时，庭审直播的用武之地更大。还有一种情况，这个案件已经成为社会高度关注且具有重要的社会价值，并且不涉及商业秘密、个人隐私等或者其他当事各方所不愿意公开的各种理由时，诉讼双方的观点相当不一致但均可遵守法庭规则理性诉讼时，这个案件也许可以经过慎重的思考选择庭审直播。并且展示了对如何在中国展开庭审直播充满期待。

最后,徐昕教授总结陈词:庭审直播时代不同的人有不同的想法和意见,不可否认的是其首要意义是促进个案实现公正,有利于排除庭外的不法干预因素,将案件问题集中于法庭内解决,体现程序正义,从而成为"让人民群众在每一个司法案件中感受到公平正义"的重要制度保障。作为一种有效的监督,庭审直播能够逐步改善司法生态。庭审直播还是最重要的法制宣传平台,将成为中国人提升法治意识的最佳手段。

其意义:公开促公正,公正促公信,司法公开不仅有助于实现个案正义,也能够助推司法改革和法治建设。尤其在科技改变生活的互联网时代,庭审直播成为最有力的司法公开手段,将法庭彻底置于阳光之下,成为司法公正和司法公信的重要保障。太原姜玉东案、吉林王成忠案等案件的庭审直播,不仅对案件的公正解决起到了重要作用,而且被法律人刷屏,激励了更多律师和当事人申请庭审直播。由于特殊的集中型体制,中国法院的技术支持在较短时间内得到了切实保障,只要中央下定决心,最高人民法院等机构持续推动,中国的庭审直播完全有可能全球领先。以庭审直播、裁判文书公开为着力点,司法公开或有可能撬动司法体制改革的坚冰,激起改革的蝴蝶效应。

徐昕教授建议:进一步扩大庭审公开的范围,赋予当事人申请庭审直播的权利。国家加大对法院硬件设备的投入,做到所有法院包括派出法庭皆具有庭审直播的条件,所有开庭的案件都能同时进行庭审直播的条件。通过立法修改,让直播成为常态。建议立法明确规定,除涉及国家秘密、隐私等法定不公开审理的案件外,所有案件的开庭审理应进行庭审直播。

本次微信会议有近70人发言,可谓规模空前。用时四小时,完成了传统会场模式三天的会议内容,可谓经济、高效。场外参与人数众多,是笔者见过的迄今为止影响最大的微信会议。据悉,会议的研讨成果将寄送最高人民法院,为以后的庭审直播工作做参考。

北理法学纪事

(2018.9—2019.7)

1."北京理工大学第一届军民融合法治论坛"举办。

2018年9月21日,北京理工大学军民融合法律研究中心举办的"北理工军民融合法治论坛"在学校国际学术交流中心举行。来自军队、政府部门、学术界、实务界的专家学者一百余人参加了本次论坛。国防科工局、国家发展改革委国防动员研究发展中心及我校相关领导出席了论坛开幕式并致辞。开幕式上,学校纪委书记杨志宏代表学校介绍了我校军民融合创新发展学科群建设情况,以及学校支持该学科群创新发展的相关举措,基于法治建设在军民融合中的规范、引导、保障作用,杨志宏强调了我校对军民融合发展法律研究中心的支持,也欢迎相关部门、行业及学界支持我校军民融合创新发展学科群的建设,共同为军民融合国家战略的推进作出努力。李寿平院长致辞时提出,我校法学学科将发挥学校在国防科技领域的优势和特色,通过国防科技与法学的交叉融合重点促进军民融合发展法律学科方向的发展。通过打造每年一次的标志性会议、一本标志性刊物、一个标志性自媒体,将我校军民融合发展法律研究中心建设成为国家军民融合发展的法治智库和学者交流平台。论坛聚焦"军民融合发展法治体系建设""国防知识产权法治建设"和"国防动员法治建设"等重点领域设置了三个分论坛,与会专家学者在分论坛中轮流发言,分享理论观点和实务经验,对军民融合发展法治建设的基本路径和有效措施进行了更为深入的探讨。本次论坛为新时代军民融合深度发展法治建设研究搭建了新平台、提供了新思路、探索了新机制,未来我校也将与相关单位紧密配合、通力协作,为军民融合发展法治建设提供坚实的理论支撑,助推国家军民融合发展战略实现新的飞跃。

2. 北京理工大学法学院院长李寿平教授当选国际宇航科学院正式院士。

国际宇航科学院（IAA, International Academy of Astronautics）2018年7月正式公布了2018年IAA院士选举结果，并在2018年9月30日德国不莱梅会议中心举行的IAA院士日大会上给新当选的院士颁发了证书。我校法学院院长、北京国际法学会会长李寿平教授在2016年当选为IAA社会科学学部通讯院士，2018年当选IAA社会科学学部正式院士。IAA主席Peter Jankowitsch博士和IAA副主席、墨西哥航天局局长Raul Jimenez先生共同为李寿平教授颁发了院士证书。国际宇航科学院于1960年在瑞典斯德哥尔摩成立，是联合国框架下独立的非政府国际组织。院士由在航天领域或对空间探索至关重要的某个科学分支中做出卓著贡献的个人组成。IAA院士分属4个学部：基础科学部、技术科学部、生命科学部和社会科学部。新的院士通过IAA的院士提名、同行评议、"IAA奖励和院士委员会"评议、理事会表决、全体院士投票选出，正式当选终生院士，通讯院士两年后有资格转成正式院士，但五年后退休。

3. 第二届"北理—人大"科技+法律高端论坛举办，北京理工大学智能科技法律研究中心正式成立，"人工智能法学教育实践基地"签约。

2018年10月14日，北京理工大学法学院和中国人民大学法学院联合主办的第二届"北理—人大"科技+法律高端论坛，在北京理工大学国防科技园6号楼5层报告厅顺利召开。来自全国科技与法律领域的各界专家、学者100多人齐聚北京理工大学，畅谈"无人系统应用中的法律问题"，就前沿科技发展与未来研发和应用中可能涉及的法律问题进行了深度研讨。北京理工大学纪委书记杨志宏、中国法学会研究部副主任彭伶、中国人民大学法学院院长王轶、北京理工大学法学院院长李寿平参加了论坛并致辞，北京理工大学法学院党委书记张瑜参加了论坛。本届论坛围绕"智能科技+法理""智能科技+公法""智能科技+私法"三个专题进行了研讨。本届论坛的成功举办，进一步搭建了交叉学科研究平台，扩大相关专业的影响力，达到了预期目的和效果，得到参会学者的高度评价和普遍认可。

在本次论坛上，北京理工大学智能科技法律研究中心正式成立，杨志宏、彭伶、李寿平、张瑜、王轶共同为中心揭牌。法学院齐延平教授担任智能科技法律研究中心主任。

在本次论坛上，北京理工大学法学院与北大英华科技有限公司携手共建"人工智能法学教育实践基地"举行了签约仪式。北京理工大学"人工智能法学教育实践基地"将与北大法宝开展全面合作，共同探索法律人工智能的应用创新，推进法律大数据与人工智能技术在法律行业的深度应用，共同培养复合型高层次法律人才。

4. 法学院齐延平教授任中国法学会法理学研究会副会长兼秘书长。

2018年11月10日至11日，中国法学会法理学研究会第八次会员代表大会暨法理学2018年年会在湖南长沙召开，原中共中央政治局委员、中国法学会会长王乐泉同志出席会议并作重要讲话。本次会议推选新一届中国法学会法理学研究会理事成员，并推选出第八届常务理事会成员。经过选举，大会推选我校法学院教授齐延平任法理学研究会副会长兼研究会秘书长。

5. "阳光下的司法——庭审直播学术研讨会"召开。

为推动庭审直播的大众化，思考未来如何更好地发挥庭审直播的功能，2019年3月10日下午，由北京理工大学司法研究所、北京理工大学诉讼法学研究所、中国社科院法学所"人民法院庭审公开第三方评估"课题组主办，江苏开炫律师事务所协办的"阳光下的司法——庭审直播学术研讨会"召开。研讨会采取网络研讨的形式，但完全按照正式会议议程进行，来自四川大学、清华大学、北京大学、西南政法大学、中国社科院、中央财经大学、安徽大学、湘潭大学、华南理工大学、华东政法大学、西华大学、北京理工大学等高校科研机构的28位学者；北京市高级人民法院、北京大兴区人民法院的2位法官；北京市人民检察院、北京市海淀区人民检察院的2位检察官；全国各地32位律师；3位媒体工作者，以及多位自由研讨者参与会议，大会涉及三大主题从不同角度探讨庭审直播对律师、法官、检察官的新要求；庭审直播的意义、经验、不足与完善；国内外庭审直播比较。会议的研讨成果将寄送最高人民法院，为以后的庭审直播工作做参考。

6. 北京理工大学法学院两教师当选中国法学会第八届理事会常务理事、理事。

中国法学会第八次全国会员代表大会于2019年3月19日上午在人民大会堂开幕，习近平、李克强、栗战书、王沪宁等党和国家领导人到会祝贺，丁薛祥、王晨、陈希、赵克志、周强、张军、汪永清等领导也出席了开幕式。我校法学院李寿平教授、齐延平教授作为会员代表参加了会议。齐延平教授当选为中国法学会第八届理事会常务理事，李寿平教授当选为中国法学会第八届理事会理事，

7. 北京理工大学获法学博士一级学科授权点。

2019年5月6日，国务院学位委员会发布《国务院学位委员会关于下达2018年动态调整撤销和增列的学位授权点名单的通知》（学位〔2019〕8号），这是继2018年1月新增8个法学博士一级学科授权点之后的再次扩编。至此，全国法学博士一级学科授权点增加至52个。北京理工大学获法学博士一级学科授权点。

8. 北京理工大学国际争端预防和解决研究院揭牌仪式暨专题报告会举行。

2019年5月24日，北京理工大学国际争端预防和解决研究院揭牌仪式暨专题报告会在中关村校区7号楼报告厅举行。世界贸易组织上诉机构原主席张月姣教授，国家发展和改革委员会区域开放司（推进"一带一路"建设工作领导小组办公室）司长赵艾，工业和信息化部人教司副司长闫为革，中国工程院院士王华明，中国工程院院士周志成，中国工程院院士杜彦良，中国科学院院士杨元喜，对外经济贸易大学法学院原院长沈四宝教授，中国国际贸易促进委员会副会长卢鹏起，中国国际贸易促进委员会人事部部长徐宝林受邀出席。来自国家发改委、工信部、司法部、中国工程院、中国贸促会及清华大学、北京大学等高校的专家学者120余人参加了会议。北京理工大学党委书记赵长禄，校长、中国工程院院士张军出席会议，党委副书记、纪委书记杨志宏主持会议。北京理工大学国际争端预防和解决研究院（Institute of International Disputes Prevention and Settlement，以下简称"研究院"）是由中国国际贸易促进委员会和北京理工大学合作共建的科研教学机构。研究院以"一带一路"建设的法律需求为导向，旨

在为行业企业提供高水平的风险预防和争端管控方案，为社会提供有关国际争端预防和解决的高层次人才培养，为相关国际组织和国家提供高质量的智库支持，为学界提供开放的学术交流和国际合作平台。在本次会议上，中国贸促会法律事务部副部长刘超和北京理工大学法学院院长、国际宇航科学院院士李寿平教授分别代表中国国际贸易促进委员会和北京理工大学签署合作协议。随后，与会嘉宾共同为北京理工大学国际争端预防和解决研究院揭牌，并开通国际争端预防和解决研究院网站。研究院还聘请了包括6名院士在内的40名国内著名专家担任研究院专家咨询委员会委员。其中，北京理工大学校长张军院士，中国贸促会会长高燕，世界贸易组织上诉机构原主席张月姣教授共同担任研究院专家咨询委员会主任委员。揭牌仪式上，专家咨询委员主任委员张军院士、张月姣教授和副主任委员卢鹏起副会长、沈四宝教授共同为与会专家咨询委员会委员颁发聘书。此外，揭牌仪式上还发布了中国贸促会"一带一路"国别法律研究丛书，中国贸促会法律事务部副部长刘超介绍了新书发布情况，并向北京理工大学法学院赠书。本次揭牌仪式的成功举办，标志着北京理工大学国际争端预防和解决研究院正式成立，今后研究院将与社会各界共同携手，以绘制"工笔画"的精神，推动共建"一带一路"合作走深走实、行稳致远，为构建人类命运共同体贡献智慧！

9. 北京理工大学法学院与北京也迪律师事务所战略合作启动仪式举行。

2019年6月5日下午，北京理工大学法学院、北京也迪律师事务所战略合作启动仪式在七号教学楼模拟法庭举行。法学院院长李寿平、副书记副院长马晓龙、学院团委书记聂宁宁；也迪律师事务所高牲屾主任、吴振华主任出席了本次启动仪式。为了加强院所合作，促进产学研结合，双方将在人才培养、项目合作、法律诊所等领域开展深度合作。也迪律师事务所也将出资在法学院设立"也迪奖学奖教金"，用于奖励学院在"科技+法律"领域做出突出贡献的教师及学生。

10. 军队经营性资产管理体制改革立法学术研讨会在京举行。

2019年6月11日，"军队经营性资产管理体制改革立法学术研讨会"在北京京西宾馆举行。这次研讨会是由国家社科基金重大项目——我国军队经营性资产管理体制改革研究项目组、北京理工大学军民融合法律研究中心主办。全国人大常委会法工委、最高人民法院、司法部、全军全面停止有偿服务办公室、军事科学院、国防大学、空军研究院、北京市高级人民法院、北京理工大学、东北财经大学、北京大学、清华大学、中晟研究院相关负责同志、专家学者；国家社科基金重大项目——我国军队经营性资产管理体制改革研究项目组首席专家、分课题组组长；北京市律师协会、北京炜衡律师事务所律师代表约40人出席了研讨会。会议认为，军队和武警部队全面停止有偿服务，是党中央、中央军委和习近平主席作出的一项重大战略决策，不仅对纯正部队政治生态，保持我军性质本色，实现党的强军目标、建设世界一流军队具有重要意义，而且对完善社会主义市场经济体系，贯彻新发展理念，建设现代化经济体系，推动新时代中国特色社会主经济建设也具有重要意义。军队全面停止军队有偿服务的本意就是要积极推进军队经营性资产管理体制改革。站在新的历史起点来看，这一改革是新时代中国特色社会主义经济建设和军队建设的一个重大变革，也是问题"倒逼"出来的改革，其意义一点不亚于20世纪70年代末的农村"大包干"改革和80年代国有企业改革。军队经营性资产管理体制改革要想取得成功，必须加强立法工作和立法研究，建立"科学""管用"的军队经营性资产管理法规制度体系，一方面，要通过法律来规范和保障改革进程，另一方面，要通过法律来固化和推广改革成果，提高军队经营性资产运营和管理的法制化水平，实现党中央、中央军委提出的"军队不经营、资产不流失、融合要严格、收支两条线"的目标要求。

11. 北理刑辩大讲堂启动。

2019年6月21日，在北京理工大学7号楼模拟法庭，北京律协会长、北京中创律师事务所高子程律师给北京理工大学法学院的学生们带来了一堂严谨的刑事实务课。这是理公明法论坛第92讲，北理刑辩大讲堂也由此正式启动。讲座由北京理工大学法学院教授、司法研究所主任徐昕主持。郭德忠副院长代表法学院给高子程律师颁发了兼职教授聘书。

12. 北京理工大学法学院主办"新文科建设与卓越法治人才培养"高端论坛。

2019年7月2日，北京理工大学法学院主办的"新文科建设与卓越法治人才培养"高端论坛在北京世纪华天酒店举行。全国人大监察和司法委员会副主任委员、教育部法学教学指导委员会主任委员和教育部新文科建设工作组副组长徐显明教授，教育部高教司徐青森副司长、北京理工大学副校长王晓峰教授、教育部高教司朱蓓蓓处长，以及来自全国四十多所知名高校的法学院院长出席了本次论坛。法学院院长李寿平主持论坛开幕式。

王晓峰副校长代表北京理工大学致欢迎词。王晓峰副校长指出，在依法治国的国家战略下，学校高度重视法学学科的建设，努力汇聚国内外一流的法学人才，聚焦国际前沿和国家需求，充分利用学校的科技优势，逐渐形成了"法律+科技"的学科特色。本次论坛聚焦新文科建设背景下的卓越法治人才培养和法学学科的改革和发展，契合当前法学教育领域共同关注的热点问题，意义深刻，对于促进我校新文科建设和法学学科建设具有十分重要的意义。

教育部高教司徐青森副司长在致辞中指出，新工科、新医科、新农科、新文科建设是中国高等教育实现现代化、建设高等教育强国的一种创造性探索，举办新文科建设论坛具有重要意义。在推进新文科建设过程中，最为重要的是理解好和把握好四对辩证统一关系：一是处理好"老"和"新"的关系，要在"老"的基础上创造"新"，在"新"的带动下改造"老"；二是处理好"变"和"不变"的关系，不变的是工作目标和主要任务，要创新的是教学内容和教学方法；三是处理好形式和内容的关系，要把技术形式、方法手段的变化与思想内涵的提升结合起来；四是处理科学性与价值性的关系，要实现学生思想道德素质和专业知识水平的双提升。

全国人大监察和司法委员会副主任委员、教育部法学教学指导委员会主任委员、教育部新文科建设工作组副组长徐显明教授应邀做了题为《新文科建设与卓越法治人才培养》的主题报告。结合我国42年（1977—2019）法治建设的经验，徐显明指出，当前我们要推动新文科建设的发展，但中国法学教育的五大使命和初心不能变：一是要培养德才兼备的高素质法治人才；二是按照中国特色社会主义法治道路的要求，为法治思想、法治理论提供支撑；三是提供咨政服务；四是塑造全社会的法治文化，促使社会树立法治信仰；五是实现法治和法学的国际交流。结合新文科建设，徐显明认为要加强新法学建设，而新法学建设主要体现五个"新"：生源要新、目标要更新、教学内容要更新、师资队伍要更新、人才培养的模式要新。

论坛分"新文科建设背景下卓越法治人才培养"和"新文科建设背景下法学学科的改革与发展"两个议题展开。来自中国人民大学、中国政法大学、武汉大学、对外经贸大学、山东大学、湖南大学等国内知名高校的法学院院长展开了深入探讨。北京理工大学法学院副院长郭德忠介绍了本院"科技+法律"的法治人才培养模式,强调培养要与社会需求相契合,要适应国家重大的战略需求,及时更新人才培养的方向和方案。与会代表结合所在学校的学科建设和人才培养情况,深入探讨了新文科建设的涵义、目标和路径。

通过本次论坛的研讨和交流,与会代表在以下三个方面达成共识:第一,尽管新时代科技迭代发展、国际格局发展和人民对法治文明需求的变化催生了新文科建设和新法科建设,但法学教育培养卓越法治人才的培养目标、提供社会服务、促进法治信仰、加强国际合作的初心不能变;第二,尽管卓越法治人才培养就是指培养复合型、国际化、实践性人才相结合的高层次法治人才,但"卓越"一定是多样化的"卓越",而非同质的;第三,在新时代新文科的背景下,法学一级学科设置的局限性日益明显,不利于法学学科的发展。与会代表一致认为,现行的法学一级学科应该根据学科领域或学科内容进行拆分,分别设置若干法学类一级学科。

本次论坛推进了《关于坚持德法兼修实施卓越法治人才教育培养计划2.0意见》的落实,探讨了"六卓越一拔尖计划2.0"和新文科建设工作的展开,取得了丰硕成果。